IFRS 17
보험회계의
이론과 실무

저자 소개

김호균 Kim, Hokyun
금융감독원 책임전문감독관
서울대학교 자연과학대학 수학과 졸업(이학사)
한양대학교 대학원 금융보험학과 졸업(경영학석사)
경희대학교 대학원 경영학과 졸업(경영학박사)
전) 삼성생명 계리파트 전임
현) 성균관대학교 수학과(보험계리학전공) 겸임교수
　　한국보험계리사회 정회원(FIAK)

김혜경 Kim, Hyekyung
롯데손해보험 계리모델링팀 수석
이화여자대학교 사회과학대학 경제학과 졸업(경제학사)
서울대학교 행정대학원 행정학과 졸업(행정학석사)
경희대학교 대학원 경영학과 졸업(경영학박사)

한승엽 Han, Seungyoub
홍익대학교 경영대학 경영학과 조교수
서울대학교 경영대학 경영학과 졸업(경영학사)
University of Texas at Austin(MBA)
서울대학교 대학원 경영학과 박사(경영학박사)
전) 삼일회계법인 Associate
　　금융감독원 선임조사역
현) 한국회계학회 보험분과위원회 위원

IFRS 17
보험회계의
이론과 실무

초판 발행 2023년 4월 28일
초판 2쇄 발행 2024년 10월 4일

지은이 김호균, 김혜경, 한승엽
펴낸이 류원식
펴낸곳 교문사

편집팀장 성혜진 | **책임진행** 김성남 | **디자인** 신나리 | **본문편집** 김도희

주소 10881, 경기도 파주시 문발로 116
대표전화 031-955-6111 | **팩스** 031-955-0955
홈페이지 www.gyomoon.com | **이메일** genie@gyomoon.com
등록번호 1968.10.28. 제406-2006-000035호

ISBN 978-89-363-2483-4 (93320)
정가 29,000원

IFRS 17
보험회계의
이론과 실무

김호균 · 김혜경 · 한승엽 지음

교문사

2023년 IFRS 17(보험계약)이 시행되었다.

국제회계기준위원회와 한국회계기준위원회가 발간한 기준서는 새롭게 시행되는 보험회계제도와 관련하여 국제적으로 통용 가능한 기본적인 원칙만을 기술하고 있어 우리나라 보험산업 현장에서 발생하는 개별 사안을 손에 잡히게 설명하지는 못한다. 그리고 지난 수년간 동 기준서를 바탕으로 보험회사의 계리 및 회계시스템 구축 작업이 이루어졌으나, 안타깝게도 이를 설명하는 교과서는 아직까지 우리나라에 없는 상황이다.

이에 금융감독원에서 보험부채 검사를 담당하는 책임전문감독관(chief specialist), 보험회사에서 IFRS 17 시스템을 구축한 실무 전문가, 상아탑에서 회계학 전반을 통찰하는 회계학자가 함께 모여 IFRS 17 기준서, 도입 준비 과정에서 연구된 자료, 시스템 구축과 관련한 실무 토론 내용 등을 토대로 새로운 보험회계 제도에 대한 이론과 실무를 체계적으로 정리하였다.

이 책은 기본적으로 IFRS 17 기준서를 바탕으로 하고 있다. 그 결과 상당 부분 기준서의 문단을 직간접적으로 인용하는 것이 불가피하였다. 따라서 기준서 문단 인용 시 다음과 같은 규칙으로 표기하였다. 가령 기준서 문단 21을 그대로 인용한 경우에는 해당 문장의 마침표 뒤에 [21]과 같이 문단 번호를 기재하나, 저자가 문단의 내용을 수정하여 달리 표기한 경우에는 *[21]*과 같이 문단 번호를 기울임체로 기재하였다.

또한 보험에 관심이 있는 일반인은 물론, 실무자들의 이해가능성을 높이기 위해 기준서에서 '기업'으로 표기한 것을 '보험회사'로 바꾸어 표기하는 등 최대한 보험업계에서 통용되는 용어를 사용하고자 하였다.

차례는 독자들의 이해가능성을 높이고자 기준서와 달리 저자 나름대로 재구성하였다. 구체적으로 제1장 IFRS 17의 개요, 제2장 보험계약의 정의와 통합수준, 제3장 인식과 측정, 제4장 보험취득 현금흐름, 제5장 할인율, 제6장 위험조정, 제7장 보험계약마진, 제8장 후속측정과 표시, 제9장 보험부채 변동분석, 제10장 보험금융손익, 제11장 손실부담 보험계약, 제12장 변동수수료접근법, 제13장 보험료배분접근법, 제14장 재보험, 부록으로 구성하였다. 각 단원의 끝에는 핵심정리와 연습문제를 추가하여 학습내용을 일목요연하게 정리할 수 있도록 하였다.

저자들은 나름 많은 시간과 노력을 쏟아 이 책에 IFRS 17(보험계약)의 회계이론과 실무를 체계적으로 담고자 하였으나, 국내에서 발간하는 첫 이론서적인 만큼 불완전한 지식의 전달과 부족한 해설이 있을 수 있다. 이는 온전히 저자들이 책임져야 할 몫이다. 그러나 이 책의 목차를 따라가며 저자들이 제공하는 지식을 차근차근 습득하기만 해도 독자들은 저자들보다 훨씬 지혜롭게 새로운 보험회계 제도에 대한 이론과 실무를 통찰할 수 있을 것이라고 확신한다.

끝으로 까다로운 교정과정을 묵묵히 수행해 주신 교문사 진경민 과장님, 김경수 팀장님, 김성남님과 모든 임직원분들께 감사드린다. 그리고 일과 후 칩거하여 집필하는 오랜 여정을 인내심을 가지고 묵묵히 지켜봐 준 사랑하는 가족(김호균의 아내 김미정, 아들 도와, 딸 가연; 김혜경의 남편 장재영, 딸 세현; 한승엽의 아내 이자경, 딸 정민, 아들 제민)에게 고마운 마음을 전한다.

2023년 4월

저자 일동

7장 보험계약마진

8장 후속측정과 표시

9장   보험부채 변동분석

10장   보험금융손익

부록

1장

IFRS 17의
개요

1.1 IFRS 17 제정 배경

1.1.1 제정 목적

보험회계정보는 보험계약이 보험회사(entity)의 재무상태, 재무성과 및 현금흐름에 미치는 영향을 평가할 수 있는 근거를 재무제표 이용자에게 제공할 수 있어야 한다. 그러나 과거 국제회계기준 시스템하에서는 각국의 상이한 회계관행을 포괄적으로 인정하는 것은 물론, 현금주의에 기반한 수익 인식이 이루어지는 등 일반 기업과는 동떨어진 회계처리가 이루어짐에 따라 보험회계정보의 유용성이 크게 제한되고 있다는 비판이 지속되었다. 특히, 우리나라는 2011년 국제회계기준 도입에도 불구하고 계약체결 시점의 계리적 가정과 예정이율을 전체 보험기간 동안 동일하게 적용하는 원가평가 방식으로 보험부채를 평가함에 따라 보험회사의 재무상태 정보가 심각하게 왜곡되는 등 그 문제가 더욱 심각했었다.[1] 이에 국제회계기준위원회(IASB: International Accounting Standards Board)는 국제적으로 통일된 보험회계기준인 'IFRS 17 보험계약(이하 'IFRS 17'으로 칭함)'을 제정하고 2023년부터 시행함으로써 그간 많은 비판을 받았던 보험회계정보의 목적적합성과 비교가능성을 제고하고, 이를 통해 궁극적으로 보험회사 재무정보의 유용성을 증가시켰다.

1.1.1.1 보험회계정보의 목적적합성(relevance) 향상

보험부채 구성항목의 모든 변동과 손익인식 과정은 체계적으로 연관되어 있다. 그러나 이전 보험회계기준(IFRS 4)은 이를 제대로 반영하지 못하였다. 반면, IFRS 17은 보험부채 구성요소의 모든 변동과 손익을 체계적으로 연계함으로써 재무상태(예: 보험부채) 및

---

1 유럽은 보험부채 시가평가를 주된 내용으로 하는 Solvency II 제도가 이미 2016년부터 시행되고 있어 IFRS 4 체제하에서도 보험부채에 대한 시가평가가 이루어지고 있었다. 반면 우리나라는 동일한 IFRS 4를 적용하고 있었음에도 기존의 원가평가 방식에 기초한 보험부채 평가 관행을 2022년 말까지 계속 유지했으므로, IFRS 17 도입에 따른 재무적 영향을 분석함에 있어 IFRS 17의 핵심이라 할 수 있는 손익인식 체계의 변화보다는 보험부채 평가 방식의 변화에 초점을 맞추어 온 경향이 있었다.

재무성과(예: 보험서비스결과) 정보의 목적적합성을 높인다.[2]

가. 재무상태 측면: 보험부채에 대한 현행가치[3] 정보 제공

과거 국제회계기준(IFRS 4)하에서는 보험계약부채를 계약체결 시점의 산출기초율로 고정(lock-in)하여 평가하는 원가법으로 측정하였다. 따라서 보험회사의 보험계약 이행의무를 경제적 실질과 상이하게 평가할 가능성이 있었다. 또한 보험계약부채에 대응되는 금융자산은 공정가치(혹은 시가)로 측정되나, 보험계약부채는 상각후원가 방식을 사용하여 측정하는 등 측정의 일관성이 결여되는 회계불일치 문제가 있었다.

반면, 현행 IFRS 17은 보험부채 측정 시 기말 시점의 최신 정보(산출기초율)에 기반하도록 하는 시가평가 방식을 적용함에 따라 보험계약과 관련한 보험회사의 의무를 현행가치로 평가하여 제공한다.

나. 재무성과 측면: 발생원천별 이익정보 제공

과거 IFRS 4에서는 수취된 보험료를 그대로 수익으로 인식하는 현금주의를 채택하고 있었다. 따라서 재화나 용역 제공과 같이 수행의무가 완료된 시점에 수익을 인식하도록 하는 발생주의 원칙에 부합하지 않을 뿐만 아니라 보험이익과 투자이익을 구분하지 않아 수익원천을 세부적으로 파악하기가 곤란했다. 비용 역시 실제 보험금과 사업비 합계에 미래 보험금 지급을 위한 책임준비금 전입액을 합산하여 순액으로 표시하는 것이 전부였다.

이에 반해 현행 IFRS 17은 영업이익을 보험이익과 투자이익으로 구분할 뿐만 아니라 보험서비스 제공량에 따라 수익을 인식하는 발생주의를 기본으로 한다. 또한 보험이익을 발생원천에 따라 세 요소(최선추정부채 환입, 위험조정 상각, 보험계약마진 상각)로 구분

---

2 '목적적합성(relevance)'은 재무정보가 해당 정보이용자의 의사결정과 관련성이 있어야 한다는 의미로, 정보의 신뢰성을 의미하는 '충실한 표현(faithful representation)'과 함께 재무정보가 유용하기 위한 두 가지 근본적 질적 특성(fundamental qualities)을 구성하는 핵심개념이다.

3 공정가치, 자산의 사용가치 및 부채의 이행가치, 현행원가(회계기준원. KIFRS 재무보고를 위한 개념체계 제6장)인데 이에 관해서는 제3장에서 설명한다.

하여 제공함으로써 관련 정보의 목적적합성이 크게 향상되었다.[4]

1.1.1.2 보험회계정보의 비교가능성(comparability) 향상

IFRS 17은 현금주의 대신 발생주의를 기반으로 재무성과를 측정하는 등 일반 회계원칙에 부합하는 회계처리 방식을 전 세계적으로 일관되게 적용하고 있다. 따라서 다음 두 가지 측면에서 보험회사 재무정보의 비교가능성이 크게 향상되었다.

가. 국가 간 비교가능성 향상

기존의 IFRS 4는 국가별 보험회계 관행을 포괄적으로 수용하고 있어 경제적 실질이 동일한 계약에 대해서도 나라마다 서로 다른 회계처리가 이루어지고 있었다. 예를 들면 우리나라는 2022년까지 원가평가 방식에 따라 보험부채를 평가하였던 반면 유럽은 시가평가하였다. 그 결과 보험회계정보의 국가 간 비교가능성이 크게 저해됨에 따라 글로벌 자본이 국가 차원의 투자포트폴리오를 구성함에 있어 애로사항이 많았다.

이에 반해 IFRS 17은 이러한 각국의 특수한 보험 회계처리 관행을 전면 배제하고 통일된 회계처리기준을 제시함으로써 보험회사 재무정보의 국가 간 비교가능성이 확보되었다.[5]

나. 산업 간 비교가능성 향상

IFRS 4는 재무성과 측면에서 수취된 보험료를 그대로 수익으로 인식하는 현금주의를 채택하고 있어 약정된 재화나 용역을 이전하여 수행의무가 완료된 시점에 수익을 인식하도록 하는 발생주의 원칙에 부합하지 않았다. 그 결과 회계의 대원칙이라 할 수 있는 발생주의를 기반으로 하는 일반 제조업, 기타 금융업(은행, 증권 등) 등 타 산업과의 재무정보 비교가능성이 크게 저해되는 문제점이 있었다.

---

4 보험부채 평가 및 발생원천별 이익정보 제공에 관한 세부내용은 제4~9장의 내용을 참고하기 바란다.

5 보험회사 재무정보의 비교가능성 제고는 글로벌 보험회사의 내부 경영관리 측면에서도 바람직하다. 동남아, 미국 등 세계 각지에 진출해 있는 우리나라의 대형 보험회사처럼 여러 국가에서 사업을 영위하고 있는 글로벌 보험회사의 경우, 전 세계적으로 일관된 회계처리가 이루어질 수 있어 본사와 현지법인 간의 재무정보 비교가능성이 제고되어 보다 합리적인 내부의사결정이 가능하다.

그러나 IFRS 17은 보험회사가 보험계약자에게 보험서비스를 제공함에 따라 수익을 인식하도록 하는 발생주의를 채택하고 있어 과거와 비교하여 산업 간 비교가능성이 크게 향상된다.

> ⓘ 국제적으로 통일된 발생주의 기반의 회계기준을 제정함으로써 보험회사 재무정보의 목적적합성과 비교가능성을 중심으로 한 재무정보의 유용성 향상 추구

1.1.2 제정 경과

국제회계기준위원회는 보험계약의 회계처리에 대하여 일관성 있는 회계기준을 제공하고 재무보고를 개선하고자 1997년부터 국제회계기준(IFRS: International Financial Reporting Standards)을 제정하는 프로젝트를 시작하였다. 이후 수많은 노력과 우여곡절 끝에 마침내 2020년 6월 국제적으로 통일된 보험회계 기준서인 IFRS 17(보험계약) 최종안을 마련하여 확정·발표하였다. 이는 기존의 임시 보험계약기준서인 IFRS 4를 전면 대체하는 것으로 2023년 1월 1일부터 시행되었다. 이에 따라 2021년 6월 11일 우리나라 한국회계기준원(회계기준위원회)도 이 일반회계원칙을 기업회계기준서 제1117호로 제정하였고 2023년부터 시행하였다.

1.1.2.1 국제회계기준위원회의 IFRS 17 제정

국제회계기준위원회가 제정한 국제회계기준서는 2022년 12월 말 기준으로 총 41개인데, IFRS 17은 이 중 하나로서 보험회사 등 보험계약을 취급하는 보험자에게만 적용된다. 보험계약에는 금융상품 특성과 서비스 계약 특성이 함께 들어 있으며, 많은 보험계약은 장기간에 걸쳐 상당한 변동성을 가진 현금흐름을 생성하는 등의 특성을 갖는다. 그렇기 때문에 이에 관한 유용한 정보를 제공하기 위해 보험회계를 별도로 제정한 것이다.

보험계약은 각국의 보험문화와 보험회계 관행 등에 따라 나라마다 보험계약에 적용되는 회계정책이 상이하였다. 국제회계기준위원회는 국가 간 보험회계의 통일을 위해 1997년에 기준서 제정을 시작하였고, 20여 년간 1,400회의 회의 개최, 720개의 의견 등

을 반영하면서 2단계에 걸친 준비과정을 거쳐 2017년 5월에 최종 기준서를 확정하였다.

2004년 제정한 IFRS 4(보험계약)가 1단계(Phase 1)에 해당하는 것인데, 국가별 다양한 회계관행을 포괄적으로 인정한 임시기준서였다. 따라서 나라마다 서로 다른 회계처리로 인해 투자자와 재무제표 분석가들은 여전히 보험회사의 재무결과를 이해하고 비교하기가 어려웠다.

그림 1-1 IASB(국제회계기준위원회)의 IFRS 17 제정 경과[7]

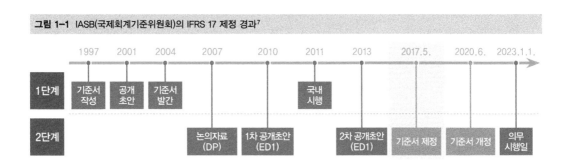

이에 2단계(Phase 2) 작업을 통해 모든 국가에 통용되는 국제보험회계기준을 2017년 5월에 제정하면서 시행일을 2021년 1월 1일로 정하였다. 이후, 준비기간이 더 필요하다는 여러 나라 보험회사들의 의견을 수용하여 시행일을 두 차례에 걸쳐 1년씩 연기함에 따라 IFRS 17은 최종적으로 2023년 1월 1일에 시행되게 되었다.

회계 토막상식 | K-IFRS 기준서 번호 체계

국제회계기준위원회는 2000년 이전에는 기준서에 IAS(International Accounting Standards)라는 명칭을 부여하였으나, 2000년 이후 새롭게 제정되거나 기존 IAS를 대체하는 기준서에 대해서는 IFRS라는 명칭을 부여하고 있다. 한편 우리나라의 한국채택국제회계기준(K-IFRS)은 이러한 국제회계기준 체계에 기반하고 있으며, 기준서 번호는 IAS의 경우 'IAS 번호 + 1000', 'SIC(IAS 해석서) 번호 + 2000' 형태로, IFRS의 경우 'IFRS 번호 + 1100', 'IFRIC(IFRS 해석서) 번호 + 2100' 형태로 부여된다.

---

6 국제회계기준위원회는 당시 각국의 보험회사 회계처리 관행이 너무나 큰 차이를 보여 단기간에 전 세계적으로 통일된 회계처리기준을 마련하여 적용하는 것이 현실적으로 타당하지 않다고 판단하였다. 이에 1단계(Phase 1)에서는 기존 보험회계처리 관행 중 수용이 불가할 정도로 불합리한 기준을 배제하는 것에 초점을 맞추었으며, 그렇게 해서 제정된 임시기준서가 바로 IFRS 4였다.

7 금융감독원(2021. 12.). "보험감독회계 도입방안". 5쪽.

표 1-1 국제회계기준서 목록[8]

기준서	주제	기준서	주제	기준서	주제
IFRS 1	국제회계기준의 최초 채택	IFRS 15	고객과의 계약에서 생기는 수익	IAS 24	특수관계자 공시
IFRS 2	주식기준 보상	IFRS 16	리스	IAS 26	퇴직급여제도에 의한 회계처리와 보고
IFRS 3	사업결합	IFRS 17	보험계약	IAS 27	별도재무제표
IFRS 4	보험계약	IAS 1	재무제표 표시	IAS 28	관계기업과 공동기업에 대한 투자
IFRS 5	매각예정 비유동 자산과 중단영업	IAS 2	재고자산	IAS 29	초인플레이션 경제에서의 재무보고
IFRS 6	광물자원의 탐사와 평가	IAS 7	현금흐름표	IAS 32	금융상품: 표시
IFRS 7	금융상품: 공시	IAS 8	회계정책, 회계추정의 변경 및 오류	IAS 33	주당이익
IFRS 8	영업부문	IAS 10	보고기간 후 사건	IAS 34	중간재무보고
IFRS 9	금융상품	IAS 12	법인세	IAS 36	자산손상
IFRS 10	연결재무제표	IAS 16	유형자산	IAS 37	충당부채, 우발부채, 우발자산
IFRS 11	공동약정	IAS 19	종업원 급여	IAS 38	무형자산
IFRS 12	타 기업에 대한 지분 공시	IAS 20	정부보조금의 회계처리와 정부지원의 공시	IAS 39	금융상품: 인식과 측정
IFRS 13	공정가치 측정	IAS 21	환율변동 효과	IAS 40	투자부동산
IFRS 14	규제이연개정	IAS 23	차입원가	IAS 41	농림어업

1.1.2.2 우리나라의 K-IFRS 제1117호 제정

기업회계기준서 제1117호는 IFRS 17에 대응하는 기준이다. 한국회계기준원은 2021년 4월 23일 K-IFRS 제1117호를 제정 의결하였고, 금융위원회 보고 등을 거쳐 2021년 6월 10일 한국채택국제회계기준으로 공표하였다. 우리나라는 IFRS 전면 도입국가로서 IFRS 17 시행 시기에 대한 세계적 합의를 그대로 수용하여 2023년 1월 1일부터 시행하기로 결정하였다.

한국의 법률체계와 일관성을 유지하기 위하여 형식적인 부분이 제한적으로 수정된 일부 문단을 제외하고는 기업회계기준서 제1117호가 IFRS 17의 내용을 그대로 번역하여

---

8 금융감독원(2021. 12.). "보험감독회계 도입방안". 6쪽.

제정되었기 때문에 기업회계기준서 제1117호를
준수하면 곧 IFRS 17을 준수하는 것이 된다.

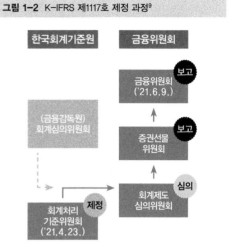

그림 1-2 K-IFRS 제1117호 제정 과정[9]

1.1.2.3 IFRS 17 시행 일정

모든 보험회사는 「주식회사 등의 외부감사에 관
한 법률」(이하 「외부감사법」)[10]에 따라 IFRS 17을
의무적으로 적용해야 하며, 따라서 2023년 이후
에는 IFRS 17 적용 재무제표를 작성 및 공시하
여야 한다.

　최초 적용일(date of initial application)은 보험회
사가 IFRS 17을 최초로 적용하는 연차 보고기간의 개시일로 2023년 1월 1일(이를 '시행
일'이라 부름)이다. 그러나 IFRS 17은 최초 적용시점 직전 기간에 대하여 IFRS 17을 적
용한 비교 정보를 표시하도록 요구(BC387, BC388)하고 있다. 따라서 보험회사는 2023년
재무제표 보고 시 전기(2022년) 재무제표를 IFRS 17에 따라 재작성하여 비교표시하여
야 하며, 이로 인해 실무상 IFRS 17의 실질적인 적용시점은 최초 적용일 직전 연차보고
기간의 기초시점인 2022년 1월 1일(이를 '전환일'이라 부름)이다.

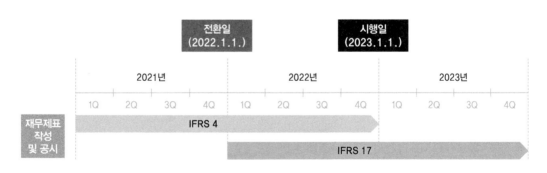

그림 1-3 IFRS 17 적용 재무제표 작성 및 공시 일정[11]

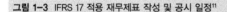

9　금융감독원(2021. 12.). "보험감독회계 도입방안". 8쪽.

10　「외부감사법」 제5조 및 동법 시행령 제6조 제1항 제6호.

11　금융감독원(2021. 12.). "보험감독회계 도입방안". 10쪽.

발생손실모형에 따라 손상을 인식하는 등 여러 비판을 받아 왔던 기존의 금융상품 기준서(IAS 39)를 대체하는 새로운 금융상품 기준서(IFRS 9)가 2014년 확정·발표되어 2018년부터 본격 시행되었다. 다만, 보험회사의 경우에는 보험부채를 시가로 평가하는 IFRS 17을 시행하기 전 IFRS 9을 시행할 경우 추가적인 회계불일치와 당기손익의 변동성이 확대될 우려가 있어 일정 요건(과거 IFRS 9 미적용, 영업활동의 보험 관련성)을 충족한다는 전제하에 IFRS 9의 적용을 IFRS 17 시행 시까지로 유예하는 경과규정이 마련되었다. 따라서 이미 IFRS 9을 적용하고 있던 타 금융회사와 달리, 대부분의 보험회사는 2023년 IFRS 17 시행과 함께 IFRS 9을 새롭게 적용하게 된다.

IFRS 17(보험계약)은 국제적으로 통일된 보험회계 기준서로서 현재 총 41개로 구성된 국제회계기준서(2022년 기준) 중 하나이며, IFRS 17은 임시기준서인 기존의 IFRS 4를 전면 대체하는 것으로 2023년부터 시행

1.1.3 회계사회와 계리사회

국제계리사회(IAA: International Actuarial Association)는 국제회계기준위원회와 양해각서(MOU)를 체결하고, 국제적으로 높은 수준의 투명하고 호환성이 높은 재무보고서를 작성할 수 있도록 국제회계기준위원회의 업무를 지원하고 있다.

국제계리사회는 각국의 보험계리사들이 IFRS 17과 관련된 일정한 계리기준을 준수할 수 있도록 국제계리실무기준(ISAP: International Standards of Actuarial Practice)을 제정하였다. ISAP는 IFRS 17과 관련하여 보험계리사가 보험회사의 실제 혹은 추정 재무제표를 작성할 경우 적용된다. 동 기준의 경우 강제성은 없으며, 보험계리사들의 업무를 보조하는 것을 주된 목적으로 하는 일종의 모범규준(guideline)으로서의 성격을 지닌다.

한편 국제계리사회는 IFRS 17에 따라 결정된 금액을 보고, 검토 또는 감사하는 보험계리사에게 정보를 제공하고 교육하기 위해서 국제계리방법서(IAN: International Actuarial Note)를 제정하였다.

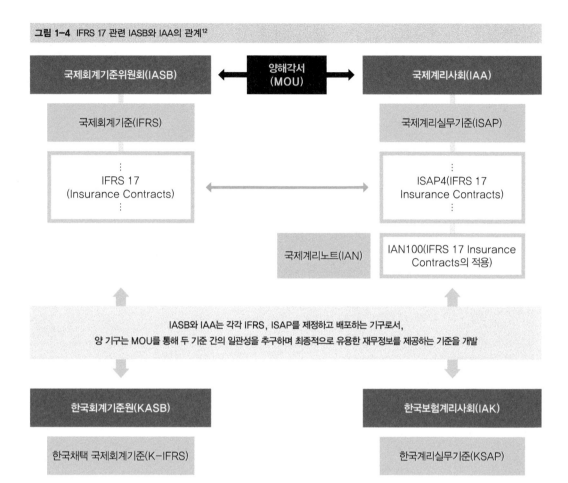

그림 1-4 IFRS 17 관련 IASB와 IAA의 관계[12]

국제회계기준위원회(IASB) ◄ 양해각서 (MOU) ► 국제계리사회(IAA)

국제회계기준(IFRS)　　국제계리실무기준(ISAP)

IFRS 17 (Insurance Contracts) ◄► ISAP4(IFRS 17 Insurance Contracts)

국제계리노트(IAN)　　IAN100(IFRS 17 Insurance Contracts의 적용)

IASB와 IAA는 각각 IFRS, ISAP를 제정하고 배포하는 기구로서, 양 기구는 MOU를 통해 두 기준 간의 일관성을 추구하며 최종적으로 유용한 재무정보를 제공하는 기준을 개발

한국회계기준원(KASB)　　한국보험계리사회(IAK)

한국채택 국제회계기준(K-IFRS)　　한국계리실무기준(KSAP)

❗ 주요 국가의 보험계리사들이 성공적인 IFRS 17 도입을 위한 국제계리기준 제정에 참여하고 IFRS 17을 보완하는 국제계리실무기준 ISAP 4를 제정

12　한국보험계리사회 보도자료(2021. 11. 08.) "한국계리실무기준(KSAP) 제4호 및 IFRS 17 계리적 가정 실무기준 제정"에서 발췌.

표 1-2 IAN100 목차

서론(INTRODUCTION)
제1장 – 계약 분류(Classification of Contracts)
섹션 A – 일반측정접근법 소개(Introduction to the General Measurement Approach)
제2장 – 미래현금흐름의 추정(Estimates of Future Cash Flows)
제3장 – 할인율(Discount Rates)
제4장 – 비금융적 위험에 대한 위험조정(Risk Adjustments for Non-Financial Risks)
제5장 – 통합수준(Level of Aggregation)
제6장 – 보험계약마진 및 손실요소(Contractual Service Margin and Loss Component)
섹션 B – 일반측정접근법의 변형(Variations to the General Measurement Approach)
제7장 – 보험료배분접근법(Premium Allocation Approach)
제8장 – 참가 특성이 있는 계약 및 기타 변동 현금흐름을 포함한 계약(Contracts with Participation Features and Other Variable Cash Flows)
제9장 – 재보험(Reinsurance)
섹션 C – 국제회계기준 보험계약에서 공정가치 사용(Uses of Fair Value Measurement in IFRS 17)
제10장 – 공정가치(Fair Value)
제11장 – 사업결합과 계약이전(Business Combinations and Portfolio Transfers)
제12장 – 전환(Transition)
섹션 D – 기타 국제회계기준 보험계약 주제(Other IFRS 17 Topics)
제13장 – 내재파생상품(Embedded Derivatives)
제14장 – 계약변경 및 해지(Contract Modifications and Derecognition)
섹션 E – 표시 및 공시(Presentation and Disclosure)
제15장 – 발행된 (재)보험 계약 및 출재보험 계약의 재무보고와 관련된 주요 용어 소개 및 설명(Introduction and Explanation of Key Terms Relevant to the Financial Reporting of (Re)insurance Contracts Issued and Reinsurance Contracts Held)
제16장 – IFRS 17 보험계약의 요약 표시 요건(Presentation Requirements Outlined in IFRS 17 – Insurance Contracts)
제17장 – IFRS 17 보험계약의 공시 요건(Disclosure Requirements Under IFRS 17 – Insurance Contracts)

1.2 IFRS 17의 주요 특징

1.2.1 IFRS 17 기준서의 구성

IFRS 17 기준서(이하 '기준서')는 '본문과 부록', '적용사례', '결론도출근거'의 크게 세 파트로 구성되어 있다.

표 1-3 IFRS 17 기준서의 구성[13]

구분			구성
파트 1	본문과 부록	본문	문단 수: 132
		부록 A(용어정의)	용어 수: 22
		부록 B(적용지침)	문단 수: 137
		부록 C(시행일과 경과규정)	문단 수: 34
		부록 D(다른 기준서 개정)	
파트 2	적용사례		사례 수: 18
파트 3	결론도출근거		문단 수: 407

파트 1에서 본문(IFRS 17 Insurance Contracts)은 보험계약의 인식, 측정, 표시 및 공시의 네 원칙을 9개 단원으로 구성하여 정하고 있고 총 132개 문단을 통해 설명한다.

부록은 부록 A(용어정의)와 부록 B(적용지침) 137문단, 부록 C(시행일과 경과규정), 부록 D(다른 기준서 개정)로 구성되어 있다. 이 중 부록 B(적용지침)는 기준서 본문의 주요 기준과 원칙에 관해 상세한 수준에서 해석하면서 가이드를 제공한다.

파트 2는 '적용사례'인데 총 18개 사례를 제시하고 있다. 가상의 데이터들이 어떻게 회계처리되는지를 예시함으로써 기준서의 원리를 살펴본다.

---

13 적용사례, 결론도출근거는 기준서를 구성하지는 않으나 기준서를 적용하는 데 편의를 제공하기 위해 제시된 것으로, 본서에서는 편의상 파트 1, 2, 3을 IFRS 17 기준서의 구성요소로 본다.

파트 3은 기준서를 제정한 기준에 대한 '결론도출근거(Basis for conclusions)'인데 기준 채택의 이유와 근거, 그리고 채택되지 못한 논의 내용까지 자세히 설명한다.

표 1-4 IFRS 17 기준서 본문의 구성

목차	문단 번호
목적	1~2
적용범위 • 보험계약의 결합 • 보험계약에서 구성요소의 분리	3~13
보험계약의 통합수준	14~24
인식 • 보험취득 현금흐름	25~28
측정 • 최초 인식 시 측정 • 후속측정 • 손실부담계약 • 보험료배분접근법 • 출재보험계약 • 재량적 참가특성이 있는 투자계약	29~71
변경 및 제거 • 보험계약의 변경 • 제거	72~77
재무상태표 표시	78~79
재무성과표: 인식 및 표시 • 보험서비스결과 • 보험금융수익(비용)	80~92
공시 • 인식한 금액에 대한 설명 • 기준서 적용 시 유의적인 판단 • 이 기준서의 적용범위에 포함되는 계약에서 생기는 위험의 성격과 정도	93~132

❗ IFRS 17 기준서는 크게 본문과 부록, 결론도출근거, 적용사례의 세 부분으로 구성

1.2.2 주요 특징

IFRS 4는 일부 의무조항을 제외하고는 각국의 보험회계 관행을 그대로 인정했다. 예를 들면 보험부채를 원가로 평가하는 체계를 그대로 유지하고 있으므로 보험판매시점의 금리를 적용하여 보험부채를 평가하는 것, 보험설계사에게 지급하는 모집수당 등을 바로 비용으로 처리하지 않고 이연자산으로 인식하여 보험상품 판매 첫해의 손실을 줄이는 것, 보험계약자로부터 보험료를 받게 되면 그 보험료 전체를 매출로 인식하는 것 등의 관행을 인정하였다.

반면, IFRS 17은 국제적으로 통일된 보험회계기준을 마련하는 것을 목표로 하므로 각국의 이러한 보험회계 관행은 인정하지 않는다. 재무제표 보고시점에 다시 추정된 가정을 적용하여 보험부채를 현행가치로 평가하고, 수입보험료 전부를 매출로 인식하는 것이 아니라 수입보험료 중 보험회사가 당해연도에 보장서비스를 제공한 몫만 매출로 인식한다.

1.2.2.1 보험부채 측정: 원가기준 → 현행가치

기존 IFRS 4는 과거 정보인 보험판매시점의 금리를 이용하여 보험부채를 측정하기 때문에 보험회사의 재무정보가 보험계약자에게 지급할 실질가치를 적절히 반영하지 못한다.

반면, IFRS 17은 부채를 시가평가하므로 현재시점의 시장 상황이 그대로 보험회사 재무제표에 표시된다. 보험회사는 보험계약에 따른 모든 현금흐름을 추정하고 현재시점, 즉 보고시점의 계리적 가정과 경제적 가정을 사용하여 보험부채를 측정한다. 재무제표 작성시점의 가정과 위험을 반영하여 보험금 지급의무, 즉 책임준비금을 현시점에서 측정된 가치로 표현할 수 있다.

보험회사의 재무제표 중 재무상태표와 재무성과표(손익계산서)가 가장 중요하다고 할 수 있다. 그런데 IFRS 17을 IFRS 4와 비교해 봤을 때 재무성과표는 상당한 변화가 있다. 반면 재무상태표는 재무성과표에 비하면 변화가 적다고 할 수 있지만, 다음과 같은 세부 변경이 있다.

그림 1-5 IFRS 17의 보험부채 구성[14]

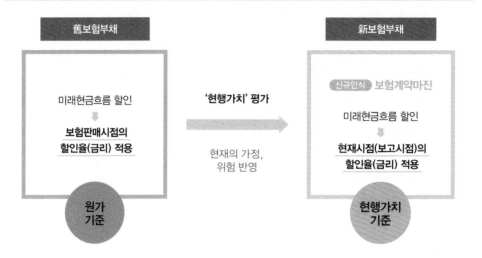

가. 책임준비금 구성항목

기존 보험부채는 보험료적립금, 지급준비금 등의 항목으로 구성되어 있었지만, IFRS 17에서는 최선추정부채, 위험조정 및 보험계약마진으로 구성된다. 즉 재무상태표상 책임준비금의 구성항목이 크게 달라졌다.

나. 미상각신계약비

보험설계사에게 지급하는 모집수당 등 지출액이 과거 회계에서는 재무상태표상 미상각신계약비(DAC: Deferred Acguisition Cost)라는 자산항목에 계상되었다. 그리고 7년 동안(보험기간이 7년보다 짧으면 그 기간 동안) 나누어 상각해서 비용처리했는데, 이 미상각신계약비라는 항목이 IFRS 17의 재무상태표에서 삭제되었다. 보험부채를 구성하는 항목이 최선추정부채, 위험조정, 보험계약마진으로 구분되는데, 최선추정부채 평가 시 미상각신계약비 관련 현금흐름도 포함된다.

---

14 금융감독원 보도자료(2021. 06. 10.) "새로운 보험계약 회계기준인 기업회계기준서 제1117호(보험계약)를 '23.1.1일부터 시행합니다."에서 발췌.

다. 보험미수금 및 보험미지급금

보험계약자가 보험료 납입기일에 보험료를 납입하지 않았을 때가 보험미수금이고, 보험회사가 보험금 지급 기일 내 지급하지 않은 보험금이 보험미지급금 항목이다. 기존에는 이 항목들을 별도의 자산과 부채 항목으로 계상하였다. 이들도 마찬가지로 최선추정을 평가할 때 반영되므로 재무상태표에서 삭제되었다.

라. 보험계약부채 평가손익

보험계약부채가 시가평가되기 때문에 시가평가에 따른 평가손익이 발생하게 되는데, 그 평가손익을 자본항목 중 기타포괄손익누계액의 '보험계약자산(부채) 순금융손익'[15] 이라는 항목을 신설해서 계상한다.

1.2.2.2 보험수익 인식: 현금주의 → 발생주의

IFRS 4의 재무성과표는 어떤 이익이 어디서 나오는지가 제대로 표시되지 않았다. 그래서 어떤 보험회사가 사망률 관리를 잘해서 이익을 낸 것인지, 투자를 잘해서 이익이 생긴 것인지 등을 명확히 알 수 없다. 그러나 IFRS 17은 어떤 보험회사가 어디서 이익을 창출하는지를 재무성과표만 보아도 바로 알 수 있도록 이익의 원천을 그대로 표시하여 작성한다.

기존 보험회계기준은 현금주의를 적용하였기 때문에 보험회사가 보험료를 받으면 그 보험료를 그대로 보험수익으로 인식했다. 따라서 보험수익정보가 보험계약자에게 제공하는 서비스를 적절히 반영하지 못했다. IFRS 17은 매 회계연도별로 보험회사가 계약자에게 제공한 보험계약서비스를 반영하여 보험수익을 인식한다.

보험사건과 관계없이 보험계약자에게 지급하는 해약환급금이나 만기환급금 등 투자요소는 보험수익에서 제외한다. 자산의 투자수익, 보험부채의 금융위험 가정 변동 등의 투자손익을 보험손익과 구분 표시함에 따라 정보이용자는 손익의 원천을 확인할 수 있다. 또한 보험회사가 서비스를 제공한 시점, 즉 발생시점에 보험수익을 인식하

---

15 보험계약부채를 시가로 평가함에 따라 발생하는 손익 중 경제적 가정(예: 금리)의 변동에 따른 평가손익.

므로 발생주의에 기반하고 있는 다른 산업의 재무정보와 비교 가능하다.

그림 1-6 IFRS 17 재무성과표의 보험수익 등 표시 예시[16]

IFRS 17은 보험회사가 서비스를 제공하여 이익을 실현한 결과를 더 잘 나타내기 위해서, 금융요소에 의해서 발생된 손익은 보험서비스를 제공해서 발생된 것과 다르다고 본다. 따라서 보험금융수익(비용)은 보험서비스결과(보험수익 표시 포함)와 구분하여 별도로 표시한다. IFRS 17은 손익을 보험서비스결과와 보험금융수익(비용)으로 세분화할 것을 요구하고 있다. 보험서비스결과와 보험금융수익(비용)을 구분하는 것이 보험회사의 성과에 대해 유용한 정보를 제공하기 때문이다. [80]

보험금융비용은 화폐의 시간가치(및 그 변동 효과)와 금융위험(및 그 변동 효과) 등에

---

16 금융감독원 보도자료(2021. 06. 10.) "새로운 보험계약 회계기준인 기업회계기준서 제1117호(보험계약)를 '23.1.1일부터 시행합니다."에서 발췌.

서 발생하는 부채의 변동으로 이루어지고 있음을 명시하고 있다. *[87]*

보험손익(보험서비스결과)은 보험수익에서 보험서비스비용을 차감하여 산출하며, 투자서비스결과(투자손익)는 IFRS 9에 따라 산출되는 투자서비스수익에서 보험금융수익(비용)을 차감하여 산출되는 구조이다.[17]

> ❗ IFRS 17은 보험부채를 시가평가하고, 발생주의를 원칙으로 수익·비용을 전체 보험기간 동안 인식함에 따라 보험회사의 경제적 실질을 반영한 정보 제공

1.3 IFRS 17과 K-ICS

1.3.1 IFRS 17과 감독회계, 건전성회계[18]

보험회사는 재무제표의 자산과 부채 항목별로 평가(valuation) 방법을 정해야 하는데, 이 방법을 정하는 기준은 그 이용목적에 따라 달라지게 된다.

1.3.1.1 일반회계

일반회계기준(GAAP: Generally Accepted Accounting Principles)은 주주와 투자자 등 외부정보이용자의 의사결정에 필요한 보험회사의 일반적인 정보를 제공하기 위한 목적의 회계기준이다. 이는 「외부감사법」에 근거하는데, 앞서 살펴본 것처럼 우리나라는 IFRS를 전면도입하여 이 기준을 제정하였다.

IFRS 4나 IFRS 17은 일반회계기준으로 주주와 금융시장에 보고하기 위한 목적으로 보험부채를 평가하고 있으므로 이렇게 평가된 보험부채는 법정책임준비금과 다르고, 한국회계기준원 산하 회계기준위원회가 정한 회계기준과 지침에 따라 결정된다.

---

17 IFRS 4에서는 이자비용이 보험손익에 포함되어 있으며 다른 요소와 명시적으로 구분되지 않는다.
18 김호균 외(2020). "알기쉬운 보험·연금수리학". 182-183쪽에서 발췌하여 재구성.

1.3.1.2 감독회계

감독회계기준(SAP: Statutory Accounting Principles)은 감독당국이 보험회사 재무건전성 유지와 보험계약자 보호 등과 같은 감독목적을 달성하기 위해 개별 보험회사의 재무건전성을 관리하고 보험회사별 재무정보의 비교가능성을 제고할 목적으로 제정한 회계기준을 의미한다. 이는 「보험업법」에 근거를 두며 감독당국이 보험감독회계 운영원칙[19]에 따라 관련 규정 및 세칙의 제·개정을 담당한다.

1.3.1.3 건전성회계

지급여력제도는 예상치 못한 손실이 발생해도 보험회사가 보험금을 충실히 지급할 수 있도록 추가자본을 보유하도록 강제하는 제도이다. 보험회사에 내재된 리스크를 '요구자본'이라 하고 보험금 지급에 사용할 수 있는 기본자본과 보완자본을 '지급여력금액'이라고 하며, 요구자본에 대한 지급여력금액의 비율을 지급여력비율이라고 하는데, 감독법규에 의해 이 지급여력비율은 100% 이상으로 유지되어야 한다.

지급여력비율 = 지급여력금액/요구자본

　건전성회계기준(PAP: Prudential Accounting Principles)은 보험회사의 이러한 지급여력비율 산출에 기초가 되는 재무상태표 작성을 위한 자산·부채평가기준을 제공하는 회계기준이다.

1.3.1.4 기타 회계

이 외에도 세무당국이 과세표준을 정하는 목적으로 세무회계(TAP: Tax Accounting Principles)에서 회계기준을 정할 수도 있고, 보험회사의 경영진이 경영전략, 상품개발, 영업, 자산운용 등 주요 내부 의사결정을 위한 목적으로 하는 경우에는 관리회계에서 자율적으로 정할 수도 있다.

19　보험회계 운영의 국제적 추세와 일관성 확보, 재무건전성 확보를 위한 감독목적 달성, 보험계약자 보호를 위한 감독목적 달성, 국내 보험회사의 실무적용 효율성 제고[금융·감독원(2021. 12.). "보험감독회계 도입방안." 23쪽].

1.3.2 감독회계와 K-ICS의 관계

나라마다 보험산업의 역사적 배경과 경제적 상황이 다르기에 일반회계, 감독회계, 건전성회계 간의 상호 관계가 차이를 보인다. 우리나라는 일반회계와 감독회계는 비교적 일원화되어 있는 반면, 건전성회계는 별도로 운영되는 체계를 지니고 있다. 각 관계를 구체적으로 살펴보면 다음과 같다.

1.3.2.1 감독회계

우리나라의 감독회계는 「보험업법」 등에서 별도로 규정한 바 없는 경우가 아니라면 일반회계인 한국채택국제회계기준의 인정범위 내에서 건전성 확보, 계약자 보호 등 감독목적 달성을 위한 기준을 제시한다. 따라서 재무제표 표시의 경우 다소 차이가 있으나, 자산, 부채, 자본 및 순이익이 감독회계와 일반회계가 거의 동일하여 실질적인 일원화 체계로 운영되고 있다.

특히, 우리나라 감독회계기준은 보험회사 간 비교가능성 확보를 위해 일반회계기준이 모호하게 제시하고 있는 원칙을 보다 구체적으로 제시하는 기능을 수행하고 있는 측면이 크다. IFRS 17이 구체적 언급을 하지 않고 있는 보험부채 평가를 위한 할인율 산정방법, 위험조정 측정 및 상각방법 등을 감독당국이 일괄적으로 제시하는 것이 대표적인 예라 할 수 있다. 그러나 이처럼 감독회계가 보험회사 감독을 위한 일관된 기준을 제시하고 있다고 해서, 보험회사가 일반목적 재무보고 시 감독회계기준을 반드시 준수해야 하는 것은 아니다. 보험회사가 감독회계기준이 일반목적 재무보고에 적합하지 않다고 판단할 경우 일반회계의 원칙 범위 내에서 자신에게 적합한 별도의 회계처리방식을 정하여 일관되게 적용하는 것이 가능하다.

따라서 보험회사가 일반목적 재무보고를 위해 감독회계기준을 적용하는 경우 일반회계기준과 감독회계기준을 동시에 준수하며 동일한 재무제표가 작성·보고되는 반면, 일반목적 재무보고 시 감독회계기준을 적용하지 않는 경우에는 양자의 재무제표가 서로 달라질 수 있다.

1.3.2.2 건전성회계

건전성회계는 일반회계와 감독회계가 실질적으로 일원화된 것과는 달리 이원화되어 별도로 운영된다. 건전성회계는 목적 자체가 예상치 못한 재무적 충격에 대한 보험회사의 재정건전성 여력을 평가하기 위함이다. 우리나라는 지급여력제도가 새로운 IFRS 17 체제하에서 충실히 운영될 수 있도록, 국제보험감독자협의회(IAIS: International Association of Insurance Supervisors)의 국제보험자본기준(ICS: Insurance Capital Standard)을 참고하여 새로운 건전성회계기준인 신(新)지급여력제도(K-ICS)를 제정하여 IFRS 17과 함께 2023년 1월 1일부터 시행하고 있다. 국제보험자본기준의 경우 IFRS 17의 원칙을 상당 부분 수용하고 있으나, 목적 자체가 다르기에 보험부채 평가 방법 등에서 주요한 차이를 보인다.[20] 그 결과 우리나라의 건전성회계는 일반회계 및 감독회계와는 독립적으로 운영된다.

다만, 일반회계와 건전성회계가 이원화되어 있지만, 실무에서는 일반회계가 건전성회계를 참고하는 경우가 많다. 원칙중심의 IFRS 17에 비해 건전성회계기준(K-ICS)은 보험부채의 시가평가를 통해 산출된 지급여력비율이 법정 기준에 미달할 경우 적기시정조치 등이 이루어짐에 따라 보험업법령에서 시가평가와 관련된 세부적 규정과 방법을 명시하고 보험회사가 이를 준수하도록 강제하고 있다. 그 결과 보험회사들은 IFRS 17의 원칙 범위 내에서 자율적으로 회계처리를 하되, 실무적으로는 건전성회계에서 정하고 있는 규정(방법론)을 준용하고 있는 경우가 적지 않다. 경영자행동을 포함한 보험료 조정률의 최대한도를 적용하는 것, 사업비율, 해지율, 보험계약대출 가정 등 보험부채 평가를 위한 계리적 가정 산출 시 K-ICS 규정을 준용하는 것 등이 대표적인 사례라 할 수 있다.[21]

---

20 ICS는 IAIS가 2008년 금융위기 이후 국가별 자본규제의 비교가능성을 제고하고자 2014년부터 마련한 건전성회계기준으로 국제적 보험그룹(IAIG: Internationally Active Insurance Group)을 적용대상으로 하고 있다. 우리나라가 이러한 ICS를 참조하여 건전성회계기준을 마련한 것은 IFRS 17 도입에 따른 보험부채 현재가치 평가와 일관성을 유지하는 것뿐만 아니라, 국제보험자본규제와의 정합성 확보를 위해 새로운 회계기준 도입이 불가피했기 때문이다.

21 그 외에도 장래손해조사비 관련 부채를 K-ICS에서 제시한 '(개별추산 × 50% + IBNR × 100%) × 손해조사비율' 형태로 간편법을 적용하여 산출하거나, 재보험 거래 상대방의 부도 시 회수가능금액을 추정하여 현금흐름에 반영함에 있어 회수율은 보험회사의 합리적인 가정을 사용하여 추정하되 K-ICS 규정을 준용하여 그 값을 50% 이하로 제한하는 경우 등도 일반회계가 건전성회계를 참조한 사례에 해당한다.

이상의 일반회계, 감독회계, 건전성회계 간의 관계를 도식화하면 그림 1-7과 같다.

그림 1-7 일반회계, 감독회계, 건전성회계 간 관계

일반회계(GAAP) **IFRS 17**	≒	감독회계(SAP) **보험업법**	≠	건전성회계(PAP) **K-ICS**

이 책은 IFRS 17의 원칙과 그 이론적 배경을 중심으로 기술하되, 현실적인 사례와 실무적 방법을 독자들이 이해할 수 있도록 필요시 감독회계와 건전성회계와 관련한 내용도 보조적으로 소개하도록 한다.

ⓘ 일반회계기준(GAAP)은 외부정보이용자의 의사결정에 필요한 일반적인 정보 제공이 목적이고, 감독회계 기준(SAP)은 재무건전성 유지와 계약자 보호가 목적이고, 건전성회계기준(PAP)은 지급여력비율 산출기준이며, 세무회계기준(TAP)은 과세표준을 정하는 것이 목적이고, 관리회계기준은 보험회사 경영진의 주요 내부 의사결정이 목적

참고 | IFRS 17 시행과 K-ICS

2023년 IFRS 17 시행과 함께 지급여력제도는 RBC(Risk Based Capital)제도에서 신지급여력제도(K-ICS)로 변경되었다. RBC제도하에서는 보험부채를 원가평가하였는데, IFRS 17 시행에 따른 보험부채 시가평가로 기존 요구자본 산출방식을 전면개편하는 것이 불가피해졌기 때문이다. 또한 기존의 위험계수방식은 금리와 사망률 등 금융환경 변화에 따른 지급능력의 변동을 정교하게 반영하는 데 한계가 있고, 복잡한 상품구조와 옵션 등에 적정한 리스크양 산출 및 다양한 리스크 경감기법에 따른 경감된 리스크양 산출이 곤란한 측면이 있었다. 따라서 신지급여력제도에서는 기존에는 측정되지 않던 장수위험·대재해위험·보유계약 해지위험 등을 새롭게 추가하며 보다 다양한 위험을 반영·측정한다. 그리고 계수를 곱하여 산출하던 방식에서 충격을 부여해 변동액을 산출하는 방식으로 측정 수준을 강화한다.

가. IFRS 17 제정 목적

□ 국제적으로 보험회사 재무정보 비교가능성 제고를 위한 통일된 기준서의 요구 증대

□ 보험회계 재무정보의 효용성 증대

□ 제조업 등 타 산업의 재무정보와 비교가능성 제고

나. IFRS 17이 IFRS 4에서 개선된 점

□ 국제적으로 통일된 기준서 마련

- 보험부채의 시가평가
- 보험서비스 제공 수준에 따라 보험료 수익(매출) 인식
- 원천별(언더라이팅, 사업비관리, 자산운용) 보험이익 표시
- 각국의 보험회계 관행 불인정

□ 보험회계 투명성 강화

- 공시 강화
- 다른 산업과 일관성 있는 회계
- 현재시점의 시장 경제적 상황을 반영하여 재무정보 작성

다. 기준서의 성격

□ IFRS 17은 총 41개 IFRS 기준서 중 하나로 IFRS 4가 폐지되고 2023년 시행

●○○

1. 다음 IFRS 4와 IFRS 17을 비교한 것 중에서 가장 불합리한 것은?

① IFRS 4는 보험부채를 원가평가하고 IFRS 17은 시가평가한다.

② IFRS 4는 각국의 보험회계 관행을 인정하지만 IFRS 17은 인정하지 않는다.

③ IFRS 4는 다른 금융업과 일관성이 있지만 IFRS 17은 일관성이 없다.

④ IFRS 17의 경우 IFRS 4에 비해 주석공시 요구사항이 많고 보다 구체적이다.

※ 다음 중 맞는 것에 ○표, 틀린 것에 ×표 하시오.

2. IFRS 17은 보험회사의 회계처리에 대한 모든 원칙을 정하고 있다. (　　)

3. IFRS 17 제정 시 국제회계기준위원회와 국제보험계리사회가 협업하였다. (　　)

4. 보험회계기준은 2004년에 발표되었기에 IFRS 4로 명명되었고, 이후 개정되어 발표된 연도가 2017년이어서 IFRS 17으로 명명되었다. (　　)

●●○

5. IFRS 17 기준서는 보험계약의 인식, 측정, 표시, 공시 및 손익분석의 5가지 원칙을 정하고 있다. (　　)

●○○

6. 국제회계기준위원회는 보험상품이 여타 금융상품과 특성이 달라 기준서를 별도로 제정하였다. (　　)

7. 일반회계는 재무건전성 유지, 계약자 보호 등 감독목적에 활용하기 위한 재무제표 작성기준으로 「보험업법」에 근거를 두며 금융감독당국이 관련 규정의 제·개정을 담당한다. (　　)

8. 보험사건 발생 여부에 상관없이 모든 상황에서 보험계약에 따라 보험회사가 보험계약자에게 지급하는 해약환급금이나 만기보험금 등은 보험수익에서 제외한다. (　　)

9. 다음 빈칸 Ⓐ, Ⓑ에 적절한 단어를 채우시오.

> IFRS 17 기준서의 최초적용일(date of initial application)은 보험회사가 IFRS 17을 최초로 적용하는 연차 보고기간의 개시일로 (Ⓐ)년 1월 1일이다. 전환일(transition date)은 최초 적용일 직전 연차 보고기간의 기초시점으로 (Ⓑ)년 1월 1일이다.

●○○

10. 다음 빈칸 Ⓐ, Ⓑ에 적절한 단어를 채우시오.

> 국제회계기준위원회가 국제적으로 통일된 보험회계기준인 IFRS 17을 제정한 것은 보험회계정보의 유용성을 증가시키기 위해서 보험계약에 대한 재무보고의 (Ⓐ)와/과 (Ⓑ)을/를 향상하기 위한 목적이었다.
> 이전의 보험회계 실무에 따라 산정된 수익은 국가별로 달라서 종종 보험산업이나 그 밖의 산업에 있는 다른 기업들이 보고하는 정보와 쉽게 비교할 수 없게 수익 금액이 표시되었다. 이러한 (Ⓐ)의 결여를 초래했던 두 가지 일반적인 요인은 '예치금을 수익으로 회계처리하는 것'과 '현금기준으로 수익을 인식하는 것'이었다.
> 보험부채 구성항목의 모든 변동과 손익인식과정은 체계적으로 연관되어 있으나, 이전 보험회계기준은 이를 제대로 반영하지 못하였다. 반면, IFRS 17은 보험부채 구성요소의 모든 변동을 손익으로 표시하여 회계정보의 (Ⓑ)을/를 높인다.

2장

보험계약의
정의와
통합수준

2.1 IFRS 17의 적용범위

2.1.1 보험계약의 정의

> **"계약당사자 일방(계약발행자)이 특정한 미래의 불확실한 사건(보험사건)으로**
> **계약상대방(보험계약자)에게 불리한 영향이 발생한 경우에 보험계약자에게 보상하기로 약정함으로써**
> **보험계약자로부터 유의적 보험위험을 인수하는 계약"[1] [A 보험계약]**

기준서는 계약[2]과 별도로 보험계약을 이렇게 정의하고 있는데, 이 정의에서 보험계약의 "계약당사자 일방"은 보험상품을 판매하는 보험회사를, "보험사건"은 보험계약에 의해서 보장이 되고 보험위험을 발생시키는 불확실한 미래사건을 각각 의미한다. 그리고 "계약상대방"은 그러한 보험사건이 발생했을 때 보험사고에 의해서 피해가 발생해 결과적으로 보상을 받을 권리가 있는 당사자로서 보험계약자를 의미한다.

이러한 보험계약의 정의를 정확히 이해하는 것은 매우 중요한데, 이는 기준서의 적용대상과 범위가 동 정의에 따라 결정되기 때문이다. 즉 어떤 계약이 보험계약의 정의에 부합하면 IFRS 17의 적용대상이 되지만, 투자계약과 같이 보험계약의 정의에 부합하지 않으면 IFRS 17이 아닌 다른 기준서(예: IFRS 15)에서 정한 회계처리를 따라야 한다.[3]

한편 우리나라의 「상법」 제638조는 보험계약을 다음과 같이 정하고 있다.

> **"보험계약은 당사자 일방이 약정한 보험료를 지급하고 상대방이 재산 또는 생명이나 신체에 관하여 불확정한**
> **사고가 생길 경우에 일정한 보험금액 또는 기타의 급여를 지급할 것을 약정함으로써 효력이 생긴다."**

---

1 insurance contract: A contract under which one party(the issuer) accepts significant insurance risk from another party(the policyholder) by agreeing to compensate the policyholder if a specified uncertain future event(the insured event) adversely affects the policyholder. (Appendix A)

2 둘 이상의 당사자 간에 강제할 수 있는 권리와 의무를 창출하는 약정이며, 기업의 관례적인 사업 관행에 의해서 서면이나 구두 또는 암묵적으로 체결될 수 있다. 계약 조건에는 명시적이거나 암묵적인 계약의 모든 조건이 포함되지만 상업적 실질이 없는 조건은 고려하지 않는다. [2]

3 금융상품(표시) 회계기준인 IAS 32는 금융상품을 "거래당사자 어느 한쪽에게는 금융자산이 생기게 하고 동시에 거래상대방에게 금융부채나 지분상품이 생기게 하는 모든 계약"으로 정의하고 있는데, 보험위험은 금융위험 이외의 위험이므로 보험계약은 이 금융상품에 포함되지 않는다.

따라서 이런 기준서의 보험계약에 대한 설명은 「상법」과 크게 다른 점이 없다. 즉 보험계약은 불확실한 사건을 내포하고 있는 보험위험을 보험계약자로부터 보험회사로 옮겨놓는 계약이다.

한편 기준서는 이러한 보험계약 정의 충족 여부 판단을 위한 '보험사건', '보험위험', '피보험이익', '유의성'과 관련한 네 가지 세부 조건을 제시하고 있으며, 해당 기준이 모두 충족되는 경우에 한해 보험계약으로 인정하고 있다.

2.1.1.1 보험사건

보험사건은 보험계약에 의해 보장되고 보험위험을 발생시키는 불확실한 미래사건으로 정의된다. [A 보험사건]

따라서 보험계약의 본질은 이러한 보험사건과 관련된 불확실성 또는 리스크라 할 수 있다. 그런 의미에서 보험계약은 보험계약의 개시시점에서 보험사건에 관하여 다음 중 하나 이상이 불확실한 상태이다.

① 발생 가능성
② 발생 시기
③ 발생할 경우 보험회사가 지급할 금액 *[B3]*

다만, 일부 보험계약의 경우 계약 개시시점 이전에 발생한 사건에서 손실이 발생하더라도 해당 손실이 보험기간 동안 발견될 경우 보장해 준다. 기준서는 이러한 경우를 '보험계약기간 동안 손실을 발견하는 것'으로 보아 보험사건으로 간주한다. 보험계약 개시 이전에 이미 부동산 권리와 관련한 하자에 대한 리스크를 보장해 주는 권원보험(부동산권리보험)을 예로 들 수 있다.

또한 기준서는 보험계약기간 중 보험사건이 발생하였으나 관련 손실이 보험계약기간 종료 후에 발견되는 경우에도, 이를 '보험계약기간 동안 발생하는 사건'으로 보아 보험사건으로 간주한다. 보장기간 내 진단 확정된 질병으로 인한 장해판정이 보험계약 종료 후에 이루어지더라도 후유장해진단비를 지급하는 질병후유장해 특약을 예로 들 수 있다. *[B4]*

한편 이미 발생하였으나 그 재무적 영향이 여전히 불확실한 사건을 보장하는 보험계약도 있다. 예를 들면 이미 발생한 사건의 불리한 진전에 대비한 보험보장을 제공하는 보험계약이 있다. 이러한 계약에서 보험사건은 '그 보험금의 최종원가가 결정되는 것'이다. [B5]

2.1.1.2 보험위험

보험위험은 '계약보유자로부터 계약발행자에게 이전되는 위험으로서 금융위험 이외의 위험'이다. [B7]

즉 보험위험에 해당하기 위해서는 '금융위험 이외의 위험일 것'과 '보험계약자로부터 보험회사에게 이전되는 위험일 것'이라는 두 가지 조건을 동시에 만족시켜야 한다.

가. 비금융위험

보험계약과 관련된 리스크는 개념적으로 '금융위험(financial risk)'과 '금융위험 이외의 위험'(이하 '비금융위험'이라 함)의 두 가지 유형으로 구분된다.

금융위험은 하나 이상의 시장변수나 그 밖의 변수의 미래 발생가능한 변동이 초래하는 리스크이다. 여기서 시장변수는 시장에서 관측될 수 있거나 시장에서 직접 추출될 수 있는 변수이다. 즉 관측가능한 이자율, 상장주식의 가격, 금융상품가격, 일반상품가격, 환율, 가격 또는 비율의 지수, 신용등급 또는 신용지수나 그 밖의 변수를 말한다.

한편 변수가 비금융변수라면 계약당사자에게 특정되지 않아야 한다. 특정 지역의 지진손실지수나 특정 도시의 기온 등이 이러한 계약당사자에게 특정되지 않는 비금융변수의 예에 해당한다. 이에 반해 계약당사자의 자산을 손상 또는 멸실시키는 화재 발생여부 등은 계약당사자에게 특정된 비금융변수에서 생기는 리스크인데, 이것은 금융위험에서 제외한다. [A 금융위험, B8, B42, B43]

비금융위험은 금융위험이 아닌 리스크로 일반적으로 비시장변수에 의해 초래된다. 이러한 비금융위험의 대표적인 예가 보험위험이다. 보험위험은 보험계약에 가입한 보험계약자에게 보상을 지급하도록 하는 우연한 보험사고가 야기하는 리스크이다. 사망률이나 보험금 진전추이(claims development)에 따라 발생하는 리스크가 이에 해당한다.

나. 위험의 이전 · 인수

'보험계약자로부터 보험회사에게 이전되는 위험일 것'이라는 보험위험의 두 번째 조건
은 보험회사가 보험계약자에게 이미 노출된 위험을 인수하여야 한다는 것을 의미한
다. 따라서 계약의 결과로 보험회사나 보험계약자에게 새로운 위험이 초래되었다면, 이
는 보험위험이 아니다. *[B7, B11]*

2.1.1.3 피보험이익

'피보험이익(insurable interest)'은 보험사고로 인하여 생길 피보험자의 재산상의 손해인
데, 보험사고가 발생하지 않음으로 인해 피보험자가 갖는 경제적 이익을 의미한다.

　기준서에서도 불확실한 사건이 보험계약자에게 불리한 영향을 미쳐야 한다는 개념
으로 피보험이익을 언급하고 있다. *[B12, BC73]*

　피보험이익 관점에서 보험회사를 유의적 보험위험에 노출시키지 않고 실효위험, 유
지위험 또는 비용위험에만 노출시키는 계약은 보험계약이 아니다. 실효위험 또는 유
지위험은 보험계약자에 대한 보험금 지급의 변동성이 보험계약자에게 불리한 영향을
미치는 불확실한 미래사건에 달려 있지 않고, 보험계약자의 계약유지 능력 또는 의지
에 달려 있으므로 보험위험이 아니다. 마찬가지로 비용위험은 예상치 못한 비용의 증
가가 발생하더라도 보험계약자에게 불리한 영향을 미치지 않기 때문에 보험위험이 아
니다. *[B14, B15]*

2.1.1.4 보험위험의 유의성

유의적인 보험위험(significant insurance risk)을 이전하는 계약만이 보험계약이다. 유의적
인 보험위험 없이 보험회사를 금융위험에 노출시키는 계약은 보험계약이 아니다. *[B7]*

　여기서 보험위험이 유의적이라는 것은 어떠한 하나의 시나리오에서라도 보험사건
으로 인해 보험회사가 각 계약의 현재가치 기준으로 보험계약자에게 유의적인 추가

4　보험회사가 보험계약의 가격을 결정할 때 예상한 것보다 더 일찍 또는 더 늦게 보험계약자가 계약을 취소할
위험 *[B14]*

5　보험사건과 관련된 원가가 아니라 계약에 따른 서비스 제공과 관련된 관리원가가 예상과 달리 증가할 위험
[B14]

금액을 지급한다는 의미이다.

가. 상업적 실질이 있는 시나리오의 존재

보험사건의 발생가능성이 매우 낮거나 예상되는 불확정 현금흐름의 현재가치가 나머지 보험계약상 현금흐름의 현재가치에서 차지하는 비중이 낮을 수도 있다. 그러나 이런 경우일지라도 만약 보험사건이 상업적 실질(commercial substance)이 있는 어떠한 시나리오에서 유의적인 추가 금액을 지급해야 한다면 해당 보험위험은 유의적이다. *[B17, B18]*

현재가치 기준으로 보험회사에게 손실 가능성이 있으며 상업적 실질이 있는 시나리오가 존재할 경우에만 보험계약은 유의적 보험위험을 이전하는 것으로 본다. [B19, BC67]

그러나 재보험계약은 조금 예외적인데, 어떤 재보험계약이 계약발행자에게 유의적 손실 가능성을 노출시키지 않는다 하더라도, 그 계약이 원수보험계약의 출재된 부분과 관련된 모든 보험위험을 재보험자에게 실질적으로 이전한다면 그 계약은 유의적 보험위험을 이전한 것으로 간주된다. [B19]

회계 토막상식 | 상업적 실질

경제적 거래에 상업적 실질이 있다는 것은 그러한 거래의 결과로 기업의 미래현금흐름의 리스크, 시기(timing), 금액(amount) 중 하나 이상이 변동될 것으로 예상된다는 의미로 거래의 결과가 기업의 미래현금흐름에 의미 있는 영향을 미칠 정도로 중요하다는 것을 뜻한다.

예를 들어 가치가 유사한 동종 자산을 교환(exchange)하는 경우 기업의 미래현금흐름에 유의한 변화가 발생하지 않으므로 상업적 실질이 없는 거래에 해당한다. 반면, 기업의 영업활동과 관련한 대부분의 거래는 금액적 중요성이 있다면 대부분 상업적 실질이 있다고 볼 수 있다.

나. 현재가치 기준으로 산정

유의성 판단 시의 추가 금액은 현재가치 기준으로 산정된다. 발생시기가 불확실한 보험사건이 발생할 때 보험금을 지급하되, 그 지급액이 화폐의 시간가치에 따라 조정되지 않는 보험계약을 생각해 보자. 보험계약자가 사망하면 확정된 정액의 사망보험금을 지급하는 종신보험(주로 확정사망급부 종신보험)이 이러한 유형의 보험계약에 해당한다.

이 상품에서 보험계약자가 사망한다는 것은 확실하지만, 사망시점은 불확실하기 때문에 어떤 개별 보험계약자가 예상보다 일찍 사망할 때 보험금이 조기 지급될 수 있다. 따라서 그 지급액의 명목가치가 사전적으로 확정되어 있다 하더라도 사망시점이 가입 직후에 몰리는 경우라면 현재가치 기준의 지급금이 증가하는 시나리오가 존재하게 된다. 지급액에는 화폐의 시간가치가 조정되어 있지 않기 때문에, 전체 계약포트폴리오 상 손실이 없다고 할지라도 유의적 보험위험이 존재할 수 있다. 이와 유사하게, 보험계약자에 대한 적시보상을 지연시키는 계약조건은 유의적인 보험위험을 제거할 수 있다.

한편 보험회사는 추가 금액의 현재가치를 산정할 때 보험계약의 현금흐름 특성과 유동성 특성을 반영한 할인율을 사용해야 한다. *[B20]*

다. 유의적인 추가 금액 지급

추가 금액(부가금)은 보험사건이 발생하지 않더라도 지급해야 하는 금액을 초과하는 부분의 현재가치이다. 이 추가 금액은 보험금 처리를 위한 비용과 보험금 및 손해액 사정에 필요한 비용을 포함한다. 그러나 다음 네 가지 비용은 제외한다.

① 미래 서비스에 대한 대가를 보험계약자에게 부과할 수 있는 능력의 상실
② 사망에 따른 취소나 해약으로 인한 위약금의 면제
③ 계약의 보유자에게 유의적 손실을 유발하지 않는 사건이 발생할 것을 조건으로 한 지급액
④ 회수 가능한 재보험금 [B21]

라. 개별 계약별 평가

보험회사는 각 계약별로 보험위험의 유의성을 평가한다. 즉 보험사건이 계약 단위로 판단했을 때 추가 금액의 지불을 초래할 수 있는지에 중점을 둔다. 이는 보험회사가 계약을 포트폴리오로 관리하더라도 계약상 권리와 의무는 개별 계약에서 발생하기 때문이다. 따라서 기준서는 개별 계약과 관련하여 보험위험의 유의성을 정의한다. *[BC79]*

따라서 복수의 계약으로 구성된 포트폴리오나 계약집합에서 볼 때 유의적인 손실

발생가능성이 미미하다 하더라도 보험위험은 유의적일 수 있다. [B22, BC80]

마. 유의성 평가시점

계약이 보험계약에 해당하는지 여부는 계약 개시시점에 한 번만 판단한다. 이때 보험
위험의 유의성 여부도 포함해서 판단한다. 다만, 계약의 조건이 변경된 경우는 예외이
다. 또한 계약변경으로 인해 계약이 제거되지 않는 한 보험계약의 정의를 충족하는 계
약은 모든 권리와 의무가 소멸(즉 이행, 취소 또는 만료)될 때까지 여전히 보험계약이다.
[B25, BC80]

바. 유의성 판단의 정량적 기준

기준서는 원칙중심이므로 보험계약이 되기 위한 정량적 지침을 제시하지 않는다. 대
신 US GAAP에서 적용하는 조건인 '유의적인 손실'이 발생할 '합리적인 가능성'이 있
어야 한다는 원론적인 개념 등에 주목한다. 따라서 현재가치 기준으로 보험회사에게
손실이 될 가능성이 있는 시나리오가 상업적 실질이 있는 경우에만 이 계약이 보험위
험을 이전한다는 원론적 요구사항을 추가적으로 제시하고 있다. [BC77, BC78]

한편 우리나라 감독회계(보험업감독업무시행세칙 별표 35)에서는 기준서의 추가 금액
을 '부가급부금'이라는 개념을 통해 다음과 같이 정의하고 있다.

부가급부금 = 보험사고 발생 시 지급금의 현재가치 − 보험사고가 발생하지 않을 경우 지급금의 현재가치

---

6 보험계약의 경우 단일 계약 또는 심지어 유사한 계약들의 단일 묶음(book)도 전체 재무제표에 중요한 손실
을 발생시키는 경우가 많지 않다. 그러나 개별 계약 단위에서는 보험료를 초과하는 보험금을 지급할 위험(보험위
험)이 유의할 수 있다.

7 국제회계기준위원회는 보험위험의 유의성을 모든 결과값의 기대 현재가치 또는 보험료에 대한, 불리한 결과값
들의 현재가치의 기대 평균(확률 가중치)의 비율로 표현하여 정의하는 개념을 받아들이지 않았다. 이러한 개념
은 금액과 확률을 포함하므로 일정 부분 직관적 호소력을 갖는다. 그러나 이러한 정의는 계약이 처음에는 금융
부채였다가 시간이 경과하거나 확률이 재평가되면서 보험계약이 될 수 있다는 것을 의미한다. 국제회계기준위원
회는 듀레이션에 걸쳐 계약이 보험계약의 정의를 충족하는지를 보험회사가 지속적으로 관찰하는 것은 큰 부담이
될 것이라고 보았다. [BC80]

8 정량 지침은 많은 경우 경제적 실질의 유사성에도 불구하고 주어진 구분점을 기준으로 서로 다른 회계처리가
이루어지게 할 뿐만 아니라, 경영자로 하여금 자신의 재량을 활용해 기회주의적인 회계처리를 수행할 기회를 제
공할 우려가 존재한다. [BC78]

그리고 이러한 '부가급부금 비율의 10%'를 보험위험의 유의성 여부를 판단하기 위한 정량적 기준으로 제시하고 있다.

$$\text{부가급부금 비율} = \frac{\text{부가급부금}}{\text{보험사고가 발생하지 않을 경우 지급금의 현재가치}}$$

표 2-1 보험위험 유의성 판단 관련 기준서와 감독회계기준의 비교

구분	기준서	감독회계기준
평가단위	개별 계약	특약을 포함한 개별 계약 단위로 평가
평가시점	계약 개시시점	최초계약 인식시점
유의성 판단 기준금액	보험사건으로 인해 지급되는 추가 금액(현재가치 반영)	부가급부금
유의성 판단 정량적 기준	제시되지 않음	부가급부금 비율이 10% 이상인 경우

> ❗ IFRS 17에서 정의하는 보험계약의 핵심 특성은 ① 보험사건, ② 보험위험, ③ 피보험이익, ④ 보험위험의 유의성이다.

2.1.2 IFRS 17 적용 보험계약

보험계약의 정의에 따르면 상당히 광범위한 범위의 계약이 보험계약으로 포섭될 수 있다고 생각할 수 있다. 이에 국제회계기준위원회는 기준서 적용 범위와 관련하여 발생할 수 있는 불확실성을 해소하기 위해 기준서를 어느 계약에까지 적용할 수 있는지를 다음과 같이 비교적 구체적으로 기술하고 있다.

2.1.2.1 보험계약의 구성

기준서는 보험계약을 다음과 같이 크게 네 가지 유형으로 구분하고 있다.

① 원수보험계약: 원수보험계약은 보험회사 자신이 보험계약의 발행 주체가 되어 보

험소비자에게 판매한 보험계약을 의미한다.

② 수재보험계약: 재보험계약은 해당 보험회사가 재보험회사가 되어 발행한 재보험계약이다. 즉 다른 보험회사의 원수보험계약을 인수하는 경우 이 계약이 수재보험계약에 해당한다.

③ 보험회사가 구매한 보험계약(재보험계약 제외): 보험회사 자신이 보험계약자가 되어 어떤 우연한 사고가 발생했을 때 보상을 받기 위해 다른 보험회사와 체결하고 구매하는 보험계약을 의미한다. 예를 들어 보험회사가 일반적인 기업처럼 소속 임직원들에게 상해사고 등이 발생했을 때 그 보상을 위해 체결하는 단체상해보험을 생각할 수 있다. 단, 다음에 거론할 보험회사가 구매한 재보험계약은 제외한다.

④ 출재보험계약: 출재보험계약은 보험회사가 인수한 위험의 전부 또는 일부를 다른 보험회사에 전가하는 계약을 의미한다. 즉 해당 보험회사가 불확실성을 줄이기 위해 재보험회사에 보험을 드는 경우(출재보험)이다.

이상의 네 가지 보험계약 중에서 세 번째 "보험회사가 구매한 보험계약"은 IFRS 17의 적용대상에 해당하지 않는다. 보험회사가 구매한 보험상품에 대해서도 IFRS 17을 적용하도록 할 경우 보장서비스를 받고자 보험상품을 구매하는 제조업체 등 일반 기업도 IFRS 17을 적용해야 하는 상황으로 이어질 수 있기 때문이다. IFRS 17 제정의 기본 목적이 재무제표 이용자들이 보험계약을 발행하는 기업의 재무제표를 이해하고 다른 기업의 재무제표와 비교할 수 있게 하기 위함이므로, 회사가 보험계약자로서의 지위인 경우(즉 구매한 보험계약)는 원칙적으로 IFRS 17의 기준서 적용대상에서 배제된다.

반면, 네 가지 보험계약 중에서 네 번째 "출재보험계약"은 보험회사가 구매한 보험계약과 동일하게 기업이 보험계약자인 보험계약이지만, 예외적으로 기준서의 적용대상이 되도록 정했다. 이는 보험회사가 보유한 재보험계약(즉 출재보험계약)이 원수보험 발행자로서 보험계약자로부터 인수한 위험의 일부 또는 전부를 제3자(재보험회사)에게 재이전하는 계약이기 때문에 보험계약 발행 기업의 재무제표를 이해하는 데 더 유용하기 때문이다.

예를 들어 보험회사가 일반 보험소비자에게 실손보험을 판매하고, 이 계약과 관련한 위험을 일부 이전하는 재보험계약을 체결하였다면, 이 재보험계약은 네 번째 경우에 해당하여 기준서의 적용대상이 되는 반면, 보험회사가 자신의 직원들을 피보험자로 하여 다른 보험회사의 실손보험에 들었다면 세 번째 경우에 해당하므로 기준서의 적용대상이 아니다. [3]

이상의 내용을 정리하면 표 2-2와 같다.

표 2-2 보험계약 유형과 IFRS 17 적용 여부

구분	원수보험	재보험
보험회사가 발행	①: ○	② 수재보험: ○
보험회사가 구매	③: ×	④ 출재보험: ○

2.1.2.2 보험계약으로 분류하는 사례

보험위험의 이전이 유의적인 경우, 다음 계약들이 보험계약에 해당한다.

① 도난 또는 손상에 대한 보험

② 생산물배상책임, 전문직배상책임, 민사책임 또는 소송비용 관련 보험

③ 생명보험 및 선납장례보험: 보험의 경우 사망은 확실하지만, 사망시기는 불확실하거나 일부 유형의 생명보험에서는 사망이 보험 보장기간 내에 발생할지 여부가 불확실하다.

④ 생명연금 및 퇴직연금: 연금수령자나 퇴직연금 수급권자의 생존이라는 불확실한 미래사건에 대해 보상하는 계약으로, 이러한 계약이 없다면 생존으로 인해 불리한 영향을 받았을 일정 수준의 소득을 제공하는 계약이다. 그러나 회사가 직원을 채용해서 장래에 부담하게 될 퇴직급여 채무나 직원들에게 제공하는 보상인 종업원급여와 관련된 채무는 이 기준서의 적용대상이 아니다. 종업원급여 제도에 따른 사용자의 부채와 확정급여형 퇴직연금제도에 따라 보고되는 퇴직급여채무는 IAS 19(종업원급여)를 적용한다.

⑤ 장애 및 의료비용에 대한 보험

⑥ 채무보증, 신원보증, 이행보증 및 입찰보증: 다른 당사자가 건물을 건설하는 의

무 등과 같은 계약상 의무를 이행하지 못할 경우 보험계약자에게 보상하는 계약이다.

⑦ 제품보증: 제조업자나 판매업자 또는 소매업자가 판매한 재화에 대하여 다른 당사자가 발행한 제품보증은 이 기준서의 적용범위에 해당한다. 그러나 제조업자나 판매업자 또는 소매업자가 직접 발행한 제품보증은 보험계약이 아니고, 이 기준서의 적용범위에 해당하지 않는다. 예를 들어 자동차 회사가 자동차를 판매하고 나서 몇만 킬로미터까지는 구매한 사람에게 보상해 준다거나 컴퓨터를 판매하는 회사가 1년 동안은 무상으로 서비스를 제공하는 계약도 모두 우연성을 내포하고 있고 또 그 상품을 구매한 사람에게 불리한 결과가 발생했을 때 그 제품을 판매하는 기업들이 보상해 주는 개념이기 때문에 보험계약과 유사하고 보험계약의 정의에 부합한다고 볼 수도 있다. 그러나 기준서는 어떤 물건이나 서비스 판매와 관련해서 제조회사가 고객에게 제공하는 보증은 이 기준서의 적용대상이 아니라고 규정하고 있고, IFRS 15(고객과의 계약에서 생기는 수익)과 IAS 37(충당부채, 우발부채, 우발자산)을 적용한다.

⑧ 권원보험: 보험계약이 발행될 당시 발견되지 않은 토지나 건물 소유권의 결함이 발견될 경우 이에 대해 보상하는 보험이다. 이 경우, 보험사건은 소유권의 결함 그 자체가 아니라 결함의 발견이다.

⑨ 여행자보험: 여행 전 또는 여행 중에 발생한 손실에 대하여 보험계약자에게 현금 또는 현물로 보상하는 보험이다.

회계 토막상식 | 일반 제품보증의 회계처리

기업은 고객에게 반품권과는 별개로 결함이 있는 제품을 정상 제품으로 교환할 수 있는 보증 (warranty)을 제공하는 것이 일반적이다. 이러한 보증은 기업이 보증과 관련하여 추가 용역을 제공하는지 여부에 따라 '확신 유형(assurance-type)'의 보증과 '용역 유형(service-type)'의 보증으로 구분된다. 확신 유형의 보증은 고객에게 '제품이 합의한 요구조건에 맞고 의도한 대로 작동할 것이라는 확신'을 주기 위한 보증을 의미한다. 기업이 판매한 제품의 품질을 보증하는 것은 당연한 것이므로 고객은 이러한 확신 유형의 보증을 별도로 구매할 필요가 없다. 따라서 확신 유형 보증은 IFRS 15에 의한 수행의무로 식별되지 않으며, IAS 37 '충당부채, 우발부채, 우발자산'

(계속)

에 따라 회계처리한다.

　이에 반해, 용역 유형의 보증은 제품에 대한 확신을 주는 것에 대해 고객에게 별도의 용역을 제공하는 보증을 의미한다. 용역 유형의 보증은 기업이 계약에서 기술한 기능성이 있는 제품(즉 확신)에 더하여 고객에게 용역을 추가로 제공하기로 한 것이므로 IFRS 15에 의한 수행의무로 식별되며, 기본적인 확신 유형의 보증에 더해 고객에게 기업으로부터 추가적인 용역을 제공받을 수 있는 권리를 제공하므로 별도로 구매할 수 있는 선택권이 있는 것이 일반적이다. 이러한 용역 유형의 보증은 별도의 수행의무로 식별되므로 IFRS 15에 따라 해당 용역이 제공될 때 배분된 거래가격 중 수행의무가 이행된 부분만큼 수익을 인식하게 된다.

⑩ 특정한 사건이 사채 발행자에게 불리한 영향을 미치는 경우 원금, 이자 또는 두 가지 모두의 지급액이 감소하는 대재해채권. 단, 특정한 사건이 이자율이나 환율의 변동인 경우와 같이 유의적인 보험위험을 초래하지 않는 경우는 제외한다.

⑪ 보험스왑 및 계약당사자에게 특정되는 기후, 지질 또는 다른 물리적 변수의 변동에 기초하여 지급하여야 하는 계약 [B26]

⑫ 최저보증 생명보험: 이 생명보험계약은 보험계약자에게 최저수익률을 보장하고 있는데, 이 경우 상당한 금융리스크에 노출된다. 또한 동시에 이 보험상품이 보험계약자의 적립금을 유의적으로 초과할 수도 있는 사망급부금을 약정하고 있으므로, 사망위험 형태의 보험위험이 발생한다. 이 경우 보험회사가 유의적 보험위험과 함께 금융위험에 동시에 노출되는 것인데, 기준서는 이러한 계약도 보험계약의 정의를 충족하는 것으로 본다. *[B9]*

⑬ 지수연동 생명연금: 보험회사가 지급하는 연금 지급액이 가격지수에 연동할지라도 보험사건(특정 연령 이후 생존)이 발생함에 따라 지급되므로 보험계약에 해당한다. 즉 연금수령자의 생존이라는 불확실한 미래사건에 의해 급부금이 지급되므로 보험위험을 이전한다. 가격지수 연동은 파생상품이지만 지수가 적용되는 지급의 횟수는 연금수령자의 생존과 연계되므로 보험위험도 이전한다. 만약 결과적으로 보험위험의 이전이 유의적이라면, 파생상품은 보험계약의 정의를 충족하며, 이 경우에는 그 파생상품을 주계약에서 분리해서는 안 된다. [B10]

⑭ 신·구자산 대체(new for old) 보장보험: 손상된 중고자산을 신자산으로 대체할 수 있는 금액을 보험계약자에게 지급하는 보험상품이다. 이와 유사하게, 급부금이

사망자의 부양가족이 겪게 되는 재무적 손실보다 많더라도 사망이나 사고로 인한 손실을 계량화하기 위해 사전에 결정된 금액을 보험금으로 지급하는 생명보험계약도 보험계약이다. 즉 보험계약자에게 발생하는 불리한 영향(adverse effect)의 경우, 보험회사가 지급하는 보험금이 그러한 불리한 사건의 재무적 영향과 동일한 금액으로 제한되지 않는다. [B12]

⑮ 생존 시 지급하는 급부금을 초과하는 사망급부금을 지급하는 계약: 추가적인 사망급부금이 유의적이지 않은(계약의 포트폴리오 전체가 아닌 해당 계약을 참조하여 판단함) 경우를 제외하고는 보험계약에 해당한다. 사망에 따른 취소나 해약공제액의 면제는 이미 존재하는 위험에 대하여 보험계약자에게 보상하는 것이 아니라면 이 계약의 평가에 고려되지 않는다. 마찬가지로, 보험계약자의 여생 동안 정기적으로 일정액을 지급하는 연금계약은 생존조건연금의 총 지급액이 경미하지 않다면 보험계약에 해당한다. [B23]

2.1.2.3 보험계약으로 분류하지 않는 사례

다음 계약은 보험계약이 아니다.

① 보험계약의 법률적 형식을 취하고 있으나 계약발행자에게 유의적 보험위험을 이전시키지 않는 투자계약: 생명보험계약의 외형을 갖추고 있다 하더라도 보험회사가 유의적인 사망위험이나 장해위험을 부담하지 않는 생명보험계약은 보험계약이 아니다. 이러한 계약은 금융상품이거나 서비스 계약에 해당한다. 다만, 예외적으로 '재량적 참가특성이 있는 투자계약'은 보험계약의 정의를 충족하지 못하지만,[9] 기준서는 그러한 계약이 보험회사에 의해 발행되는 경우에 한해 IFRS 17의 적용범위에 포함되도록 하고 있다.[10]

---

9 '재량적 참가특성이 있는 계약'이라는 것은 임의 배당요소, 즉 계약자배당이 있다는 의미이며, '투자계약'은 보험위험의 유의적 이전이라는 보험계약의 조건을 충족하지 못한다는 의미이다. 우리나라에서는 대표적으로 유배당 퇴직보험이 이에 해당한다.

10 재량적 참가특성이 있는 투자계약이 보험계약의 정의를 충족하지는 못하지만 보험계약을 발행한 보험회사가 이러한 투자계약을 발행했을 때 금융상품이 아니라 보험계약으로 회계처리할 경우의 이점은 다음과 같다. 첫

② 보험의 법적 형식을 취하고 있으나, 보험손실의 직접적인 결과로서 보험계약자가 보험회사에게 미래 지급하는 금액을 취소 불가능하고 강제 가능한 구조를 통해 조정함으로써 결국 모든 유의적 보험위험을 보험계약자에게 전가하는 계약: 예를 들면 일부 금융재보험계약 또는 일부 계약집합은 모든 유의적인 보험위험을 보험계약자에게 전가한다. 그러한 계약은 일반적으로 금융상품 또는 서비스 계약에 해당한다.

③ 자가보험: 보험계약에 의해 보장받을 수 있었을 위험을 자가보유하는 상황에서는 다른 당사자와 어떠한 합의도 없으므로 보험계약이 존재하지 않는다. 따라서 기업이 지배기업, 종속기업 또는 연결실체 내 다른 종속기업에게 보험계약을 발행하는 경우, 내부거래로서 다른 상대방과의 계약이 존재하지 않으므로 연결재무제표상 보험계약이 존재하지 않는다. 그러나 보험회사 또는 보험계약자인 회사의 개별 재무제표나 별도 재무제표에서는 보험계약이 존재한다.

④ 특정 불확실한 미래사건이 발생하면 급부금을 요구하지만, 급부금 지급의 계약상 전제조건으로 그 사건이 보험계약자에게 불리한 영향을 미칠 것을 요구하지 않는 계약: 예를 들어 도박계약 같은 것이다. 그러나 사망이나 사고와 같은 특정 사건에 의해 발생한 손실을 계량화하기 위해 사전에 결정되는 보상금을 특정하는 계약은 보험계약의 정의에서 제외되지 않는다.

⑤ 일방의 당사자를 보험위험이 아닌 금융위험에 노출시키는 파생상품: 보험계약자가 내재된 위험에 대한 노출을 완화하기 위하여 이러한 유형의 계약을 이용하더라도 이는 보험계약이 아니다. 이러한 파생상품은 하나 이상의 특정 변수의 변동에 의해서만 당사자에게 지급(또는 수취권을 부여)하도록 요구하기 때문이다. 예를 들어 보험계약자가 보험회사의 자산에서 생기는 현금흐름과 상관관계가 있는 금융 또는 비금융 기초변수의 위험을 회피하기 위해 파생상품을 이용한다면, 이 파생상품은 보험계약자가 자산의 현금흐름 감소로 불리한 영향을 받는

째, 재량적 참가특성이 있는 투자계약과 직접 참가특성이 있는 보험계약은 때때로 동일한 기초자산 풀에 연계되어 있을 수 있으며, 따라서 두 유형의 계약 모두 보험계약으로 회계처리를 사용한다면 비교가능성이 제고된다. 둘째, 재량적 참가특성이 있는 투자계약에도 보험계약을 위해 개발한 회계모형(재량에 따른 현금흐름에 대한 처리 포함)을 적용하여 평가하는 것이 가장 적절하다. [BC83]

지 여부를 급부금의 지급조건으로 하지 않으므로 보험계약이 아니다.

⑥ 채무자의 채무불이행으로 계약자가 손실을 입지 않더라도 급부금 지급을 요구하는 신용 관련 보증: 신용부도스왑(Credit Default Swap)과 같이 채무불이행 등 특정 사건의 발생에 따라 급부금이 무조건 지급되는 계약은 파생상품에 해당하므로 IFRS 9(금융상품)을 적용하여 회계처리한다.[11]

⑦ 기후파생상품: 계약당사자에게 특정되지 않는 기후, 지질 또는 기타 물리적 변수에 따라 급부금을 지급하여야 하는 계약이다.

⑧ 대재해채권: 기후, 지질 또는 기타 물리적 변수와 같이 그 효과가 계약당사자에게 특정되지 않는 변수에 따라 원금, 이자 또는 두 가지 모두의 지급액이 감소하는 계약이다. *[B13, B27]*

❗ IFRS 17의 적용대상은 보험회사가 발행한 보험계약·수재보험계약·재량적 참가특성이 있는 투자계약, 그리고 보험회사가 구매한 출재보험계약

2.2 보험계약의 분리와 통합

2.2.1 보험계약으로부터 구성요소의 분리

보험계약에는 별도의 계약으로 투자요소 또는 보험계약서비스 이외의 다른 서비스요소가 포함될 수 있다. 이처럼 별도로 구분되는 투자요소 또는 보험계약서비스 이외의 서비스요소에 대해서는 IFRS 17이 적용되지 않는다. *[10]*

즉 분리 대상이 되는 내재파생상품, 명백히 구분되는 투자요소, 보험계약자에게 명

---

11 지급보증(payment guarantee)은 채무자의 부도(default) 사건으로 채권자가 부담하는 손실만큼 보상하는 반면, 신용부도스왑은 그러한 사건이 발생할 경우 채권자가 부담하는 손실 규모와 무관하게 사전에 약정된 금액을 지급한다는 점에서 차이가 있다.

백히 구분되는 재화나 보험계약서비스 이외의 서비스를 보험계약자에게 이전하겠다는 약정은 보험계약과 분리하여 IFRS 9 또는 IFRS 15 등 다른 적절한 기준서를 우선 적용한다. 그리고 타 기준서가 적용되는 기타 요소가 모두 분리되고 난 후에는 주계약인 보험계약의 나머지 모든 구성요소에 IFRS 17을 적용한다. *[11, 12, 13]*

2.2.1.1 내재파생요소의 분리

보험회사는 IFRS 9을 적용하여 분리할 내재파생상품이 있는지와 있다면 해당 파생상품을 어떻게 회계처리할 것인지를 결정한다. 복합계약에 내재된 일부 내재파생상품을 분리 회계처리하면 다음과 같은 효과가 있다.

① 유사한 위험 익스포저를 창출하는 계약상 권리와 의무는 비파생 주계약에 내재되어 있는지에 상관없이 유사하게 회계처리된다.

② 파생상품을 비파생 주계약에 포함하여 당기손익-공정가치로 측정할 수밖에 없다. 그러나 내재파생상품이 주계약인 보험계약과 밀접하게 관련이 있는 경우, 해당 내재파생상품을 분리하여 얻는 효익은 원가보다 크지 않다고 보아 분리하지 않는다. *[11, BC104, BC105]*

2.2.1.2 투자요소의 분리

주계약인 보험계약으로부터 명백히 구분되는 투자요소는 보험계약으로부터 분리한다. 이때 명백히 구분된다는 것은 다음 조건을 모두 충족하는 경우를 말한다.

① 투자요소와 보험요소가 밀접하게 상호 연관되지 않을 경우: 밀접하게 상호 연관되었다는 것은 두 가지 경우이다. 첫째는 한 요소의 가치가 다른 요소의 가치에 따라 변동되어 다른 요소를 고려하지 않고 한 요소를 측정할 수 없는 경우이다. 둘째는 한 요소의 실효나 만료가 다른 요소의 실효나 만료를 야기하여 다른 요소가 없다면 한 요소로부터 보험계약자가 급부를 얻을 수 없는 경우이다.

② 보험계약을 발행하는 보험회사 또는 제3자가 동등한 조건을 가진 계약을 동일한 시장 또는 동일한 국가에서 분리하여 팔거나 팔 수 있을 경우: 보험회사는 이

러한 의사결정을 할 때 합리적으로 이용가능한 모든 정보를 고려한다. 그러나 투자요소를 분리하여 팔 수 있는지를 판단하기 위해 과도한 조사를 수행할 필요는 없다. *[B31, B32]*

2.2.1.3 재화나 보험계약서비스 이외의 서비스요소 분리

명백히 구분되는 재화나 보험계약서비스 이외의 서비스를 보험계약자에게 이전하기로 한 약정은 보험계약에서 분리한다. 계약을 이행하기 위해서 반드시 수행해야 하는 활동이 발생할 때 재화나 보험계약서비스 이외의 서비스가 보험계약자에게 이전되는 것이 아니라면, 이러한 분리 여부를 판단할 때 그러한 활동을 고려하지 않는다. 예를 들면 보험회사는 계약을 성립시키기 위해 다양한 관리업무를 수행할 필요가 있는데, 그 업무의 수행은 보험계약자에게 서비스를 이전하지 않으므로 분리되지 않는다.

보험계약자가 재화나 보험계약서비스 이외의 서비스 그 자체에서 효익을 얻을 수 있거나 보험계약자가 쉽게 구할 수 있는 다른 자원과 함께하여 효익을 얻을 수 있다면, 보험계약자에게 약정한 재화나 서비스는 명백히 구분된다. *[12, B33, B34]*

그러나 다음에 모두 해당되는 경우에 보험계약자에게 약정한 재화나 보험계약서비스 이외의 서비스는 명백히 구분되지 않는다.

① 재화나 서비스와 관련된 현금흐름이나 위험이 계약 내 보험요소와 관련된 현금흐름 및 위험과 밀접하게 상호 연관되어 있다.

② 보험회사가 재화나 서비스를 보험요소와 통합하는 유의적인 서비스를 제공한다. *[B35]*

🛈 주계약과 명백히 구분되는 내재파생상품, 투자요소, 재화나 보험계약서비스 이외의 서비스를 보험계약에서 분리하여 다른 기준서를 적용한 후, 나머지 모든 구성요소에 IFRS 17을 적용

2.2.2 보험계약의 통합수준

보험회사의 권리와 의무는 보험계약자와의 개별 계약에서 발생한다. 그러나 많은 보험 활동의 근본적 특성상 보험회사는 일부 보험계약에서는 보험금 청구가 있을 것이고 나머지 보험계약에서는 보험금 청구가 없을 것이라는 것을 인지 혹은 전제한 상태에서 다수의 유사한 계약을 발행한다. 이처럼 보험회사는 다수의 계약을 통해 모든 계약의 전체 결과가 보험회사가 기대했던 것과 달라질 위험을 확률적으로 줄이게 된다.

특히, 기준서는 이익이 예상되는 유사 계약집단은 보험서비스를 제공함에 따라 이

익을 인식하도록 하고 있는 것과 달리 손실이 예상되는 유사 계약집단(손실부담계약)에 대해서는 보수적 관점에서 관련 손실을 손실이 예상되는 즉시 인식하도록 하고 있다.[12] 이처럼 성격이 유사한 보험계약집단의 손익 여부에 따라 손익인식 시기에 영향을 미치는 등 계약을 인식하고 측정하는 통합수준은 보험회사의 재무성과를 표현하는 데 매우 중요한 요소가 된다. *[BC51]*

다만, 계약을 통합하면 보험회사의 보험활동에 대한 재무성과를 보여주는 결과정보의 손실이 일정 부분 불가피하다. 따라서 이러한 정보의 유용성 및 정보를 수집하는 운영상의 부담 간에 균형을 유지하며 통합수준이 결정된다. *[BC52]*

이렇듯 보험회사는 보험계약을 어느 범위까지 하나의 동질한 집단으로 판단하여 평가할지를 결정해야 되는데, 이를 보험계약의 통합수준이라고 한다. 즉 유사한 특성을 가지고 있는 계약들을 용도에 따라 특정 수준으로 묶어 하나의 집단으로 취급하고, 이 묶음을 인식과 측정의 단위로 하여 가치평가하고 그 결과를 부채로 공시한다. 개별 보험계약을 가장 크게는 포트폴리오라는 묶음으로 분류한 후, 이를 수익성과 발행시기를 기준으로 보험계약집합이라는 더 세분화된 묶음으로 분류해야 하는데, 기준서 적용 시 각 묶음의 역할은 표 2-3과 같이 개략적으로 정리할 수 있다.

보험계약의 통합수준에 따른 회계상 차이는 다음 장에서 다루게 될 보험부채의 세부항목별로 상이하게 나타난다. 추후 학습하겠으나, 보험계약의 통합수준에 따른 회계상 차이는 이행현금흐름의 측정에서는 발생하지 않고, 주로 보험계약마진에 대한 측정에서 발생한다.[13]

이행현금흐름은 추정치의 변동이 이익인지 아니면 손실인지, 혹은 추정치의 변동이 과거의 서비스 아니면 당기와 미래의 서비스와 관련이 있는지와 상관없이 모든 추정치의 변동을 포함한다. 따라서 실무적 관점에서 가장 적절한 통합수준에서 이행현금

---

12 이처럼 미래 예상손실을 예측시점에 조기 인식하는 회계처리를 조건부 보수주의(conditional conservatism)라고 부른다. 조건부 보수주의를 포함한 보수주의의 구체적 개념은 제11장 '손실부담 보험계약'에서 보다 구체적으로 설명한다.

13 본 장에서 보험계약 통합수준과 관련된 내용을 일관되게 설명하고자 이행현금흐름, 보험계약마진 등 아직까지 학습하지 않은 용어를 불가피하게 사용하였다. 따라서 이러한 용어가 언급된 부분은 당장 이해하려고 하기보다는 관련 내용을 학습한 후에 다시 공부할 것을 권한다.

표 2-3 보험계약 묶음별 기준서 적용 개요

구분	개념	기준서 적용
개별 계약 (Individual insurance contract)	보험계약에 대한 가장 세분화된 인식단위로서, 회사가 계약실질에 따라 판단하며, 통상 증권번호 단위로 정의됨	• 회계처리(신계약, 제거, 변경 등) 최소 단위 • 보험계약/투자계약 여부(보험위험 유의성 판단) • 보험계약의 최초 인식시점 판단 • 최초 인식시점 보험계약집합 분류를 위한 수익성 판단
계약 세트 (A set of insurance contracts)	계약 세트 내 개별 계약이 모두 동일한 집합에 포함될 것이라는 합리적이고 뒷받침될 수 있는 정보가 있는 경우 사용 가능	• 최초 인식시점 및 후속측정 시, 손실부담계약 여부 판단의 측정 단위로 사용 가능(동일 세트 안에 포함된 개별 계약이 모두 동일한 수익성을 나타낼 것이므로 상쇄효과 없을 것)
보험계약집합 (Group of insurance contracts)	상기 개별 계약 단위에서 수행되는 항목을 제외한 기준서상 모든 회계처리의 기본단위	• 재무제표상 부채(자산) 인식 및 수익 인식 처리 단위 • 보험계약마진 상계 단위
포트폴리오 (Portfolio of insurance contracts)	유사한 위험에 노출되어 있고, 함께 관리되는 개별 보험계약으로 구성됨	• 보험계약의 경계 판단 시 위험재평가 수행 단위 • 재무상태표상 보험계약자산과 보험계약부채 구분 표시 단위(상계처리 단위) • 이행현금흐름 추정 시 포함되는 직접사업비 귀속 단위 • 회계정책 결정 단위[보험금융손익의 체계적 배분 (PL/OCI) 여부에 관한 선택 등]

흐름을 추정할 수 있다.

보험계약마진의 장부금액 조정분 중 일부는 손실인지 이익인지에 따라 서로 다르게 처리되고, 추정치의 변동이 미래 서비스와 관련되는지, 현재 및 과거 서비스와 관련되는지에 따라 서로 다르게 처리된다(제7장에서 자세히 다룸). 여기서 다르게 처리된다는 것은, 보험계약집합의 측정치 내에서 서로 상쇄되는 금액은 계약이 개별적으로 측정되었다면 다르게 처리되었을 것(따라서 서로 상쇄되지 않음)이기 때문에 회계처리의 결과는 조정이 이루어지는 통합수준에 따라 달라진다는 것을 의미한다. *[BC115, BC117]*

> ❶ 보험회사는 많은 유사한 계약을 발행하여 함께 관리하기 때문에 개별 계약들을 적정한 수준으로 통합하여 회계처리함으로써 보험회사의 재무성과에 대한 보다 유용한 정보를 제공

2.2.3 보험계약 포트폴리오

보험계약 포트폴리오(portfolio of insurance contracts)는 '유사한 위험을 가지고 있고 함께 관리되는 보험계약'으로서 보험계약을 묶고 분류하는 가장 큰 단위이다. [A 보험계약 포트폴리오] 보험회사가 보험계약의 포트폴리오를 식별함에 있어 유사한 위험을 가질 것으로 예상되어 함께 관리되는 상품계열 내의 계약은 같은 포트폴리오에 포함될 수 있다. *[14]*

2.2.3.1 보험계약 포트폴리오의 역할
보험계약 포트폴리오가 보험회사의 회계정책 판단에서 수행하는 역할은 다음과 같다.

① 구분된 보험계약 포트폴리오 안에서 보험계약집합을 구분
② 보험금융수익(비용)에 대하여 모두 당기손익으로 인식할지 또는 그 일부를 기타 포괄손익으로 인식할지에 대한 회계정책 선택 단위
③ 계약의 경계를 결정함에 있어 리스크 재평가능력의 판단을 위한 수준
④ 이행현금흐름 측정에 직접 귀속되는 사업비를 결정하는 단위

2.2.3.2 감독회계에서의 구분
감독회계(보험업감독규정시행세칙 별표35 제3장)는 보험회사 간 비교가능성 확보를 위해 일반회계(IFRS 17)상의 포트폴리오 개념에 따라 포트폴리오를 다음과 같이 구분하고 있다.[15] 먼저, 그림 2-1과 같이 원보험과 재보험으로 나누고, 각각에 대하여 생명보험, 장기손해보험, 일반손해보험으로 구분한 후 또 각각에 대하여 유사한 위험으로 묶어 사망, 건강, 연금 등으로 다시 세부적으로 분류하고 있다. 이 최소한의 포트폴리오 구분 기준까지만 감독당국이 제시하고 있고, 보험회사는 이보다 더 세분화된 단위로 구분할 수 있도록 허용하고 있다.

---

14 감독회계상의 포트폴리오는 최소 포트폴리오로 보험회사가 이보다 더 세부적인 포트폴리오를 구성하는 것은 가능하나, 그 이상으로 통합하여 포토폴리오를 구성하는 것은 허용되지 않는다.

15 보험감독회계 도입방안(2021. 12.), 43쪽.

그림 2-1 감독회계 최소 포트폴리오 구분 기준[15]

원보험계약의 포트폴리오 구분

생명보험		장기손해보험		일반손해보험
유사위험	단일집합	유사위험	단일집합	보장담보
사망	유배당	상해	유배당	화재
사망	무배당	상해	무배당	종합
사망	변액	질병	유배당	해상
건강	유배당	질병	무배당	근재
건강	무배당	재물	유배당	책임
건강	변액	재물	무배당	상해
연금/저축	유배당	연금/저축	유배당	기술
연금/저축	무배당	연금/저축	무배당	보증
연금/저축	변액	연금/저축	자산연계	자동차
연금/저축	자산연계	기타	유배당	해외
기타	유배당	기타	무배당	기타
기타	무배당			
기타	변액			

재보험계약의 포트폴리오 구분

생명보험	장기손해보험	일반손해보험
유사위험	유사위험	보장담보
사망	상해	화재
사망	상해	종합
건강	질병	해상
건강	질병	근재
연금/저축	재물	책임
연금/저축	재물	상해
기타	연금/저축	기술
기타	연금/저축	보증
복합	기타	자동차
복합	기타	해외
복합	복합	기타
복합	복합	복합

보험계약 포트폴리오는 유사한 위험을 가지고 있고 함께 관리되는 보험계약의 분류 단위로, 계약을 분류하는 가장 큰 단위

2.2.4 보험계약집합

2.2.4.1 수익성에 따른 구분

보험계약을 묶는 가장 큰 단위가 포트폴리오라면, 하나의 포트폴리오 안에서도 유사

한 위험을 가지고 있고 함께 관리되나 수익성이 상이한 계약이 있을 수 있다. 즉 포트폴리오 내 어떤 계약은 보험회사가 수익성이 높을 것으로 기대할 수 있고, 어떤 계약은 이와 달리 수익성이 낮을 것으로 예상할 수 있다.

이러한 이유로 기준서는 수익성에 따라서 같은 포트폴리오 안에서 보험계약을 최소한 다음의 세 가지 '보험계약집합(GoC: Group of Insurance Contracts)'으로 분류하도록 하였다.

가장 처음 구별해야 하는 집합은 손실을 부담하는 보험계약집합, 즉 '최초 인식시점에 손실을 부담하는 계약집합(이하 '손실계약집합'이라 함)'이다. 회계기준은 발생주의를 원칙으로 하고 있기 때문에 현재시점에 장래 이익이 예상되더라도 당장 인식하지 않고 관련 수행의무가 이행되어 해당 이익이 발생한 시점에서 이를 인식해야 한다. 그러나 손실이 예상되면 이와 다르다. 현재시점에 장래 손실이 예상된다면 손실이 실현되는 시점에서 손실을 인식하는 것이 아니라 지금 즉시 손실을 인식해야 된다. 이는 손실이 예상되는 시점에 해당 손실을 미리 인식함으로써 손실 발생가능 사실을 외부정보이용자에게 신속하게 전달함과 동시에, 관련 부채를 추가 적립함으로써 추후 해당 손실을 보다 효과적으로 감내할 수 있도록 하기 위함이다. 이런 이유로 장래에 손실이 발생할 것으로 예상되는 계약집단을 별도로 묶어서 가장 우선적으로 구분한다.

보험회사는 하나의 보험계약집합의 계약이 다른 보험계약집합의 계약보다 평균적으로 더 수익성이 높을 것으로 기대하면서 두 보험계약집합을 발행할 수 있다. 이 경우, 두 계약집합을 통합한다면 보험계약마진이 상계되어 유용한 정보의 손실을 야기할 수 있으므로 원칙적으로 두 보험계약집합 간에 상계는 없어야 한다. 특히 수익성이 높은 집합과 달리 수익성이 낮은 계약집합은 추정치의 불리한 변동을 흡수할 능력이 더 부족하여 손실계약이 될 수 있다. 따라서 손실계약에 대한 정보는 보험회사의 계약에 대한 가격결정 및 미래현금흐름에 대한 유용한 정보라고 간주하고 이러한 정보가 적시에 보고되어야 하므로 한 집합의 손실계약이 다른 집합의 수익성 있는 계약과 상계됨으로써 이러한 정보가 가려져서는 안 되는 것이다. *[BC119]*

---

16 보험계약에 배분된 이행현금흐름, 이전에 인식한 보험취득 현금흐름 및 최초 인식시점에 계약에서 생기는 현금흐름의 총계가 순유출인 경우 최초 인식시점에 그 보험계약은 손실부담계약이다. [47]

이렇게 손실계약집합을 구분하고 나면 최초 인식시점에 손실이 아닌 계약들이 남게 되는데, 이 집단에서 후속 예측을 해봐도 수익성이 좋아서 손실이 발생하지 않을 것 같은 계약들을 '최초 인식시점에 후속적으로 손실을 부담하게 될 유의적인 가능성이 없는 계약집합(이하 '이익계약집합'이라 함)'으로 하여 또 하나의 집단으로 구분한다.

그리고 마지막으로 남는 나머지 계약들, 즉 '포트폴리오에 남아 있는 계약집합(이하 '기타계약집합'이라 함)'을 또 하나의 집단으로 구분한다. [16]

2.2.4.2 발행시기에 따른 구분

보험계약 포트폴리오의 수익성 추세가 적시에 재무제표에 반영될 수 있도록 발행시점의 차이가 1년을 초과하는 계약은 동일 집합 내에 포함될 수 없다.

다시 말해, 포트폴리오와 수익성 기준으로 구분된 동일한 집단이라 하더라도 보험계약의 발행시점이 크게 차이가 날 경우 속성이 상이해질 수 있기 때문에 회사는 동일 계약집합에 속한 보험계약의 발행시점을 연 단위나 분기 단위 등으로 세분하는 작업을 해야 한다. 이처럼 발행시기에 따라 보다 세분화된 분류를 코호트(cohort)라 부른다. 예를 들어 코호트 단위를 1년으로 정하였다면 2022년 1월 1일에 판매한 보험계약과 같은 해 12월 31일까지 판매된 계약은 같은 계약집합으로 묶을 수 있지만, 2023년 이후 판매된 계약 건들은 이 집단에 속할 수 없고 새로운 계약집합으로 묶어야 한다. [22]

만약 이러한 구분 없이 포트폴리오 내에서 수익성의 유사성으로만 구분하게 되면 영원히 개방형인 포트폴리오(perpetual open portfolio)가 생길 수 있다. 또한 시간의 경과에 따른 수익성 변화에 관한 정보가 소실될 수 있으며 보험계약마진이 집합 내 계약의 듀레이션을 초과하여 남아 있을 수 있어 보험계약마진이 올바른 기간에 이익으로 인식되지 않을 수도 있다. [BC136]

그림 2-2 보험계약의 통합수준

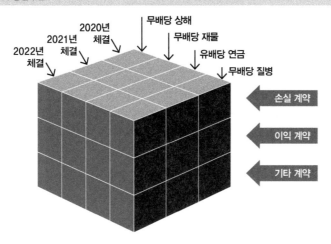

한편 최초 인식시점에 계약의 집합을 정하고 나서 후속적으로는 집합의 구성을 재평가하지 않는다. 다만, 계약집합을 측정하기 위해 집합이나 포트폴리오보다 더 높은 통합수준에서 추정한 이행현금흐름을 계약집합에 배분함으로써 적절한 이행현금흐름을 집합의 측정치에 포함할 수 있다면 계약집합의 측정을 위해 집합이나 포트폴리오보다 더 높은 통합수준에서 이행현금흐름을 추정하는 것은 가능하다. *[24]*

❗ 보험계약 포트폴리오를 최초 인식시점에 개별 계약의 수익성에 따라 손실, 이익, 기타 그룹으로 세분화한 후, 발행시점 차이가 1년을 초과하지 않는 그룹(코호트)으로 더 세분화하여 보험계약집합을 결정

가. IFRS 17 적용범위

□ IFRS 17의 적용대상은 보험회사가 발행한 보험계약·수재보험계약·재량적 참가특성이 있는 투자계약, 그리고 보험회사가 구매한 출재보험계약

□ 보험계약이란 계약발행자가 보험사건으로 인해 보험계약자에게 불리한 영향이 발생한 경우에 보험계약자에게 보상하기로 약정함으로써 유의적 보험위험을 인수하는 계약

나. 보험계약의 분리와 통합

□ 주계약과 명백히 분리되는 내재파생상품, 투자요소, 보험계약서비스 이외의 서비스요소는 보험계약에서 분리하여 다른 기준서를 적용한 후, 나머지 모든 구성요소에 IFRS 17을 적용

□ 보험회사는 많은 유사한 계약을 발행하여 함께 관리하기 때문에 개별 계약을 적정한 수준으로 통합하여 회계처리함으로써 보험회사의 재무성과에 대한 보다 유용한 정보를 제공

□ 보험계약 포트폴리오는 유사한 위험을 가지고 있고 함께 관리되는 보험계약의 분류 단위로, 계약을 분류하는 가장 큰 단위

□ 보험계약 포트폴리오를 최초 인식시점에 개별 계약의 수익성에 따라 손실, 이익, 기타 그룹으로 세분화한 후, 발행시점 차이가 1년을 초과하지 않는 그룹(코호트)으로 더 세분화하여 보험계약집합을 결정

□ 한 집합의 손실계약은 다른 집합의 수익성 있는 계약과 상계 금지

1. 다음 중에서 IFRS 17이 적용되지 않는 계약은 무엇인가?

① 보험회사가 발행한 원수보험

② 보험회사가 발행한 재보험계약

③ 보험회사가 구매한 보험계약(재보험 제외)

④ 보험회사가 구매한 재보험계약

2. 보험계약의 통합수준 설정 시 보험계약집합에 대한 설명으로 올바른 것은?

> 가. 보험계약집합은 보험계약부채를 인식하고 측정하는 기본 회계 단위이다.
>
> 나. 보험계약 포트폴리오는 수익성에 따라 최소 세 가지 보험계약집합, 즉 손실계약집합, 이익계약집합, 기타계약집합으로 구분된다.
>
> 다. 모든 보험계약집합은 사실과 상황에 중요한 변화가 발생한 경우, 후속적으로 집합의 구성을 재평가할 수 있다.
>
> 라. 같은 집합 내의 계약은 발행시점의 차이가 1년을 초과할 수 없다.

① 가, 나, 다   ② 가, 나, 라

③ 나, 다, 라   ④ 다, 라

3. 다음 계약 중 기준서에서 정하는 보험계약으로 가장 타당한 것은?

① 특정 불확실한 미래사건이 발생하면 급부금을 요구하지만, 급부금 지급의 계약상 전제조건으로 그 사건이 보험계약자에게 불리한 영향을 미칠 것을 요구하지 않는 계약

② 채무자의 채무불이행으로 계약자가 손실을 입지 않더라도 급부금의 지급을 요구하는 신용 관련 보증

③ 계약당사자에게 특정되지 않는 기후, 지질 또는 기타 물리적 변수에 따라 급부금을 지급하여야 하는 계약

④ 피보험자가 특정 연령 이후 생존할 경우 보험회사가 지급하는 연금 지급액이 가격지수에 연동하는 계약

※ 다음 중 맞는 것에 ○표, 틀린 것에 ×표 하시오.

4. IFRS 17은 보험계약을 개별 계약 건을 기초 단위로 하여 보험계약부채를 평가하도록 정하고 있다. (   )

5. 한 손실계약집합의 손익은 다른 이익계약집합의 손익과 상계 가능하다. (   )

6. 보험회사를 유의적 보험위험과 금융위험에 함께 노출시키는 계약은 보험계약이 아니다. (   )

7. 보험회사는 계약을 포트폴리오로 관리하므로 보험위험의 유의성을 정의할 때 포트폴리오 단위로 판단한다. (   )

8. 보험계약에 포함되어 있는 모든 투자요소는 IFRS 9이나 IFRS 15을 적용하는 대신 IFRS 17을 적용한다. (   )

9. 보험계약집합은 유사한 위험을 가지고 있는 함께 관리되는 보험계약들의 집합이다. (   )

10. 다음 빈칸 Ⓐ, Ⓑ에 적절한 단어를 채우시오.

보험계약의 통합수준에 따른 회계상 차이는 Ⓐ의 측정에서는 발생하지 않는다. Ⓐ은/는 추정치의 변동이 이익인지 아니면 손실인지 혹은 추정치의 변동이 과거의 서비스 아니면 당기와 미래의 서비스와 관련이 있는지와 상관없이 모든 추정치의 변동을 포함한다. 따라서 IFRS 17에서는 실무적 관점에서 가장 적절한 통합수준에서 Ⓐ을/를 추정할 수 있도록 허용한다.

통합수준에 따른 회계상 차이는 주로 Ⓑ에 대한 측정에서 발생한다. Ⓑ의 장부금액 조정분 중 일부는 손실인지 이익인지에 따라 서로 다르게 처리되고, 추정치의 변동이 미래 서비스와 관련되는지, 현재 및 과거 서비스와 관련되는지에 따라 서로 다르게 처리된다.

3장

인식과
측정

3.1 인식과 측정의 개요

3.1.1 보험계약집합의 인식

인식(recognition)이라 함은 자산, 부채, 자본, 수익 또는 비용과 같은 재무제표 요소 중 하나의 정의를 충족하는 항목을 재무상태표나 재무성과표에 포함하기 위하여 포착하는 과정을 말한다.[1] 다시 말해, 분개(journalizing)를 통해 계정과목명과 금액을 통해 계량적으로 기록되는 것을 의미한다. 따라서 경제적 거래로 나타난 재무적 결과가 기록하고자 하는 계정과목의 정의를 충족(요건 ①)하고, 금액을 결정하기 위한 측정의 신뢰성이 담보(요건 ②)될 때 인식이 이루어진다.[2]

보험계약집합의 인식시점은 '기업이 수락한 의무'를 측정하는 측면과 '이행'을 측정하는 측면에서 정할 수 있는데, 궁극적으로는 이 두 방식을 모두 결합하여 결정한다. [BC140]

가. 의무 측정 측면

보험회사는 수락한 의무를 측정하는 측면에서 보험계약집합의 인식시점을 정할 수 있다. 하지만 보험회사로서는 보장기간이 시작되기도 전에 집합을 추적하고 관련 회계처리를 수행하기 위하여 시스템 변경 등을 해야 하므로 소요 비용이 막대할 수 있다.

특히 보장기간이 시작되기 전에 인식하는 금액이 미미하거나 심지어 영(0)인 경우라면 이 회계처리는 효익보다 비용이 더 크게 되어 실익이 없을 우려도 있다.

나. 이행 측정 측면

보험회사는 수행의무의 이행 측정에 초점을 두며 보험계약집합의 인식시점을 정할 수

---

1 K-IFRS 재무보고를 위한 개념체계 *[5.1]* (2019. 4. 19. 한국회계기준원)
2 계량적으로 기록하는 과정은 인식이고, 이와 대비되는 개념으로 비계량적으로 기록하는 방식을 (주석)공시 (footnote disclosure)라 부른다.

있다. 이렇게 보험계약에 대해 이행을 측정하는 데 중점을 두는 방향을 따를 경우 다른 기준서(IFRS 15[3])와 일관성을 갖게 되고, 보험회사의 부담도 덜 하다는 장점이 있다. 하지만 보장개시 전에 발생할 수 있는 상황 변화에 대한 유용한 정보를 잃게 되는 단점이 있다. *[BC140, BC141]*

3.1.1.1 인식시점

일반적으로 보험계약집합의 인식시점은 보장개시일이다. 그러나 다음의 경우에는 예외적으로 인식시점에 관한 기준을 달리 정한다.

- '사실과 상황이 손실계약집합이 존재한다는 것을 나타내는 경우'에는 리스크 수락일, 즉 집합이 손실계약집합이 되는 때에 보험계약을 인식한다. 즉 보험회사가 보험계약집합을 인식하는 시점은 단순히 보험회사가 보험계약을 발행한 시점이 아니라, 다음 세 가지 시점 중에서 가장 이른 시점이다. ① 계약집합의 보장기간이 시작될 때(보장개시일), ② 집합 내의 보험계약자가 초회보험료를 납입해야 할 때(초회보험료 납입약정일), 단, 계약상 납입해야 하는 날이 없는 경우에는 보험계약자로부터 초회보험료를 받은 날을 납입해야 하는 날로 간주한다. ③ 손실계약집합의 경우, 보험계약집합이 손실계약집합이 되는 때
- '사실과 상황이 손실계약집합이 존재한다는 것을 나타내지 않는 경우'이면서 '초회보험료 납입약정일 < 보장개시일'이라면 보장개시일이 아닌 납입약정일에 보험계약을 인식한다. *[25, 26, BC142]*

보장기간 전에 손실계약인 보험계약을 보고하는 것의 효익은 계약을 인식하는 원가보다 크다. 즉 경제적·계리적 상황 등의 변화로 보험계약서비스를 제공하기 전에 보험계약이 손실계약이 된다면, 보험회사는 보장기간이 개시되지 않았을지라도 해당 보험계약을 빨리 손실계약으로 인식하여 불리하게 바뀌어 버린 상황을 반영하는 것이 그러

---

3 IFRS 15(고객과의 계약에서 생기는 수익)에 따르면, 일방의 당사자가 계약에 따라 이행하기까지 기업은 권리나 의무를 인식하지 않는다.

지 않는 것보다 효익·비용 측면에서 더 낫다. 사실과 상황이 보험계약집합이 손실계약이라는 것을 나타낼 때에만 손실계약을 인식해야 한다. 이 방식은 보장기간이 시작되기 전에 집합을 추적할 필요는 없지만 상황의 불리한 변화를 인식하도록 하기 위한 것이다. *[BC143, BC144]*

요컨대, 이익이 예상되는 정상 보험계약의 경우 보장개시일(이행 측정 측면)을 기본 인식시점으로 하되, 보장개시 전 초회보험료 납입이 이루어지는 경우 해당 보험료 납입일(의무 측정 측면)을 인식시점으로 한다. 반면, 손실이 예상되는 손실부담계약의 경우에는 외부정보이용자에게 예상손실과 같은 부정적 정보를 최대한 신속하게 제공하기 위해 리스크 수락일(조건부 보수주의 측면)을 인식시점으로 한다.

그림 3-1 최초 인식시점 도해

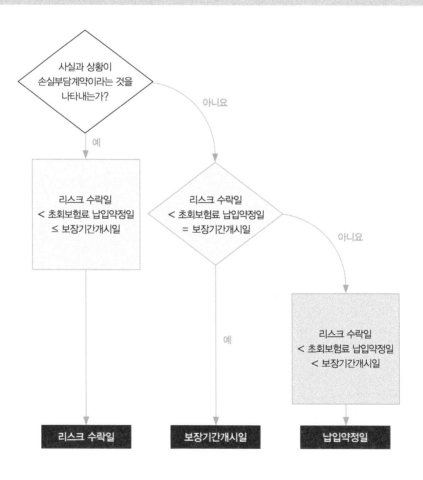

한편 보고기간에 보험계약집합을 인식할 때에는 전술한 세 가지 보험계약 인식시점 중 하나를 개별적으로 충족하는 계약만 포함하며, 새로운 계약이 인식되는 후속 보고기간에 계약의 통합수준 요구사항에 따라 기존 계약집합에 새로운 계약을 추가할 수 있다. [28]

> ⓘ 보험계약집합 인식시점은 일반적으로 보장 개시시점이며, 예외적으로 초회보험료 납입약정일 또는 손실계약집합이 되는 시점일 수 있음

3.1.2 보험계약의 측정과 이익의 인식

측정(measurement)이란 특정 항목을 재무제표에 인식하기 위해서 화폐단위로 수량화하는 과정이다. 즉 재무제표에 기록될 금액(amount)을 결정하는 과정을 의미한다. 측정기준은 크게 역사적 원가[4]와 현행가치[5]로 나뉘는데, 현행가치에는 공정가치, 자산의 사용가치 및 부채의 이행가치와 현행원가가 포함된다.

일반적으로 보험계약의 경우 금융상품과 서비스 계약의 특징이 상호 연관되어 밀접하게 결합되어 있고, 장기간에 걸쳐 상당한 변동성을 가진 현금흐름을 생성한다는 특성이 있다. 따라서 기준서는 이런 보험계약에 대한 유용한 정보를 제공하기 위해 금융 및 서비스 요소를 분리하지 않고 두 요소를 함께 회계처리하도록 정한다. 이때 지켜야 할 원칙은 미래현금흐름은 가능하다면 현행 시장정보와 일관되게 현행가치로 측정[6]하고, 이익은 계약에 따라 미래에 제공해야 할 서비스와 관련되었다면 해당 서비스가 제

---

4 부채가 발생하거나 인수할 때의 역사적 원가는 발생시키거나 인수하면서 수취한 대가에서 거래원가를 차감한 가치이다. [개념체계 6.5]

5 현행가치 측정치는 측정일의 조건을 반영하기 위해 갱신된 정보를 사용하여 자산, 부채 및 관련 수익과 비용의 화폐적 정보를 제공한다. 이러한 갱신에 따라 자산과 부채의 현행가치는 이전 측정일 이후의 변동, 즉 현행가치에 반영되는 현금흐름과 그 밖의 요소의 추정치의 변동을 반영한다. [개념체계 6.10]

6 IFRS 17은 기본적으로 이행가치를 측정함을 원칙으로 하며, 전환시점 공정가치법 적용대상 계약에 대한 보험계약마진을 측정하는 경우에 한하여 일정 부분 공정가치를 측정한다. [※ 전환시점 보험계약마진 = IFRS 13에 따른 보험부채의 공정가치와 이행현금흐름(BEL + RA)의 차이, 즉 (공정가치 − 이행가치)로 산출]

표 3–1 현행가치 개념체계

구분	해설
공정가치	측정일에 시장참여자 사이의 정상거래에서 자산을 매도할 때 받거나 부채를 이전할 때 지급하게 될 가격이다. 공정가치는 기업이 접근할 수 있는 시장의 참여자 관점을 반영한다. [개념체계 6.12, 6.13]
자산의 사용가치	기업이 자산의 사용과 궁극적인 처분으로 얻을 것으로 기대하는 현금흐름 또는 그 밖의 경제적 효익의 현재가치이다. [개념체계 6.17]
부채의 이행가치	기업이 부채를 이행할 때 이전해야 하는 현금이나 그 밖의 경제적 자원의 현재가치이다. 이행가치는 직접 관측될 수 없으며 현금흐름기준 측정기법으로 결정되며, 시장참여자의 관점보다는 기업 특유의 관점을 반영한다. [개념체계 6.17, 6.20]
현행원가	측정일 현재 동등한 부채에 대해 수취할 수 있는 대가에서 그날 발생할 거래원가를 차감한다. 현행원가는 역사적 원가와 마찬가지로 유입가치이다. 이는 기업이 자산을 취득하거나 부채를 발생시킬 시장에서의 가격을 반영한다. 이런 이유로, 현행원가는 유출가치인 공정가치, 사용가치 또는 이행가치와 다르다. 그러나 현행원가는 역사적 원가와 달리 측정일의 조건을 반영한다. [개념체계 6.21]

공(즉 계약상의 수행의무가 이행)되는 기간 동안 제공된 서비스 정도에 따라 나누어 인식하는 것이다.

이 원칙은 보험회사가 최초 보험계약을 인식했을 때뿐만 아니라 그 이후 매 보고기간 말 해당 보험계약을 후속측정했을 때에도 일관되게 준수된다.

그림 3–2 적용대상별 측정기준[8]

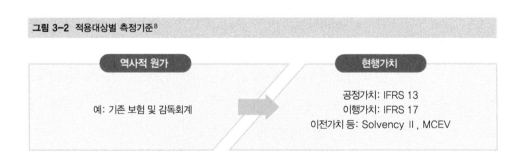

❗ 미래현금흐름은 현행가치로 측정하고, 이익은 서비스 기간 동안 나누어 인식

---

7 이러한 IFRS 17의 핵심원칙은 '고객에게 약속한 재화나 용역을 이전함으로써(또는 기간에 걸쳐 이전함으로써) 계약상의 수행의무를 이행하고, 해당 재화나 용역의 대가로 받을 권리를 갖게 될 것으로 예상하는 (대가를 반영한) 금액으로 수익을 인식'한다는 IFRS 15의 핵심원칙과 일맥상통한다.

8 보험산업 신지급여력제도 및 관련제도 통합이해(한국보험계리사회, 2020).

3.1.3 보험부채 측정

3.1.3.1 보험부채의 종류

보험부채는 계약이 체결되고 나서 보험사고가 발생하기 전과 후로 나누어 살펴볼 수 있다.

가. 잔여보장부채(LRC: Liability for Remaining Coverage)

보험사건이 발생하기 전에 보험계약자에게 보장서비스를 제공하기 위해서 보험회사가 아직 보장을 제공하지 않은, 남은 기간에 대해서 적립하고 있는 부채를 잔여보장부채라고 한다. 즉 아직 발생하지 않은 보험사건에 대해 현재의 보험계약에 따라 조사하고 타당한 보험금을 지급할 의무, 다시 말해 보험보장 중 만료되지 않은 부분과 관련이 있는 의무가 이에 해당한다. 또한 현재의 보험계약으로 아직 제공되지 않은 보험계약서비스, 즉 보험계약서비스의 미래 제공과 관련된 의무와 보험계약서비스 제공과 관련이 없고 발생사고부채로 이전된 적이 없는 투자요소 또는 그 밖의 금액도 잔여보장부채가 된다. *[A 잔여보장부채]*

나. 발생사고부채(LIC: Liability for Incurred Claims)

결산일 현재 보험계약에서 약정한 지급사유는 이미 발생했으나, 지급이 이뤄지지 않아 결산일 현재 지급의무가 존재하는 부채는 발생사고부채로 분류된다. 이 부채는 보험계약에 근거하여 보험회사가 보험계약자, 피보험자, 사고피해자 등에게 지급하여야 할 금액을 의미하며, 크게 보험사고에 대한 보장의무, 투자요소에 대한 환급의무, 배당부 계약에서의 계약자 배당의무로 나뉜다.[9]

이처럼 발생사고부채는 이미 '발생한 보험사건'에 대해 조사하고 정당한 보험금과 기타 발생한 보험비용을 지급할 의무인데, '발생한 보험사건'에는 이미 발생하였으나 보험계약자로부터 아직 보고되지 않은 사건도 포함된다는 점을 유의할 필요가 있다. 그리고 이미 제공된 보험계약서비스 혹은 보험계약서비스 제공과 관련이 없고 잔여보장부

---

9 IFRS17 실무적용사례(한국보험계리사회, 2019. 11.).

채에 포함되지 않는 투자요소 또는 그 밖의 금액을 지급할 보험회사의 의무도 이러한 발생사고부채에 해당한다. *[A 발생사고부채]*

그림 3-3 보험부채의 종류

3.1.3.2 측정모형의 종류와 선택

기준서는 보험부채 측정모형을 일반측정모형(GMM: General Measurement Model, 이하 '일반모형'이라 한다), 보험료배분접근법(PAA: Premium Allocation Approach), 변동수수료접근법(VFA: Variable Fee Approach)의 세 가지로 구분·제시하고 있다.

일반모형은 일반원칙에 따라 보험부채를 이행현금흐름과 보험계약마진으로 구성하는 방법이다(이에 대해서는 다음 절에서 상세히 설명한다). 반면, 변동수수료접근법은 일반모형과 유사하나 금융위험과 관련된 가정의 변동을 보험계약마진에서 조정하는 모형이다.[10] 한편 보험료배분접근법은 수취한 보험료에 기초해 잔여보장부채를 측정하는 단순한 모형으로 일반모형의 간편법에 해당한다.

보험회사는 세 가지 보험부채 측정모형 중 하나를 선택하여 보험계약집합에 적용해야 하는데, 기준서는 이에 대한 원칙을 다음과 같이 제시하고 있다.

우선, 가장 일반적으로 적용하는 모형은 당연히 일반모형이다. 그리고 다음과 같은 요건을 갖춘 경우에 한해 일반모형을 적용하지 않고 다른 수정된 모형을 사용할 수도 있다.

먼저, 해당 보험계약들이 직접참가특성을 갖추었다면 일반모형이 아니라 변동수수료접근법에 따라 보험부채를 측정해야 한다. 여기서 직접참가특성이란 '보험계약자가 명확하게 식별된 자산 포트폴리오에 참여한다는 것이 명시되어 있고, 상당한 몫을 지급

---

10 참고로 일반모형에서는 금융위험과 관련된 가정의 변동을 '보험금융손익'으로 별도 인식한다.

11 보험감독회계 도입방안(2021. 12.). 45쪽.

그림 3-4 보험부채 측정모형[11]

회계 모형	일반모형	직접참가특성이 없는 보험계약에 적용	BEL/RA/CSM 인식 및 측정 필요
	변동수수료접근법	직접참가특성이 있는 보험계약에 적용	
	보험료배분접근법	주로 1년 이하 단기계약의 잔여보장부채를 측정하는 데 적용	간소화하여 산출하는 것을 허용

받을 것이고 그 몫의 상당 비율이 공정가치 변동에 따라 달라질 것으로 예상'되는 특성을 의미하는데, 변액저축성보험이 대표적인 예라 할 수 있다. 변동수수료접근법에 관해서는 제12장에서 자세히 설명한다.

> **직접참가특성을 충족하는가? → (Y) 변동수수료접근법**
> **↳ (N) 일반모형 또는 보험료배분접근법**

직접참가특성이 충족되지 않은 경우라면 다음 두 가지 요건 중 하나 이상의 요건이 충족된다면 '일반모형의 간편법'이라 불리는 보험료배분접근법을 적용할 수 있다.

첫째, 보험계약집합 내 각 계약의 보장기간이 1년 이내로 단기인 경우이다. 이러한 보험계약은 불확실성이 적어 복잡한 일반모형을 적용함에 따른 실익이 크지 않기 때문에 간편한 보험료배분접근법을 적용할 수 있다.

둘째, 일반모형을 적용해서 산출한 결과와 보험료배분접근법에 의해서 산출한 결과에 차이가 미미하다는 것을 보험회사가 입증할 수 있는 경우이다. 보험료배분접근법에 관해서는 제13장에서 자세히 설명한다.

> **직접참가특성을 충족하지 못하는 경우,**
> **보장기간이 1년 이내 또는 방법별 산출결과 차이가 미미한가? → (Y) 보험료배분접근법**
> **↳ (N) 일반모형**

3.1.3.3 감독회계의 측정모형 적용기준

감독회계는 원칙적으로 IFRS 17의 내용을 준용하여 보험부채를 측정한다.

생명보험 및 장기손해보험에 대해서는 일반모형 적용을 원칙으로 하되, IFRS 17에서 규정한 일정 요건을 충족하는 경우 변동수수료접근법, 보험료배분접근법을 적용하도록 규정하고 있다.

그리고 단기보험계약에 대한 보험회사 간 비교가능성 등을 위해 보장기간이 1년 이하인 일반손해보험에 대해서는 원칙적으로 보험료배분접근법을 적용하도록 하고 있다. 단, 외국보험회사 국내지점이 본점의 회계정책을 준용하는 경우 등에는 보장기간이 1년 이하인 일반손해보험에 대해서도 예외적으로 일반모형의 적용을 허용한다.

표 3-2 감독회계의 측정모형 적용기준[12]

구분	원칙	예외
생명보험 및 장기손해보험	일반모형	• 보험료배분접근법 적용 가능 (조건: 보장기간 1년 이하 또는 경과기간별 부채 크기가 일반모형을 적용하는 경우와 유사한 경우) • 변동수수료접근법 의무 적용 (조건: 보험계약자에게 기초항목에 근거한 투자수익을 지급하고 그에 대한 수수료를 수취하는 등 변동수수료접근법 적용기준에 해당하는 경우)
보장기간 1년 초과 일반손해보험		• 보험료배분접근법 적용 가능 (조건: 보험료배분접근법으로 측정된 부채와 일반모형으로 측정된 부채의 크기가 모든 경과연도별로 유사한 경우)
보장기간 1년 이하 일반손해보험	보험료 배분접근법	• 일반모형 적용 가능 (조건: 외국보험회사 국내지점이 본점의 회계정책을 준용하는 등 불가피한 경우)

> • 가장 일반적인 부채측정방법은 일반모형
> • 보험료배분접근법은 수취한 보험료에 기초해 잔여보장부채를 측정하는 단순 모형
> • 변동수수료접근법은 일반모형과 유사하나 금융위험과 관련된 가정의 변동을 보험계약마진에서 조정

---

12 보험감독회계 도입방안(2021. 12.). 46쪽.

3.2 보험부채 측정

3.2.1 보험부채의 구성

기준서는 보험부채를 이행현금흐름과 보험계약마진의 두 가지 요소로 구성한다.

3.2.1.1 이행현금흐름

이행현금흐름(fulfilment cash flows)은 보험회사가 보험계약의 서비스 이행과정에서 발생하게 될 미래 현금의 유입·유출액에 관련 리스크를 조정하여 측정한 기대가치이다.[13] 즉 보험계약을 이행함에 따라 발생할 미래 현금유출액의 현재가치에서 미래 현금유입액의 현재가치를 차감한 것에 대한 명시적이고 중립적인 확률가중추정치(즉 기대가치)로서 비금융위험에 대한 위험조정을 포함한 값을 말한다. *[A 이행현금흐름]*

이러한 이행현금흐름은 다시 다음의 세 가지 하위요소로 구성된다.

가. 미래현금흐름의 기대가치[14]

보험계약은 그 자체가 미래의 불확실성을 내포하고 있는 계약이므로 보험회사는 장래 보험금 등으로 얼마를 지급하게 될지, 그리고 보험계약자로부터 보험료 등을 얼마나 받게 될지를 추정해야 한다. 이때 보험회사는 현재 이용가능한 모든 정보를 반영해서 산출할 수 있는 최선의 기대가치를 구해야 한다. 따라서 미래현금흐름의 기대가치는 명시적이고 중립적인 확률의 가중추정치라고 볼 수 있다. 즉 확률분포에서 합리적으로 기대할 수 있는 기댓값을 의미한다.

---

13 일반적으로 보험계리학에서는 보험계약부채를 "향후 유출될 보험금 등의 계리현가에서 향후 유입될 보험료 등의 계리현가를 차감한 값"으로 산출하는데, 이를 장래법 산출방법(prospective method)이라고 한다.

14 이용가능한 모든 정보를 반영하여 산출한 최선 추정치로서 기대가치(화폐의 시간가치 반영 전 기준).

나. 현재가치 반영(즉 할인)

첫 번째 요소인 미래현금흐름은 현금흐름별로 미래 발생(예상)시점이 모두 다르다. 따라서 발생시기가 상이한 미래현금흐름을 동일한 가치로 환산하여 측정하기 위해서는 화폐의 시간가치 개념이 필요하다. 즉 '미래현금흐름의 추정치에 금융위험이 포함되어 있지 않다면 미래현금흐름과 관련된 금융위험과 화폐의 시간가치를 반영하기 위한 조정'이 필요하다. 구체적으로 미래 예상현금흐름을 각 시점의 적정 할인율을 적용하여 현재가치로 환산함으로써 화폐의 시간가치를 반영하게 된다.

이처럼 첫 번째 요소인 현금흐름의 기대가치에 두 번째 요소인 화폐의 시간가치를 반영한 값을 최선추정부채(BEL: Best Estimate Liabilities)라고 한다. 이는 보험계약의무 이행에 직접 소요되는 현금흐름, 즉 보험금과 사업비 등을 최선추정한 값이다.

다. 비금융위험에 대한 위험조정(RA: Risk Adjustment, 이하 '위험조정'이라 함)

보험계약은 보험계약을 이행함에 있어 비금융위험에서 생기는 현금흐름의 금액과 시기에 대한 불확실성이 존재할 수밖에 없다. 보험회사는 이러한 불확실성을 부담하는 것에 대한 급부로 보험계약자에게 추가적인 보상을 요구하게 되며 이를 별도의 부채로 적립하게 된다.

이렇게 최선추정값에 불확실성까지 감안하여 위험조정을 추가로 반영하면, 보험회사가 보험계약을 이행하기 위해 필요한 현금흐름, 즉 이행현금흐름이 산출된다.

3.2.1.2 보험계약마진

보험계약마진(CSM: Contractual Service Margin)은 보험계약집합에 대한 자산 또는 부채 장부금액의 구성요소로서, 보험회사가 집합 내 보험계약에 따라 보험계약서비스를 제공하면서 인식하게 될 미실현이익이다. [A 보험계약마진]

즉 보험계약마진은 보험계약의 최초 인식시점에서 이익을 즉시 인식하지 않기 위해 필요한 개념으로, 앞으로 제공되어야 할 서비스와 관련하여 향후 얻을 것으로 기대하는 이익, 즉 아직 실현되지 않은 이익을 의미한다.

보험회사가 보험계약을 최초 인식하는 시점에 위험이 조정된 현금유출액의 기대현가가 현금유입액의 기대현가보다 작다면 유출액을 초과하는 금액만큼 이익이 발생

그림 3-5 보험부채 측정 일반모형[15]

총 보험료	보험계약마진	보험계약 장래 이익(향후 이익으로 전환)	이행현금흐름
	위험조정	추정의 불확실성을 보완하기 위한 추가 부채	
	할인	시간가치와 금융위험 반영	
	미래현금흐름 (보험료, 보험금 및 급부금의 기대현금흐름)	보험계약 이행에 따른 미래현금흐름의 명시적이고 편향되지 않은 확률가중추정치	

할 것으로 예상되는 상황으로, 이때 이행현금흐름은 해당 초과금액만큼 음수로 표현된다. 보험회사가 이 초과분을 최초 인식시점에 이익으로 인식하는 것은 허용되지 않기 때문에 보험계약마진이라는 부채로 계상한다. 그리고 보험회사가 보장기간에 걸쳐 서비스를 제공할 의무를 이행할 때 비로소 이 부채를 상각하여 그 이익을 인식한다.[16] *[BC21]*

즉 보험계약마진은 보험서비스가 제공되는 기간에 걸쳐서 이익으로 전환되어 인식될 부분을 나타내는 부채이다.

한편 보험계약집합에서 예상되는 손실은 당기손익으로 즉시 인식해야 한다. 따라서 최초 인식시점에 계약 집합이 손실계약이라면 부(-)의 보험계약마진은 인식되지 않는다. 이로써 보험계약집합의 장부금액은 이행현금흐름과 적어도 같아지게 된다. 즉 보험계약부채는 이행현금흐름보다 작아질 수 없음에 따라 미래 서비스를 제공할 의무를 반영하게 된다.[17] *[BC21, BC284]*

보험계약마진은 제7장에서 상세하게 설명한다.

> ⚠️ • 보험부채 = 이행현금흐름 + 보험계약마진
> • 이행현금흐름 = 미래현금흐름 + 화폐 시간가치와 금융위험조정 + 위험조정

---

15 기업회계기준서 제1117호 '보험계약' 제정 공개초안. 한국회계기준원 조사연구실. 2017. 11쪽.

16 이는 기업이 특정 재화나 용역을 제공하는 조건으로 거래상대방으로부터 현금을 미리 수령하는 경우, 수령한 현금액을 이연수익(부채)으로 인식한 후 실제 약정된 재화나 용역이 제공됨에 따라 이연수익이 차감되며 수익으로 전환되는 일반적인 발생주의 회계처리와 동일한 구조라 할 수 있다.

17 이는 IFRS 15에 따른 고객과의 계약에서 생기는 손익의 인식 방식과 일관된다.

3.2.2 이행현금흐름 측정을 위한 미래현금흐름 추정

이행현금흐름은 리스크가 조정된 현재가치로 측정된다. 기준서는 이를 위하여 어떤 정보를 미래현금흐름에 포함하는지, 어떻게 현금흐름의 기대가치를 추정하는지, 그리고 금융위험이 미래현금흐름의 추정치에 포함되지 않는다면 화폐의 시간가치와 금융위험을 반영하기 위해 현금흐름을 어떻게 조정해야 하는지, 비금융위험의 영향을 나타내기 위하여 현금흐름을 어떻게 조정해야 하는지 등의 원칙을 정하고 있다. 이 절에서는 이러한 미래현금흐름 추정의 개요와 방법을 살펴본다.

3.2.2.1 미래현금흐름 추정의 개요

보험계약집합이 인식되고 나면 어느 시점에 보험료가 입금되고 어느 시점에 보험금과 모집수당 등이 지급되는지와 같은 미래현금흐름을 추정하게 된다.

보험계약은 리스크를 이전하기 때문에 보험계약에 의하여 생성된 현금흐름은 본질적으로 불확실할 수밖에 없다. 이러한 불확실성을 최소화하기 위해 확률적으로 가장 가능성이 높은 결과나 암묵적 또는 명시적 신뢰수준에서 '충분함'을 입증할 수 있는 결과를 만들기 위해서 단일의 현금흐름 추정치를 사용해야 한다고 생각할 수 있다. 그러나 이 경우 현금흐름의 추정 및 관련 확률이 보수적이거나 낙관적일 수 있으며, 이러한 결과로 얻어진 재무정보는 편향되어 경제 현상을 충실하게 반영할 수 없게 될 우려가 있다. 즉 미리 원하는 결과를 얻거나 특정 행동을 유도하려는 기회주의적 의도에 따라 편향될 수 있다. *[BC148]*

따라서 현금흐름 추정은 단일한 현금흐름에 기반하는 것이 아니라 발생가능한 결과의 전체 범위를 반영하는 다양한 시나리오에서 출발한다. 개별 시나리오는 특정 결과에 대한 현금흐름의 금액 및 시기와 해당 결과의 추정확률을 포함한다. 각 시나리오의 현금흐름은 기대 현재가치를 산출하기 위하여 할인되고 해당 결과의 추정확률로 가중평균된다. 즉 다음 3단계에 따라 기대 현재가치가 결정된다.

① 가능한 시나리오를 각각 식별
② 해당 시나리오에서 현금흐름의 현재가치를 측정

③ 해당 시나리오의 발생가능성을 추정 [B38, BC150]

보험회사는 현금흐름을 추정할 때 현금흐름에 영향을 미칠 수 있는 발생가능한 미래사건에 대한 현재의 기대를 고려하여 시나리오를 개발한다. 이때 시나리오 개발의 목적은 미래현금흐름의 가능성이 가장 높은 결과를 산출하는 것이 아니다. 또한 발생가능한 모든 시나리오를 식별하는 것도 아니다. 과도한 원가나 노력 없이 이용할 수 있는 합리적이고 뒷받침될 수 있는 정보를 편의 없이 반영하는 것이 목적이어야 한다. [B37] 즉 그 추정 결과가 평균값을 산정할 때 과도한 원가나 노력 없이 이용할 수 있는 합리적이고 뒷받침될 수 있는 모든 정보를 고려한 결과가 측정목적과 일관된다면, 명시적인 시나리오를 군이 개발할 필요가 없다. 예를 들면 몇 안 되는 매개변수로 완전히 설명할 수 있는 확률분포를 사용하더라도 대체적으로 최종 결과값의 확률분포와 일관될 것으로 추정된다면, 관련된 모든 변수가 아닌 소수의 해당 매개변수를 추정하는 것만으로 충분할 수 있다. 이와 비슷하게, 일부의 경우에는 많은 수의 세부적인 시뮬레이션을 수행하지 않고도 상대적으로 단순한 모형만으로 수용할 만한 수준의 정확도를 갖는 값을 산출할 수 있다.

그러나 일부의 경우에는 현금흐름이 복잡한 기초요인에 의해 발생하고, 경제적 상황의 변동에 비선형적으로 반응할 수도 있다. 예를 들면 현금흐름이 함축적이거나 또는 명시적인, 일련의 상호 연관된 옵션들을 반영하는 경우 이러한 상황이 발생할 수 있다. 그러한 경우에는 측정목적을 만족시키기 위해 보다 정교한 확률론적 모형이 필요할 수 있다. [B37, B39]

보험계약 현금흐름의 측정값은 가능성이 가장 높은 추정값이 아니라 가능한 결과값의 전체 범위와 확률에 대한 정보를 담고 있어야 가장 유용하다. 따라서 기대 현재가치는 가능한 현금흐름의 현재가치에 대한 확률가중 평균값이어야 한다.

보험회사는 미래현금흐름에 관한 정보를 편향되지 않고 중립적으로 사용해야 하는데, 이것은 미래현금흐름 추정을 위하여 가능한 결과값의 전체 범위에 대한 기댓값, 즉 확률가중평균을 산정한다는 의미이다. 즉 미래현금흐름 추정의 목적은 결코 미래현금흐름의 가능성이 가장 높은 결과 또는 발생가능성이 높은 결과를 산출하기 위한 것이 아니다. 기대 현재가치는 특정 결과의 예측치가 아니므로 궁극적인 결과와 기댓값의 종전 추정치 간에 차이가 발생해도 이는 '오류'나 '실패'가 아니다. 기댓값은 예측가능한 모든 결과를 통합하는 요약자료일 뿐이므로 그러한 결과 중 하나 이상이 발생하지 않더라도 기댓값의 종전 추정치가 무효가 되는 것은 아니다. [B38, BC149, BC151]

3.2.2.2 계약경계

보험부채 측정을 위한 최대 미래현금흐름 예측시점을 계약의 경계(contract boundary)(이하 '계약경계'라 함)라고 하며, 기준서는 이러한 계약의 경계와 관련하여 어느 시점의 현금흐름까지 포함하고 어느 시점부터의 현금흐름을 제외하는지를 결정하기 위한 구체적 기준을 제시하고 있다. 보험계약의 경계 내에 있는 현금흐름은 계약의 이행과 직접 관련이 있는 현금흐름으로 규정되어 있는데, 여기에는 보험회사가 금액 또는 시기에 대해 재량을 가지는 현금흐름도 포함된다.

가. 경계의 정의

보험회사가 보험계약자에게 보험료를 납부하도록 강제할 수 있거나 보험계약자에게 보험계약서비스를 제공해야 할 실질적 의무가 보고기간 동안 존재하는 실질적인 권리와 의무로부터 발생한다면, 그 현금흐름은 보험계약의 경계 내에 있다. [34]

보험계약집합의 측정치에는 보험계약자의 행태에 대한 추정이 반영되고 집합 내 계약에서 기대되는 모든 현금흐름이 포함된다. 따라서 보험회사가 보험계약에 따른 의무를 이행함에 따라 발생할 미래현금흐름을 식별하기 위해서는 장래 보험료와 그에 따른 보험금 등이 기존 보험계약과 장래 보험계약 중 어디에서 발생했는지를 구분하는 계약경계를 명확히 설정할 필요가 있다. 이때 장래 보험료와 그에 따른 보험금 등이 기존 보험계약에서 발생한 것이라면 보험계약집합을 측정할 때 포함되고, 장래 보험계약에서 발생한 것이라면 장래 보험료와 그에 따른 급부금 및 보험금은 현행 보험계약집합을 측정할 때 포함되지 않는다. [BC159]

나. 갱신형 상품의 개념

보험회사가 판매하고 있는 보험상품의 유형을 해당 보험계약의 갱신 여부에 따라 갱신형(renewal)과 비갱신형으로 나누어 볼 수 있다. 예를 들어 보험계약자가 30년 동안 보장을 받고 싶은 경우 보험기간을 30년으로 하여 단일 보험계약을 체결하는 것이 비갱신형이다. 반면, 동일한 30년을 보장받더라도 10년 단위로 나누어 매 10년마다 계약을 체결하는 것이 갱신형이다. 계약의 형식적인 측면에서 비갱신형 상품은 처음부터 보장기간이 30년이므로 보험부채 측정을 위한 미래현금흐름을 30년 기간에 대해 측정하고, 갱신형 상품은 최초 보장기간이 10년이므로 해당 기간을 10년으로 정하면 될 것처럼 생각될 수 있으나, 계약의 실질은 그렇지 않을 수 있다.

기준서는 법적 형식보다는 경제적 실질에 따라 어디까지 발생하는 현금흐름을 보험부채 측정 대상으로 할 것인가를 정하도록 하고 있다. 보험회사가 장래에 제공하게 될 갱신형 상품이라 하더라도 뒤쪽에서 발생할 불확실성을 지금 감안하고 있다면 그 부분도 현금흐름을 예측하는 부분에 포함시켜야 한다.

회계 토막상식 | 경제적 실질 우선 원칙

경제적 거래의 법적 외형(legal form)과 경제적 실질(economic substance)은 일치하는 것이 일반적이다. 기업(고객)의 재화 판매(구매) 거래에서 기업(고객)은 고객에게(기업으로부터) 계약에 의한 재화 인도(수령) 의무(권리)와 그에 대한 대가 수령(지급) 권리(의무)를 각각 지니게 되며, 이러한 거래의 실질은 재화 판매(구매) 계약의 내용과 대개 일치한다.

그러나 법적 외형과 경제적 실질이 일치하지 않는 경우가 있을 수 있는데, 이때 회계는 경제적 실질을 법적 외형에 우선하여 회계처리하도록 하고 있으며 이를 경제적 실질 우선 원칙(substance-over-form principle)이라 부른다. 대표적인 예가 바로 연결재무제표 작성이다. 두 기업이 독립된 법인으로 법적으로는 분리되어 있더라도 하나의 기업(예: 지배회사 또는 모회사)이 다른 기업(예: 종속회사 또는 자회사)에 지배력(혹은 힘)을 행사할 수 있는 경우 경제적 실질 관점에서 두 법인을 하나의 경제적 실체로 보아 재무제표를 작성하도록 하는 것이다.

갱신형 보험계약의 경우에도 현재 체결된 계약의 계약기간이 아니라 보험회사의 가격 조정 능력, 미래 갱신가능성, 갱신 후 손실가능성 등 해당 계약과 관련한 여러 상황과 사실관계를 종합적으로 고려하여 계약경계를 결정하게 된다.

다. 보험계약서비스를 제공할 실질적 의무

보험회사가 계약에 따라 그 계약을 갱신하거나 유지해야 하는 경우, 갱신된 계약에서 발생하는 보험료 및 이와 관련된 현금흐름이 원래 계약의 경계 내에 있는지를 평가한

다. [B63]

보험계약과 관련한 리스크는 개별 계약 건별로 평가하는 것이 대원칙이다. 보험회사가 특정 보험계약자의 리스크를 계약이 갱신되는 시점에 재평가할 수 있는 실제 능력을 보유하고 있어 재평가된 리스크를 가격이나 급부의 수준에 반영할 수 있다면 해당 재평가 시점까지의 현금흐름만 계약경계 내에 있다. *[34]*

보험회사는 갱신일이 도래했을 때 갱신 전 계약과 동일한 특성을 가진 신계약을 발행할 수 있다. 이 경우 보험가격을 책정할 때 제약이 없거나, 부과될 가격에 맞게 제공되는 급부를 조정할 수 있다면, 보험회사는 미래 시점(갱신일)에 그날 이후 계약의 위험을 전부 반영한 보험료를 정할 수 있는 실제 능력을 가지고 있는 것이다. 이와 비슷하게, 보험계약자별로 책정된 보험료가 특정 보험계약자에 대한 리스크의 변동을 반영하지 않더라도 보유계약의 가격이 포트폴리오 내 위험의 전반적인 변동을 반영하도록 그 가격을 재산정할 수 있을 때, 보험회사는 그러한 실제 능력을 갖고 있는 것으로 간주된다. 또한 그 계약이나 포트폴리오에 있는 위험을 전부 반영하는 가격을 책정할 수 있는 실제 능력을 갖고 있는지를 평가할 때에는 갱신일에 동등한 잔여 서비스를 제공하는 계약의 인수를 심사하면서 고려하게 될 모든 리스크를 고려해야 한다.

한편 보고기간 말 미래현금흐름의 추정치를 산정할 때에는 원칙적으로 상황의 변동이 보험회사의 실질적인 권리와 의무에 미친 영향이 포함되도록 계약경계를 다시 평가해야 한다. [B64]

그런데 보험회사가 개별 계약 건별로 위험을 재측정할 수 있는지 여부를 판단하는 것은 보험회사에 큰 실무부담으로 작용할 수 있다. 이에 국제회계기준위원회는 다음과 같은 요건이 충족되는 상황에서 개별 계약이 아닌 포트폴리오 수준에서 위험을 재평가할 수 있도록 하는 완화된 기준을 제시하였다.

먼저, 개별 계약이 아닌 포트폴리오 수준에서 위험이 바뀌었다면 보험회사가 위험을 재평가하는 시점에서 '위험을 재평가하고 그 결과를 보험료에 충분히 반영할 수 있다'는 요건(요건 ①)이 충족되어야 한다. 여기에 포트폴리오 수준에서 위험을 재평가하는 간소화된 방법을 적용함으로써 발생할 수 있는 문제를 보완하고자 '위험을 재평가하는 시점까지, 즉 보험계약이 갱신되는 시점까지 보장에 대한 보험료를 산정할 때 재평가일 이후의 기간에 발생할 위험은 전혀 고려하지 않아야 한다'는 추가 요건(요건 ②)을 충족해야 한다.

예를 들어 최근의 증가하는 암 발생률 추세를 고려하여 보험회사가 10년 단위 갱신형 암보험 상품을 판매하면서, 20년이나 30년 뒤에 증가할 것으로 예상되는 암 발생률까지 최초 판매시점의 보험가격에 반영하여 보험료를 높게 받았다고 가정해 보자. 이 경우 그 위험을 10년이 지난 갱신시점에서 재평가하고 그것을 보험료에 반영한다 하더라도 이미 최초 가입시점에 장래 발생할 불확실성을 미리 인식하여 보험료에 반영했기 때문에 갱신시점까지만의 위험을 고려하고 있는 것이 아니다. 따라서 장래의 불확실성을 감안한 먼 미래에 발생할 현금흐름까지 모두 포함하여 부채를 측정해야 한다.[18]

요컨대, 계약경계는 계약의 만기에 의해서 좌우되는 것이 아니라, 계약에서 발생할 위험과 그 위험을 재평가할 수 있는 보험회사의 능력, 그리고 재평가 결과를 보험료에 반영할 수 있는지 여부에 따라 결정된다. [34]

한편 보험계약의 경계를 벗어난 예상 보험료 또는 예상 보험금과 관련된 금액은 미래의 보험계약과 관련이 있으므로 현재시점의 부채 또는 자산으로 인식하지 않는다. [35]

라. 계약경계에 대한 평가

시나리오의 현금흐름 추정치에는 보유계약의 경계 내 모든 현금흐름을 포함해야 하며, 그 밖의 현금흐름은 제외한다. [B61]

보험회사는 매 보고기간에 개별 계약이 속하는 보험계약집합과 계약의 포트폴리오에 대한 측정을 업데이트하므로 계약경계에 대한 평가는 매 보고기간에 이루어진다. 예를 들면 한 보고기간에 보험회사가 계약의 가격을 재설정할 수 있는 능력에 실질적 제한이 없는 경우 보험회사는 갱신 시 변화된 위험을 충분히 반영할 수 있는 수준으로 보험료를 조정함으로써 갱신의 경제적 실질이 마치 새로운 계약을 체결하는 것과 유사할 수 있다. 이 경우 보험회사는 기존 포트폴리오에 대한 갱신 보험료가 현재 체결된 갱신형 계약의 경계 밖에 있다고 결정할 수 있다. 그러나 상황이 바뀌어 포트폴리오의

---

18 일반적인 갱신계약은 자동갱신인 경우 계약의 경계 안으로 들어오는 반면, 재가입형(신규상품으로 가입하는 경우)은 반드시 경계에 포함된다고 볼 수 없다.

가격을 재설정할 수 있는 보험회사의 능력에 대한 실질적 제한이 있다면 보험회사는 해당 포트폴리오에 대한 장래 갱신 보험료가 현재 체결된 갱신형 계약의 경계 내에 있다고 결론 내릴 수 있다. [BC164]

마. 계약경계 내의 현금흐름 항목

계약경계 내에 있는 현금흐름은 계약의 이행과 직접적 관련이 있는 현금흐름으로서, 보험회사가 금액 또는 시기에 대해 재량을 가지는 현금흐름을 포함한다.[19] 기준서는 계약경계 내에 있는 현금흐름을 다음과 같이 열거하고 있다.

① 보험료 및 그 보험료로부터 발생하는 추가적인 현금흐름

② 보험계약자에게 지급하는 금액(보고된 사고, 발생하였으나 아직 보고되지 않은 사고 및 보험회사가 실질적 의무를 가진 모든 미래 사고와 관련된 지급액을 포함)

③ 보험계약자에게 지급하는 금액으로 기초항목의 성과에 따라 변동되는 금액

④ 파생상품으로 인하여 보험계약자에게 지급하는 금액(예: 옵션 또는 보증이 보험계약에서 분리되지 않은 경우, 그 계약에 내재된 옵션 또는 보증)

⑤ 보험계약이 속한 포트폴리오에 귀속시킬 수 있는 보험취득 현금흐름의 배분

⑥ 보험금처리원가(보험회사가 보유계약의 사고를 조사, 처리 및 해결할 때 발생하는 비용으로 법률 수수료, 손해사정수수료, 사고조사 및 보험금 지급 관련 내부 원가를 포함)

⑦ 계약상 급부를 현물로 지급하면서 발생하는 비용

⑧ 보험료 청구 및 보험계약 변경 처리원가 등 보험계약의 유지관리원가

⑨ 보유계약에서 직접 발생하거나 합리적이고 일관된 기준에 따라 보험계약에 귀속시킬 수 있는 거래 관련 세금

⑩ 보험계약자 또는 관련 수령인에게 발생된 납세의무를 충족하기 위해 수탁자의 자격으로 보험회사가 지급하는 금액

---

19 이처럼 계약의 이행과 직접적으로 관련이 있는 현금흐름만 포함하도록 하고 있어 보험회사의 공통 비용(예: 상품개발비, 교육훈련비) 등은 계약의 이행과 관련이 있더라도 그 관계가 간접적이므로 보험부채 평가를 위한 현금흐름에서 제외된다.

⑪ 보유계약에서 보장하는 미래 보험금에 대한 구상으로 발생하는 잠재적 현금유입액과, 과거 보험금에 대한 구상으로 발생하는 잠재적 현금유입액

⑪ᐟ 다음에서 발생하는 비용

    ㉮ 보험계약자를 위한 보험보장의 급부를 증대시키기 위해 투자활동을 수행한다면 그 투자활동의 수행에서 발생하는 비용(보험회사가 보험사건이 발생하는 경우 보험계약자가 얻게 될 투자수익을 창출할 것으로 기대하는 투자활동을 수행한다면 그 투자활동은 보험보장의 급부를 증대시킴)

    ㉯ 보험계약자에게 투자수익서비스를 제공하는 데 발생하는 비용

⑫ 보험계약을 이행하는 데 직접 귀속시킬 수 있는 고정간접비 또는 변동간접비(회계, 인사, 정보기술, 건물 감가상각, 임차, 유지관리 관련 원가 등)의 배분액. 그러나 비경상적으로 발생하는 '사무실이전경비' 등은 이런 간접비에 포함하기에 부적절하다.

⑬ 계약조건에 따라 보험계약자에게 특정하여 청구할 수 있는 그 밖의 원가 *[B65]*

바. 계약경계 내의 현금흐름에 포함되면 안 되는 항목

다음 8개 항목은 보유계약을 이행함에 따라 발생할 현금흐름을 추정할 때 포함되지 않는 현금흐름이다.

① 투자수익

② 출재보험계약에서 발생하는 현금흐름(지급액 또는 수령액)

③ 미래 보험계약에서 발생할 수 있는 현금흐름(보유계약의 경계 밖에 있는 현금흐름)

④ 상품개발비, 교육훈련비와 같이 그 계약을 포함하는 보험계약 포트폴리오에 직접 귀속시킬 수 없는 원가와 관련된 현금흐름(이 원가는 발생할 때 당기손익으로 인식)

⑤ 보험계약을 이행하는 데 사용되었으나 비정상적으로 낭비된 인력이나 그 밖의 자원에서 발생하는 현금흐름(이 원가는 발생할 때 당기손익으로 인식)

⑥ 법인세 지급액 및 환급액 중 수탁자의 자격으로 보험자가 수수하지 않거나 계약조건에 따라 보험계약자에게 특정하여 청구하지 않는 부분

⑦ 보고기업 내의 다른 구성요소(예: 계약자펀드와 주주펀드) 간의 현금흐름

⑧ 보험계약에서 분리되어 해당될 수 있는 다른 기준서를 사용하여 회계처리되는 요소에서 발생하는 현금흐름 [B66]

사. 기타

많은 보험계약에는 보험계약자가 자신이 받을 금액의 크기, 시기, 성격 또는 불확실성을 변동시키는 행동을 할 수 있도록 하는 특성이 있다. 그러한 특성은 갱신옵션, 해약옵션, 전환옵션, 여전히 계약상 급부를 받으며 보험료 납입을 중단하는 옵션 등을 포함한다. 이러한 보험계약자의 평균적인 행동 특성(혹은 옵션에 대한 행사가능성)을 '계약자행동가정'이라 부른다.

보험계약집합의 측정치는, 기대가치 기준으로서 해당 집합의 보험계약자가 이용할 수 있는 옵션을 어떻게 행사할지에 관한 보험회사의 현행추정치를 반영해야 하며, 위험조정에 보험계약자의 실제 행동이 예상했던 행동과 어떻게 달라질 수 있는지에 대한 보험회사의 현행추정치를 반영해야 한다. 기댓값을 산정하기 위한 이러한 요구사항은 집합 내 계약의 수와 상관없이 적용한다. 예를 들어 집합이 단일의 계약으로 구성되는 경우라도 이를 적용한다. 따라서 보험계약집합을 측정할 때에는 보험계약자가 다음과 같이 행동할 것이라고 100%의 가능성을 가정해서는 안 된다.

① 일부 보험계약자가 보험계약을 해약하지 않을 가능성이 있는 경우에도, 보험계약자가 계약을 해약한다.
② 일부 보험계약자가 보험계약을 유지하지 않을 가능성이 있는 경우에도, 보험계약자가 계약을 유지한다. [B62]

3.2.2.3 현금흐름 추정 원칙

보험회사는 각 계약의 경계 내에 있는 모든 미래현금흐름을 그 계약이 속하는 보험계약집합의 측정에 포함하고, 집합이나 포트폴리오보다 더 높은 통합수준에서 미래현금흐름을 추정한 다음, 이렇게 추정한 이행현금흐름을 개별 보험계약집합에 배분하게 된다. 이때 미래현금흐름은 다음과 같은 네 가지 원칙에 따라 추정된다.

① 과도한 원가나 노력 없이 이용할 수 있는 합리적이고 뒷받침될 수 있는 모든 정보를 중립적으로 사용한다.
② 시장변수 및 비시장변수를 식별하고 이용할 수 있는 시장정보와 일관되게 추정

한다.

③ 보고시점의 현행추정치를 사용한다.

④ 명시적이다. *[33, B36, BC147]*

가. 이용가능한 모든 정보를 중립적으로 사용

보험회사는 재무제표 보고일에 '과도한 원가나 노력 없이 이용할 수 있는 합리적이고 뒷받침될 수 있는 모든 정보'를 '중립적(unbiased)으로 사용'하여 미래현금흐름을 추정하여야 한다.

보험회사가 보유계약에 따라 미래에 지급할 금액과 확률을 추정하기 위해 사용하는 정보는 적시에 획득한 미래현금흐름의 금액, 시기 및 불확실성에 관한 정보 등이어야 한다. 이러한 정보는 이미 보험계약자가 보고한 보험금 청구에 대한 정보, 보험계약 특성에 대해 알려졌거나 추정된 그 밖의 정보, 보험회사 자체의 경험 데이터, 그리고 재보험계약과 그 밖의 금융상품(예: 대재해채권, 날씨파생상품)에 대해 이용가능한 현행 가격정보 및 보험계약 이전을 위한 최근 시장가격 등 과거 사건과 현재 상황에 대한 정보 및 미래 상황에 대한 예측, 그리고 보험회사 자체 정보시스템에서 이용할 수 있는 정보 등 보험회사가 과도한 원가나 노력 없이 이용할 수 있는 모든 정보[20]이다. *[B37, B41]*

나. 시장변수에 대한 보험회사 관점은 시장가격과 일관된 경우에만 반영

시장변수란 상장주식의 가격, 국고채 이자율 등과 같이 시장에서 관측될 수 있거나 시장에서 직접 추출될 수 있는 변수이다. 반면, 보험사고와 사망의 빈도(frequency)와 심도(severity)와 같이 시장변수가 아닌 모든 변수를 비시장변수라고 한다.[21] *[B42]*

이런 시장변수와 비시장변수를 측정함에 있어서 불확실성이 존재하는데, 일반적으로 관측가능한 이자율 등의 시장변수는 금융위험을 초래하며, 사망률 등 비시장변수

---

20 IFRS 9에서 택한 방식과 일관되게, 국제회계기준위원회는 보험회사가 기대 현재가치를 결정할 때 과도한 원가나 노력 없이 이용할 수 있는 합리적이고 뒷받침될 수 있는 정보를 사용해야 한다는 것을 명확히 하기로 결정했다. *[BC150]*

21 보험사건에서 빈도는 일정 기간 동안 발생하는 사고 건수를, 심도는 사고로 인하여 한 사고당 발생하는 손실의 정도를 의미하며, 보험료는 이러한 빈도와 심도의 곱으로 설명될 수 있다.

는 비금융위험을 초래한다. 하지만 변수를 시장에서 관측할 수 없거나 시장에서 직접 얻을 수 없는 금융위험과 관련된 가정(예: 시장에서 관측할 수 없거나 시장에서 직접 얻을 수 없는 이자율)도 있을 수 있으므로 항상 그런 것은 아니다. *[B43]*

시장가격은 가능한 미래결과에 대한 다양한 견해의 조합이며 또한 시장참여자들의 위험선호를 반영한다. 결과적으로, 이러한 결과는 미래결과에 대한 단일 예측치가 아니다. 만일 실제 결과가 이전의 시장가격과 다를 경우, 이는 시장가격이 잘못되었다는 것을 의미하는 것은 아니다. [B45]

만약 어떤 변수를 측정한 값이 시장에서 쉽게 관측되는 시장가격과 같다면, 시장참여자가 이용할 수 있는 모든 증거를 반영한다고 볼 수 있어서 측정의 불확실성이 적어지게 된다. 이뿐만 아니라 특정 보험회사만 가지고 있는 주관적 특성 대신 시장에서 합의(consensus)된 기댓값을 사용하므로 더 객관적이어서 목적적합적이고, 재무제표 이용자 입장에서 일반적이고 공개적으로 접근할 수 있는 기준을 사용하여 개발되었기 때문에 특정 보험회사의 사적 내부기준을 사용하여 개발된 정보보다 쉽게 이해할 수 있어서 이해가능성이 더 높다. *[BC153]*

따라서 미래현금흐름과 관련된 어떤 시장변수에 대한 보험회사의 관점은, 보험회사의 추정치가 그 변수에 대한 관측가능한 시장가격과 일관되는 경우에 한해 반영할 수 있다. 이 원칙은 다음의 두 가지로 다시 풀어서 설명될 수 있다.

① 보험회사는 가능한 한 조정 없이 사용할 수 있는 직접적인 투입변수로서 관측할 수 있는 현행 시장변수를 이용해야 한다.

이처럼 보험회사가 직접적인 투입변수로서 조정 없이 사용하고 관측할 수 있는 현행 시장변수의 대표적인 예가 바로 이자율이다. 시장변수의 추정치는 측정일의 관측가능한 시장가격과 일관되어야 한다. 그리고 보험회사는 관측가능한 시장변수를 최대한 사용해야 한다. 예를 들어 보험계약집합에서 발생하는 일부 현금흐름에 대한 자산의 복제포트폴리오가 존재한다면, 보험회사는 관련 이행현금흐름을 측정하기 위하여 현금흐름 및 할인율을 명시적으로 추정하는 대신에 이러한 복제자산의 공정가치를 이용할 수 있다. 그러나 예외적인 경우[22]가 아니라면 보험회사 자신의 추정치로 관측가능한 시장가격을 대체하는 것은 허용되지 않는다.

② 변수가 시장가격에서 관측될 수 없거나 직접 도출될 수 없다면, 추정치는 현행 시장변수와 상충되어서는 안 된다.

예를 들면 인플레이션 시나리오에 대해 추정되는 확률은 시장이자율이 시사하는 확률과 상충되어서는 안 된다. [B44, B46, B51, BC154] 국가 사망률 통계와 같은 비시장 외부자료는 상황에 따라 내부적으로 개발된 사망률 통계보다 더 많은 관련성을 가질 수도 있고, 더 적은 관련성을 가질 수도 있다. 예를 들면 생명보험계약을 발행하는 보험회사는 보험계약의 사망률 시나리오에 대한 편의 없는 확률추정치를 산정할 때 국가 사망률 통계에만 의존해서는 안 되며, 과도한 원가나 노력 없이 이용할 수 있는 합리적이고 뒷받침될 수 있는 내부 및 외부의 모든 정보를 고려해야 한다. 그러한 확률을 산정할 때 보험회사는 보다 설득력 있는 증거에 많은 가중치를 부여해야 한다.[23] [B50]

만약 시장변수가 비시장변수와 독립적으로 변동한다면, 보험회사는 비시장변수가 초래하는 결과들의 범위를 반영하는 시나리오를 고려하고, 각 시나리오에서 동일한 시장변수 관측치를 사용한다. [B52]

반면, 시장변수와 비시장변수는 서로 상관관계가 있을 수 있다. 예를 들어 해약률(비시장변수)이 이자율(시장변수)과 상관관계가 있다는 증거가 있을 수 있다. 이와 유사하게, 주택보험이나 자동차보험의 보험금 수준이 경기 주기와 상관관계가 있어서 이자율 및 사업비와 상관관계가 있다는 증거가 있을 수 있다. 이 경우 보험회사는 시장변수와

---

22 시장의 공시가격이 측정일의 공정가치를 나타내지 않는 경우 등 기업회계기준서 제1113호 "공정가치 측정" 문단 79에서 기술한 경우.

23 국가통계가 피보험자 모집단을 대표하지 못하는 대규모 모집단으로부터 생성되었다면, 내부 사망률 통계가 국가 사망률 통계보다 더 설득력이 있을 수 있다. 그 이유는, 예를 들어 피보험자 집단의 인구통계적 특성이 국가 집단의 특성과 유의적으로 다를 수 있기 때문이다. 이는 내부자료에 더 많은 가중치를 두고 국가통계에 더 적은 가중치를 둘 필요가 있다는 것을 의미한다. 이와 반대로, 내부통계가 국가 모집단의 인구통계적 특성과 가깝다고 여겨지는 소규모의 모집단으로부터 추출되었고, 국가통계가 최근 자료일 경우 국가통계에 더 많은 가중치를 부여한다. [B50(1), (2)]

관련 있는 시나리오의 발생확률 및 위험조정이 그 시장변수에 따라 변동하는 관측된 시장가격과 일관되도록 하여야 한다. *[B53]*

다. 현행추정치 사용

보고시점의 현행추정치는 미래에 대한 측정시점의 가정을 포함하여 그 시점에 존재하는 상황을 업데이트하여 반영[24]한다. *[33(3)]*

현행추정치는 계약상 의무와 권리가 창출하는 현금흐름의 금액, 시기 및 불확실성에 대한 정보를 더 잘 반영하여 보험회사의 계약상 의무와 권리에 대한 더 목적적합한 정보를 제공한다.[25] 보험계약부채와 관련된 불확실성이 있고 많은 보험계약의 듀레이션이 길기 때문에 현금흐름의 금액, 시기 및 불확실성을 반영하는 현행 정보는 특히 재무제표 이용자에게 목적적합하다. [BC155]

각 시나리오에 부여된 확률은 보고기간 말의 상황을 반영해야 한다. 예를 들어 보고기간 말에 향후 잔존 6개월간의 보험기간 동안 대형 폭풍이 발생할 확률이 20%일 수 있다. 보고기간 말 이후 재무제표의 발행이 공식적으로 승인되기 이전에 폭풍이 발생했더라도 측정에 포함되는 현금흐름은 여전히 20%의 확률을 반영하여야 한다. 즉 보고기간 말 이후에 발생하고 보고기간 말에 존재했던 불확실성을 해소하는 사건은 보고기간 말에 존재하던 상황에 대한 증거를 제공하지 않는다.[26] *[B55]*

예상현금흐름의 현행추정치는 가장 최근의 실제 경험치와 동일할 필요는 없다. 예를 들어 보고기간에 경험사망률이 그 이전 경험사망률 및 기대치보다 20% 악화되었다고 가정하자. 이때 지속적인 사망률의 변화, 인수심사 또는 분포의 변화, 비경상적으로 건

---

24 IFRS 17 이전에는 매 보고기간 말에 보험회사가 현행이 아닌 최초 인식시점에 추정한 측정모형을 사용하고, 이후 계약의 듀레이션 중 이용할 수 있게 된 정보가 포함되도록 업데이트하지 않고, 계약의 듀레이션에 걸쳐 동일한 추정치를 사용하였다.

25 측정할 때 과도한 원가나 노력 없이 이용할 수 있는 합리적이고 뒷받침될 수 있는 모든 정보를 포함하므로 부채가 과소계상되지 않았다는 것을 확인하기 위한 별도 테스트(부채적정성평가)가 필요하지 않다.

26 이는 IAS 10(보고기간후사건)에서 규정하고 있는 '수정을 요하지 않는 보고기간후사건'과 일관된 회계처리 방식이다. 보고기간후사건은 보고기간 말과 재무제표 발행승인일 사이에 발생한 유리하거나 불리한 사건으로, 보고기간 말 존재하였던 상황에 대해 증거를 제공하는 사건(수정을 요하는 보고기간후사건)과 보고기간 후에 발생한 상황을 나타내는 사건(수정을 요하지 않는 보고기간후사건)으로 구분된다. 전자의 경우에는 재무제표에 인식된 금액을 수정하나, 후자의 경우에는 재무제표에 인식된 금액을 수정하지 아니한다.

강한 보험계약자의 선택적 해지 같은 피보험집단 특성의 변화, 임의적 변동, 식별할 수 있는 비반복적 원인과 같은 몇 가지 요인이 그러한 급격한 변화를 야기할 수 있었다. 즉 전형적으로 사망보험금 기대 현재가치가 변동하지만, 반드시 20% 수준으로 조정해야 하는 것은 아니라는 것이다.

만약 이전 추정치보다 유의적으로 사망률이 계속 증가하여 앞으로 높은 사망률이 지속될 것으로 예상된다면 높은 사망률 시나리오에 적용되는 추정 확률이 증가할 것이다. 따라서 보험회사는 경험치 변화의 원인을 조사하고, 가장 최근의 경험, 그 이전의 경험과 기타 정보를 고려하여 현금흐름 및 확률에 대한 새로운 추정치를 개발하여야 한다. [B56, B57]

이와 유사하게 보험계약집합에 배분된 현금흐름이 인플레이션에 민감하다면 이행현금흐름은 발생가능한 미래 인플레이션율의 현행추정치를 반영하여 결정하여야 한다. 인플레이션율은 이자율과 상관관계가 높을 가능성이 크므로, 이행현금흐름을 측정할 때에는 할인율 추정 시 사용된 시장이자율로 유추된 확률과 일관되게 각 인플레이션 시나리오에 대한 확률을 반영한다. [B59]

현금흐름을 추정할 때에는 현금흐름에 영향을 미칠 수 있는 미래사건에 대한 현재의 기대를 고려한다. 보험회사는 각 시나리오의 발생가능성에 대한 편의 없는 추정치뿐만 아니라 그러한 미래사건을 반영하는 현금흐름의 시나리오를 개발해야 한다. 그러나 보험회사는 법률 변경이 실질적으로 이루어지기 전까지는 보유 보험계약에 대한 현재의 의무를 변경 또는 면제시키거나 또는 새로운 의무를 부과하는 법률이 미래에 변경될 것이라는 현재의 기대를 고려하지 않는다. [B60]

라. 위험조정은 할인율과 명시적으로 분리

만약 보험회사가 현금흐름을 할인하는 데 사용한 수익률곡선 등에 비금융위험에 대한 암묵적(implicit) 조정을 포함한다고 가정해 보자. 즉 화폐의 시간가치 및 금융위험을 반영하기 위한 조정과 위험조정을 구별 없이 한꺼번에 결합하여 현금흐름을 추정하는 것인데, 이 경우에 보험회사가 상황의 변화가 있었는지를 명확히 식별하지 못하여 보험계약자에 대한 보험회사의 의무에 대해 유용한 정보를 제공하지 못할 가능성이 있다.

따라서 위험조정은 개념상 미래현금흐름의 추정치 및 이러한 현금흐름을 조정하

는 할인율과는 별도로 구별하여 비금융위험을 중심으로 명시적(explicit)으로 추정한다. [BC157]

❗ 발생가능한 미래현금흐름 결과의 전체 범위를 반영하는 다양한 시나리오를 식별한 후 각 시나리오의 현금흐름을 할인하고 각각의 시나리오 발생가능성 추정 확률로 가중평균하여 보험부채 측정을 위한 미래 현금흐름을 추정

3.2.3 감독회계의 현금흐름 추정 가정[27]

가. 가정산출원칙

가정산출은 현행추정을 원칙으로 하고, 회사의 내·외부 정보를 사용하되 내부정보를 우선하여 사용한다. 사업비율, 해약률, 위험률의 경험통계기간은 경제환경의 변화 등을 고려하여 합리적으로 설정하고 일관되게 적용한다.

나. 산출가정

① 사업비율: 경험통계를 기반으로 미래 사업비 정책, 보험금 지급 정책의 변화 및 효율성, 물가상승률을 반영하여 결정하는 것을 원칙으로 한다. 보험취득현금흐름, 계약유지비, 손해조사비 및 투자관리비로 구분하고, 판매채널의 특성을 반영하여 구분하여 산출한다.

② 해약률: 경험통계를 기반으로 경과기간별 구분하여 산출하는 것을 원칙으로 한다. 계약자옵션, 가입연령, 납입방식, 판매채널 등 보험업감독업무시행세칙(이하 '세칙'이라 함)에서 제시하는 요소 등을 고려하여 산출한다.

③ 위험률: 경험통계를 기반으로 경과기간별로 구분하며, 보장하는 위험담보별로 산출하는 것을 원칙으로 한다. 사망담보, 생존담보, 일반손해보험 등으로 구분하고, 연령, 성별, 직업 등 세칙에서 제시하는 세부요소 등을 고려한다.

---

27 보험감독회계 도입방안(2021. 12.). 51쪽.

④ 보험료: 경험통계와 미래추세를 고려하여 보험료에 대한 합리적인 가정을 설정하는 것을 원칙으로 한다. 보험료 추가납입, 납입면제, 중도인출 등을 반영하여 산출할 수 있다.

⑤ 계약자행동: 실효·해약 등 계약자옵션 행사에 대한 가정 등 계약자행동가정은 과거 계약자행동에 기반하여 산출하는 것을 원칙으로 한다. 금융시장 상황, 회사의 대고객 정책 등을 반영하여 산출한다.

⑥ 경영자행동: 자산투자전략, 이익금의 분배, 계약자배당 정책, 사업비 정책 등 경영자행동가정을 객관적인 방법으로 결정하는 것을 원칙으로 한다. 회사가 대외적으로 공시한 사항을 반영하고, 이행에 필요한 시간과 비용을 고려하여 산출한다.

3.3 사례 분석(기준서 사례 1A, 1B)

기준서에서 사례를 다루면서 공통적으로 다음과 같은 가정을 한다.
(1) 대변금액(부채)은 양수로 표시하고 차변금액은 음수(괄호)로 표시
(2) 보험계약은 최초 인식시점에 보험계약집합을 정하고 후속적으로 재평가하지 않음
(3) 보험계약집합에 그보다 더 높은 통합수준에서 추정한 이행현금흐름을 배분함으로써 적절한 이행현금흐름을 보험계약집합의 측정치에 포함할 수 있다면 그 수준에서 이행현금흐름 추정 가능

다음 사례를 통해서 보험회사가 최초 인식시점에 손실계약집합과 손실계약이 아닌 계약집합을 어떻게 측정하는지 살펴본다. 다음과 같은 가정하에서 A보험회사의 보험부채를 측정해 보자.

(1) 보장기간을 3년으로 하는 100개의 보험계약을 발행하였고 보장기간은 보험계약이 발행된 시점부터 시작하고, 단순화를 위해 보장기간이 끝나기 전에 해지되는 계약은 없을 것이라고 가정(즉, 해지율=0)

(2) 최초 인식 직후에 일시납보험료 900원을 수취할 것으로 기대하며, 따라서 미래 현금유입액의 현재가치 추정치는 900원

(3) 사례 1A는 총 3년 동안 연간 미래 현금유출액은 200원인데, 연 5%의 할인율을 사용하였을 때 미래현금흐름의 현재가치는 545원($200 \cdot a_{\overline{3|}, 5\%}$)으로 추정

(4) 사례 1B는 총 3년 동안 연간 미래 현금유출액은 400원인데, 연 5%의 할인율을 사용하였을 때 미래현금흐름의 현재가치는 1,089원($400 \cdot a_{\overline{3|}, 5\%}$)으로 추정

(5) 최초 인식시점에 위험조정을 120원으로 추정

3.3.1 최초 인식시점의 보험계약집합의 측정

먼저 미래 현금의 유입·유출액에 5%의 할인율을 적용하여 최초 인식시점 기준의 미래 현금흐름의 현재가치 추정치(최선추정)를 계산한다.

(단위: 원)

	사례 1A	사례 1B
미래현금유입액의 현가 추정치	(900)	(900)
미래현금유출액의 현가 추정치	545	1,089
미래현금흐름의 현가 추정치(BEL)	(355)	189

둘째로 위험조정을 반영하여 이행현금흐름을 산출해야 하는데, 가정에서 위험조정을 일률적으로 120원으로 추정하였으므로 그대로 반영한다.

(단위: 원)

	사례 1A	사례 1B
미래현금흐름의 현가 추정치(BEL)	(355)	189
위험조정(RA)	120	120
이행현금흐름(BEL + RA)	(235)	309

셋째로 보험계약마진을 산출하여 그 값을 보험계약부채로 인식한다.

사례 1A의 보험계약집합의 최초 인식시점의 보험계약마진은 이행현금흐름의 최초 인식으로 수익 또는 비용이 생기지 않도록 하는 금액으로 측정해야 한다. 따라서 이행

현금흐름이 -235원으로 평가되었으므로 보험계약마진은 235원이다.(자세한 원리는 제7장에서 설명한다.)

반면, 사례 1B의 경우 보험회사는 최초 인식시점의 이행현금흐름이 순현금유출로 예상되므로 이 보험계약을 최초 인식시점에 손실계약으로 결정한다. 따라서 순현금유출에 대한 손실을 당기손실로 인식하고, 이행현금흐름을 부채로 인식한다. 즉 보험계약집합 부채의 장부금액과 이행현금흐름은 같아진다. 따라서 이 집합의 보험계약마진은 0원이 된다.(자세한 원리는 제11장에서 설명한다.)

결국 최초 인식시점에 보험계약집합을 이행현금흐름과 보험계약마진의 합으로 측정하므로 사례 1A의 부채는 0원이 되고, 사례 2A의 부채는 309원로 평가된다.

(단위: 원)

	사례 1A	사례 1B
이행현금흐름(BEL + RA)	(235)	309
보험계약마진(CSM)	235	–
최초 인식시점의 보험계약부채 **(BEL + RA + CSM)**	–	309

한편 최초 인식시점에 당기손익에 미치는 효과는 다음과 같다.

(단위: 원)

	사례 1A	사례 1B
보험서비스비용	–	(309)
해당 연도에 인식한 손실	–	(309)

사례 1A의 회계처리를 살펴보면 다음과 같다.

차) 최선추정	355	대) 위험조정	120
		대) 보험계약마진	235

그리고 재무상태표는 다음과 같다.

재무상태표

1. 보험계약부채	0
가. 잔여보장요소	0
(1) 최선추정	(355)
(2) 위험조정	120
(3) 보험계약마진	235

반면 사례 1B의 회계처리를 살펴보면 다음과 같다.

차) 손실계약관련비용	309	대) 최선추정		120
		대) 위험조정		235
		대) 보험계약마진		0

그리고 재무상태표는 다음과 같다.

재무상태표

부채	
1. 보험계약부채	309
가. 잔여보장요소	309
(1) 최선추정	189
(2) 위험조정	120
(3) 보험계약마진	0
자본	
이익잉여금	(309)

3.3.2 최초 인식 직후 보험계약집합의 장부금액 변동

A보험회사가 보험계약 최초 인식시점에 일시납보험료 900원을 받게 되면 더 이상 미래 현금유입액이 없으므로 보험계약집합의 장부금액은 다음과 같이 변동된다.

	사례 1A	사례 1B
미래 현금유입액의 현가 추정치	–	–
미래 현금유출액의 현가 추정치	545	1,089
미래현금흐름의 현가 추정치(BEL)	545	1,089
위험조정(RA)	120	120
이행현금흐름	665	1,209
보험계약마진(CSM)	235	–
최초 인식 직후 보험계약부채 **(BEL+RA+CSM)**	900	1,209

사례 1A의 최초 인식 직후 회계처리를 살펴보면 다음과 같다.

차) 현금및현금성자산　900　　　　　　대) 최선추정　　　　900

그리고 재무상태표는 다음과 같다.

재무상태표		
자산	**부채**	
현금및현금성자산　　　　900	1. 보험계약부채	900
	가. 잔여보장요소	900
	(1) 최선추정	545
	(2) 위험조정	120
	(3) 보험계약마진	235

반면, 사례 1B의 최초 인식 직후 회계처리를 살펴보면 다음과 같다.

차) 현금및현금성자산　900　　　　　　대) 최선추정　　　　900

그리고 재무상태표는 다음과 같다.

재무상태표

자산		부채	
현금및현금성자산	900	1. 보험계약부채	1,209
		가. 잔여보장요소	1,209
		(1) 최선추정	1,089
		(2) 위험조정	120
		(3) 보험계약마진	0
		자본	
		이익잉여금	(309)

그리고 재무성과표는 다음과 같다.

재무성과표

Ⅰ. 보험손익	(309)
1. 보험수익	0
가. 예상보험금	0
마. 위험조정변동	0
바. 보험계약마진상각	0
2. 보험서비스비용	309
가. 발생보험금	0
마. 손실계약관련비용	309
Ⅱ. 투자손익	0
1. 투자수익	0
2. 투자비용	0
(1) 보험계약보험금융비용	0
① 보험금융이자비용	0
Ⅶ. 당기순이익	(309)

가. 측정모형

□ 일반측정모형: 일반적인 부채 측정방법(원칙)으로 이행현금흐름과 보험계약마진으로 구성

□ 변동수수료접근법: 일반측정모형과 유사하나 금융위험과 관련된 가정의 변동을 보험계약마진
　에서 조정

□ 보험료배분접근법: 수취한 보험료에 기초해 잔여보장부채를 측정하는 단순 모형

나. 보험부채의 구성

□ 보험부채 = 이행현금흐름 + 보험계약마진
　• 이행현금흐름 = 최선추정부채 + 위험조정
　• 최선추정부채 = 미래현금흐름 + 화폐 시간가치와 금융위험 조정

□ 잔여보장부채는 아직 발생하지 않은 보험사건에 대해 현재의 보험계약에 따라 조사하고 보험
　금을 지급할 의무, 발생사고부채는 이미 발생한 보험사건에 대해 조사하고 정당한 보험금과 기
　타 발생한 보험비용을 지급할 의무

다. 갱신형 상품과 비갱신형 상품의 계약경계

□ 계약경계는 보험계약의 만기에 의해 결정되는 것이 아니라 계약에서 발생할 위험과 그 위험을
　재평가할 수 있는 보험회사의 능력, 그리고 재평가한 결과를 보험료에 반영할 수 있는지에 따
　라 결정

1. 다음 중 이행현금흐름의 구성요소가 아닌 것은?

① 미래현금흐름에 대한 추정치

② 법률 변화 가능성

③ 비금융위험에 대한 위험조정

④ 화폐의 시간가치

2. 다음 중 가장 합리적이지 않은 것은?

① IFRS 17은 보험부채 측정모형으로 일반측정모형, 보험료배분접근법, 변동수수료접근법의 세 가지를 제시하고 있다.

② 일반측정모형은 일반적인 부채 측정방법(원칙)으로 이행현금흐름과 보험계약마진으로 구성하는 방법이다.

③ 변동수수료접근법은 일반측정모형과 유사하나 금융위험과 관련된 가정의 변동을 보험계약마진에서 조정하는 모형이다.

④ 보험료배분접근법은 수취한 보험료에 기초해 잔여보장부채를 측정하는 모형으로 일반측정모형보다 복잡한 방법이다.

3. 다음 중 가장 합리적이지 않은 것은?

① 시장변수는 일반적으로 금융위험을 발생시킨다.

② 복제포트폴리오의 공정가치를 사용한다면 보험부채의 할인율을 따로 구하지 않아도 된다.

③ 보험회사가 자신의 시장변수 추정치에 자신감이 있으면 관측가능한 시장변수를 대신하여 언제든 활용가능하다.

④ 관측가능한 시장변수가 없는 경우에 추정된 시장변수는 관련 관측가능한 시장변수와 가능한 일관성을 유지해야 한다.

※ 다음 중 맞는 것에 ○표, 틀린 것에 ×표 하시오.

4. 보험회사는 보장기간이 개시되지 않더라도 해당 보험계약을 보험계약집합에 포함시킬 수 있다(즉 보험계약을 최초 인식할 수 있다). (   )

5. 손실계약집합의 보험계약마진은 없다. (   )

6. 미래현금흐름 추정의 목적은 미래현금흐름의 가능성이 가장 높은 결과 또는 발생가능성이 높은 결과를 산출하기 위한 것이다. (   )

7. 비용이 과도하게 발생하여도 편향되지 않은 정보 전달을 위해 모든 발생가능한 시나리오를 고려해야 한다. (   )

8. 보험계약부채는 아직 발생하지 않은 보험사건에 대한 의무인 잔여보장부채와 이미 발생한 보험사건에 대한 의무인 발생사고부채로 구별된다. (   )

9. 양의 이행현금흐름(순유출)은 당기손실로 처리하는 것처럼 음의 이행현금흐름(순유입)을 인식할 때 당기이익으로 처리한다. (   )

10. 법률 변경이 실질적으로 이루어지기 전이라 할지라도 보험회사는 보유 보험계약에 대한 현재의 의무를 변경시키거나 또는 새로운 의무를 부과하는 법률이 미래에 변경될 것이라는 현재의 기대를 고려하여 현금흐름을 추정하여야 한다. (   )

4장

보험취득
현금흐름

4.1 보험취득 현금흐름의 개요

4.1.1 보험취득 현금흐름의 개념

보험회사가 새로운 보험계약, 즉 신계약을 판매하고 적부심사 등을 통해 인수한 후에 보험보장서비스를 개시하는 데에는 상당한 비용(significant costs)이 발생한다. 보험회사는 보험계약이 유지될 때는 보험계약자로부터 수령하는 보험료를 통해 이 비용을 회수하고, 보험계약이 해지될 때는 보험계약자에게 부과하는 해약공제액(surrender charges)[1]을 통해 회수할 수 있도록 보험상품의 가격을 책정한다. *[BC175]*

이처럼 새로운 보험계약 체결비용(혹은 원가)을 계약체결비용(acquisition cost)이라고 하고, 실무에서는 흔히 신계약비라고 부른다.

한편 기준서에서는 '보험취득 현금흐름(insurance acquisition cash flows)'을 통해 이러한 계약체결비용을 인식·측정하고 있다.

먼저 기준서는 보험취득 현금흐름을 '보험계약집합이 속해 있는 보험계약 포트폴리오에 직접 귀속되는 보험계약집합의 판매, 인수심사 및 개시 관련 원가에서 생기는 현금흐름'으로 정의하고, '그러한 현금흐름에는 포트폴리오 내의 개별 계약이나 보험계약집합에 직접 귀속되지 않는 현금흐름도 포함된다'라고 부연한다. *[A 보험취득 현금흐름]*

> ⚠ 보험취득 현금흐름은 보험계약 포트폴리오에 직접 귀속되는 계약체결비용

---

1 보험계약자가 해약을 하거나 일정 기간이 지나고도 보험료를 납입하지 않아 해지된 경우, 보험회사는 이미 집행한 신계약비 중에서 회수하지 못한 잔여분을 해약공제액으로 책정하여 보험계약자 몫의 책임준비금에서 차감하여 해약환급금으로 지급한다(보험업감독규정 제6-3조 참조).

4.1.2 보험계약의 경계 내에 있는 사업비

보험계약의 경계 내에 있는 현금흐름에 포함되어 보험부채에 반영되는 사업비는 다음 5가지이다. *[B65]*

① 보험계약이 속한 포트폴리오에 귀속시킬 수 있는 보험취득 현금흐름의 배분 *[B65(5)]*

② 손해조사비: 보험회사가 보유계약의 사고를 조사, 처리 및 해결할 때 발생하는 비용(보험금처리원가)으로 법률수수료, 손해사정수수료, 사고조사 및 보험금 지급 관련 내부 원가를 포함한다. *[B65(6)]*

③ 보험료 청구 및 보험계약 변경(예: 전환, 복원) 처리원가 등 보험계약의 유지관리원가: 특정 보험계약자가 보험계약의 경계 내에 있는 보험료를 계속 납부할 경우 이와 관련하여 중개인에게 지급될 것으로 예상되는 반복적인 수수료는 유지관리원가에 포함된다. 보험회사는 보험료 산출 시 이러한 비용(혹은 원가)을 계약관리비용(계약유지비)이라고 하며 흔히 유지비와 수금비라고 부른다. *[B65(8)]*

④ 보험계약서비스[2] 이행과 관련한 투자활동에서 발생하는 비용: 감독회계에서는 이를 '투자관리비'라는 계정과목에서 처리하는데, 이러한 투자관리비는 다음과 같이 세 가지 경우로 나뉜다.

　(가) 보험계약자를 위한 보험보장의 급부를 증대시키기 위해 투자활동을 수행한다면 그 투자활동의 수행에서 발생하는 비용. 보험사건이 발생하는 경우 보험계약자가 얻게 될 투자수익을 창출할 것으로 기대하는 투자활동을 보험회사가 수행한다면 그 투자활동은 보험보장의 급부를 증대시킨다.

　(나) 직접참가특성이 없는 보험계약의 투자수익서비스 제공 비용

　(다) 직접참가특성이 있는 보험계약의 투자관련서비스 제공 비용 *[B65(11-1)]*

⑤ 보험계약을 이행하는 데 직접 귀속시킬 수 있는 고정간접비 또는 변동간접비의

---

2 기준서는 '보험계약서비스'를 보험보장, 투자수익서비스 및 투자관련서비스가 포함되는 것으로 정의한다.[BC283A]

배분액: 여기서 변동간접비는 회계, 인사, 정보기술, 건물 감가상각, 임차, 유지관리 관련 원가 등에 해당한다. 한편 이런 간접비는 체계적이고 합리적이며 성격이 비슷한 모든 원가에 일관되게 적용되는 방법으로 계약집합에 배분한다. *[B65(12)]*

❗ 계약의 경계에 포함되는 이행사업비는 보험취득 현금흐름, 그 외 사업비(손해조사비, 계약유지비, 투자관리비), 그리고 직접 귀속가능한 간접비 배분액으로 구성

4.1.3 사업비 분류 체계

사업비 분류 체계를 3단계로 나누어 살펴보면 다음과 같다.

먼저, 해당 사업비가 보험계약의 경계 내에 있는 현금흐름에 해당하는지가 중요하다. 즉 보험포트폴리오에 귀속되어 보험계약의 이행과 직접 관련이 있는 현금흐름에 해당하는 경우에만, 해당 사업비(이행사업비)는 보험부채 평가를 위한 현금흐름에 포함된다.

한편 보험회사가 집행하는 사업비 중에서 보험계약을 이행함에 따라 발생할 현금흐름을 추정할 때 포함되지 않는 현금흐름이 있을 수 있다. 이러한 현금흐름은 당연히 미래현금흐름에 반영되지 않는다. 즉 상품개발비, 교육훈련비와 같이 그 계약을 포함하는 보험계약 포트폴리오에 직접 귀속시킬 수 없는 원가와 관련된 현금흐름, 보험계약을 이행하는 데 사용되었으나 비정상적으로 낭비된 인력이나 그 밖의 자원에서 발생하는 현금흐름은 미래현금흐름에서 제외된다. 이처럼 보험계약의 이행과 직접적으로 관련이 없는 원가는 기타사업비로 분류되며, 발생할 때 당기손익으로 인식한다. *[B66(4), B66(5)]*

> **보험계약 포트폴리오에 귀속시킬 수 있는가? → (Y) 이행사업비**
> **↳ (N) 기타사업비**

둘째, 이행사업비 중에서 보험취득(신계약)과 관련되면 보험취득 현금흐름으로 분류된다. 그러나 그렇지 않으면 그 외의 사업비, 즉 계약유지비, 손해조사비 및 투자관리비로 구분된다.

두 경우 모두 예상금액 전액이 최선추정부채에 반영된 후 예상 발생시점이 도래함

에 따라 최선추정부채에서 해제된다는 점은 동일하지만, 양자의 수익과 비용 인식 방법은 상이하다. 보험취득 현금흐름은 보험기간 동안 안분하여 수익과 비용으로 인식하는 반면, 보험취득 현금흐름이 아닌 원가(비용)는 예상 발생시점에 예상 발생금액을 보험수익으로 인식하며, 실제금액 전액을 보험서비스비용으로 처리한다.

> **보험취득(신계약)과 관련된 비용인가?** → (Y) 보험취득 현금흐름
> ㄴ (N) 계약유지비, 손해조사비, 투자관리비

셋째, 보험취득 현금흐름은 미래 서비스와의 관련 여부에 따라 이연 대상 금액 및 경험조정 처리기준이 달라진다. 보험취득을 위한 현금유출은 예상과 실제 모두 주로 보험계약 초기에 발생하지만, 보험손익을 해당 유출시점이 아닌 보험기간에 걸쳐 안분 인식한다. 이를 위해 이연·상각 대상 보험취득 현금흐름 잔액을 비망 계정으로 관리하는데, 이때 해당 보험취득 현금흐름이 미래 서비스와 관련이 있는지 여부에 따라 이연 및 상각 기준이 달라진다. 미래 서비스와 관련이 있는 경우에는 실제 현금흐름을 기준으로 이연·상각되며, 미래 서비스와 무관한 경우에는 예상 현금흐름을 기준으로 이연·상각된다. 또한 예상 대비 실제의 차이(예실차)에 대한 경험조정(experience adjustments)은 전자의 경우 보험계약마진 조정으로, 후자의 경우에는 당기손익으로 처리한다.

> **미래 서비스와 관련된 비용인가?** → (Y) 보험계약마진 조정 대상
> ㄴ (N) 당기손이익으로 처리

⚠ 사업비 분류 체계에 따라 보험계약부채 반영 여부, 수익 – 비용 인식 방법, 경험조정 처리 방법 등이 상이

---

3 예를 들어 비례수당 등 보험료 증감에 대해 직접적으로 증감하는 보험취득 현금흐름은 미래 서비스와 관련이 있는 것으로 분류하고, 영업부서 급여 등 고정비 성격의 보험취득 현금흐름은 미래 서비스와 관련이 없는 것으로 분류할 수 있다. 실무적으로 많은 경우 전자와 같은 유형을 '보험료 유관 보험취득 현금흐름'으로, 후자와 같은 유형을 '보험료 무관 보험취득 현금흐름'으로 구분하여 회계처리를 상이하게 적용하고 있다.

4 보험료와 관련이 있는 보험취득 현금흐름은 경험조정이 보험계약마진으로 처리되어 향후 보험수익에 반영되므로, 실제 발생금액을 기준으로 이연·상각해야 실제 받은 보험료만큼만을 보험기간 총보험수익으로 인식하여야 한다는 기준서[B120] 내용과 부합하게 된다.

5 보험감독회계에서는 이 경우 '보험수익-기타보험수익-보험취득 현금흐름 경험조정'이라는 계정과목에서 취급한다.

4.2 보험취득 현금흐름의 인식

4.2.1 보험계약 인식 전 보험취득 현금흐름

4.2.1.1 사전인식 보험취득 현금흐름의 자산 인식과 제거

보험회사는 관련 보험계약집합을 인식하기 전에 지급한 보험취득 현금흐름을 자산으로 인식한다.[6] 이러한 사전인식 보험취득 현금흐름과 관련된 자산은 관련 보험계약집합 별로 각각 인식하며, 현금흐름이 배분되는 보험계약집합의 측정에 해당 보험취득 현금흐름이 포함될 때 대체되며 자연스럽게 제거된다. *[28B, 28C]*

한편 보험계약은 한 보고기간을 초과하는 기간에 걸쳐 보험계약집합에 추가될 수도 있다. 그러한 상황에서는 그 기간에 집합에 추가된 보험계약과 관련된 보험취득 현금흐름 자산에 해당하는 부분만 제거하고, 미래 보고기간에 집합에 추가될 것으로 예상되는 보험계약과 관련된 부분은 아직까지 보험취득이 완료되기 전이므로 보험취득 현금흐름 자산으로 계속해서 인식한다. [B35C]

4.2.1.2 사전인식 보험취득 현금흐름 자산의 손상차손 인식

사실과 상황이 보험취득 현금흐름 자산이 손상되었을 수 있다는 것을 나타낸다면, 매 보고기간 말에 보험취득 현금흐름 자산의 회수가능성을 평가한다. 손상차손을 식별한다면 보험취득 현금흐름 자산의 장부금액을 조정하고, 손상차손을 당기손익으로 인식한다. 이 경우 다음을 적용한다.

① 손상차손을 당기손익으로 인식하고, 관련 보험계약집합에 대한 예상 순현금흐름 유입액을 초과하지 않도록 보험취득 현금자산의 장부금액을 감소시킨다.

② 갱신이 기대되는 보험계약을 포함하게 될 보험계약집합에 보험취득 현금흐름을 배분할 때, 다음 ㈎와 ㈏를 충족하는 정도까지 손상차손을 당기손익으로 인식하고, 보험취득 현금흐름 자산의 관련 장부금액을 감소시킨다.

---

6 단, 보험료배분접근법을 적용하는 경우에는 보험취득 현금흐름을 발생시점의 당기비용으로 인식한다.

㉮ 해당 보험취득 현금흐름이 갱신이 예상되는 보험계약으로부터 기대되는 순현
금흐름 유입액을 초과할 것으로 기대된다.

㉯ 위 ② ㉮에 따라 산정된 초과분은 위 ①에 따른 손상차손으로 인식하지 않는
다. [28E, B35D]

손상 조건이 더 이상 존재하지 않거나 손상의 정도가 개선된 것으로 판단되는 경우
에는 해당 손상이 개선된 정도까지, 이전에 인식한 손상차손의 일부 또는 전부를 환입
하여 당기손익으로 인식하고 그 자산의 장부금액을 증가시킨다. [28F]

❗ 보험계약집합 인식 전에 인식한 보험취득 현금흐름 자산은 보험계약자산('사전인식 보험취득 현금흐름' 계
정)을 구성

회계 토막상식 | 수취채권 vs. 계약자산

IFRS 15은 기업이 고객에게 이전한 재화나 용역에 대하여 그 대가를 받을 기업의 권리(즉 지급
청구권) 중에서도 '시간의 경과 외의 조건이 없는' 무조건적인 지급청구권을 '수취채권'으로, '시간
의 경과 외의 조건이 있는' 조건부적인 지급청구권을 '계약자산'으로 개념적으로 구분하고 있다.

이러한 관점에서 보험취득 현금흐름은 향후 보험계약이 체결되어 보험계약자로부터 발생할
미래 순현금유입액으로 회수될 것으로 기대되는 자산이다. 따라서 '보험취득 현금흐름 이상의
미래 순현금유입액이 예상되는 보험계약의 체결'이라는 시간의 경과 이외의 조건으로 인해 보
험취득 현금흐름 자산은 보험수취채권이 아닌 보험계약자산으로 분류된다.

4.2.2 보험취득 현금흐름의 보험계약집합 배분

보험료배분접근법을 적용하지 않는 보험회사는 보험취득 현금흐름을 체계적이고 합리
적인 방법을 사용하여 보험계약집합에 배분한다. 보험계약집합에 직접 관련되어 있지
않지만 보험계약의 포트폴리오에는 직접 관련된 보험취득 현금흐름은 포트폴리오의 보
험계약집합에 체계적이고 합리적인 방식으로 배분한다. *[28A, BC184B]*

배분 대상 항목과 방법은 다음과 같다.

① 보험계약집합에 직접 귀속되는 보험취득 현금흐름. 이를 다음 항목에 배분한다.
   ⑺ 해당 집합
   ⑻ 해당 집합에 포함된 보험계약의 갱신으로 발생할 것으로 기대되는 보험계약
      을 포함하게 될 집합
② 위 ① 이외의 보험계약 포트폴리오에 직접 귀속되는 보험취득 현금흐름. 이를 그
   포트폴리오 내의 계약집합에 배분한다. [B35A, BC184A]

한편 매 보고기간 말, 사용한 배분 방법에 대한 투입변수를 결정하는 가정의 변동을 반영하여 배분된 금액을 수정하되, 모든 계약이 집합에 추가된 후에는 보험계약집합에 배분된 금액을 변경하지 않는다. [B35B]

> ❗ 보험계약집합에 직접 귀속되는 보험취득 현금흐름은 해당 집합과 해당 집합 내 계약이 갱신 시 속할 집합에 배분하고, 포트폴리오에 직접 귀속되는 보험취득 현금흐름은 해당 포트폴리오 내 계약집합에 배분

4.2.3 보험취득 현금흐름의 수익·비용 인식

보험취득 현금흐름은 '이러한 현금흐름을 회수(recovering)하는 것과 관련이 있는 보험료 부분'을 시간의 경과에 따른 체계적인 방법으로 각 보고기간에 배분·산정하여 보험수익으로 인식한다. 그리고 이와 동일한 금액을 보험서비스비용으로 인식한다. *[B125]*

한편 "보험취득 현금흐름을 회수하는 것과 관련이 있는 보험료 부분"은 보험회사가 향후 수령하는 보험료를 통해 확보하는 계약체결비용의 재원을 의미하며, 통상 '예정신계약비'라고 일컫는 금액이다. 보험계약자로부터 수령하는 보험료 전체가 이행현금흐름에 포함되므로 이러한 예정신계약비도 당연히 이행현금흐름에 포함된다.

---

7 IFRS 4에서는 예정사업비를 제외한 순보험료만으로 보험부채(책임준비금)를 책정한다.

발생주의 관점에서 일반적으로 기업은 계약상 수행의무를 이행할 때, 혹은 이행한 정도에 따라 고객으로부터 수취할 것으로 기대하는 대가를 수익으로 인식한다. 또한 이러한 수익을 창출하는 데 희생된 경제적 자원을 적절히 비용으로 대응시켜 인식하게 된다.

마찬가지로, 보험회사도 보장기간이 시작되는 시점에서는 계약상 보험계약자에 대한 어떠한 의무도 이행하지 않았기 때문에 보험수익을 인식할 수 없다. 따라서 보험취득 현금흐름과 관련된 보험료는 보험취득 현금흐름이 발생한 시점에 수익으로 인식하지 않고, 별도로 식별한 후 보장기간에 걸쳐 체계적으로 수익으로 인식한다. 또한 수익 비용 대응 관점에서 보험취득 현금흐름을 동일한 기간에 걸쳐 비용으로 인식한다. *[BC179]*

⚠ 보험취득 현금흐름은 보험기간 동안 안분하여 각각 수익과 비용으로 인식

4.3 보험취득 현금흐름의 측정

IFRS 4에서는 영업보험료 중 순보험료만을 책임준비금으로 적립하였기에 부가보험료는 보험부채 산출 시 고려되지 않았다. 영업보험료 중 부가보험료의 일종인 예정신계약비는 영업보험료에 포함되어 보험료 수취시점에 보험수익으로 인식하고, 실제 지급된 계약체결비용(신계약비)은 지급시점에 미상각신계약비라는 이연자산으로 계상 후 보험료 납입기간 또는 신계약비 부가기간과 7년 중 작은 기간에 걸쳐 균등하게 상각하여 보험 비용으로 인식하였다.

반면 IFRS 17에서는 순보험료와 부가보험료 모두 현금유입에 포함하여 보험계약부채를 산출하며, 이에 대응하는 보험금, 보험취득 현금흐름, 그 외 이행사업비 등 현금유출 또한 모두 포함하여 보험계약부채를 산출한다. 그 결과, 보험취득 현금흐름과 이를 보전하기 위한 부가보험료 일부(예정신계약비)는 미래현금흐름상 유출과 유입으로 상쇄되어 보험계약부채에 포함되지 않는다. 이렇게 함으로써 보험회사의 잔여의무를 충실

히 표시(representation)하게 된다.[8]

보험설계사 수당 등 보험취득 현금흐름은 보장 또는 기타 서비스가 제공되기 전, 즉 보험계약집합의 보장기간이 시작되는 때에 발생하는 것이 일반적이다. IFRS 17에서 보험수익은 기본적으로 잔여보장에 대한 부채의 변동(즉 예상 현금유출 시기와 금액에 따라 수익 인식)과 동일한 형태로 인식되는데, 보험취득 현금흐름에 대해서도 이러한 기준이 그대로 적용된다면 보험취득 현금흐름을 보장기간이 시작되는 시점에 보험수익으로 인식하게 된다. 이럴 경우 기업은 계약상 수행의무를 이행할 때 고객으로부터 수취한 대가를 수익으로 인식해야 한다는 IFRS 15의 원칙과 일관되지 않는 결과가 나타나게 된다. 보장기간이 시작되는 시점에 보험회사는 계약상 보험계약자에 대한 어떠한 의무도 이행하지 않았기 때문이다.

이러한 이유로 IFRS 17에서는 보험취득 현금흐름과 관련된 보험료는 보험취득 현금흐름이 발생할 때 수익으로 인식하지 않고 별도로 식별하여 보장기간에 걸쳐 인식하고, 동일한 기간 동안 비용으로 인식하도록 하고 있다. *[BC178, BC179]*

🔔 보험취득 현금흐름으로 발생하는 수익은 별도로 식별하고 동일 금액을 비용으로 인식

---

8 IFRS 17에서 요구하는 측정방법은, 보험취득 현금흐름을 이연하고 수취한 보험료 금액으로 최초 보험계약부채를 측정하는 종전의 많은 회계모형과는 다르다. 종전의 모형들에서는 보험취득 현금흐름을 인식할 수 있는 자산(모형에 따라 계약자산 또는 고객관계 무형자산으로 설명)의 원가를 나타내는 것으로 처리했다. 보험회사가 보험취득 현금흐름을 이미 수취한 보험료에서 회수한다면 그러한 자산은 존재하지 않거나, 그러한 자산은 계약을 측정할 때 포함되는 미래현금흐름과 관련이 있다. 일반적으로 보험회사가 피보험 손실에 대한 지급의무를 수행하고 계약을 발행하는 원가를 보전받을 만큼의 충분한 가격을 보험계약자에게 부과한다고 본다. 따라서 피보험 손실에 대해 지급할 잔여의무를 충실히 표현하기 위해서는 계약 발행 원가를 보전하기 위한 보험료의 일부는 포함해서는 안 된다. *[BC176]*

4.4 사례 분석(기준서 사례 7)

4.4.1 기준서 사례(보험취득 현금흐름 예상치=실제치)

이 사례는 최초 인식시점에 보험취득 현금흐름을 결정하고, 후속적으로 보험취득 현금흐름의 회수와 관련된 보험료 부분을 포함하여 보험수익을 결정하는 방법을 보여준다. 그리고 당기에 인식된 보험수익의 분석에 대한 공시 요구사항도 설명한다.

4.4.1.1 가정

A보험회사는 보장기간 3년의 보험계약집합을 발행한다. 보장기간은 보험계약의 발행시점에 시작된다. 최초 인식시점에 다음을 산정한다.

① 최초 인식 직후 수령한 미래 현금유입액의 추정치 900원
② 미래 현금유출액의 추정치는 미래 보험금 청구액 추정치 600원(매년 200원 발생 및 지급)과 보장기간 초에 지급된 인수 현금흐름 120원(이 중 계약이 속한 포트폴리오에서 직접 귀속시킬 수 있는 보험취득 현금흐름(신계약비)은 90원)
③ 위험조정은 15원이며 A보험회사는 이 위험조정을 보장기간에 걸쳐 고르게 당기손익으로 인식할 것으로 예상

한편 단순화를 위해 다음을 가정한다.

① 모든 비용은 예상한 대로 발생
② 보장기간 중 실효되는 계약 없음(즉 보장이 제공되는 계약 수 일정)
③ 투자요소 없음
④ 계약이 속한 포트폴리오에 직접 귀속되는 보험취득 현금흐름(90원)은 그 계약이 속한 계약집합에 직접 귀속되며 해당 계약의 갱신은 예상되지 않음
⑤ 할인효과를 포함한 모든 다른 요소(보험금융 이자비용 등)는 단순화를 위해 무시

(즉 할인율 0%)

4.4.1.2 분석

A보험회사는 최초 인식시점에 보험계약집합을 측정하고, 각 후속연도 말의 이행현금흐름을 다음과 같이 추정한다.

	보험연도 말 보험부채			(단위: 원)
	최초 인식	1차 연도	2차 연도	3차 연도
미래 현금유입액의 현가 추정치	(900)	–	–	–
미래 현금유출액의 현가 추정치[1]	690[1]	400	200	–
미래현금흐름의 현가 추정치(BEL)	(210)	400	200	–
위험조정(RA)	15	10	5	
이행현금흐름(BEL+RA)	(195)	410	205	–
보험계약마진(CSM)	195			
최초 인식 직후 보험계약부채 (BEL+RA+CSM)	–			

(1) 미래 현금유출액의 현가 추정치(690원) = 예상보험금 청구액(600원) + 계약이 속한 포트폴리오에 직접 귀속시킬 수 있는 보험취득 현금흐름으로 배분된 90원

A보험회사는 보험계약마진과 보험취득 현금흐름을 다음과 같이 매년 당기손익으로 인식한다.

	보험연도별 당기손익 인식			(단위: 원)
	1차 연도	2차 연도	3차 연도	합계
보험계약마진[1]	65	65	65	195
보험취득 현금흐름[2]	30	30	30	90

(1) 각 기간에 배분되는 보험계약마진(65원) = 최초 인식 보험계약마진(195원) ÷ 보장 기간(3년)

A보험회사는 보험계약집합의 보험계약마진을 당기에 제공된 서비스 이전을 반영하여 각 기간의 당기손익으로 인식한다. 각 기간에 인식되는 금액은 보고기간 말에 (배분전)잔여 보험계약마진을 당기와 잔여 보장기간으로 배분하여 결정한다. 그런데 이 사례에서 각 기간에 보장이 제공되는 계약의 수가 동일하고 할인효과도 무시하고 있으므로 각 기간에 제공되는 보장은 동일한 값이 된다.(구체적인 보험계약마진 상각방법은 제7장에서 설명한다.)

(2) 매년 당기손익으로 인식되는 보험취득 현금흐름(30원) = 90원 ÷ 3년

A보험회사는 보험취득 현금흐름과 관련된 보험수익을 결정할 때 그러한 현금흐름의 회수와 관련된 보험료 부분을 시간의 경과에 따라 각 회계기간에 체계적으로 배분한다. 그런데 이 사례에서 모든 비용이 예상대로 발생하였고 할인효과도 무시하고 있으므로 각 기간에 대한 배분액은 동일한 값이 된다. 그리고 동시에 같은 금액인 30원을 매년 보험서비스비용으로 인식한다. 여기에 계약이 속한 보험계약 포트폴리오에 직접 귀속시킬 수 없는 인수 현금흐름은 1차 연도에 기타비용(기타사업비용)으로 처리한다.

결론적으로 A보험회사는 다음과 같은 금액을 재무성과표에 당기손익으로 인식한다.

재무성과표 주요 항목				(단위: 원)
	1차 연도	2차 연도	3차 연도	합계
보험수익[1]	300	300	300	900
보험서비스비용[2]	(230)	(230)	(230)	(690)
보험서비스결과	70	70	70	210
기타비용[3]	(30)	–	–	(30)
이익	40	70	70	180

(1) 보험수익은 아래 보험료수익 분석에서 설명

(2) 보험서비스비용(230원) = 매년 발생한 보험금(200원) + 매년 배분된 보험취득 현금흐름(30원)

(3) 기타비용(30원) = 인수 현금흐름(120원) − 직접 귀속시킬 수 있는 보험취득 현금흐름(90원)

한편 기준서(IE80)에 따라 A보험회사는 보험수익을 다음과 같이 분석할 수 있다.(보험수익의 구체적인 분석방법은 제9장에서 설명한다.)

보험연도별 보험수익 분석표 (단위: 원)

	1차 연도	2차 연도	3차 연도	합계
잔여보장부채의 변동과 관련된 금액	270	270	270	810
- 발생한 보험서비스비용	200	200	200	600
- 당기손익으로 인식되는 보험계약마진	65	65	65	195
- 위험 감소로 인한 위험조정의 변동분	5	5	5	15
보험취득 현금흐름 회수분	30	30	30	90
보험수익	**300**	**300**	**300**	**900**

4.4.2 기준서 사례 변형 ①
(미래 서비스 유관 보험취득 현금흐름 예상치≠실제치)

이 사례는 미래 서비스 유관 보험취득 현금흐름의 경험조정 처리에 관한 사항을 설명하기 위해 기준서 사례 7을 일부 변형하여 제시한다.

4.4.2.1 가정

(1) ~ (3)은 기준서 사례 7과 동일하나, 보험취득 현금흐름은 미래 서비스와 관련이 있다고 가정한다. 단순화를 위한 가정의 경우 (2), (3), (5)는 기준서 사례 7과 동일하나, (1)과 (4)가 아래와 같이 상이하다고 가정한다.

(1) 기준서 사례 7과 달리 보험취득 현금흐름을 제외한 모든 비용은 예상한 대로 발생하되, 보장기간 초에 실제로 지급된 인수 현금흐름은 예상한 120원보다 10원 증가한 130원(보험취득 현금흐름은 100원)

(4) 계약이 속한 포트폴리오에 직접 귀속되는 보험취득 현금흐름(기준서 사례 7과 달리 100원)은 그 계약이 속한 계약집합에 직접 귀속되며 해당 계약의 갱신은 예상되지 않음

4.4.2.2 분석

A보험회사는 최초 인식시점에 보험계약집합을 측정하고 각 후속연도 말의 이행현금흐름을 추정하는데, 이는 앞의 기준서 사례 7과 동일하다. 그러나 A보험회사는 기준서 사례 7과 달리 보험계약마진과 보험취득 현금흐름을 다음과 같이 매년 당기손익으로 인식한다.

	보험연도별 당기손익인식			(단위: 원)
	1차 연도	2차 연도	3차 연도	합계
보험계약마진 – 조정[1]	-10			– 10
– 상각[2]	62	62	62	185
보험취득 현금흐름[3]	33	33	33	100

(1) 미래 서비스와 관련이 있는 보험취득 현금흐름의 경험조정(예상 – 실제 = 90 – 100 = -10)은 보험계약마진 조정 대상이다.

(2) 각 기간에 배분되는 보험계약마진(62원) = {최초 인식 보험계약마진(195원) + 당기 보험계약마진 조정(-10원)} ÷ 보장기간(3년)

A보험회사는 보험계약집합의 보험계약마진을 당기에 제공된 서비스 이전을 반영하여 각 기간의 당기손익으로 인식한다. 각 기간에 인식되는 금액은 보고기간 말에 (배분 전)잔여 보험계약마진을 당기와 잔여 보장기간으로 배분하여 결정한다. 그런데 이 사례에서 각 기간에 보장이 제공되는 계약의 수가 동일하고 할인효과도 무시하고 있으므로 각 기간에 제공되는 보장은 동일한 값이 된다.

(3) 매년 당기손익으로 인식되는 보험취득 현금흐름(33원) = 100원 ÷ 3년

A보험회사는 보험취득 현금흐름과 관련된 보험수익을 결정할 때 그러한 현금흐름의 회수와 관련된 보험료 부분을 시간의 경과에 따라 각 회계기간에 체계적으로 배분한다. 그런데 이 변형 사례에서 보험취득 현금흐름의 예상과 실제의 차이가 발생하였고 해당 금액은 미래 서비스와 관련이 있으므로 실제 현금흐름(100원)을 기준으로 이연 및

상각이 이루어진다. 할인효과를 무시하고 있으므로 각 기간에 배분액은 동일한 값이 된다. 그리고 동시에 같은 금액인 33원을 매년 보험서비스비용으로 인식한다. 계약이 속한 보험계약 포트폴리오에 직접 귀속시킬 수 없는 인수 현금흐름은 1차 연도에 기타비용(기타사업비용)으로 처리하는 것도 동일하다.

결론적으로 A보험회사는 다음과 같은 금액을 재무성과표에 당기손익으로 인식한다.

재무성과표 주요 항목 (단위: 원)

	1차 연도	2차 연도	3차 연도	합계
보험수익[1]	300	300	300	900
보험서비스비용[2]	(233)	(233)	(233)	(700)
보험서비스결과	67	67	67	200
기타비용[3]	(30)	–	–	(30)
이익	37	67	67	170

(1) 보험수익은 아래 보험료수익 분석에서 설명

(2) 보험서비스비용(233원) = 매년 발생한 보험금(200원) + 매년 배분된 보험취득 현금흐름(33원)

(3) 기타비용(30원) = 인수 현금흐름(130원) − 보험취득 현금흐름(100원)

한편 기준서(IE80)에 따라 A보험회사는 보험수익을 다음과 같이 분석할 수 있다.

보험연도별 보험수익 분석표 (단위: 원)

	1차 연도	2차 연도	3차 연도	합계
잔여보장부채의 변동과 관련된 금액	267	267	267	800
- 발생한 보험서비스비용	200	200	200	600
- 당기손익으로 인식되는 보험계약마진	62	62	62	185
- 위험 감소로 인한 위험조정의 변동분	5	5	5	15
보험취득 현금흐름 회수분	33	33	33	100
보험수익	300	300	300	900

4.4.3 기준서 사례 변형 ②
(미래 서비스 무관 보험취득 현금흐름 예상치≠실제치)

이 사례는 미래 서비스 무관 보험취득 현금흐름의 경험조정 처리에 관한 사항을 설명하기 위하여 기준서 사례 7을 일부 변형하여 제시한다.

4.4.3.1 가정
(1) ~ (3)은 기준서 사례 7과 동일하나, 보험취득 현금흐름은 미래 서비스와 관련이 없다고 가정한다. 단순화를 위한 가정의 경우 (2), (3), (5)는 기준서 사례 7과 동일하나, (1)과 (4)가 아래와 같이 상이하다고 가정한다.

(1) 기준서 사례 7과 달리 보험취득 현금흐름을 제외한 모든 비용은 예상한 대로 발생하고, 보장기간 초에 실제로 지급된 인수 현금흐름은 예상한 120원보다 10원 증가한 130원(보험취득 현금흐름은 100원)

(4) 보험취득 현금흐름(기준서 사례 7과 달리 100원)은 그 계약이 속한 계약집합에 직접 귀속되며 해당 계약의 갱신은 예상되지 않음

4.4.3.2 분석
A보험회사는 최초 인식시점에 보험계약집합을 측정하고 각 후속연도 말의 이행현금흐름을 추정하는데, 이는 앞의 기준서 사례 7과 동일하다. 그러나 A보험회사는 보험계약마진과 보험취득 현금흐름을 다음과 같이 매년 당기손익으로 인식한다.

보험연도별 당기손익인식			(단위: 원)
	1차 연도	2차 연도	3차 연도	합계
보험계약마진 – 조정[1]				
– 상각[2]	65	65	65	195
보험취득 현금흐름[3]	30	30	30	90

(1) 각 기간에 배분되는 보험계약마진(65원) = 최초 인식 보험계약마진(195원) ÷ 보장
기간(3년)

A보험회사는 보험계약집합의 보험계약마진을 당기에 제공된 서비스 이전을 반영하여 각 기간의 당기손익으로 인식한다. 각 기간에 인식되는 금액은 보고기간 말에 (배분전)잔여 보험계약마진을 당기와 잔여 보장기간으로 배분하여 결정한다. 그런데 이 사례에서 각 기간에 보장이 제공되는 계약의 수가 동일하고 할인효과도 무시하고 있으므로 각 기간에 제공되는 보장은 동일한 값이 된다.

(2) 매년 당기손익으로 인식되는 보험취득 현금흐름(30원) = 90원 ÷ 3년

A보험회사는 보험취득 현금흐름과 관련된 보험수익을 결정할 때 그러한 현금흐름의 회수와 관련된 보험료 부분을 시간의 경과에 따라 각 회계기간에 체계적으로 배분한다. 그런데 이 변형 사례에서 보험취득 현금흐름의 예상과 실제의 차이가 발생하였고 해당 금액은 미래 서비스와 관련이 없으므로 예상 현금흐름(90원)을 기준으로 이연 및 상각이 이루어진다. 할인효과를 무시하고 있으므로 각 기간에 배분액은 동일한 값이 된다. 그리고 동시에 같은 금액인 30원을 매년 보험서비스비용으로 인식한다. 계약이 속한 보험계약 포트폴리오에 직접 귀속시킬 수 없는 인수 현금흐름은 1차 연도에 기타비용(기타사업비용)으로 처리한다.

결론적으로 A보험회사는 다음과 같은 금액을 재무성과표에 당기손익으로 인식한다.

재무성과표 주요 항목				(단위: 원)
	1차 연도	2차 연도	3차 연도	합계
보험수익[1]	300	300	300	900
보험서비스비용[2]	(240)	(230)	(230)	(700)
보험서비스결과	60	70	70	200
기타비용[3]	(30)	–	–	(30)
이익	30	70	70	170

(1) 보험수익의 구성은 위 보험료수익 분석에서 설명됨

(2) 1차 연도 보험서비스비용(240원) = 매년 발생한 보험금(200원) + 매년 배분된 보험취득 현금흐름(30원) + 보험취득 현금흐름(미래 서비스 무관) 경험조정 금액(10원)

2, 3차 연도 보험서비스비용(230원) = 매년 발생한 보험금(200원) + 매년 배분된 보험취득 현금흐름(30원)

미래 서비스와 관련이 없는 보험취득 현금흐름의 경험조정(예상 - 실제 = 90 - 100 = -10)은 당기손익 처리 대상이다.

(3) 기타비용(30원) = 인수 현금흐름(130원) - 보험취득 현금흐름(100원)

한편 기준서(IE80)에 따라 A보험회사는 보험수익을 다음과 같이 분석할 수 있다.

보험연도별 보험수익 분석표 (단위: 원)

	1차 연도	2차 연도	3차 연도	합계
잔여보장부채의 변동과 관련된 금액	270	270	270	810
- 발생한 보험서비스비용	200	200	200	600
- 당기손익으로 인식되는 보험계약마진	65	65	65	195
- 위험 감소로 인한 위험조정의 변동분	5	5	5	15
보험취득 현금흐름 회수분	30	30	30	90
보험수익	**300**	**300**	**300**	**900**

가. 보험취득 현금흐름의 개요

□ 보험취득 현금흐름은 '보험계약집합이 속해 있는 보험계약 포트폴리오에 직접 귀속되는 보험계약집합의 판매, 인수심사 및 개시 관련 원가에서 생기는 현금흐름'

- 그러한 현금흐름에는 포트폴리오 내의 개별 계약이나 보험계약집합에 직접 귀속되지 않는 현금흐름도 포함
- 상품개발비, 교육훈련비와 같이 그 계약을 포함하는 보험계약 포트폴리오에 직접 귀속시킬 수 없는 원가와 관련된 현금흐름은 미래현금흐름에서 제외

나. 보험취득 현금흐름의 수익·비용 인식

□ 보험취득 현금흐름과 관련한 보험수익은 '이러한 현금흐름을 회수하는 것과 관련이 있는 보험료 부분'을 시간의 경과에 따른 체계적 방법으로 각 보고기간에 배분하여 산정

- 이와 동일한 금액을 보험서비스비용으로 인식

□ IFRS 17은 신계약을 인수하기 위하여 보험회사가 수취했거나 수취할 보험료와 보험취득을 위한 현금유출액을 보험계약집합의 현금흐름에 포함

- 따라서 보험취득 현금흐름을 비용으로 인식하고 보험취득 현금흐름을 회수하기 위한 보험료 부분에 해당하는 금액을 수익 금액으로 인식

1. 다음 중 보험회사가 보유계약을 이행함에 따라 발생할 현금흐름을 추정할 때 포함되지 않는 현금흐름은?

① 보험료

② 사망보험금

③ 상품개발비, 교육훈련비

④ 보험계약이 속한 포트폴리오에 귀속시킬 수 있는 보험취득 현금흐름의 배분

2. A보험회사가 미래현금흐름이 다음과 같은 보장기간 3년인 보험상품을 판매하려고 할 때, 최초 인식시점 미래 현금유출액의 현가를 구하시오. (단, 할인율은 0%)

> 매년 예상 사망보험금: 100
>
> 보험료: 400(일시납)
>
> 보험취득 현금흐름은 50(단, 보험계약 포트폴리오에 직접 귀속가능한 현금흐름 40)

① 350   ② 340   ③ (50)   ④ (60)

3. A보험회사는 보험상품(보장기간 3년)을 판매하려고 하는데 미래현금흐름을 다음과 같이 추정하였다.

> 매년 예상 사망보험금: 100
>
> 보험료: 400(일시납)
>
> 보험취득 현금흐름은 50(포트폴리오에 직접 귀속가능한 현금흐름 30)

1차 연도 실제 발생한 사망보험금이 90이었고, A보험회사가 보험취득 현금흐름을 시간의 경과에 따라 각 회계기간에 균등하게 배분하는 정책을 선택했다고 한다면, 1차 연도 보험서비스비용은 얼마인가? (단, 할인율은 0%)

① 10   ② 90   ③ 100   ④ 130

4. 할인율이 0%라고 가정할 때, IFRS 17 재무제표 항목에 대한 다음 설명 중 가장 불합리한 것은?

① 총 미래 예상 사망보험금의 현가는 단순 미래 예상 사망보험금의 합계와 같다.

② 투자영업수익이 0이다.

③ 보험금융이자비용이 0이다.

④ 보험계약마진 이자와 최선추정부채의 이자가 0이다.

5. A보험회사는 보험상품(보장기간 3년)을 판매하려고 하는데 미래현금흐름을 다음과 같이 추정하였다.

매년 예상보험금: 120원
보험료: 300원(일시납)
보험취득 현금흐름: 60원(포트폴리오에 직접 귀속가능한 현금흐름 30원)

최초 인식 시 보험계약마진이 60원으로 추정되었고 각 연도별 보장이 제공되는 계약 수가 동일하고, 보장기간은 3년으로 회계연도 시작일에 맞춰 보험이 개시된다고 할 때, 다음 1차 연도 보험수익 분석표의 (가) ~ (라)에 들어갈 금액은 순서대로 무엇인가? (단, 1차 연도의 모든 비용은 예상대로 발생했다고 가정한다.)

1차 연도 보험수익 분석표

(단위: 원)

예상보험금(발생한 보험서비스비용)	(가)
보험계약마진 상각(당기손익으로 인식되는 보험계약마진)	(나)
위험조정 변동(위험 감소로 인한 위험조정의 변동분)	5
보험취득 현금흐름 상각(보험취득 현금흐름 회수분)	(다)
보험수익	(라)

① 40, 20, 10, 75   ② 40, 20, 20, 85   ③ 120, 20, 10, 155   ④ 120, 20, 20, 165

6. A보험회사는 보험상품(보장기간 3년)을 판매하려고 하는데 미래현금흐름을 다음과 같이 추정하였다.

매년 예상보험금: 120원
보험료: 300원(일시납)
보험취득 현금흐름: 60원(포트폴리오에 직접 귀속가능한 현금흐름 30원)

매년 보험수익이 155로 인식되었으며 연도별 보장이 제공되는 계약 수가 동일하고, 보장기간은 3년으로 회계연도 시작일에 맞춰 보험이 개시된다고 할 때, 다음 손익계산서의 (가) ~ (마)에 들어갈 금액은 순서대로 무엇인가? (단, 모든 비용은 예상대로 발생했다고 가정한다.)

재무성과표 주요 항목

(단위: 원)

	1차 연도	2차 연도	3차 연도
보험수익	155	155	155
보험서비스비용	(가)		
보험서비스결과	(나)		
기타비용	(다)		
보험손익	(라)	(마)	

① (130), 25, (30), (5), 25 ② (140), 15, (30), (15), 15
③ (130), 25, (10), 15, 15 ④ (130), 25, (10), 15, 25

※ 다음 중 맞는 것에 ○표, 틀린 것에 ×표 하시오.

7. 보험취득 현금흐름에는 포트폴리오 내의 개별 계약이나 보험계약집합에 직접 귀속되지 않는 현금흐름은 포함되지 않는다. (   )

8. 보험취득 현금흐름과 관련한 보험수익은 이러한 현금흐름을 회수하는 것과 관련이 있는 보험료 부분을 시간의 경과에 따른 체계적인 방법으로 각 보고기간에 배분하여 산정한다. (   )

9. 보험취득 현금흐름이 미래 서비스와 관련된 경우에 실제 현금흐름을 기준으로 이연 및 상각되며, 예실차 경험조정은 보험계약마진에서 조정한다. (   )

●○○

10. IFRS 17에서는 보험취득과 관련된 실제 계약체결비용은 사용시점과 비용 인식시점 차이에서 발생된 보험취득 현금흐름과 관련된 자산으로 인식하여 미상각신계약비 (DAC)라는 이연자산으로 계상한다. (   )

5장

할인율

5.1 할인율의 개요

5.1.1 할인율의 목적

화폐는 시간적 가치가 있다. 예를 들어 은행이 이자율 10%를 보장한다고 가정해 보면 오늘의 100만 원을 은행에 예금하면 1년 뒤에 110만 원이 되어 있을 것이다. 따라서 오늘의 100만 원과 1년 뒤 100만 원이라는 두 화폐는 금액의 크기(즉 명목가치)가 동일하더라도 지급시점이 다르기 때문에 실질가치가 다르다. 마찬가지로 보험회사 입장에서 보험금과 사업비 등 내일 지급해야 할 금액은 10년 후에 지급하여야 할 동일한 금액과 다른 가치를 가진다. 이때 명목가치보다 실질가치의 측정치가 보험회사의 재무상태에 대한 보다 목적적합한 정보를 제공하기 때문에 모든 보험계약을 측정할 때 현금흐름의 시기의 효과를 반영해야 한다. *[BC186]*

보험계약을 측정할 때 화폐의 시간가치 및 금융위험을 반영하는 방법은 다음 두 가지이다.

① 미래현금흐름에 직접 반영하는 방법
② 보험계약 현금흐름의 특성을 반영한 할인율로 할인하여 보험계약 현금흐름에 화폐의 시간가치와 금융위험이 반영되도록 조정하는 방법

위 두 가지 방법 중 실무에서는 할인율을 활용한 ②의 방법이 주로 사용된다. 즉 화폐의 시간가치와 금융위험이 '추정된 현금흐름'에 포함되어 있지 않을 때, 계약의 특성을 반영하도록 이 현금흐름을 화폐의 시간가치와 금융위험에 대해 조정하도록 하는 것이 바로 할인율이다. 요컨대, 할인율에 따라 조정되는 금액이 달라지며, 이에 따라 보험부채의 크기 및 그에 따른 미래 보험손익 및 보험금융손익이 달라지게 된다. *[BC201]*

❗ 할인율을 통해 추정되는 미래현금흐름에 화폐의 시간가치와 금융위험을 반영·조정

5.1.2 할인율에 대한 기준서 요구사항

5.1.2.1 할인율의 필요조건

금융위험이 현금흐름의 추정치에 포함되어 있지 않은 경우를 생각해 보자. 이때 보험회사는 현금흐름과 관련된 화폐의 시간가치와 금융위험이 반영되도록 미래현금흐름의 추정치를 조정하게 된다. 이때 미래현금흐름의 추정치에 적용되는 할인율은 다음 조건을 갖추어야 한다.

① 화폐의 시간가치, 보험계약 현금흐름의 특성 및 유동성 특성 반영

② 시기, 통화 및 유동성 측면에서 보험계약 현금흐름의 특성과 일관되는 현금흐름의 특성을 가진 금융상품에 대한 관측가능한 현행 시장가격이 있다면 그러한 시장가격과 일관됨

③ 관측가능한 시장가격에는 영향을 미치지만 보험계약의 미래현금흐름에는 영향을 미치지 않는 요인(예: 신용위험)이라면 그 요인의 효과는 제외 [36]

5.1.2.2 할인율 추정 시 요구사항

할인율에는 관련 요소만을 포함해야 한다. 화폐의 시간가치, 보험계약의 현금흐름 특성 및 유동성 특성에서 발생하는 요소 등이 그 예이다. 그런데 이러한 할인율은 계약기간이 장기인 보험계약의 특성상 시장에서 직접 관측되지 않을 수 있다. 따라서 특성이 같은 상품의 관측가능한 시장이자율을 이용할 수 없는 경우가 많다. 또한 비슷한 상품의 관측가능한 시장이자율을 이용할 수 있다고 하더라도 보험계약에서 상품을 구분하는 요소를 별도로 식별하지 않는 경우도 발생한다. 이때 보험회사가 적정한 할인율을 추정하게 되는데, 기준서가 그러한 추정기법을 구체적으로 특정하고 있지는 않지만 다음의 특성을 만족시킬 것을 요구한다.

① 관측가능한 투입변수를 최대한 사용하고, 과도한 원가나 노력 없이 이용할 수 있는 내부 및 외부의 비시장변수에 대해 모든 합리적이고 뒷받침될 수 있는 정보를 반영한다. 특히 할인율은 목적적합하고 이용가능한 시장자료와 상충되어서는 안

되며, 비시장변수는 관측가능한 시장변수와 상충되어서는 안 된다.

② 시장참여자의 관점에 따라 현재 시장 상황을 반영한다.

③ 측정되는 보험계약의 특성과 관측가능한 시장가격을 이용할 수 있는 상품의 특성 간 유사성의 정도를 평가하기 위해 판단하여야 하며, 양자 간 차이를 반영하기 위해 가격을 조정한다. *[B78]*

시장에서 관측가능하지 않아 추정된 할인율은 중복계산이나 누락을 방지하도록 보험계약을 측정하는 데 사용된 다른 추정치들과 일관되어야 한다. 예를 들어 다음과 같다. *[B74]*

표 5-1 현금흐름 성격별 할인율 추정치(예시)

대상 현금흐름 성격	할인율 추정치
기초금융항목의 성과에 연동	• 해당 항목의 변동성을 반영한 할인율 • 해당 항목의 변동성 효과를 조정하고 그러한 조정을 반영한 할인율
어떠한 기초항목의 성과에도 연동되지 않음	• 그러한 변동성을 반영하지 않은 할인율
명목현금흐름(인플레이션 효과 포함)	• 인플레이션 효과가 반영된 할인율
실질현금흐름(인플레이션 효과 제외)	• 인플레이션 효과가 반영되지 않은 할인율

5.1.2.3 유동성 프리미엄

화폐의 시간가치에 대하여 논의할 때 보통은 무위험이자율의 개념을 사용한다. 그리고 보통 유동성이 높은 우량채권이 무위험이자율의 대용치(proxy)로 사용된다. 유동성이 높다는 것은 이 채권의 보유자가 유의미한 비용을 치르지 않거나 또는 시장가격에 영향을 주지 않고도 간단한 통지만으로 시장에서 이러한 사채를 매각함으로써 현금화할 수 있다는 의미이다. 그러므로 채권 보유자는 사실상 다음 두 가지를 보유하고 있는 것과 같다.

① 거래되는 채권의 관측되는 수익보다 더 높은 수익을 지급하지만 거래가 빈번하지 않은 기초 투자를 보유

② 시장참여자에게 그 투자를 매도할 수 있는 내재옵션(보유자는 전체 수익의 일부 감소를 통해 암묵적으로 프리미엄을 지급)

보험계약의 경우 보험사건이 발생하기 전이나 보험계약에 명시된 만기일 등 특정된 날 이전에 보험계약자가 보험회사에 보험금 지급을 강요할 수 없다. *[BC193]*

또한 보험회사는 상당한 대가(유의적 원가)를 치르지 않고 보험계약 부채를 매도할 수 없으므로 앞에서 말한 우량채권과 같은 내재옵션이 없다고 볼 수 있다. 따라서 보험계약의 할인율은 거래가 빈번하지 않은 기초 투자의 수익률과 같아야 하며, 내재 풋옵션(즉 처분권)의 암묵적인 프리미엄에 해당하는 부분을 이자율에서 차감해서는 안 된다. *[BC194]*

다시 말해, 보험부채는 보험계약의 이러한 비유동성 특성을 고려하여 내재 풋옵션 부재로 인한 유동성 프리미엄(liquidity premium)을 가산한 할인율[1]을 적용하여 현재가치를 평가하게 된다. 이러한 비유동성 조정의 경제적 효과는, 계약자에게는 기회비용이자 보험회사에게는 투자를 통한 수익을 창출할 수 있는 시간가치로 작용하는 비유동성을 할인율에 반영함으로써, 보험계약의 가치를 유동성 프리미엄을 가산하기 전의 할인율로 평가한 가치보다 줄이는 방향으로 작용하게 된다.

> ❗ • 할인율은 화폐의 시간가치, 보험계약 현금흐름의 특성 및 유동성 특성을 반영하고, 관측가능한 현행 시장가격과 일관되며, 보험계약의 미래현금흐름과 무관한 요인의 효과는 제외
> • 보험부채는 비유동성 특성을 고려하여 유동성 프리미엄을 가산한 할인율을 적용하여 현재가치를 평가

---

1 감독회계에서는 이를 '조정 무위험 금리기간구조'로 칭하고 있다. 구체적으로 「보험업감독업무시행세칙」[별표 35] 책임준비금 산출기준(2023. 1. 1. 시행)에서는 책임준비금 평가 시 적용하는 결정론적 할인율 시나리오를 기본 무위험 금리기간구조에 유동성 프리미엄이 가산된 조정 무위험 금리기간구조로 산출하도록 하고 있다.

5.1.3 할인율의 측정기법

5.1.3.1 기초항목 성과에 연동되는 현금흐름의 경우

기초항목의 성과에 연동된 현금흐름은 해당 항목의 변동성이 반영된 할인율로 할인하거나, 변동성 효과를 현금흐름에 조정하였다면 그러한 조정효과를 반영한 할인율로 할인해야 한다. 해당 변동성이 계약 조건에 따라 발생하는지 또는 보험회사가 재량권을 행사하여 발생하는지, 그리고 보험회사가 기초항목을 보유하고 있는지 여부와는 관계없이 해당 변동성은 관련 요소이다. [B75]

한편 기초항목의 수익에 따라 현금흐름이 변동하지만, 최저보증을 제공하는 경우도 있다. 이 경우 최저보증 수준이 기초항목의 기대성과보다 낮은 경우에도, 보증효과에 대한 기초항목 성과의 변동성을 반영하여 할인율을 조정해야 한다. [B76]

끝으로, 보험계약의 미래현금흐름을 추정할 때 기초항목의 성과에 연동되는 것과 그렇지 않은 것으로 나눌 수도 있고 나누지 않을 수도 있다. 만일 추정현금흐름을 기초항목 성과 연동 여부에 따라 나누지 않는다면, 전체 추정현금흐름에 확률론적 모형이나 위험중립 측정기법 등을 통해 산정한 적절한 할인율을 적용한다. [B77]

5.1.3.2 기초항목 성과에 연동되지 않는 현금흐름의 경우

앞서 살펴본 할인율의 두 번째 필요조건에서 '시기', '통화', '유동성' 측면에서 보험계약의 현금흐름의 특성과 일관되는 현금흐름의 특성을 가진 금융상품에 대한 관측가능한 현행 시장가격이 있다면 그러한 시장가격과 미래 현금흐름 추정치에 적용되는 할인율이 일관되어야 한다고 하였다. 이때 시기와 관련한 특성은 기간별로 다른 할인율, 즉 기간구조(term structure)를 반영한 이자율 곡선(yield curve)을 적용하면 된다. 또한 통화와 관련해서는 각 통화에 부합하는 할인율을 적용하면 된다. 예를 들어 원화 현금흐름에는 원화 할인율, 외화 현금흐름에는 외화 할인율을 적용한다. 끝으로, 유동성과 관련해서는 전술한 바와 같이 일반 금융상품보다 비유동적인 보험부채의 특성을 할인율에 반영해야 한다.

한편 할인율이 시장에서 직접 관측되지 않을 경우 기초항목 성과에 연동되지 않는 현금흐름의 할인율을 추정하는 방법에는 상향식 접근법과 하향식 접근법이 있다. [B78,

B80, B81]

여기서 상향식(bottom-up) 접근법은 무위험이자율에서 유동성 프리미엄을 가산하는 일반적인 할인율 산정방식을, 하향식(top-down) 접근법은 보험부채 평가를 위한 참조 포트폴리오[해당 보험부채와 유사한 특성을 지닌 일종의 준거자산(benchmark)]의 공정가치에 내재된 현행수익률에서 보험부채와 관련이 없는 요소를 제거하여 할인율을 산정하는 방식을 의미한다.

한편 측정되는 항목의 유동성을 고려하지 않거나 측정되는 항목의 특정 유동성을 측정하기 위하여 실무적인 대용치를 개발하기 위한 상세한 지침은 기준서에서 제공되지 않는다. 예를 들어 무위험이자율을 측정하기 위한 기준치(예: 우량 회사채) 선정방식이나, 유동성 조정을 추정하는 방법 등에 대해서는 구체적인 언급이 없다. 이는 국제회계기준위원회가 원칙중심적인 방식을 채택하고 있기 때문이다. *[BC195]*

가. 상향식 접근법

상향식 접근법은 유동성이 높고 우량한 사채에 기초하여 유동성 프리미엄을 포함하도록 조정하는 방법이다. 일반적으로 수익률곡선은 자산 보유자가 유의적인 원가를 들이지 않고 언제든지 쉽게 매각할 수 있는 활성시장에서 거래되는 자산의 특성을 반영한다. 그러나 일부 보험계약의 경우 보험사건이 발생하기 전이나 계약에 명시된 날이 되기 전에는 급부금을 지급할 수 없다. 따라서 기초항목의 성과에 연동되지 않는 보험계약 현금흐름의 경우 시장에서 관측되는 할인율이 적용되는 금융상품의 유동성 특성과 보험계약의 유동성 특성 간 차이가 발생한다. 보험회사는 국채, 리보(LIBOR)와 같은 콜 금리를 사용하여 무위험 수익률곡선을 구하고, 이 곡선에 유동성 특성 간 차이를 반영하여 조정함으로써 할인율을 결정하게 되는데, 이러한 방법을 상향식 접근법이라 부른다. *[B80]*

하지만 주식이나 채권과 같은 금융자산과는 달리 보험계약은 시장에서 거래되는 관측가능한 가격이 없을 뿐만 아니라 유동성 프리미엄을 측정할 수 있는 잘 알려진 추정방식도 없어 보험계약의 유동성 프리미엄을 직접 추정하는 것은 쉽지 않다.[2]

---

2 현재 감독당국이 유동성 프리미엄 값을 제공하고 있다.

나. 하향식 접근법

하향식 접근법은 참조 자산 포트폴리오(reference portfolio)의 기대수익에 기초하여 수익률곡선을 결정하되, 보험계약부채 산출 목적에 적합하지 않은 요소(예: 시장리스크와 신용리스크)는 제외되도록 조정하는 방법이다. 이때 보험계약과 참조 포트폴리오의 유동성 특성 차이는 참조 포트폴리오의 수익률곡선에서 조정할 필요가 없는데, 이는 참조 포트폴리오의 유동성과 보험계약집합의 유동성 간 유사성이 우량 사채의 유동성과 보험계약집합의 유동성 간 유사성보다 클 것으로 예상할 수 있고, 유동성 프리미엄은 평가하기 어렵기 때문이다. *[B81]*

그림 5-1 할인율의 결정 방식 예시

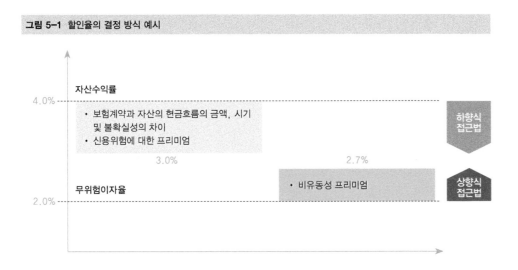

표 5-2 하향식 접근법의 수익률곡선 추정

구분	추정방법
참조 포트폴리오 내 자산에 대한 활성시장의 시장가격이 관측되는 경우	• 그 가격을 사용
비활성시장인 경우	• 측정되는 자산의 시장가격과 비교할 수 있도록 비슷한 자산의 관측가능한 시장가격을 조정
참조 포트폴리오의 자산에 대한 시장이 없는 경우	• 추정기법을 적용

참조 포트폴리오 내 자산에 대한 활성시장의 시장가격이 관측되는 경우에는 그 가격을 사용하고, 시장가격이 관측은 되지만 비활성시장에서 관측되는 경우에는 측정되

는 자산의 시장가격과 비교할 수 있도록 비슷한 자산의 관측가능한 시장가격을 조정한다. 참조 포트폴리오의 자산에 대한 시장이 없는 경우, 보험회사는 추정기법을 적용하여야 한다. [B82]

다음으로, 이렇게 추정한 수익률곡선을 조정해야 한다. 유사한 특성을 갖는 상품의 최근 거래에서 관측된 시장이자율을 거래일 이후의 시장요소 변동에 대해 조정하고, 측정되는 상품과 거래가격이 관측되는 상품이 서로 다른 정도를 반영하기 위하여 관측된 시장이자율을 조정한다. 참조 포트폴리오 자산의 성과에 연동하지 않는 보험계약의 현금흐름의 경우 이러한 조정은 다음을 포함한다.

① 포트폴리오 내 자산 현금흐름의 금액, 시기 및 불확실성과 보험계약 현금흐름의 금액, 시기 및 불확실성의 차이를 조정
② 참조 포트폴리오에 포함된 자산에만 관련된 신용리스크에 대한 시장리스크 프리미엄을 제외 [B83]

하향식 접근법을 적용할 때 사용하는 자산의 참조 포트폴리오에 특정한 제한은 없다. 그러나 자산의 참조 포트폴리오에 보험계약과 비슷한 특성이 있다면, 보험계약과 관련이 없는 요소를 없애는 데 필요한 조정사항은 더 적을 것이다. 예를 들면 보험계약의 현금흐름이 기초자산의 성과에 연동되지 않는 경우, 지분상품이 아니라 채무상품을 출발점으로 사용한다면 필요한 조정사항이 더 적을 것이다. 채무상품을 사용하는 경우, 조정의 목적은 전체 채권수익률에서 신용리스크 및 보험계약과 관련 없는 그 밖의 요소에 대한 효과를 없애는 것이다. [B85]

---

3 해당 상황에서 구할 수 있는 최선의 정보를 사용하여 관측할 수 없는 투입변수를 개발한다. 이렇게 개발된 투입변수들은 보험회사의 자체 자료를 포함할 수 있으며, 보험회사는 자체적으로 단기적 변동성보다 장기적 추정치에 가중치를 더 둘 수도 있다. 투입변수 개발을 위해 활용되는 자료는 합리적으로 구할 수 있는 시장참여자의 가정에 대한 모든 정보를 반영하도록 조정한다. [B82]
4 한편 기준서는 신용리스크 효과 추정을 위해 신용파생상품의 시장가격을 참조하여 이용하는 방법을 예시적으로 제시하고 있다.

5.1.3.3 보험회사의 선택과 공시

보험회사는 할인율 산정을 위해 상향식 접근법과 하향식 접근법 중에 선택할 수 있다. 원칙적으로 하향식 접근법에 의한 수익률곡선과 상향식 접근법에 의한 수익률곡선은 서로 같아야 한다. 그러나 실무적으로 같은 통화라 하더라도 서로 다른 수익률곡선이 산출될 수도 있다. 이는 각 접근법에 따라 조정사항을 추정하는 데에 내재적 한계가 있고, 하향식 접근법에서 서로 다른 유동성 특성이 조정되지 않을 가능성이 있기 때문이다. 그러므로 보험회사가 선택한 접근법에 따른 할인율과 다른 접근법으로 결정될 할인율 간의 차이를 대사할 필요는 없다. *[B84]*

그러나 재무제표 이용자는 보험회사가 사용한 수익률곡선이 공시되어야 해당 수익률곡선이 보험회사마다 어떻게 다른지 이해할 수 있다. 따라서 보험회사는 할인율을 추정하기 위해 사용한 방법과 투입변수를 공시하도록 하는 요구사항을 보충하기 위해 기초항목의 수익률에 따라 변동하지 않는 현금흐름을 할인하기 위해 사용된 수익률곡선(또는 수익률곡선의 범위)을 공시해야 한다. *[120, BC198]*

5.1.3.4 할인율 결정의 실무적 방법 예시

실무적으로 보험회사는 가장 먼저 상향식 접근법과 하향식 접근법 중 한 가지 방법을 선택해야 한다. 그런데 감독회계(세칙 별표35 제9장 할인율 가정)에서는 상향식 접근법에 따라 할인율을 산출·적용할 것을 요구하고 있으므로, 보험회사는 최소한 감독회계상의 할인율 산출방법에 따른 할인율 가정 세트를 준비해야 하며, 일반회계를 감독회계와 상이하게 적용할 경우 해당 방법론에 따른 할인율 가정 세트도 별도로 준비해야 한다. 현실적으로 대다수 보험회사가 감독회계와의 일관성, 실무적 명확성 및 적용 용이성 등을 고려하여 상향식 접근법을 적용하고 있다. 따라서 여기에서는 상향식 접근법을 따를 경우의 실무적 방법을 설명하고자 한다.

가. 계약별 현금흐름의 성격 고려

첫째, 기초항목 수익률의 변동에 따라 변화하지 않는 현금흐름(예: 금리확정형 상품)은 기초항목의 어떠한 변동도 반영하지 않은 금리로 할인한다. 둘째, 기초항목 수익률의 변동에 따라 변하는 현금흐름(예: 금리연동형 상품, 변액상품)은 그 변동을 반영한 금리

(금리 시나리오)로 할인하거나, 그 변동의 효과를 조정한 후 그 조정이 반영된 단일 금리로 할인한다. 셋째, 기초항목 수익률의 변동에 따라 변하는 현금흐름이지만 최저수익률 보증의 대상이 되는 현금흐름(예: 최저이율보증형 금리연동 상품, 최저수익률 보증 변액상품)은 기초항목 수익률 변동에 보증효과를 반영해야 한다.

그림 5-2 상향식 접근법에 따른 결정론적 할인율 산출 프로세스 예시

실무적으로 결정해야 할 사항	감독회계[원화(KRW), 2022. 12. 기준]	
무위험수익률 대응치 선정	국고채 민평평균 YTM	금융투자협회에서 공시하는 국고채의 만기별 채권 시가평가기준 수익률(민평평균)을 Smith-Wilson 보간법을 사용해 현물이자율로 전환
최종 관찰만기	20년	시장데이터를 사용하는 마지막 기간을 의미함. DLT (Deep, Liquid and Transparent)[1] 평가기준을 충족하는 시장금리 중 만기가 가장 긴 시장금리의 발행만기
수렴시점	60년	장기선도그림에 최종 수렴하는 시점. 최종 관찰만기를 초과하는 구간의 무위험이자율은 장기선도금리의 최초수렴시점에 장기선도그림(LTFR: Long Term Forward Rate)에 수렴하도록 산출
장기선도금리	4.95%	최종 관찰만기 이후의 구간에 적용하는 선도금리. 실질이자율의 장기평균과 기대인플레이션율의 합으로 산출
보정방법	Smith-Wilson 모형	최종 관찰만기 기간 내의 만기별 무위험수익률 및 최종 관찰만기와 장기선도그림의 최초수렴시점 사이의 무위험수익률의 기간구조는 Smith-Wilson 보정법[2]을 사용하여 추정한다.
무위험 할인율 곡선 조정	유동성 프리미엄 (0.984%)	기준자산 포트폴리오의 위험스프레드[3]에서 신용위험스프레드[4]를 차감한 값으로 산출
자기신용위험 미반영	[기준서 문단 31] 보험계약을 발행하는 기업의 재무제표에는 해당 기업의 불이행위험을 이행현금흐름에 반영하지 않는다.	

1) DLT: 대량거래가 상품가격에 중요한 영향을 미치지 않고(Deep) 중요한 가격 변동 없이 매매가능하며(Liquid) 거래정보를 쉽게 이용가능(Transparent)

2) Smith, A., and T. Wilson, "Fitting yield curves with long term constrains", Technical report, 2001.

3) 위험스프레드는 회사채 등 위험자산의 수익률에서 무위험자산인 국채수익률을 차감한 값. 이때 기준자산 포트폴리오의 위험스프레드는 보험산업 대표 포트폴리오에 대해 평가시점에 시장에서 관찰되는 자산별·신용등급별·만기별 스프레드를 가중평균하여 산출

4) 신용위험스프레드는 부도로 인한 예상손실에 상응하는 부도위험스프레드(PD)와 신용등급 하락으로 인한 예상손실에 상응하는 등급하락스프레드(CoD)의 합계로 산출

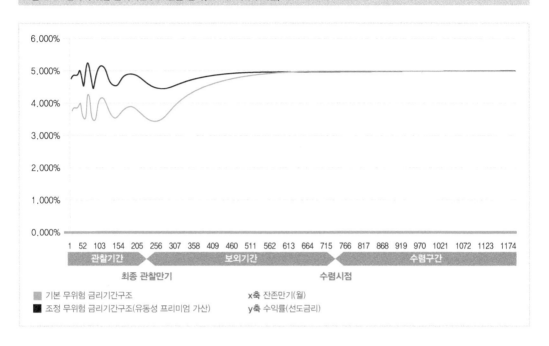

그림 5-3 원화 무위험 금리기간구조 산출 결과(2022. 12. 31. 기준)

기준서에 따르면, 기초항목의 성과와 연동되는 현금흐름과 그렇지 아니한 현금흐름을 분리할 의무는 없으며, 보험회사가 이를 분리하지 않는다면 전체 현금흐름에 적절한 할인율을 적용하여야 한다. 예를 들어 확률론적 모형이나 위험중립 측정기법을 이용하여 보험계약집합의 현재가치를 평가해야 한다.

나. 결정론적 할인율의 산출

감독회계에서는 책임준비금 평가 시 적용하는 결정론적 할인율 시나리오를 기본 무위험 금리기간구조에 유동성 프리미엄이 가산된 조정 무위험 금리기간구조로 산출하고, 변액보험펀드 시나리오는 조정 무위험 금리기간구조에 기반한 채권수익률 시나리오와 주식수익률 시나리오를 이용하도록 정하고 있다.

다. 확률론적 할인율의 산출

보험계약에 내재된 옵션과 보증은 평가시점에는 '외가격(out of the money)' 상태일지라도 만료 시 '내가격(in the money)' 상태가 될 수 있기 때문에 시간가치도 가지고 있다. 기준

서에서는 보험계약에 내재된 옵션과 보증의 시간가치도 포함하도록 요구한다. *[BC152]*

'외가격' 상태라 함은 옵션 행사에 따른 이익이 없는 상태를 의미하며, '내가격' 상태라 함은 옵션을 행사함에 따라 이익이 생기는 상태를 의미한다. 보험계약에 내재된 옵션 및 보증의 경우, 공시이율이 최저보증이율을 초과한 상태로서 보험계약자가 최저이율을 보증받더라도 이익이 없는 상태를 '외가격' 상태라 할 수 있으며, 공시이율이 최저보증이율 미만인 상태로서 보험계약자가 최저이율을 보증받음에 따라 이익을 얻는 상태를 '내가격' 상태라 할 수 있다. 만약 보험계약이 이미 '내가격' 상태라면, 그러한 현금흐름은 내재파생상품으로 인하여 보험계약자에게 지급하는 금액으로 미래현금흐름에 반영되어 있을 것이다. 그러나 기준서에서는 보험계약이 평가시점에는 '외가격' 상태일지라도 미래의 어느 시점에는 '내가격' 상태가 될 수 있으며, 그러한 시간가치를 포함할 것을 요구하고 있다.

이러한 옵션이나 보증의 시간가치(TVOG: Time Value of Options and Guarantees)를 평가[5]하기 위하여 실무적으로 확률론적 모형을 사용하게 되는데, 구체적인 시나리오 생성모형에 관하여 기준서에서는 언급하고 있지 않으므로, 시장일관적이어야 한다는 원칙에 따라 보험회사 자율적으로 상품 특성에 따른 시나리오를 생성할 필요가 있다. 감독회계에서는 책임준비금의 보증옵션을 평가하기 위하여 확률론적 금리 시나리오를 통해 할인율을 산출하며, 확률론적 할인율 시나리오는 조정 무위험 금리기간구조를 기반으로 금리 시나리오 모형[6]을 통해 산출하도록 하고 있다.

> ⓘ 할인율 추정에는 상향식 접근법과 하향식 접근법이 있으며, 보험회사는 이 중 선택한 방법과 투입변수, 수익률곡선 등을 공시

---

5 실무적으로 1,000개(혹은 그 이상)의 할인율 시나리오를 각각 적용하여 산출된 1,000개(혹은 그 이상)의 부채의 평균에서 결정론적 할인율을 적용하여 산출된 부채를 차감한 금액을 TVOG로 정의할 수 있다.

6 「보험업감독업무시행세칙」[별표35] 책임준비금 산출기준(2023. 1. 1. 시행)에서 제시하는 금리 시나리오 생성모형은 Hull-White 1 factor 모형이다.

| 5.2 보험계약집합 측정에 적용되는 할인율 |

할인율은 이행현금을 측정할 때, 보험계약마진을 조정할 때, 보험금융손익을 처리할 때 등의 경우에 적용되는데, 기준서는 각각의 경우에 대해 표 5-3과 같이 현행할인율, 최초 인식 시점의 할인율(이하 '최초할인율'이라 함) 등 서로 다른 할인율을 적용하도록 정하고 있다. *[B72]*

표 5-3 보험계약집합 측정 시 적용 할인율

구분		적용 할인율
이행현금흐름 측정		현행할인율
보험계약마진 이자비용(직접참가특성이 없는 계약)		최초할인율
보험계약마진 조정금액(직접참가특성이 없는 계약)		최초할인율
잔여보장부채의 변동금액(보험료배분접근법 적용 계약)		최초할인율
당기손익으로 인식되는 보험금융손익 (당기손익과 기타포괄손익으로 구분)	일반모형(Non-Par[7])	최초할인율
	일반모형(Indirect-Par)	계약집합의 잔여 만기 동안 남아 있는 수정된 기대금융수익(비용)을 단일률로 배분하는 할인율
	보험료배분접근법 적용 계약의 발생사고부채	보험금 발생일에 결정된 할인율

보험료배분접근법 적용 계약의 할인율은 제13장에서, 보험금융손익의 할인율 적용에 관한 사항은 제10장에서 각각 다루기로 하고, 본 장에서는 이행현금흐름과 보험계약마진에 적용되는 할인율에 대해 살펴본다.

---

7 직접참가특성이 없는 계약 중 금융위험과 관련된 가정의 변동이 보험계약자에게 지급되는 금액에 상당한 영향을 미치는지에 따라 보험금융손익의 체계적인 배분방법이 달라진다. 기준서에서 명시적으로 표현하고 있지는 않지만 일반적으로 금융위험과 관련된 가정의 변동이 보험계약자에게 지급되는 금액에 상당한 영향을 미치지 않는 경우(금리확정형 등)는 Non-Par(Non-Participation, 비연동형) 모형, 상당한 영향을 미치는 경우(금리연동형 등)는 Indirect-Par(Indirect-Participation, 간접연동형) 모형이라고 부른다.

5.2.1 이행현금흐름의 측정

보험회사의 계약상 의무와 권리에 대한 더 목적적합한 정보를 제공하기 위해 현금흐름의 추정은 매 보고기간 말에 업데이트된 현행 정보에 기초하여야 한다. 현금흐름에 대한 할인율도 마찬가지여서, 이행현금흐름의 측정 시 측정일의 관측가능한 시장가격과 일관된 현행할인율을 적용해야 한다. *[BC 155, BC 192]*

즉 현금흐름의 최초 측정 시에는 최초 인식시점의 현행할인율을 적용하여 평가하지만, 후속측정 시에는 보고기간 말 시점의 현행할인율을 적용하여 평가한다.

한편 보험계약집합에 대한 최초할인율을 결정하기 위해 계약집합 내 계약이 발행된 기간의 가중평균할인율을 사용할 수는 있으나, 그 기간이 1년을 초과할 수는 없다. 또한 최초할인율은 계약집합 단위로 산출·적용되므로 집합에 신계약이 추가될 경우 변경될 수 있다. *[B73]*

집합 내 계약이 추가되어 조정된 최초할인율은 신계약이 집합에 추가되는 보고기간의 초부터 적용한다. 따라서 해당 보험계약집합의 최초 인식결과를 재측정하지 않는다. *[28]*

> ❗ 이행현금흐름 측정 시 현행할인율 적용

5.2.2 보험계약마진의 이자비용 및 조정금액 측정

5.2.2.1 보험계약마진과 이행현금흐름의 금융효과 반영

이행현금흐름과 보험계약마진은 보험부채의 두 가지 핵심 구성요소이다. 이행현금흐름은 보험계약집합에서 발생할 것으로 예상되는 미래현금흐름에 대하여 위험이 조정된 현행추정치이다. 반면, 보험계약마진은 보험회사가 보험계약집합을 위해 제공할 미래서비스에서 발생할 것으로 예상되는 이익이다. 집합의 최초 인식시점의 보험계약마진은 화폐의 시간가치, 금융위험 등에 의한 효과가 모두 조정된 추정된 현금유입액과 추정된 현금유출액 간의 차이이다. 따라서 보험계약마진은 미래현금흐름이 아니다.

미래 서비스와 관련된 이행현금흐름이 변동함에 따라 미래 서비스와 관련된 예상이익이 변동하므로 그러한 추정치의 변동은 보험계약마진에서 조정한다. [BC276C] 또한 보험회사는 금융효과에 대해서도 보험계약마진을 조정한다. 이는 보험계약마진에 금융효과를 포함하는 것이 화폐의 시간가치와 금융위험의 효과에 대해 조정된 그 밖의 부분(이행현금흐름)의 측정과 일관되기 때문이다. [BC270]

한편 금융효과가 보험계약마진에 포함되는 방식은 보험계약의 직접참가특성 여부에 따라 달라진다. 직접참가특성이 있는 보험계약은 해당 계약의 수수료가 변동하는 특성을 적절히 반영하여 보험계약마진의 금융효과 이자비용 및 조정금액을 측정하는데, 이에 관해서는 제12장에서 별도로 다루고 여기에서는 직접참가특성이 없는 보험계약을 중심으로 설명한다. [B271, BC276]

5.2.2.2 직접참가특성이 없는 보험계약의 보험계약마진 이자비용 및 조정금액 측정

가. 보험계약마진 이자부리에 적용되는 할인율

보험계약마진은 보험계약집합의 최초 인식시점에 측정되기 때문에, 보험계약마진에 대한 이자를 부리하는 데 사용되는 이자율은 최초 인식시점에 고정시키고, 추후에 별도로 조정하지 않는다. [BC273]

보험계약마진의 경우 화폐의 시간가치 효과에 의한 변동과 금융위험 효과에 의한 변동이 조정되지 않으며, 결과적으로 기초에 재측정되지도 않는다. 따라서 보험계약마진을 기초에 재측정하지 않으면서 기간 중 현행이자율로 부리하는 것은 보험계약마진 측정 자체 내에 일관성을 저해할 수 있다. 따라서 이행현금흐름은 후속측정 시점의 현행할인율을 적용하는 반면 보험계약마진은 최초할인율을 적용하여 이자비용을 산출한다. [BC274]

나. 보험계약마진 조정에 적용되는 할인율

미래 서비스와 관련된 이행현금흐름 추정치의 변동은 보험계약마진에서 조정된다. 이는 이를 통해 이행현금흐름 추정치의 변동이 보험계약집합의 잔여 미실현이익에 영향을 미친 정도를 반영함으로써 재무제표 이용자에게 보다 목적적합한 정보를 제공하기 위함이다. 앞서 설명한 보험계약마진 자체 내의 일관성을 위해, 직접참가특성이 없는 보험계약의 경우 보험계약마진 조정금액을 측정할 때 적용하는 할인율도 최초할인율로 한다. *[BC 275]*

만약 운영상의 편의를 위하여 보험회사가 이행현금흐름의 측정에 사용되는 현행할인율을 사용하여 보험계약마진 조정을 측정한다면, 미래현금흐름이 언제 기대현금흐름의 일부가 되는지에 따라 다른 할인율이 적용되어, 이익이 일관되게 측정되지 못할 것이다. 최초할인율, 즉 고정된 할인율(locked-in discount rates)로 보험계약마진을 측정하는 것이 계약 발행일에 해당 서비스에 대해 설정한 가격을 반영함으로써 보험회사가 서비스 제공에 따라 얻게 되는 수익을 보다 충실하게 나타낼 수 있다.

반면에 현행이자율을 사용하여 보험계약마진 변동을 측정할 경우 할인율 변동 효과와 관련된 임의의 금액을 보험금융수익(비용)이 아니라 보험서비스결과에 반영하는 결과를 가져올 것이다. 이는 결과적으로 IFRS 17에 의해 도입된 핵심효익 중 하나인 보험손익과 투자손익을 별도로 구분하여 표시하기 위한 목적에 부합하지 않는 결과를 초래하게 된다. *[BC276B, BC276D]*

❗ 직접참가특성이 없는 보험계약의 경우 보험계약마진에 대한 이자비용과 조정금액은 최초할인율을 적용

회계 토막상식 | 화폐성 항목 vs. 비화폐성 항목

기업회계기준서 제1021호 '환율변동 효과'에 따르면 화폐성 외화항목은 보고기간 말의 마감환율로, 역사적 원가로 측정하는 비화폐성 외화항목은 거래일의 환율로 각각 환산하도록 규정하고 있다. 즉 환산대상 외화항목의 화폐성 유무에 따라 서로 다른 환율이 적용된다. 이는 화폐성 외화항목의 경우 현금화가 용이하므로 기말시점의 현행가치를 제시하는 것이, 비화폐성 외화항목은 당장 현금화할 의도(혹은 기대)가 없으므로 최초 인식시점의 취득 의도를 반영한 공정가치(즉 원가)를 제시하는 것이 보다 목적적합하기 때문이다.

동일한 맥락에서 보험계약의 경우 이행현금흐름은 보험금과 사업비 형태로 발생할 미래 현금유출(일종의 화폐성 항목)을 현재가치로 측정한 것으로 볼 수 있으므로 보고시점의 현행할인율을 적용하는 것이 적절하다. 이에 반해 보험계약마진은 계약 체결시점에서 추정된 장래 미실현이익(일종의 비화폐성 항목)을 현재가치로 측정한 것이므로 최초할인율을 적용하는 것이 적절하다.

가. 할인율 개요

□ 할인율은 미래현금흐름을 화폐의 시간가치와 금융위험에 대해 조정하는 것

□ 할인율은 화폐의 시간가치, 보험계약의 현금흐름의 특성 및 유동성 특성을 반영해야 하고, 관측가능한 현행 시장가격이 있다면 그 가격과 일관되어야 하며, 보험계약의 미래현금흐름에 영향을 미치지 않는 요인의 효과는 제외
 • 보험부채는 비유동성 특성을 고려하여 유동성 프리미엄을 가산한 할인율을 적용하여 현재가치를 평가

□ 보험회사는 할인율 추정방법(상향식 접근법, 하향식 접근법)과 투입변수, 수익률곡선 등을 공시
 • 상향식 접근법은 유동성 무위험 수익률곡선에 유동성 프리미엄을 더해 산출하는 방법
 • 하향식 접근법은 참조 포트폴리오의 기대수익에 기초하여 보험계약과 무관한 신용리스크 등을 차감하여 조정하는 방법

나. 적용 할인율

□ 이행현금흐름은 측정일의 관측가능한 시장가격과 일관된 현행할인율 적용

□ 직접참가특성이 없는 보험계약의 경우 보험계약마진에 대한 이자비용과 조정금액은 최초 인식시점 할인율을 적용

1. 할인율의 산출과 적용 방법에 대한 설명 중 가장 비합리적인 것은?

① 신계약집합에 대한 할인율은 계약이 발행된 기간의 가중평균할인율을 사용할 수 있고 1년을 초과할 수 없다.

② 보험계약집합에 적용하는 할인율은 거래가 빈번하지 않은 보험계약의 특성을 고려하여 무위험이자율에 유동성 프리미엄을 가산하여 산출한다.

③ 금리연동형 보험계약집합의 경우, 최초할인율을 적용하여 보험계약부채에 대한 이자비용을 산출한다.

④ 최선추정은 매 회계연도 말의 현행할인율로 평가하며, 이때 할인율은 결산시점의 이자율곡선(yield curve)을 사용한다.

2. 다음 중 가장 합리적이지 않은 것은?

① 이행현금흐름의 측정 – 현행할인율

② 직접참가특성이 없는 계약의 보험계약마진 이자비용 – 최초할인율

③ 직접참가특성이 없는 계약의 보험계약마진 조정금액 – 최초할인율

④ 보험료배분접근법 적용 계약의 발생사고부채 변동금액 – 최초할인율

※ 다음 중 맞는 것에 ○표, 틀린 것에 ×표 하시오.

3. 금융위험은 항상 할인율에 포함되어 고려되어야 한다. (   )

4. 미래현금흐름의 추정치에 적용되는 할인율을 정할 때, 관측가능한 시장가격에는 영향을 미치지만 보험계약의 미래현금흐름에 영향을 미치지 않는 요인의 효과는 제외하여야 한다. (   )

5. 기준서는 할인율 결정 시 유동성 조정을 추정하는 두 가지 특정 기법을 제시하고 있고 보험회사는 이 중에 한 가지 방법을 선택하여 적용한다. (   )

6. 상향식 접근법과 하향식 접근법에 의한 수익률곡선은 단일해야 하므로 보험회사는 선택한 접근법에 따른 할인율과 다른 접근법으로 결정될 할인율 간의 차이를 대사하여 공시하여야 한다. (   )

7. 보험계약집합에 대한 최초할인율은 신계약 추가 시 변경될 수 있으며, 집합 내 계약 추가로 인해 조정된 할인율로 보험계약집합 최초 인식을 재측정하지 않는다. (   )

8. 직접참가특성 유무와 무관하게 금융효과가 보험계약마진에 포함되는 방식은 동일하다. (   )

9. 직접참가특성이 없는 보험계약의 경우, 보험계약마진의 조정금액은 현행이자율을 적용하여 산출한다. ( )

10. 다음 빈칸 Ⓐ, Ⓑ에 적절한 단어를 채우시오.

만약 운영상 편의 등을 위하여 보험회사가 이행현금흐름의 측정에 사용되는 (Ⓐ)을/를 사용하여 보험계약마진 조정을 측정하도록 하였다면, 미래현금흐름이 언제 기대현금흐름의 일부가 되는지에 따라 다른 할인율이 적용되어 이익은 일관되게 측정되지 못할 것이다. 최초할인율(즉 고정된 할인율)로 보험계약마진을 측정하는 것이 보험회사가 서비스를 제공함에 따라 얻은 수익을 계약 발행일에 서비스에 대하여 설정한 가격을 반영하여 충실하게 나타낸다. 반면에 (Ⓐ)을/를 사용하여 보험계약마진 변동을 측정할 경우 할인율 변동 효과와 관련된 임의의 금액을 보험금융수익(비용)이 아니라 (Ⓑ)에 반영하는 결과를 가져올 것이다. IFRS 17에 의해 도입된 핵심효익은 (Ⓑ)와/과 별도로 보험금융수익(비용)을 표시하는 것이다.

6장

위험조정

6.1 비금융위험에 대한 위험조정

6.1.1 위험조정의 개념

현금흐름의 기댓값이 동일하더라도 그 현금흐름이 갖고 있는 불확실성의 크기가 다를 수 있다. 보험사고가 발생하면 의료비를 보험금으로 지급하는 실손의료비보장보험을 예로 들면, 현실적이지는 않지만 남성의 의료비는 10%의 발생률로 항상 100만 원, 300만 원, 500만 원 중 하나로 청구되고, 여성의 경우에는 10%의 발생률로 항상 290만 원, 300만 원, 310만 원 중 하나로 청구된다고 가정하자. 이때 이자율을 고려하지 않고 남성과 여성의 현금유출(보험금)의 기댓값을 계산해 보면 똑같이 30만 원이다. 그러나 남성과 여성에 대한 현금흐름의 기댓값이 동일하더라도 그 현금흐름의 변동성이 다르다. 즉 남성의 경우 보험사고가 발생하면 300만 원보다 훨씬 큰 500만 원이 지급되거나 훨씬 적은 100만 원이 지급될 수 있어 변동성이 큰 반면, 여성은 10만 원 정도 적거나 많게 발생하므로 변동성이 상대적으로 크지 않다.

따라서 보험회사는 남성 계약에 대한 부채 이행 시 여성 계약에 대한 부채 이행에 비해 상대적으로 높은 변동성(혹은 위험)을 부담해야 하므로 그에 대한 보상으로 남성 보험계약자에게 일정 대가를 요구할 수 있다. 즉 기댓값이 동일한 현금흐름이라고 하더라도 불확실성의 크기가 다르면 보험회사가 해당 리스크를 감내해야 하고, 보험회사는 이에 대한 보상을 보험료에 포함시켜 보험계약자에게 추가적으로 요구하게 된다.

구분	의료비	기댓값	리스크
남성	100, 300, 500	의료비 평균 × 10% = 30	크다
여성	290, 300, 310	의료비 평균 × 10% = 30	작다

이처럼 비금융위험으로 인한 미래현금흐름의 위험 또는 변동성에 대한 추가 보상을 계량적으로 측정한 값이 바로 '비금융위험에 대한 위험조정(이하 '위험조정'이라 한다)'이다. 다시 말해, 위험조정은 보험회사가 보험계약을 이행할 때 비금융위험에서 생기는 현금흐름의 금액과 시기에 대한 불확실성을 부담함에 따라 보험계약자에게 요구하는

보상을 의미한다. *[A 위험조정, 37]*

> ❗ 위험조정은 보험계약을 이행할 때 비금융위험에서 생기는 현금흐름의 금액과 시기에 대한 불확실성을 부담하는 것에 대해 보험회사가 보험계약자에게 요구하는 추가적인 보상에 따른 부채

6.1.2 위험조정의 대상

리스크(risk)[1]는 흔히 재산이나 경제적 손실, 신체상의 손실 등 '손해가 발생할 가능성'으로 정의된다. 또한 리스크는 '손실의 기회', '손실의 가능성', '손실의 가능성이 존재하는 상태', '불확실성', '실제 결과와 예상치의 차이 정도'와 같은 다양한 개념을 포함한다. 기준서에서는 리스크를 '불확실성'이나 '실제 결과와 예상치의 차이 정도'라는 관점에서 접근하고 있다. 즉 리스크는 보험계약의 본질로서 보험계약의 개시시점에 보험사건의 발생가능성, 보험사건의 발생 시기, 보험사건이 발생할 경우 보험회사가 지급할 금액 중 하나 이상은 불확실하다는 것을 강조하고 있다. *[B3]*

또한 앞에서 설명한 바와 같이 위험조정은 보험회사의 리스크회피 정도를 반영하는 방식으로 불리한 결과(즉 손실가능성)는 물론 유리한 결과도 모두 반영한다. *[B88]*

위험조정의 대상이 되는 리스크는 보험위험과 해약리스크, 비용리스크 등 금융위험이 아닌 것으로 보험계약에서 발생하는 비금융위험을 의미한다. 따라서 일반적인 운영위험과 같이 보험계약에서 발생하지 않는 리스크는 위험조정에 반영하지 않는다. *[B86, B89]*

구체적으로 살펴보면 다음과 같다.

① 보험위험: 보험계약자로부터 보험회사에게 이전되는 리스크로서 금융위험 이외의

---

1   한국회계기준원은 리스크(risk)를 기준서에서 위험(危險)이라고 번역하였다. 통상 우리말의 위험은 danger로 여겨지는 경우가 많고, danger와 risk는 전혀 다른 뜻이므로 이 책에서는 계정과목 명칭이 아닌 것에 대해서는 '위험' 대신 '리스크'로 표기하여 설명을 명확히 하고자 한다.

리스크이다. 보험위험은 예상사망률이나 예상보험금 진전추이로 추정한 현금흐름의 금액 및 시기의 불확실성과 관련된 리스크 등을 의미한다.

② 해약리스크: 보험회사가 보험가격을 책정할 때 예상한 것보다 더 일찍 또는 더 늦게 보험계약자가 계약을 취소할 리스크이다. 실효 또는 유지리스크로 불리기도 한다. 이러한 해약리스크는 보험계약자에 대한 보험금 지급의 변동성이 보험계약자에게 불리한 영향을 미치는 불확실한 미래사건이 아닌, 계약자 본인이 해지 또는 유지하겠다는 의사에 달려 있으므로 보험위험이 아니다.

③ 비용리스크: 보험사건과 관련된 원가가 아니라 계약에 따른 서비스 제공과 관련된 관리원가가 예상과 달리 증가할 리스크이다. 예상치 못한 비용의 증가가 보험계약자에게 불리한 영향을 미치지 않기 때문에 보험위험이 아니다. *[B14, B86]*

해약리스크와 비용리스크 모두 보험위험은 아니더라도 보험계약과 직접적으로 관련하여 발생하는 비금융위험이므로 위험조정에 반영된다. 한편 금융위험은 미래현금흐름 추정치나 현금흐름 조정에 사용되는 할인율에 반영되어 간접적으로 측정되는 반면, 위험조정은 보험계약의 비금융위험을 직접 측정한 값으로 표시된다.

❗ 위험조정의 대상이 되는 비금융위험은 보험위험, 해약리스크, 비용리스크 등으로 구성

6.1.3 보험계약의 측정에 위험조정을 포함하는 이유

보험회사는 비금융위험에서 발생하는 현금흐름의 금액 및 시기에 대한 불확실성을 감수하는 데 따르는 대가를 반영하고자 위험조정을 요구한다. 그 결과 위험조정은 비금융위험에서 발생하는 현금흐름의 금액과 시기의 불확실성에 대하여 보험회사가 부과한 금액에 대한 정보를 재무제표 이용자에게 전달하게 된다. *[B87, BC208]*

보험부채에 위험조정을 포함하는 이유를 보다 구체적으로 기술하면 다음과 같다.

① 비금융위험을 명시적으로 측정하게 하여 보험계약을 더욱 분명하게 통찰가능하

게 한다. 특히 위험조정에 따라 위험부담 부채는 무위험 부채와 구별된다. 위험조정은 보험계약과 관련된 비금융위험에 의해서 부과된 경제적 부담에 대한 보험회사의 관점에 관하여 유용한 정보를 재무제표 이용자에게 전달할 것이다.

② 리스크 감수에 따라 인식되는 이익과 서비스 제공에 따라 인식되는 이익을 모두 반영하는 형태로 이익을 인식할 수 있도록 한다. 결과적으로, 이러한 이익 인식 형태는 계약의 경제적 동인에 더욱 민감하게 된다.

③ 보험금이 궁극적으로 예상했던 보험료를 초과할 수 있다. 위험조정은 이러한 리스크를 감수하기에 보험회사가 충분하지 않은 보험료를 부과한 상황을 충실하게 표현가능하게 한다.

④ 리스크 추정의 변경을 이해가능한 방법으로 즉시 보고가능하게 한다. *[BC211]*

한편 위험조정을 화폐의 시간가치 및 금융위험에 대한 조정과 별도로 고려하는 이유는 다음과 같다. 과거의 일부 회계모형은 비금융위험에 대해 조정된 할인율을 사용함으로써 위험조정과 화폐의 시간가치 및 금융위험에 대한 조정을 통합하는 방식을 사용하였다. 그러나 리스크가 부채의 금액 및 만기까지 남은 시간과 직접적으로 비례하지 않는다면, 성격이 상이한 위험조정과 화폐의 시간가치 및 금융위험에 대한 조정을 통합하는 것은 부적절하다. 문제는 보험계약부채는 흔히 이러한 특성을 가지고 있지 않다는 점이다. 예를 들어 보다 복잡한 발생사고는 해결되는 데 보다 긴 시간이 걸릴 것이기 때문에 보험금 지급과 관련한 부채(집합)의 리스크는 평균적으로 시간이 지남에 따라 증가한다. 동일한 맥락에서 실효리스크는 현금유출 영향보다는 현금유입에 더 큰 영향을 미칠 수 있다. 이처럼 리스크 간의 상이한 특성을 고려할 때 단일의 위험조정 할인율로 리스크 간의 특성 차이를 적절하게 반영하는 것이 실무적으로 용이하지 않다. 그러므로 위험조정이 별도로 요구된다. *[BC212]*

> ❗ 기준서는 보험계약과 관련된 비금융위험으로 인해 보험회사에 부과된 경제적 부담에 대한 유용한 정보를 재무제표 이용자에게 전달하고자 위험조정을 별도로 측정하여 보험부채에 포함(즉 할인율에 미반영)하도록 함

6.2 위험조정의 측정

6.2.1 위험조정 측정 개념

다음 ①과 ②를 무차별하도록 보험회사가 요구할 보상으로 보험계약의 위험조정을 측정한다.

① 비금융위험에서 발생하는 가능한 결과의 범위를 지닌 부채의 이행
② 보험계약과 기대현재가치가 동일한 고정현금흐름을 발생시키는 부채의 이행

예를 들면 위험조정은 비금융위험 때문에 가능한 결과가 90원과 110원이 될 확률이 각각 50%인 부채의 이행(①에 해당)과 100원으로 고정된 부채의 이행(②에 해당)을 무차별하도록 보험회사가 요구할 보상으로 측정한다. 그 결과, 위험조정은 비금융위험에서 발생하는 현금흐름의 금액과 시기의 불확실성에 대하여 보험회사가 부과한 금액에 대한 정보를 재무제표 이용자에게 전달한다. [B87]

한편 위험조정은 현금흐름의 금액과 시기의 불확실성에서 발생하는 비금융위험을 감수하기 위해 보험회사가 요구할 보상을 반영하므로, 위험조정은 다음 사항도 반영한다.

① 리스크를 감수하기 위해 요구하는 보상을 결정할 때 보험회사가 포함한 급부의 분산 정도
② 보험회사의 리스크회피 정도를 반영하는 방식으로, 유리한 결과와 불리한 결과 모두 [B88]

6.2.1.1 위험조정의 명시적 측정

위험조정은 명시적인 방법으로 측정에 포함되어야 한다. 위험조정은 개념상 미래현금흐름의 추정치 및 이러한 현금흐름을 조정하는 할인율과는 별도로 구분된다. 예를 들면

미래현금흐름 추정치 또는 할인율을 산정할 때 위험조정을 암묵적으로 포함하여 위험조정을 중복계산해서는 안 된다. 다시 말해, 할인율은 화폐의 시간가치 등 금융위험에 대한 조정을 주된 목적으로 하므로 비금융위험에 대한 암묵적인 조정을 포함해서는 안 된다. [B90]

> ❗ 위험조정은 미래현금흐름의 추정치 및 이러한 현금흐름을 조정하는 할인율과는 별도로 구분

6.2.2 위험조정의 특성

IFRS 17은 원칙중심주의에 따라 위험조정을 구체적으로 어떻게 산출해야 하느냐에 관하여 특정하지는 않는다.[2] 다만 위험조정이 갖추어야 할 몇 가지 바람직한 특성에 대해 다음과 같이 언급하고 있다.

가. 빈도와 심도

보험사고가 얼마나 자주 발생하는지를 나타내는 빈도와 보험사고가 한 번 발생했을 때 지급해야 하는 보험금의 규모를 나타내는 심도를 고려하여 위험조정을 산출해야 한다. 기대 보험금이 동일하다 하더라도 낮은 빈도와 높은 심도의 계약이 높은 빈도와 낮은 심도의 계약보다 불확실성 혹은 변동성이 크기 때문에 위험조정이 크게 산출되어야 한다.

나. 만기

보장기간의 길이이다. 따라서 만기 외 조건이 모두 동일한 경우 장기계약의 불확실성이 당연히 단기계약보다 크기 때문에 위험조정도 크게 산출되어야 한다.

---

2 위험조정의 보험부채 측정 및 수익 인식 등에 미치는 중요성을 고려하여 2019년 국제보험감독자기구(IAIS: International Association of Insurer Supervisors)가 국제회계기준위원회 측에 구체적인 방법론을 제시해 줄 것을 요청했으나, 국제회계기준위원회는 각국의 상이한 보험계약별 특성과 영업환경 등을 고려할 때 일률적인 방법론을 제시하는 것이 비교가능성 제고로 인한 효익보다 목적적합성 저하로 인한 폐해가 더 클 것으로 판단하였다.

다. 확률분포

넓은 확률분포를 가진 경우가 좁은 확률분포를 가진 경우에 비해 불확실성이 큰 만큼 위험조정도 큰 값이어야 한다.

라. 정보량

현행추정치와 그 추세에 대해 알려진 바가 적을수록 해당 추정치와 추세에 내재된 불확실성이 크므로 위험조정은 더 클 것이다.

마. 최근 경향

최근에 생겨난 경험에서 현금흐름의 금액과 시기에 대한 불확실성이 감소(증가)한다면 위험조정은 감소(증가)할 것이다. [B91]

> ⓘ 빈도와 심도가 클수록, 보장기간이 길수록, 넓은 확률분포를 가질수록, 현행추정치와 그 추세에 대한 정보량이 적을수록, 최근 경험에서 불확실성이 커질수록 위험조정은 크게 측정되어야 함

6.2.3 위험조정의 측정기법

6.2.3.1 위험조정 측정 시 원칙주의

위험조정은 시장참여자의 인식보다는 보험회사의 위험회피 정도에 대한 보험회사 자신의 인식에 의존한다. 따라서 유사 혹은 동일한 보험계약이라 하더라도 해당 보험계약에 대한 보험회사의 인식에 따라 위험조정은 다르게 산정될 수 있다. [BC215]

특히 기준서는 위험조정의 측정방법, 측정의 기준이 되는 불확실성 수준에 대해 구체적인 기준을 제시하지 않고 보험회사가 자유롭게 산출방법을 적용할 수 있게 허용한다. 이처럼 위험조정의 결정에 관한 원칙중심의 접근법이 보험회사 간 비교가능성을 제한할 수 있음에도, 기준서는 특정 기법을 식별하는 것보다 위험조정을 측정하기 위한 원칙중심의 접근법이 더 타당할 수 있는 두 가지 이유를 다음과 같이 설명하고 있다.

① 위험조정기법을 몇 가지로 제한하는 것은 원칙중심의 국제회계기준을 정하려는 국제회계기준위원회의 의도와 상충된다. 특정 상황에서 일부 기법은 보다 적용가능하거나 이행하기 쉬울 수 있으나, 국제회계기준에서 특정 기법이 적절할 수 있는 모든 상황을 구체적으로 특정하는 것은 실무상 가능하지 않을 것이다. 또한 이러한 기법은 시간의 경과에 따라 발전할 것이다. 특정한 기법을 특정하는 것은 보험회사가 기법을 개선하는 것을 막을 수 있다.

② 위험조정의 목적은 비금융위험의 경제적 부담에 대한 보험회사의 인식을 반영하는 것이다. 비금융위험의 부담에 대한 보험회사의 관점과 일관되지 않음에도 불구하고, 위험조정을 산정하는 통합수준을 특정하는 것은 보험회사의 인식을 위험조정에 반영한다는 목적과 모순될 것이다. *[BC213, BC214A]*

결과적으로, 위험조정은 보험회사가 보험계약집합을 이행할 때 발생하는 현금흐름에 내재하는 비금융위험에서 발생하는 불확실성을 감수하기 위해 보험회사가 요구하는 대가여야 한다는 원칙만을 기술한다. 이처럼 위험조정은 보험회사가 감수하는 불확실성에 대한 대가를 금액적으로 산정하는 것이므로 보험회사가 인수한 리스크 간에 존재하는 분산효과도 모두 반영한다. *[BC214]* 분산효과는 다음 절에서 보다 구체적으로 설명한다.

6.2.3.2 위험조정 측정의 실무적 방법

위험조정 측정을 위해 실무적으로 고려되는 사항은 보험회사별로 다소 상이할 수 있다. 그러나 실무에서 공통적으로 고려되는 사항은 대상위험의 식별, 대상위험별 위험액 산출(대상위험별 위험액 산출의 통합수준, 위험액 산출 기법), 분산효과 반영(예: 리스크 간, 보장그룹 간, 지역 간), 회사 전체 위험액의 하위 단위로의 배분 등이다. 이러한 고려요소를 토대로 위험조정을 측정하는 방법을 도식화하면 다음과 같다.

대상위험별 위험액 산출
➡ 결합 및 분산효과 반영(회사 차원 위험총액 산출)
➡ 배분(포트폴리오 → 개별 계약)

가. 잔여보장요소에 대한 위험조정의 산출

위험조정은 잔여보장요소와 발생사고요소 각각에 대해 산출하여야 한다. 먼저, 잔여보장요소에 대한 위험조정 산출 시 고려해야 할 사항은 다음과 같다.

① 대상위험의 종류: 기준서에서는 대상위험의 종류나 위험요소를 특정하지 않고 있으며, 다만 비금융위험의 종류로 보험위험, 해약리스크, 비용리스크 등을 예시로 들고 있다. 이에 감독회계에서는 잔여보장요소에 대해 생명·장기손해보험인 경우 불확실성 요인별로 사망리스크, 장수리스크, 장해·질병 정액보상 리스크, 장해·질병 실손보상 리스크, 장기재물·기타 리스크, 해지리스크, 사업비수준 리스크, 사업비 인플레이션 리스크를 제시하고 있으며, 일반보험에서는 손해율리스크를 반영하도록 하고 있다.[3]

② 위험액 산출 기법: 잔여보장요소에 대해서는 표 6-1처럼 위험조정을 산출하는 모형, 위험조정을 측정하는 방법에 관한 결정을 해야 한다.

표 6-1 잔여보장요소에 대한 위험조정 산출 모형(예시)

모형	개요
시뮬레이션 방식	난수 생성을 통해 계리적 가정에 대한 시나리오를 생성(예: 1,000개)하여 각 시나리오가 적용된 (1,000개의) 부채추정금액 시나리오로부터 회사가 정한 신뢰수준에 해당하는 백분위수와 최선추정부채 간의 차액을 위험조정으로 정하는 방식
충격(Shock)적용 방식	현금흐름을 산출하는 계리적 가정(위험요인)별로 일정한 충격[예: 각 위험요인별로 분포를 가정하고 특정 퍼센타일(%p)에 해당하는 가정과 BEL 산출 시 가정의 비율을 충격(shock)으로 도출]을 주어 산출한 금액과 최선추정금액 간의 차액을 위험조정으로 정하는 방식
위험계수(Factor) 방식	위험노출액(exposure)에 위험계수를 곱하여 위험조정 금액을 측정하는 방식

---

3 장해·질병 정액보상 리스크는 장해·질병 담보 중 정액보상 담보의 위험률 변화로 인한 리스크이다. 장해·질병 실손보상 리스크는 장해·질병 담보 중 실손보상 담보의 위험률 변화로 인한 리스크이다. 장기재물·기타 리스크는 장기손해보험 중 재물, 비용, 배상 및 기타 담보의 위험률 변화로 인한 리스크이다. 사업비수준 리스크는 예상치 못한 비용수준의 변화로 인한 리스크이다. 사업비 인플레이션 리스크는 예상과 다른 인플레이션으로 인한 리스크이다. 일반손해보험의 손해율리스크는 손해율 변화로 인한 리스크를 의미한다.

표 6-2 위험조정 측정 방법(예시)

방법	개요
신뢰수준법(VaR: Value at Risk)	• 통계적인 분포를 이용하여 실제 결과가 특정 구간 내에 있을 확률을 측정하는 방법 • 위험조정 금액은 예를 들면 [RA = VaR 75% − BEL]로 측정 가능
CTE법(Conditional Tail Expectation)	• 확률분포의 특정 신뢰수준을 초과하는 값들의 평균을 사용하는 방법으로, TVaR(Tail Value at Risk) 방법이라고도 함 • 특정 구간을 초과하는 값들의 평균으로 측정하는 방법으로서 VaR에 비해 극단적인 손실값 반영이 가능 • 위험조정 금액은 예를 들면 [RA = CTE 75% − BEL]로 측정 가능
자본비용법(Cost of Capital)	• 보험회사가 비금융위험에 의한 불확실성을 감내하기 위해 보유하는 자본에 소요되는 기회비용을 위험조정액으로 적용하는 방법 • 위험조정 금액은 예를 들면 [RA = 미래 각 시점별 기대요구자본(예: 99.5% 신뢰수준 적용)의 현재가치 합×자본비용률(예: 5%)]로 측정 가능

기준서에서는 원칙중심 기조에 따라 잔여보장요소 산출모형에 대해 아무런 언급을 하고 있지 않으며, 위험조정 측정방법에 관해서만 비교가능한 기준으로서 신뢰수준법을 언급하고 있다. 한편 감독회계에서는 아래 ⑺, ⑻, ⑼ 중 생명·장기손해보험의 경우에는 MAX(⑺, ⑻)를, 일반손해보험의 경우에는 MAX(⑺, ⑻, ⑼)를 위험조정금액으로 할 것을 요구한다.

⑺ 회사의 위험회피성향을 반영한 신뢰수준 등을 기준으로 산출한 값: 기준서에 따라 회사 자체의 경험통계와 위험회피성향 등을 반영한 내부모형[4]에 의해 산출한 금액이다.

⑻ 세칙 별표35에서 정한 불확실성 요인별 충격수준을 반영하여 산출한 금액과 최선추정금액과의 차액: 감독당국에서 전체 보험회사가 적용하도록 요인별로 제시한 충격수준을 반영하여 산출한 금액으로 보험회사 간 비교가능성 및 위험요인 적시 발견 등 감독목적 달성을 위하여 보수적으로 설정한 위험조정액의 최저하한으로 볼 수 있다.

⑼ 최선추정금액 분포의 표준편차 50%에 해당하는 금액: 경험통계의 충분성, 계리적 가정 분포 등이 회사별로 상이할 가능성이 큰 일반손해보험에 대해 추가

---

4 다만, 감독회계에서는 보험회사의 경험통계가 부족하거나 모형을 신뢰성 있게 산출·검증할 수 없는 경우 문서화 등 내부통제 절차에 따라 합리적인 방법으로 외부통계 및 모형을 활용하는 것을 허용하고 있다.

적으로 요구되는 최저한한 조건이라 할 수 있다.

③ 신뢰수준의 결정: IFRS 17에서 위험조정은 시장참여자의 인식보다는 보험회사 스스로 평가한 자체 위험회피성향을 반영하여 산출해야 한다. 그 결과 유사한 보험계약집합의 위험조정임에도 불구하고 보험회사마다 산출결과가 서로 상이할 수 있다. 신뢰수준법을 사용하는 경우에는 위험액 산정의 기준이 되는 '신뢰수준'이 회사의 위험회피성향을 나타내는 지표라고 볼 수 있다. 따라서 위험회피에 대한 보험회사 특유의 평가가 보험회사별로 어떻게 다를 수 있는지 재무제표 이용자가 이해할 수 있도록, 신뢰수준법을 적용하는 회사는 물론, 적용하지 않는 회사에 대해서도 위험조정에 상응하는 신뢰수준법상의 신뢰수준에 대한 공시가 요구된다.

④ 대상위험별 위험액 산출의 통합수준: 기준서에서는 위험조정을 산정하는 통합 수준을 특정하는 것은 보험회사의 인식을 위험조정에 반영한다는 목적과 모순될 것이라는 이유로 위험조정 산출 단위를 구체적으로 제시하지 않고 있다. 따라서 보험회사가 통합수준을 재량적으로 정해야 하는데, 감독회계에서는 크게 비즈니스라인(line of business)을 기준으로 통합수준을 결정하도록 하고 있다. 즉 생명·장기손해보험과 일반손해보험(자동차보험 포함)별로 통합하여 위험조정을 산출하도록 하고 있으며, 여기에 생명·장기손해보험 잔여보장요소의 경우 위험요인별로 통합하여 위험요인 간 분산효과를 반영하도록 하고 있다. 또한 일반손해보험의 경우 보장그룹(재물, 책임, 일반기타, 자동차, 보증 그룹) 및 지역(한국, 한국 외 7개 국가)별로 위험을 통합하여 보장그룹 및 지역 간 분산효과를 반영하도록 하고 있다. 다만, 실무적으로 위험조정 산출 방법을 구체화할 때 보험회사는 (예를 들어) 포트폴리오를 중간 집계 단위로 활용할 수 있다.

⑤ 분산효과의 반영: 분산효과를 반영하는 이유는 보험회사가 보유하는 리스크 간 상관관계로 인해 위험이 분산되는 효과가 발생한다면 위험조정 측정 시 이를 고려해 주어야 하기 때문이다. 분산효과를 반영하기 위해서는 위험액 간 상관관계 산출이 필수적이며, 이와 관련하여 감독회계에서는 K-ICS에서 제시하는 상관계수 매트릭스를 준용할 수 있도록 하고 있다.

⑥ 배분: 보험회사가 전사 단위에서 위험조정을 측정하고 나면, 이를 하위 단위로 배분해야 한다. 이러한 배분이 필요한 이유는 포트폴리오 또는 보험계약집합 단위로

위험조정을 인식·측정·표시·공시하여야 하고, 개별 계약 최초 인식시점의 이행현금흐름을 측정하여 해당 계약이 손실계약인지 아니면 다른 보험계약집합에 속하는지 결정하여야 하기 때문이다.

이때 포트폴리오 또는 계약별 배분을 하기 위한 '배분비율'을 결정해야 하는데, 감독회계에서는 잔여보장요소 위험조정의 계약별 배분은 '불확실성 요인 간 상관관계를 반영하기 전 계약별 위험조정액'을 기준으로 배분비율을 산정하도록 하고 있다.

나. 발생사고요소에 대한 위험조정의 산출

발생사고요소에 대한 위험조정 산출과 관련하여 실무적으로 결정해야 하는 사항은 잔여보장요소의 경우와 전체적으로 비슷하지만 다음 몇 가지 차이점이 존재한다.

① 대상위험의 종류: 보험금진전추이 모형(CLM)의 진전계수 변경과 같이 발생사고요소 최선추정액 산출에 적용되는 가정의 변화로 인한 리스크를 반영한다.

② 위험액 산출 기법: 발생사고요소에 대해서는 위험조정을 산출하는 모형과 위험조정을 측정하는 방법(신뢰수준법, CTE법, 자본비용법 등)에 관한 결정을 해야 한다. 기준서와 감독회계에서는 발생사고요소 산출 모형에 관하여는 전혀 언급하지 않고 있으며, 위험조정 측정방법에 관해서만 비교가능한 기준으로서 신뢰수준법을 언급하고 있다.

표 6-3 발생사고요소에 대한 위험조정 산출 모형(예시)[5]

모형	개요
MACK 모형	지급준비금 추정치의 평균제곱오차(m.s.e.)를 산출하여 변동성을 추정하고, 일정 신뢰수준별 평균제곱오차를 이용하여 위험조정을 측정하는 방법
SCLM(Stochastic Chain Ladder Method)	각 진전연도별로 산출된 진전계수를 특정 분포에 적합시켜 시뮬레이션을 통해 진전계수 시나리오를 생성하고, 각 시나리오를 적용하여 산출된 부채에 대해 특정 신뢰수준의 위험조정을 측정하는 방법
Bootstrap MACK 모형	복원추출을 허용한 표본 재추출(bootstrapping)을 통해 지급준비금 시나리오를 생성하여 위험조정을 측정하는 방법

---

5 보험개발원(2016. 11.)에서 발췌.

③ 신뢰수준의 결정: 기준서는 잔여보장요소 또는 발생사고요소 여부와 무관하게 (잔여보장요소에서와 동일하게) 신뢰수준에 관하여 서술하고 있다. 반면, 감독회계에서는 생명·장기손해보험 발생사고요소의 위험조정은 다음 ㈎에 의해 산출한 금액으로 정하며, 일반손해보험 발생사고요소의 위험조정은 다음 ㈎ 및 ㈏에 의해 산출한 금액 중 큰 값으로 적용하도록 하고 있다.

㈎ 보험회사의 자체 위험회피성향 등을 반영하여 정한 신뢰수준 및 위험수준을 적용하여 산출한 금액으로 하되, 신뢰수준은 최소 75% 이상으로 한다.

㈏ 최선추정금액 분포의 표준편차 50%에 해당하는 금액

④ 대상위험별 위험액 산출의 통합수준: 기준서에서는 잔여보장요소 또는 발생사고요소 여부와 무관하게 (잔여보장요소에서와 동일하게) 위험조정 산출 시의 통합수준에 관하여 서술하고 있다.

⑤ 분산효과의 반영: 기준서에서는 보험회사가 고려하는 분산효과를 반영할 것만을 요구하였고, 잔여보장요소와 발생사고요소에 대해 별도로 언급하고 있지 않다. 반면, 감독회계에서는 잔여보장요소의 위험액 간 분산에 관하여만 언급하고 있다.

⑥ 배분: 발생사고요소의 위험조정에 대하여도 하위 수준으로의 배분이 필요하다. 다만, 최초 인식시점에 계약의 수익성을 판단하기 위해 개별계약 단위의 위험조정 금액이 필요한 잔여보장요소와 달리, 발생사고요소에 대하여는 계약 단위로의 배분은 필수는 아니며, 포트폴리오 및 보험계약집합 단위로 배분할 수 있다.

⚠ 보험회사는 비금융위험의 부담에 대한 각 보험회사의 관점을 반영하여 위험조정의 측정기법 및 분산효과 등에 관한 구체적인 사항을 개별적으로 결정

6.2.4 위험조정의 표시와 공시

보험료배분접근법을 적용한 보험계약이 아니라면, 보험회사는 보험계약에 대하여 재무상태표 장부금액 표시, 보험수익 및 보험금융수익(비용) 인식, 기초잔액에서 기말잔액까지의 차이조정 공시, 차이조정 세부항목(미래 서비스 관련, 현행 서비스 관련, 과거 서비스

관련) 등을 구분 공시할 때 최선추정부채와 마찬가지로 위험조정에 대해서도 별도로 표시 및 공시하도록 하고 있다. 또한 보험계약마진에서 조정할 사항과 당기 보험수익으로 인식할 사항 등에 대해서도 최선추정과 마찬가지로 표시 및 공시하도록 하고 있다. 이러한 사항에 관해서는 제7장 이후에 상세히 다룬다. 다만, 위험조정에 대한 특기할 만한 표시와 공시사항을 설명하면 다음과 같다.

① 변동분 통합 표시: 위험조정의 변동분을 재무성과표에 표시할 때 반드시 보험손익과 투자손익으로 세분할 필요는 없다. 세분하지 않을 경우에는 비금융위험에 대한 위험조정의 전체 변동분을 보험손익의 일부로 포함한다. [81]

② 신뢰수준법 기준 공시: 앞서 설명한 바와 마찬가지로 보험회사마다 위험조정 추정기법 및 기준이 상이할 수 있다. 따라서 기준서는 위험회피에 대한 보험회사 특유의 평가가 보험회사별로 어떻게 다를 수 있는지 재무제표 이용자가 이해할 수 있도록 위험조정에 상응하는 신뢰수준을 공시할 것을 요구한다. 이때 재무제표 이용자가 다른 보험회사의 성과와 대상 보험회사의 성과를 비교할 수 있도록 공시할 것을 요구하고 있다. 신뢰수준법을 적용한다면 사용한 신뢰수준을 공시하고, 신뢰수준법 이외의 기법을 적용한다면 해당 기법과 그러한 기법의 결과치에 해당하는 신뢰수준을 공시한다.[6] 즉 위험조정을 산정하기 위해 자본비용법 등 신뢰수준기법 외의 다른 기법을 사용한 보험회사는 산출된 결과가 신뢰수준법으로 환산을 했을 때 어느 정도 신뢰수준인지(예: 신뢰수준법상의 신뢰수준 75% 혹은 80%에 상응)를 공시하여야 한다. *[119, B92, BC215]*

> ❗ 위험조정 측정에 신뢰수준법을 적용한다면 사용한 신뢰수준을 공시하고, 신뢰수준법 외의 기법을 적용한다면 해당 기법과 그러한 기법의 결과치에 해당하는 신뢰수준을 함께 공시해야 함

---

6 국제회계기준위원회는 다른 기법(예: 자본비용법)이 비교 기준으로 사용되어야 하는지도 고려하였다. 흔히 보험계약의 경우가 그러하듯이 확률분포가 통계적으로 정규분포가 아닐 때, 신뢰수준법의 유용성은 감소하지만 자본비용법은 신뢰수준 공시보다 계산하는 것이 더욱 복잡할 것이다. 또한 신뢰수준법은 재무제표 이용자와 의사소통하고 그들이 이해하기에 비교적 쉽다는 효익이 있다. 국제회계기준위원회는 보다 단순한 접근법(신뢰수준법에 따른 측정치 공시)으로도 충분할 때 보험회사에게 보다 부담이 되는 요구사항(자본비용법 등에 따른 측정치까지 추가 공시)을 부과하지는 않는다. *[BC217]*

가. 비금융위험에 대한 위험조정

□ 위험조정은 보험계약을 이행할 때 비금융위험에서 생기는 현금흐름의 금액과 시기에 대한 불확실성을 부담하는 것에 대해 보험회사가 보험계약자에게 요구하는 보상만큼 추가적으로 적립하는 부채

• 보험회사는 보험서비스를 제공하면서 불확실성이 해소됨에 따라 해당 기간에 대응하는 대가(즉 위험조정 감소분)를 보험수익으로 인식

□ 위험조정의 대상이 되는 비금융위험은 보험위험(예상사망률이나 예상보험금 진전추이로 추정한 현금흐름의 금액 및 시기의 불확실성과 관련된 리스크 등), 해약리스크, 비용리스크 등으로 구성

□ 재무제표 이용자에게 보험계약과 관련된 비금융위험에 의해서 부과된 보험회사의 경제적 부담에 대한 유용한 정보를 전달하기 위해서 보험부채 측정 시 위험조정을 포함

나. 위험조정의 측정

□ 빈도와 심도가 클수록, 보장기간이 길수록, 확률분포가 넓게 퍼져 있을수록, 현행추정치와 그 추세에 대해 덜 알려졌을수록, 현금흐름의 금액과 시기에 대한 불확실성이 커질수록 위험조정은 크게 측정

□ 보험회사는 비금융위험의 부담에 대한 보험회사의 관점을 반영하여 위험조정의 측정기법 및 분산효과 등에 관한 구체적인 사항을 정함

□ 위험조정 측정에 신뢰수준법을 적용한다면 사용한 신뢰수준을 공시하고, 신뢰수준법 외의 기법을 적용한다면 해당 기법과 그러한 기법의 결과치에 해당하는 신뢰수준법상의 신뢰수준을 공시해야 함

1. 다음은 위험조정의 산출방법 및 특성에 관한 설명이다. 가장 불합리한 것은?

① 위험조정은 전사 단위에서 대상위험 리스크양을 산출하며, 분산효과를 고려한다.

② IFRS 17 기준서는 위험조정의 측정방법을 특정하지는 않지만 신뢰수준법 이외의 기법을 사용할 경우, 이에 상응하는 신뢰수준 공시를 요구하고 있다.

③ 낮은 빈도와 높은 심도를 가진 위험은 높은 빈도와 낮은 심도를 가진 위험보다 비금융위험에 대한 위험조정이 더 작다.

④ 보험회사는 위험조정 변동분 중 보험금융비용을 구분하거나 구분하지 않는 방법 중 선택할 수 있다.

2. 위험조정의 특성과 관련하여 다음 괄호 안에 적절한 단어를 선택하시오.

> (1) 리스크는 비슷하지만, 만기가 짧은 계약이 만기가 긴 계약보다 위험조정이 더 (클/작을) 것이다.
>
> (2) 더 넓은 확률분포를 가진 리스크는 좁은 분포를 가진 리스크보다 위험조정이 더 (클/작을) 것이다.
>
> (3) 현행추정치와 그 추세에 대해 알려진 바가 많을수록 위험조정은 더 (클/작을) 것이다.
>
> (4) 최근에 생겨난 경험에서 현금흐름의 금액과 시기에 대한 불확실성이 감소한다면 위험조정은 (감소/증가)할 것이다.

3. 다음 중 위험조정의 산출 대상이 아닌 것은?

① 보험위험   ② 해약리스크   ③ 비용리스크   ④ 신용리스크

※ 다음 중 맞는 것에 ○표, 틀린 것에 ×표 하시오.

4. 위험조정에 유의수준은 공시해야 하지만 할인율 측정에 사용된 수익률곡선과 같은 세부적인 것은 공시할 필요가 없다. (   )

5. 위험조정은 비금융위험 관련 불확실성의 대가이고, 보험회사가 보험료의 일부로 보험계약자에게 요구하는 보상이다. (   )

6. 위험조정 측정방법 중 신뢰수준법은 확률분포가 통계적으로 정규분포가 아닐 때 유용성이 감소하기 때문에, 보험회사는 신뢰수준법을 적용하더라도 자본비용법 등에 따른 측정치도 함께 공시하여야 한다. (   )

7. 비금융위험에는 보험위험과 해약리스크, 비용리스크, 운영리스크 등이 있다. (   )

8. 위험조정은 보험회사의 리스크회피 정도를 반영하는 방식으로, 유리한 결과와 불리한 결과 중 불리한 결과만을 반영한다. (   )

9. IFRS 17에서 비금융위험에 대한 위험조정은 시장참여자의 인식보다는 보험회사의 위험회피 정도에 대한 보험회사 자신의 인식에 의존한다. (   )

10. IFRS 17 기준서에서는 회사 간 위험조정 산출액의 비교가능성을 확보하고, 위험요인 등을 적시 파악하기 위해 '위험조정액의 최저한도'를 제시한다. (   )

7장

보험계약
마진

7.1 보험계약마진 개념과 측정

7.1.1 보험계약마진의 개념

보험계약은 보장서비스를 제공하는 서비스 계약의 특성도 있지만, 금융상품으로서의 특성도 동시에 가지고 있다. 그러나 은행이 판매하는 예·적금이라든지 자산운용사의 펀드 상품은 일반적으로 불확실성도 크지 않고 기간이 단기인 데 반하여, 보험계약은 보험사건 발생의 우연성으로 인해 불확실성이 높을 뿐만 아니라 계약기간도 장기인 경우가 많아 미래현금흐름이 상당한 변동성을 지니고 있다.

IFRS 4는 보험회사가 제공하는 서비스 종류(보장 및 투자)에 상관없이 실제로 받은 보험료 전액을 수취시점에 그대로 수익으로 인식하는 현금주의를 채택하였다. 비용은 실제 보험금과 사업비 합계에 미래 보험금 지급을 위한 책임준비금 전입액을 더하여 결정된다.[1] 이처럼 IFRS 4의 경우 비용은 책임준비금을 기반으로 일정 부분 수익-비용 대응 원칙에 부합하는 방식으로 산출·인식되나, 애초에 수익이 수행의무가 이행되기 전인 보험료 수취시점에 모두 인식되는 현금주의에 기반하고 있어 보험회사 재무성과가 왜곡되는 구조적인 결함을 지니고 있다.

반면 IFRS 17은 보험료를 수취한 시점이 아닌 실질적으로 보험계약 기간에 걸쳐 제공된 서비스(즉 급부량)에 따라 이익을 인식하도록 하고 있다. 이처럼 발생주의에 따라 보험회사 재무성과를 측정하기 위해 IFRS 17이 새롭게 도입한 핵심개념이 바로 보험계약마진이다. 구체적으로 보험계약마진은 보험계약집합에 대한 자산 또는 부채의 구성요소로서, 미래에 보험계약서비스를 제공함에 따라 인식하게 될 미실현이익으로 정의된다. 다시 말해, 보험계약집합 내 계약이 제공할 미래 서비스와 관련이 있기 때문에 아

---

1 이러한 IFRS 4의 비용 인식 방식은 매출채권에 대한 대손충당금 인식과 기본 구조가 동일하다. 매출채권에 대한 대손 발생 시 기존 대손충당금을 차기하고, 기말시점 현재 보유 중인 매출채권에 대해 당기말 보유해야 할 대손충당금 설정액과 장부상 대손충당금 잔액과의 차이를 결산조정분개를 통해 대손상각비로 추가 인식한다. 이와 마찬가지로 IFRS 4에서도 보험사건이 발생할 경우 기존 책임준비금(보험부채)을 차기하고, 기말시점 현재 보유 중인 보험계약에 대해 당기말 보유해야 할 책임준비금 설정액과 장부상 책임준비금 잔액과의 차이를 결산조정분개를 통해 비용으로 인식한다.

직 당기손익으로 인식하지 않은 보험계약집합의 이익을 의미한다. *[A 보험계약마진, 43]*

⚠ 보험계약마진은 장래에 서비스를 제공함에 따라 인식하게 될 미실현이익

7.1.2 보험계약마진의 최초 인식시점 측정

보험계약마진은 보험계약집합을 최초로 인식할 때 측정한다. 최초 인식시점에 손실계약이 되는 등의 경우가 아니라면, 다음으로부터 수익이나 비용이 생기지 않도록 하는 금액으로 측정한다.

① 이행현금흐름 금액의 최초 인식
② 최초 인식시점에 집합 내 계약에서 생기는 모든 현금흐름
    단, 최초 인식시점에서 "보험료배분접근법을 적용한 보험취득 현금흐름"과 "계약집합과 관련된 현금흐름에 대해 이전에 인식한 그 밖의 자산 또는 부채"는 여기에서 제거한다.[2] *[38]*

따라서 최초 인식 시 미래현금흐름의 현가($BEL_{t=0}$)와 위험조정($RA_{t=0}$)의 합이 이행현금흐름($FCF_{t=0}$)인데, 이 값이 0보다 작을 경우(즉 미래현금흐름이 순 유입인 경우), 이를 0으로 만드는 값으로 보험계약마진($CSM_{t=0}$)을 계산한다.

$$CSM_{t=0} = Max(-FCF_{t=0}, 0) = Max[-(BEL_{t=0} + RA_{t=0}), 0]$$

---

2   보험계약집합이 인식되기 전에 현금흐름이 발생하거나 다른 기준서의 요구사항 때문에 보험계약집합과 관련된 현금흐름으로서 보험취득 현금흐름이 아닌 부분을 자산이나 부채로 인식해야 될 수도 있다. 그러한 현금흐름이 보험계약집합의 최초 인식시점 후에 지급되거나 수취되었을 경우 해당 집합의 최초 인식시점의 이행현금흐름에 포함되었을 것이라면 그 현금흐름은 보험계약집합과 관련이 있다. 보험계약집합의 최초 인식시점에 그러한 현금흐름이 발생했거나 그 다른 기준서를 적용했다면, 그러한 자산이나 부채를 보험계약집합과 별도로 인식하지 않았을 정도만큼 그러한 자산이나 부채를 제거한다. [B66A]

다만 보험계약에 배분된 이행현금흐름, 이전에 인식한 보험취득 현금흐름 및 최초 인식시점에 계약에서 생기는 현금흐름의 총계가 순 유출인 경우도 있을 수 있다. 이 경우에는 최초 인식시점에 보험계약마진이 존재하지 않으며, 해당 계약을 손실계약집합으로 분류하는데, 이와 관련한 보다 자세한 내용은 제11장에서 학습한다.

또한 변액저축성보험과 같이 투자 성격의 서비스 계약인 경우 직접참가특성이 있는 보험계약이라고 하며, 이러한 직접참가특성이 있는 보험계약의 보험계약마진에 관하여는 제12장에서 별도로 다룬다. 따라서 본 장에서는 일반모형을 적용하는 직접참가특성이 없는 보험계약을 기준으로 설명한다.

❗ 최초 인식 시 손실계약이 아니라면 보험계약마진은 음(−)의 이행현금흐름으로 측정

7.1.3 보험계약마진의 후속측정

보험계약마진은 최초 측정과 후속측정을 위한 방법이 상이하다. 최초 측정 시에는 부채평가 절차에 의해 산출된 이행현금흐름에 음수(−)를 적용하여 보험계약마진을 산출한다. 그러나 후속측정 시에는 기말에 재측정한 이행현금흐름에 음수(−)를 적용하는 방식으로 보험계약마진을 산출하지 않는다. 즉 보험부채에 대한 재평가를 통해 최초 인식시점에서와 같이 보험계약마진을 산출하지 않고, 기초 시점에 이미 산출해 놓은 재무상태표상의 보험계약마진 잔액에서 당기 중에 보험계약마진을 변동(movement)시키는 각 요인의 영향을 순차적으로 반영함으로써 기말시점의 보험계약마진 잔액을 산출하게 된다. 따라서 보험회사는 이러한 변동을 유발하는 요인들을 구분하고 그로 인한 조정사항을 각각 가산 또는 차감하는 '변동분석'을 실시해야 한다.

❗ 후속측정 시에는 기초 잔액을 토대로 당기 중의 변동분석을 통해 기말 보험계약마진을 산출

7.2 보험계약마진 변동분석

7.2.1 보험계약마진 변동분석 개요

보험계약마진 변동분은 보험회사가 서비스를 제공함으로써 얻게 될 미래이익이 변동되는 정도를 의미하며, 기초의 보험계약마진이 기말 잔액으로 변동되는 과정은 직접참가특성이 없는 보험계약의 경우 다음 5가지 조정요인이 주요하게 작용한 결과임을 알 수 있다.

가. 신계약 유입

보험계약마진이 계약집합 단위로 측정되므로 어떤 보험계약집합에 추가되는 신계약이 발생할 경우 미래 서비스와 관련된 이행현금흐름 추정치가 달라지므로 보험계약마진도 함께 변동하게 된다.

나. 이자부리

보험계약마진 역시 보험부채를 구성하는 하나의 요소로 현재가치로 평가된다. 이처럼 보험계약마진 측정 시 화폐의 시간가치가 고려됨에 따라 기초의 보험계약마진 장부금액을 재무보고 시점의 현행가치로 조정하기 위해 추가적으로 부리되는 이자 부분이 자연스럽게 발생하게 된다.

다. 미래 서비스와 관련된 변동

보험서비스가 제공됨에 따라 새로운 정보가 유입되며 미래 서비스와 관련한 계리적 가정에 변경(업데이트)이 있을 수 있다. 이러한 계리적 가정의 변경은 미래 서비스와 관련

---

3   보험계약에 의해 제공되는 핵심 서비스는 보험보장이지만, 투자관련서비스나 그 밖의 서비스도 제공할 수 있다. 최초 인식시점의 보험계약집합의 측정치는 보험계약마진을 포함하는데, 이는 (비금융)위험을 부담하는 것 외에 보험회사가 제공하는 서비스에 대해 청구하는 마진을 나타낸다. *[BC222]*

된 이행현금흐름의 변동을 초래하게 된다. 그런데 보험계약마진은 계약집합의 최초 인식시점에 측정한 현금유입 추정액과 현금유출 추정액 간의 차이이므로 미래현금흐름이 아니다. 따라서 계리적 가정의 변경으로 인한 이행현금흐름의 변동은 고스란히 보험계약마진의 증가 또는 감소로 연결된다. 예를 들어 장래에 지급될 보험금이 감소할 것으로 예상된다면 보험회사에게는 유리한 변동이다. 따라서 이행현금흐름의 감소가 예상되는 만큼 장래이익이 증가하게 되므로 결과적으로 보험계약마진이 증가하게 된다. 이와 반대로 전기에 추정했던 것보다 보험금이 증가할 것으로 예상되어 계리적 가정을 변경하면 이행현금흐름이 증가하게 되고, 이행현금흐름 증가분만큼 보험계약마진이 감소하게 된다.

다만 미래 서비스와 관련된 이행현금흐름의 변동분이라 하더라도 다음의 두 가지는 예외적으로 보험계약마진 조정 대상 변동분에서 제외한다.

① 보험계약마진의 장부금액을 초과하여 손실을 발생시키는 이행현금흐름의 증가분: 후속 측정 시 미래 서비스와 관련된 이행현금흐름의 불리한 변동액이 보험계약마진의 장부금액을 초과하면, 그러한 보험계약집합은 손실계약(또는 손실을 더 부담하는 계약)이 된다.
② 잔여보장부채의 손실요소에 배분되는 이행현금흐름의 감소분: 손실요소가 발생한 상황에서 이행현금흐름이 감소하더라도 이를 상쇄할 수 없는 수준의 감소라면 보험계약마진 자체가 인식될 수 없으므로 조정 대상에 포함되지 않는다.

라. 외환차이

보험계약마진에 대한 환율변동 효과인데, 보험계약마진에 미친 모든 외환차이의 영향을 의미한다.[4]

---

4 외화 현금흐름을 창출하는 보험계약집합에 IAS21(기업회계기준서 제1021호) '환율변동 효과'를 적용하는 경우에는 보험계약마진을 포함하여 계약집합을 화폐성 항목으로 회계처리한다. 이행현금흐름에서는 화폐성 항목으로 처리하는 것이 명확하나, 보험계약마진에 대하여는 비화폐성 항목으로 분류될 여지도 있다. 그러나 IFRS 17에서 측정은 대부분 미래현금흐름의 추정에 근거하기 때문에 보험계약 전체를 하나의 화폐성 항목으로 보는 것이 더 적절하다고 결론 내렸다. 잔여보장부채의 측정에 간편법을 이용하여 보험계약집합을 측정하더라도 보험계약은 화폐성 항목이다. [30, BC277, BC278]

마. 실현된 이익(수익인식)

보험회사가 보험서비스를 제공함에 따라 보험수익이 인식되는데, 보험계약마진 중 제공된 서비스와 관련한 부분이 실현되며 보험수익에 반영된다. 즉 보험서비스를 제공함으로써 미실현이익이 줄어들고 그만큼이 실현이익으로 전환되고, 해당 부분만큼 보험계약마진이 줄어든다. [44, 48]

일반적으로 보험계약마진 변동분석은 전술한 5가지 요소를 서술된 순서에 따라 수행하게 되며, 이를 시각적으로 나타내면 아래 그림과 같다.

그림 7-1 보험계약마진의 변동과정 예시

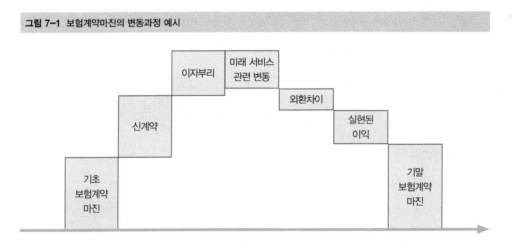

보험계약마진의 일부 변동은 잔여보장부채에 대한 이행현금흐름의 변동과 상쇄되어 잔여보장부채에 대한 총장부금액이 변동되지 않을 수 있다. 보험계약마진의 변동이 잔여보장부채의 이행현금흐름의 변동을 상쇄하지 않는 경우에는 그만큼을 보험수익과 보험서비스비용으로 각각 인식한다. [46]

⚠️ 기초 보험계약마진 잔액에서 신계약 효과와 이자 부분을 추가하고, 미래 서비스와 관련된 현금흐름의 변동 영향을 반영한 다음, 당기 서비스 제공으로 실현된 이익을 차감하여 기말 보험계약마진 산출

7.2.2 보험계약마진 이자부리

보험계약마진은 보험계약집합의 최초 인식시점에 측정되기 때문에, 직접참가특성이 없는 보험계약의 경우 보험계약마진에 대한 이자를 반영해야 한다. 이는 화폐의 시간가치와 금융효과에 대한 조정을 포함하는 이행현금흐름의 측정과 일관된다. 여기서 보험계약마진에 대한 이자를 부리하는 데 사용되는 이자율은 최초 인식시점에 고정시키고, 후속적으로 조정하지 않는다. 즉, 이때 이자율은 최초할인율이다. *[44, BC270, BC272, BC273]*

보험계약마진은 미래현금흐름을 나타내는 것이 아니며, 최초 인식시점에 측정되고 특정 금액에 대해서만 조정된다. 즉 화폐의 시간가치 효과의 변동과 금융위험 효과의 변동은 보험계약마진에서 조정되지 않으며, 기초에 재측정되지 않는다. 따라서 보험계약마진을 기초에 재측정하지 않으면서 기간 중 현행이자율로 이자를 부리하는 것은 보험계약마진 측정 자체 내에 비일관성을 초래한다. 이런 이유 때문에 최초할인율을 적용하여 보험계약마진의 이자비용을 산출한다. *[BC 274]*

> ❗ 보험계약마진 이자부리는 최초할인율을 적용

7.2.3 미래 서비스 관련 이행현금흐름의 변동에 따른 보험계약마진 조정

미래 서비스와 관련된 이행현금흐름 추정치의 변동은 보험계약마진에서 조정된다. 이것은 이행현금흐름 추정치의 변동이 보험계약집합의 잔여 미실현이익(보험계약마진)에 영향을 미친 정도를 반영하도록 하여 재무제표 이용자에게 보다 목적적합한 정보를 제공한다. 위에서 설명한 보험계약마진 자체 내의 일관성을 위해, 직접참가특성이 없는 보험계약의 경우 보험계약마진 조정금액을 측정할 때 적용하는 할인율도 최초할인율로 한다. *[BC 275]*

다만, 보험계약마진을 미래 서비스와 관련한 이행현금흐름의 변동을 조정하기 전에 배분(상각)하는 것이 아니라 조정한 후에 배분(상각)한다. 최신 추정으로 조정된 보험계약마진의 금액을 배분하면, "해당 기간에 제공된 서비스에서 얻는 이익"과 "미래 서비스에서 미래에 얻을 이익"에 관한 가장 목적적합한 정보를 제공할 것이기 때문이다. [BC279]

7.2.3.1 기본 조정사항

보험계약마진의 변동요인 중에서 특히 세 번째 후속측정에서 발생한 미래 서비스와 관련된 이행현금흐름의 변동 부분은 다음 네 가지로 구성된다. [44(3), B96]

가. 경험조정

미래 서비스와 관련하여 해당 기간에 수취한 보험료나 보험취득 현금흐름, 보험료 기반 세금과 같은 관련 현금흐름에서 발생한 경험조정이다.[5] 이는 최초할인율로 측정한다. 이때 이미 제공된 서비스와 관련한 경험조정은 당기 보험손익(보험서비스결과)에 반영되며, 미래 서비스와 관련한 경험조정만이 이행현금흐름 추정치 변동을 통해 보험계약마진 잔액을 변동시킨다.

나. 잔여보장부채의 미래현금흐름 현가 추정치의 변동

계리적 가정 변동, 재량권 변동 등으로 인한 미래현금흐름 현재가치 추정치의 변동을 보험계약마진에서 조정한다. 그리고 이 변동분 또한 최초할인율로 측정한다. 이때 화폐의 시간가치와 금융위험 변동으로 인한 효과는 미래 서비스와 관련이 없기 때문에 보험계약마진 조정 대상에서 제외한다.[6]

---

5 경험조정이란 다음 (1)의 차이 또는 (2)의 차이를 뜻한다.
 (1) 보험료 수취(그리고 보험취득 현금흐름, 보험료 세금과 같은 모든 관련 현금흐름)와 관련하여 해당 기간에 예상되는 금액에 대한 해당 기간 초의 추정치와 해당 기간의 실제 현금흐름
 (2) 보험서비스비용(보험취득비용은 제외)과 관련하여 해당 기간에 발생할 것으로 예상되는 금액에 대한 해당 기간 초의 추정치와 해당 기간에 실제 발생한 금액 [A 경험조정]
6 '미래 서비스와 관련이 없는' 이행현금흐름의 변동은 보험계약마진에서 조정 대상이 되지 않는다. 세 가지 대표적인 경우는 다음과 같다.
 ① 화폐의 시간가치 및 그 변동의 효과와 금융위험 및 그 변동의 효과. 이 효과는 다시 다음과 같이 세 가지로 구성된다.
   (가) 효과가 있다면, 미래현금흐름 추정에 미친 효과

다. 투자요소 예실차

해당 기간에 지급될 것으로 예상된 투자요소와 실제 지급될 투자요소 간의 차이이다. 이러한 차이는 '해당 기간에 지급하게 될 실제 투자요소'와 '해당 기간의 시작일에 예상된 해당 기간의 지급액에 그 금액이 지급되기 전까지 관련되는 보험금융수익(비용)을 가산한 금액'을 비교하여 산정한다. 특히 해당 기간에 상환될 것으로 예상되는 보험계약자에 대한 대출금과 해당 기간에 상환될 실제 대출금의 차이도 이러한 투자요소 예실차에 해당한다. 이 차이는 '보험계약자가 해당 기간에 상환할 실제 대출금'과 '해당 기간의 시작일에 예상된 해당 기간의 상환액에 그 금액이 상환되기 전까지 관련되는 보험금융수익(비용)을 가산한 금액'을 비교하여 산정한다.

라. 미래 서비스와 관련된 위험조정의 변동

위험조정의 변동을 '비금융위험과 관련된 변동'과 '화폐의 시간가치 효과 및 그 변동의 효과'로 구분할 필요는 없다. 만일 이를 구분한다면, 최초할인율로 측정된 비금융위험과 관련된 변동을 보험계약마진에서 조정한다. *[B96]*

7.2.3.2 재량현금흐름 변동의 보험계약마진 조정

일부 보험계약에서는 보험회사가 보험계약자에게 지급할 현금흐름에 대한 재량을 가지고 있을 수 있다. 즉 보험계약자에게 특정 기초항목의 수익을 공유할 수 있는 권리를 주는 것인데, 이 경우 보험회사는 계약에 따라 보험계약자에게 지급할 금액의 시기나 크기에 대한 재량권을 갖게 되는 것이다. 이처럼 보험회사의 재량에 따라 발생하는 미래현금흐름의 변동은 미래 서비스와 관련된 것으로 간주하여 보험계약마진을 조정한

(나) 해당 효과를 구분하는 경우 위험조정에 미친 효과

(다) 할인율의 변동 효과

② 발생사고부채의 이행현금흐름 추정치의 변동

③ '미래 서비스와 관련하여 해당 기간에 수취한 보험료 및 관련 현금흐름에서 발생한 경험조정'을 제외한 경험조정 [B97]

7 　예를 들어, 공시이율이 적용되는 저축성 담보가 포함된 보험계약에서 공시이율은 공시기준이율(보험회사의 자산운용이익률과 외부지표금리의 가중합계)에 보험회사 재량(조정률)을 적용하여 결정하는데, 이때 조정률이 적용되는 부분을 재량현금흐름으로 볼 수 있다.

다. *[B65, B98, BC167]*

특히 직접참가특성이 없는 보험계약은 종종 보험계약자에게 현금흐름이 생기게 하며, 이에 대해 보험회사는 금액이나 시기에 관하여 이러한 재량권을 갖는다. 이때 금융위험과 관련된 가정의 변동 효과(보험계약마진에서 조정하지 않음)와 재량의 변동 효과(보험계약마진 조정)를 구분해야 한다. 그리고 양자를 구분할 수 있는 다양한 방법이 있을 수 있는 만큼 일관된 회계처리를 위해 보험회사는 계약 개시시점에 관련 기준을 명시하여야 한다. 고정금리 혹은 특정 자산의 수익에 연동하여 지급하는 수익 등이 이러한 예에 해당한다. *[B99, BC237]*

> ❗ 미래서비스 관련 보험계약마진 조정 = 미래 서비스 관련 당기 수취보험료 및 유관 현금흐름에서 발생한 경험조정 + 금융요소 제외한 잔여보장부채 미래 추정치의 변동 + 투자요소 당기 예실차 + 위험조정 변동

7.2.4 보험계약마진의 상각

보험계약집합의 보험계약마진 금액은 해당 기간에 보험계약집합에서 제공한 보험계약서비스를 반영하여 그 기간에 당기손익으로 인식하게 되는데, 다음과 같은 3단계 절차를 통해 진행된다.

7.2.4.1 1단계: 보장단위 식별

보장단위(coverage units)는 보험회사가 제공한 서비스의 제공량을 측정하기 위한 단위이다. 기준서는 장래에 지급될 보험금의 규모와 보험 보장기간을 모두 고려하여 이 보장단위를 산정하도록 하고 있다. 구체적으로 집합 내 보장단위의 수는 집합 내의 계약에서 제공되는 보험계약서비스의 수량을 의미하며, 각 계약별로 계약에 따라 제공되는 급부의 수량 및 기대되는 보장기간을 고려하여 산정된다.[8] 예를 들어 보험사건 발생 시

---

8 보장단위 결정 시 고려해야 할 사항은 다음 6가지이다.
　① 기간에 따른 서로 다른 수준의 서비스 양을 반영

지급되는 보험금 규모가 같더라도 보장기간이 10년인 보험계약과 20년인 보험계약의 서비스 제공량은 다를 수 있다. 마찬가지로 보장기간이 동일하더라도 보험사건 발생 시 지급되는 보험금 규모가 다르다면 보험계약의 서비스 제공량은 달라진다.

7.2.4.2 2단계: 보장단위 배분

보험계약마진은 보장기간에 제공되는 보장과 그 밖의 서비스에 대한 미실현이익이고, 보험보장은 보험계약에 의해 제공하기로 정해진 서비스이다. 따라서 보험회사는 이 서비스를 보험사건이 발생한 경우에만 제공하는 것이 아니라 전체 보장기간에 걸쳐 제공하는 것으로 보아야 한다. 결과적으로, 보험회사는 보험계약마진을 계약에 따라 보장이 제공되는 패턴을 반영하여 보장기간에 배분하여 인식해야 한다.

이를 위해 보고기간 말 현재 남아 있는 잔여 보험계약집합에 대한 보험계약마진을, 해당 계약집합에 의해 제공되는 급부의 양과 기대되는 듀레이션을 반영하는 보장단위에 기초하여 배분해야 한다. 즉 보고기간 말 현재 남아 있는 보험계약마진을 해당 기간에 제공되는 보장단위와 기대잔여보장단위에 동등하게(equally) 배분한다. 예를 들어 보고기간 말 현재 배분 전 보험계약마진 잔액이 1,000, 해당 계약집합에서 제공될 것으로 기대되는 급부의 양이 100, 이 중 당기에 제공된 급부의 양이 30, 미래에 제공될 급부의 양이 70이라면 해당 보험계약마진을 당기에 제공되는 보장단위에 300(=1,000× 30%), 미래 기대보장단위에 700(=1,000×70%)을 배분한다.

다만, 동일한 배분을 결정함에 있어 화폐의 시간가치를 고려하는지, 보장단위의 예상 제공시기를 반영하는지 등은 보험회사가 판단하여 재량적으로 정한다. *[BC279, BC282]*

7.2.4.3 3단계: 당기손익 인식

마지막 3단계에서는 2단계에서 당기에 제공된 보장단위에 배분된 금액을 당기손익으

---

② 하나의 보험사건에 대해 서로 다른 기간에 발생할 서로 다른 확률은 해당 기간에 제공하는 급부에 영향을 미치지 않음

③ 단, 서로 다른 유형의 보험사건에 대한 발생확률은 해당 기간에 제공하는 급부에 영향을 미칠 수 있음

④ 보장단위 결정 시 계약 간 서로 다른 수익성 수준은 미반영

⑤ 보장단위 결정 시 기대 해약은 반영되어야 함

⑥ 화폐의 시간가치 고려는 기업의 판단사항으로 규정(허용사항) [IASB (2018. 5.). TRG Agenda Staff Paper]

로 인식한다. *[B119]*

이때 보험계약서비스 중 투자수익서비스나 투자관련서비스의 기간은 해당 서비스와 관련하여 현행 보험계약자에게 지급할 모든 금액이 지급되는 시점에 또는 그 이전에 종료되는 것으로 본다. *[B119A]*

IFRS 15은 고객에 대한 부채의 상환을 기업의 수행의무 이행(서비스 제공)으로 보지 않는다. 마찬가지로 보험계약에서도 부채의 상환은 보험회사가 서비스를 제공한 것으로 보지 않는다. 그러므로 보험계약마진 상각(혹은 이를 통한 이익 인식)은 부채가 상환될 것으로 예상되는 기간이 아닌, 보험회사가 보험계약에서 약정된 보험계약서비스를 제공하는 보장기간에 걸쳐 이루어진다.[9] *[BC283]*

> ⚠️ 보험계약마진 상각액은 해당 기간에 서비스를 제공함에 따라 보험수익으로 인식되는 금액으로 다음 절차에 따라 인식
> - 1단계: 계약집합 내 보장단위 식별 및 산정(급부 수량 및 기대 보장기간 고려)
> - 2단계: 보험계약마진을 당기 제공 보장단위와 미래 제공 (기대)보장단위에 동일 배분
> - 3단계: 당기 제공 보장단위에 배분된 보험계약마진을 당기손익으로 인식

7.2.5 감독회계의 보험계약마진 상각 예시

앞서 살펴본 바와 같이 IFRS 17이 보험계약마진에 대해 경과연도별로 제공한 보험계약서비스를 반영하여 당기손익으로 인식한다는 원칙을 제공하고 있다. 그러나 보장단위 식별을 위한 급부량과 기대 보장기간의 개념, 식별된 보장단위의 당기분과 미래분에 대한 배분방법 등 실무 적용에 핵심적인 세부사항에 대해서는 구체적으로 언급하지 않고 있다.

이에 국제회계위원회는 보험계약마진 상각과 관련하여 이행준비그룹(TRG: Transition Resource Group)이 제시한 의견에 대해 산하 기술위원회(technical group)가 검토한 내용

---

9 한편 보험회사가 위험을 감수하는 것에 대해 인식하는 마진은 보장기간 및 상환기간 모두에서 위험이 해제됨에 따라 당기손익으로 전환된다.

을 2018년 2월, 2018년 5월, 2019년 3월 등 총 세 차례에 걸쳐 의견서(TRG Agenda Staff Paper) 형태로 공개했다. 그리고 우리나라 감독당국은 이를 바탕으로 실무상의 회계처리를 위한 가이드라인으로서 '보험상품군별 보험계약마진 상각기준 예시'를 마련하였다.[10]

7.2.5.1 국제회계기준위원회의 보험계약마진 상각 원칙

가. 첫 번째 의견서

'보험보장서비스가 사건이 발생한 경우에만 제공되는 것이 아니라, 전체 보장기간에 걸쳐 제공된다'[BC279]는 측면에서 보험금 지급으로 인한 기대현금흐름은 보험계약마진 상각을 위한 보장단위 기준으로 적합하지 않다는 의견을 제시한다.[11] 그리고 '(기간별) 최대보장금액'을 기대만기 변동에 따른 영향을 반영하는 보장단위로 제시하였으나, 급부량의 편협된 해석과 투자요소 미고려로 판단이 유보된다.

나. 두 번째 의견서

보험회사가 부담하는 기대비용이 아닌 보험계약자가 제공받게 될 '기대효익'을 고려하여 보험계약마진 상각을 위한 급부수량을 결정하는 것이 바람직하다는 입장을 제시한다.[12] 그리고 이러한 원칙에 기반한 모든 방식이 허용된다는 기본 입장과 함께 첫 번째 의견서에서 제시된 기간별 최대보장금액과 더불어 보험사건 발생으로 인해 각 기간별로 계약자로부터 유효하게 청구될 수 있을 것으로 기대되는 보험금을 기준서에 부합하는 예시적 방법으로 제시한다.

10 　보험감독회계 도입방안(2021. 12.). 48쪽.

11 　이러한 판단의 근거로 BC279는 "보험금 지급과 관련된 기대현금흐름은 잔여보장부채와 위험조정으로 구성된 이행현금흐름에 이미 반영되어 있으므로 이행의무 충족 여부를 결정함에 있어 목적적합하지 않다"고 설명하고 있다.

12 　"계약자는 보험회사가 유효한 보험금 청구에 응하는 것을 기다리는 것으로부터 효익을 얻는 것이며, 보험사건 발생으로 인한 보험금의 청구로 효익을 얻는 것이 아님."

다. 세 번째 의견서

보험계약마진 상각 시 두 번째 의견서에서 고려되지 않은 투자요소를 반영하기 위한 방법론을 제시한다. 이를 위해 우선 투자요소의 개념을 보험사건 미발생 시 계약자에게 지급되는 금액에서 보험사건 발생과 무관하게(regardless) 계약자에게 상환되는 금액으로 재정의한다.[13] 또한 이러한 투자요소가 보험요소와 밀접한 상호 연관이 없는(즉 분리가능한) 경우 별도의 금융상품으로 보아 IFRS 9(금융상품)을 적용한다. 그러나 투자요소가 보험요소와 밀접한 상호 연관이 있는(즉 분리불가능한) 경우에는 보험계약으로 보아 IFRS 17을 적용한다. 이렇게 함으로써 투자요소에 대한 기준서 적용범위를 보다 명확히 한다. 그리고 보험계약서비스 중 분리불가능한 투자요소가 있는 경우 보험계약마진 상각 시 보험요소와 투자요소를 함께 고려하되, 투자요소는 지급액이 결정되는 각 시점에서의 현재가치로 평가하는 것이 타당하다는 의견을 제시한다.

이 세 가지 의견서를 종합하면 보험계약마진 상각을 위한 급부량을 결정함에 있어 보험요소와 분리불가능한 투자요소를 함께 고려하되, 보험요소는 보험회사의 기대비용 관점(예: 보험사건 발생확률을 반영한 기대보험금)이 아닌 보험계약자의 기대효익 관점(예: 보험사건 발생을 전제로 한 최대보장급부 또는 기대보험금)에서 평가되어야 하며 투자요소는 보험사건 발생과 무관하게 계약자에게 지급되는 급부의 현재가치로 측정된다.

IFRS 17 보험계약마진 상각(TRG Agenda Staff Paper)

- 보험계약마진 상각을 위한 급부량 결정 시 보험요소와 분리불가한 투자요소를 함께 고려
- 보험요소는 계약자 기대효익 관점에 따라 기대만기 변동은 고려하되, 보험사건의 발생확률을 고려하는 것은 부적절
- 투자요소는 보험사건과 무관하게 계약자에게 지급되는 급부의 현재가치로 평가

---

13 예를 들어 해지불능 생명보험상품에서 지급되는 사망보험금의 경우 기존에는 보험요소라 간주되었다. 그러나 모든 보험계약자가 사망(보험사건 발생) 또는 계약 만기 중 하나의 상황에 처하게 되는 만큼 사망보험금과 해약환급금 중 적은 금액은 반드시 지급될 수밖에 없다. 따라서 세 번째 의견서에 따르면 보험금 중에서도 사망 사건과 무관하게 지급되는 해약환급금 수준의 금액은 투자요소에 해당된다.

7.2.5.2 금융감독원의 보험상품군별 보험계약마진 상각기준 예시

보험계약마진이 보험회사 수익성에 미치는 높은 중요성을 고려하여 금융감독원은 보험회사의 자의적인 회계처리를 방지하고자 보험계약서비스 제공량(혹은 급부량) 측정을 위한 예시를 제공하였다. 이는 국제회계기준위원회의 해석과 일관되게 서비스 제공량 측정 시 보험계약의 보장서비스와 투자서비스를 동시에 고려하되, 보장서비스의 경우 서비스 '빈도'와 '심도'를 반영하도록 하고 있으며 구체적인 내용은 다음과 같다.

가. 생명보험(Life Insurance)

상품 구분		보험계약마진 상각 단위	
		보장서비스	투자서비스
보장성 상품			
투자서비스 無	가입금액	가입금액	–
투자서비스 有	가입금액	가입금액 – 준비금	준비금
연금/저축			
금리확정형	가입금액	가입금액 – 준비금	준비금
금리연동형	보장금액 + 준비금	보장금액	준비금
연금(개시 후)	Max(준비금, 연금액)	연금액	Max(준비금 – 연금액, 0)

1) 상품구조상 보장금액이 기간별로 변동하는 경우 보장금액의 변동 반영
2) 생명보험회사 상품의 가입금액은 보장서비스의 빈도와 심도를 반영한 지표이므로, 별도의 환산과정 없이 사용 가능
3) 투자서비스 존재 여부 판단은 보험회사가 세운 기준에 따라 결정
4) 금리연동형 연금보험(연금개시 전) 보장금액은 보험사고 발생 시 지급하는 준비금 외 추가 지급액을 의미
5) 종신형 연금의 연금개시 후 준비금은 생존 여부와 무관하게 보증 지급되는 연금액에 해당하는 준비금을 의미
6) 주계약+특약 구조의 계약은 주계약과 특약의 상각 단위를 합산

나. 손해보험(Non-Life Insurance)

상품 구분	보험계약마진 상각 단위		
		보장서비스	투자서비스
보장성 상품			
보장적립형	(보장계약) 조정가입금액 + 적립계약준비금	(보장계약) 조정가입금액 − 보장계약준비금	보장계약준비금 + 적립계약준비금
투자서비스 無 (보장적립형 外)	조정가입금액	조정가입금액	–
투자서비스 有 (보장적립형 外)	가입금액	조정가입금액 − 준비금	준비금
연금/저축			
보장적립형	(보장계약) 조정가입금액 + 적립계약준비금	(보장계약) 조정가입금액 − 보장계약준비금	보장계약준비금 + 적립계약준비금
금리확정형 (보장적립형 外)	조정가입금액	조정가입금액 − 준비금	준비금
금리연동형 (보장적립형 外)	보장금액 + 준비금	보장금액	준비금

1) 아래에서 명시되지 않은 사항은 생명보험 예시를 준용
2) 보장성 상품은 연금/저축 외의 상품(상해/운전자/재물/질병/통합보험 등)을 의미
3) 보장적립형은 보장계약과 적립계약을 분리하여 운영하는 상품을 의미
4) 조정가입금액은 제공하는 보장서비스의 빈도와 심도를 반영한 조정비율을 곱한 가입금액을 의미하며, 조정비율은 다음과 같이 계산할 수 있음
 · 조정비율 = 특약별 환산율 ÷ 주계약 환산율
 · 환산율 = [사고(청구)건당 손해액 × 사고(청구) 발생건수] ÷ (건당 가입금액 × 보유건수)
 · 사고건당 손해액 = 해당 특약의 연간 평균손해액
 · 사고 발생건수 = 해당 특약의 연간 총사고발생건수
5) 특약은 별도로 조정가입금액을 산출하여 주계약과 합산함

7.3 사례 분석(기준서 사례 6)

직접참가특성이 없는 보험계약의 보험계약마진은 다음을 대상으로 조정해야 한다.

① 보험회사가 보험계약자에게 지급될 현금흐름에 대한 재량권을 가지고 있을 때, 보험계약의 재량 현금흐름의 변동(금융가정의 변동과는 별도로 그러한 현금흐름 변동의 산정도 포함)

② 이자율이 변하는 경우의 화폐의 시간가치 및 금융위험과 관련된 조정

③ 보험회사가 하나의 집합 안에 듀레이션이 다른 계약들이 있을 것으로 예상하는 경우 해당 기간에 제공되는 서비스에 대하여 당기손익으로 인식하는 금액

다음 사례를 통해 이를 위한 과정을 구체적으로 살펴보자.

7.3.1 가정

① A보험회사는 보장기간이 3년인 양로보험(endowment insurance) 200건을 발행하였는데, 보장기간은 보험계약이 발행된 시점부터 시작되며, 보험계약과 관련한 세부사항은 다음과 같다.

  ⑺ 고정된 사망급부금을 제공

  ⑼ 직접참가특성이 있는 보험계약이 아님

  ⒟ 투자수익서비스를 제공

  ⒠ 보장기간에 걸쳐 보험보장과 투자수익서비스를 균등하게 제공

② A보험회사는 보장기간이 시작되는 시점에 보험료 15원을 일시납으로 받고, 양로보험이므로 보험계약자는 피보험자가 보장기간 중 사망하는 경우와 피보험자가 보장기간 말(만기)까지 생존한다면 보장기간이 종료되는 경우에 적립금을 받음

③ 보험계약자 적립금 계산방법

  연도 말 보험계약자 적립금

  = 기초 보험계약자 적립금 + 기초에 수취한 보험료 - 연간 수수료(기초 계좌잔액과 수입보험료를 합한 금액의 3%) + 적립금 이자(매년 적립금에 적립되는 이자는 보험회사의 재량에 따름) - 피보험자가 사망하거나 보장기간이 종료되는 경우 보험계약자에게 지급되는 잔여 적립금액

④ 보험계약자 적립금에 내부적으로 특정된 자산 집단의 수익률에서 2%p를 차감한 이율로 이자를 적립하는 것이 계약상 확약(commitment)임을 명시

⑤ 최초 인식시점의 가정

㈎ 특정 자산 집단의 연간 수익률: 10%

㈏ 기초자산의 수익에 따라 변하지 않는 명목현금흐름에 적용되는 연간 할인율 (즉 보험계약마진에 적용될 할인율): 4%

㈐ 매년 말 2명의 피보험자가 사망하고 보험금은 즉시 지급

㈑ 위험조정: 30원(보장기간에 걸쳐 균등하게 당기손익으로 인식). A보험회사는 위험 조정의 변동을 보험서비스결과와 보험금융수익(비용)으로 구분하지 않고 전체 변동분을 보험서비스결과의 일부에 포함하는 정책을 선택했다.

⑥ 후속측정 가정

㈎ 특정 자산 집단의 연간 수익률

- 1차 연도 실제 수익률: 10%

- 2차 연도 실제 수익률: 7%

- 3차 연도 기대 수익률(2차 연도 말에 예상 변경): 7%

㈏ 적립금 이자

- 1차 연도: 특정 자산 집단의 수익률 − 2%p

- 2차 연도와 3차 연도: 특정 자산 집단의 수익률 − 1%p

  즉 A보험회사는 보험계약자의 적립금으로 적립할 이자 금액에 대한 재량권을 행사하여 특정 자산 집단의 수익률에서 1%p를 차감한 이율로 보험계약자의 적립금에 이자를 적립하기로 결정[그 결과 2차 연도와 3차 연도에 당초의 2%p 이자소득 스프레드에서 1%p의 이자소득 스프레드를 포기하고 보험계약자의 적립금으로 처음에 예상했던 8%(= 10% − 2%)가 아닌 6%(= 7% − 1%)의 이자를 적립]

7.3.2 분석

7.3.2.1 최초 인식시점

최초 인식시점에 A보험회사의 보험계약자 적립금의 예상 현금흐름은 다음과 같다.

(단위: 원)

	1차 연도	2차 연도	3차 연도
기초 잔액	–	3,112	3,228
수입보험료	3,000	–	–
연간 수수료(3%)	(90)[1]	(93)	(97)
적립이자(8%)	233[2]	242	250
사망보험금(2명 사망)[3]	(31)	(33)	(35)
기말 잔액	3,112	3,228	3,346

(1) 수수료(90원) = 수입보험료(3,000원 = 15원 × 200명) × 3%

(2) 적립이자(233원) = (기초 잔액 0원 + 수입보험료 3,000원 − 연간 수수료 90원) × 8%

(3) • 1차 연도 사망보험금(31원) = (기초 잔액 0원 + 수입보험료 3,000원 − 연간 수수료 90원 + 적립이자 233원) ÷ 200명 × 2명

　　• 2차 연도 사망보험금(33원) = (3,112 − 93 + 242) ÷ 198명 × 2명

　　• 3차 연도 사망보험금(35원) = (3,228 − 97 + 250) ÷ 196명 × 2명

A보험회사는 최초 인식시점에 보험계약 집합을 측정하고 각 후속연도 말에 다음과 같이 이행현금흐름을 추정한다.

(단위: 원)

	최초 인식	1차 연도	2차 연도	3차 연도
미래 현금유입액의 현가 추정치	(3,000)	–	–	–
미래 현금유출액의 현가 추정치	2,596	2,824	3,074	–
미래현금흐름의 현가 추정치(BEL)	(404)	2,824	3,074	–
위험조정(RA)	30	20	10	–
이행현금흐름(BEL+RA)	(374)	2,844	3,084	–
보험계약마진(CSM)	374			
최초 인식 직후 보험계약부채(BEL+RA+CSM)	–			

(1) 미래 현금유출액의 현가 추정치를 계산할 때 할인율은 미래현금흐름의 특성이 반영된 10%의 현행할인율을 사용. 또한 A보험회사는 계약 개시시점에 계약상 확약으로 보험계약자의 적립금에 특정 자산 집단 수익률에서 2%p를 차감한 이율인 8%로 이자를 적립할 것임을 명시.

- 1차 연도 미래 현금유출액의 현가: 2,596원 = $31 \div 1.1 + 33 \div 1.1^2 + (35 + 3,346) \div 1.1^3$

- 2차 연도 미래 현금유출액의 현가: 2,824원 = $33 \div 1.1 + (35 + 3,346) \div 1.1^2$

- 3차 연도 미래 현금유출액의 현가: 3,074원 = $(35 + 3,346) \div 1.1$

7.3.2.2 2차 연도 말 분석

A보험회사는 2차 연도 말에 보험계약자 계좌 잔액 변동을 다음과 같이 금융가정의 변동 결과와 재량권행사의 결과로 분석한다.

(단위: 원)

보험계약자 적립금	최초 인식 시 예상		금융가정 변동에 따른 수정		금융가정 변동과 재량권행사에 따른 수정	
1차 연도 초 잔액		–		–		–
수입보험료		3,000		3,000		3,000
연간 수수료[1]	3%	(90)	3%	(90)	3%	(90)
적립이자[2]	8%	233	8%	233	8%	233
사망보험금[3]	2/200	(31)	2/200	(31)	2/200	(31)
2차 연도로 이월된 잔액		3,112		3,112		3,112
연간 수수료[1]	3%	(93)	3%	(93)	3%	(93)
적립이자[2]	8%	242	5%	151	6%	181
사망보험금[3]	2/198	(33)	2/198	(32)	2/198	(32)
3차 연도로 이월된 잔액		3,228		3,138		3,168
연간 수수료[1]	3%	(97)	3%	(94)	3%	(95)
적립이자[2]	8%	250	5%	152	6%	184
사망보험금[3]	2/196	(35)	2/196	(33)	2/196	(33)
3차 연도 말 잔액(만기 가치)		3,346		3,163		3,224

(1) 연간 수수료는 매년 초에 잔액(기초 수입보험료 포함)에 일정 비율(3%)을 곱하여 계산

(2) 매년 적립되는 이자는 연초 잔액에서 연간 수수료를 차감한 금액에 일정 이자율을 곱하여 계산

(3) 사망보험금은 매년 초 잔액에서 연간 수수료를 차감하고 적립된 이자를 더한 금액에 사망자수 비율을 곱하여 계산

7.3.2.3 2차 연도와 3차 연도의 미래현금흐름 추정치

(단위: 원)

	최초 인식 시 예상	금융가정 변동에 따른 수정	금융가정 변동과 재량권행사에 따른 수정
2차 연도 사망보험금 지급	33	32	32
3차 연도 사망보험금 지급	35	33	33
3차 연도 지급된 만기 가치	3,346	3,163	3,224
2차 연도 초 미래현금흐름 추정치	3,414	3,228	3,289

A보험회사는 금융위험과 관련된 가정의 변동 효과와 이행현금흐름의 재량적 변동 효과를 다음과 같이 구분한다.

2차 연도 미래현금흐름 추정치 변동	(단위: 원)	
	미래현금흐름 추정치	미래현금흐름의 현가 추정치
2차 연도 초(현행할인율 10% 가정)	3,414[1]	2,824[2]
금융가정 변동 효과(10% → 7%)	(186)[3]	195[4]
금융가정 변동에 대한 수정(현행할인율 7% 가정)	3,228[1]	3,019[2]
재량권행사 효과(2%p → 1%p)	61[5]	57
금융가정 변동과 재량권행사로 인한 수정 (현행할인율 7% 가정)	3,289[1]	3,076[2]
현금흐름 지급	(32)[1]	(32)
2차 연도 말	3,257	3,044

(1) 2차 연도 초 미래현금흐름 추정치

(2) 미래현금흐름의 특성을 반영하는 현행할인율을 사용하여 미래 현금유출액의 현가 추정치를 계산하고, 2차 연도 말에 지급되는 사망급부금을 제외한 모든 현금흐름은 3차 연도 말에 지급

- $2{,}824 = 33 \div 1.1 + (35 + 3{,}346) \div 1.1^2$
- $3{,}019 = 32 + (33 + 3{,}163) \div 1.07$
- $3{,}076 = 32 + (33 + 3{,}224) \div 1.07$

(3) 금융가정의 변동에 따른 효과(186원)

= 금융가정 변동에 따라 수정된 미래현금흐름 추정치(3,228원) – 금융가정 변동 전 미래현금흐름 추정치(3,414원)

(4) 2차 연도의 이자 적립 효과와 금융가정 변동 효과

- 미래현금흐름의 현가 추정치의 변동(195원)

= 금융가정의 변동에 따라 수정된 2차 연도 말의 미래현금흐름의 현가 추정치(3,019원) – 금융가정 변동 전에 2차 연도 초의 미래현금흐름의 현가 추정치(2,824원)

(5) 재량권행사 효과(61원)

= 재량권행사에 따라 수정된 미래현금흐름 추정치(3,289원) – 재량권행사 이전의 미래현금흐름 추정치(3,228원)

7.3.2.4 2차 연도 보험계약부채의 차이조정

기준서(IE71)는 보험회사가 2차 연도 보험계약부채의 차이조정을 위해 다음과 같은 형식을 사용할 수 있다고 예시한다.

	미래현금흐름의 현가 추정치	비금융위험에 대한 위험조정	보험계약마진	보험계약부채
기초잔액	2,824	20	258	3,102
보험금융비용	197[(1)]	–	10[(2)]	207
미래 서비스와 관련된 변동: 재량권행사	55[(3)]	–	(55)[(3)]	–
당기 서비스와 관련된 변동	–	(10)	(107)[(4)]	(117)
현금유출	(32)	–	–	(32)
기말잔액	3,044	10	106	3,160

(1) A보험회사는 화폐의 시간가치 및 금융위험의 효과와 그로 인한 변동과 관련된 이행현금흐름의 변동은 미래 서비스와 관련되지 않으므로 보험계약마진에서 조정하지 않고 당기 보험금융비용으로 인식

- 보험금융비용(197원)

    = 이자부리 효과 및 금융가정 변동 효과(195원) + 금융위험 관련 가정 변동이 재량현금흐름 변동에 미치는 효과(2원)*

    * 2원 = 현행할인율을 적용한 재량적 현금흐름 변동 효과의 현가 57원 – 보험계약집합의 최초 인식 시 결정된 할인율을 적용한 재량적 변동(61원)의 현가 55원

(2) 보험계약마진의 장부금액에 부리된 이자(10원)

    = 기초잔액(258원) × 보험계약집합의 최초 인식시점에 결정한 할인율 4%(해당 할인율은 기초항목의 수익률에 따라 변동하지 않는 명목현금흐름에 적용)

(3) 재량적 현금흐름의 변동을 미래 서비스와 관련된 것으로 간주하고 그에 따라 보험계약마진을 조정한다. 보험계약마진의 조정은 보험계약집합의 최초 인식시점에 결정된 현금흐름의 특성을 반영한 할인율 10%로 미래현금흐름 변동 61원을 할인하여 산출

- 보험계약마진에서 조정하는 재량적 현금흐름 금액(55원)

    = 미래현금흐름 변동(61원) ÷ (1 + 최초 인식시점에 결정된 할인율 10%)

(4) A보험회사는 기말에 (당기손익으로 인식하기 전) 보험계약마진을 당기에 제공된 각 보장단위와 미래 제공될 것으로 예상되는 각 보장단위에 동일하게 배분하여 다음과 같이 당기손익으로 인식

㈎ 당기손익에 배분하기 직전 보험계약마진 금액(213원)

= 기초잔액(258원) + 이자(10원) − 미래 서비스와 관련된 변동(55원)

㈏ 이 사례에서 각 계약에서 제공하는 급부가 양적으로 동일하기 때문에 이를 1로 치환하면 보장단위의 수는 보장이 제공될 것으로 기대되는 각 기간의 계약 수량의 합계이다. 따라서 394개(2차 연도 198개 및 3차 연도 196개 계약)의 보장단위가 해당 연도와 3차 연도에 제공된다.

㈐ 보장단위당 보험계약마진(0.54원) = 213원 ÷ 394 보장단위

㈑ 2차 연도에 당기손익으로 인식되는 보험계약마진(107원)

= 보장단위당 보험계약마진(0.54원) × 2차 연도에 제공된 보장단위(198개)

= 213원 × {198 ÷ (198 + 196)}

가. 보험계약마진의 개념

□ 보험계약집합에 대한 자산 또는 부채 장부금액의 구성요소로서 집합 내 보험계약에 따라 보험계약서비스를 제공하면서 인식하게 될 장래 미실현이익

- 보험계약마진은 보험계약과 관련된 미래현금흐름을 현가로 측정함과 동시에 계약에 따라 서비스가 제공되는 기간에 걸쳐 이익을 인식하고 보험금융수익(비용)과 별도로 보험서비스 결과를 표시하기 위한 핵심개념

나. 보험계약마진의 후속 변동요소(아래 순서대로 적용)

□ 신규계약 발행효과 (+)

□ 보험계약마진의 부리이자 (+)

□ 미래 서비스 관련 이행현금흐름 변동 (+, −)

□ 보험계약마진의 외환차이 (+, −)

□ 서비스의 이전에 따라 보험수익으로 인식된 금액 (−)

다. 보험계약마진의 손익인식 절차

□ 보험계약마진의 금액 중 당기에 제공된 보장단위에 배분된 금액(보험계약마진의 상각분)을 보험수익으로 인식

1. 다음의 직접참가특성이 없는 3년만기 보험계약에서 특정 자산 집단의 수익률이 10%이고 기초자산의 수익률에 따라 변하지 않는 명목현금흐름에 적용되는 연간 할인율이 3%로 정해졌다. 유출현금흐름이 다음과 같을 때 2차 연도 초 예상 미래현금흐름 현가는 다음 중 무엇인가?

구분	최초 인식 시 예상 금액
2차 연도 사망보험금 지급	10
3차 연도 사망보험금 지급	10
3차 연도 지급된 만기 가치	100

① $10 + 10 + 100$

② $10 \div 1.1 + 10 \div 1.1^2 + 100 \div 1.1^2$

③ $10 \div 1.03 + 10 \div 1.03^2 + 100 \div 1.03^2$

④ $10 \div 1.1 + 10 \div 1.03^2 + 100 \div 1.03^2$

2. 보험기간이 3년인 직접참가특성이 없는 보험계약에서 보험보장(사망위험)과 투자서비스가 이 3년 동안 균등하게 제공된다고 한다. 처음 200명이 모두 같은 보험가입금액으로 가입했고 매년 2명씩 사망한다. 따라서 2차 연도 초 해당 피보험자 수가 198명이고, 남은 보험 계약 기간은 2년이다. 다음 조건하에서 2차 연도 보험계약부채의 차이조정을 분석한다면 당기서비스와 관련된 변동은 어느 것인가?

2차 연도 보험계약마진 관련 변동내역

기초잔액	보험금융(수익)비용	미래 서비스 관련 변동(재량권행사)	현금유출
258	10	(55)	–

① $(258 + 10 - 55) \div 2$

② $(258 + 10 - 55) \div (198/400)$

③ $(258 + 10 - 55) \div (196/394)$

④ $(258 + 10 - 55) \div (198/394)$

3. 직접참가특성이 없는 보험계약의 경우, 보고기간 말 계약집합의 보험계약마진 장부금액 조정항목이 아닌 것은?

① 보험계약집합에 추가되는 새로운 계약의 효과

② 보고기간 말 보험계약마진의 장부금액에 부리되는 이자

③ 보험계약마진의 장부금액을 초과하여 손실을 발생시키는 이행현금흐름의 증가분

④ 해당 기간에 보험계약서비스를 이전함에 따라 보험수익으로 인식되는 금액

4. 다음 중 국제회계기준위원회가 정한 보험계약마진 배분원칙과 가장 거리가 먼 것은?

① 보험계약마진은 기대현금흐름의 패턴은 고려하지 않고 보장단위에 기초하여 배분된다.

② 보험계약마진을 미래 서비스와 관련한 이행현금흐름의 변동을 조정하기 전에 배분한다.

③ 기초항목의 수익에 기초하여 수수료가 산정되는 보험계약의 경우에도 보장단위에 기초하여 보험계약마진을 배분한다.

④ 회계기간에 인식할 수 있는 보험계약마진 금액에 제약이 없다.

※ 다음 중 맞는 것에 ○표, 틀린 것에 ×표 하시오.

5. 보험계약마진은 보험계약집합에 대한 자산 또는 부채의 구성요소로서, 미래에 보험계약서비스를 제공함에 따라 인식하게 될 미실현이익이다. (   )

6. 후속측정 시 이행현금흐름의 미래 서비스와 관련된 불리한 변동액이 보험계약마진의 장부금액을 초과하면 그 보험계약집합은 손실부담계약이 된다. (   )

7. 집합 내 보장단위의 수는 집합 내의 계약에서 제공되는 보험계약서비스의 수량이며, 각 계약별로 보장기간과 상관없이 산정된다. (   )

8. 보험회사는 보고기간 말 현재 남아 있는 잔여 보험계약집합에 대한 보험계약마진을, 계약집합에 의해 제공되는 급부량과 기대되는 듀레이션을 반영하는 보장단위에 기초하여 당기에 제공된 보장과 미래에 예상되는 잔여 보장에 동등하게(equally) 배분한다. ( )

9. 보험계약마진을 해당 기간에 제공한 서비스를 반영하여 그 기간에 당기손익으로 인식할 때, 보험계약서비스 중 투자서비스(투자수익서비스, 투자관련서비스)의 기간은 해당 서비스와 관련하여 현행 보험계약자에게 지급할 모든 금액이 지급되는 시점 또는 그 이전에 종료된다. ( )

10. 재량 현금흐름의 변동은 과거 서비스와 관련된 것이므로 보험계약마진을 조정하지 않는다. ( )

8장

후속측정과 표시

8.1 후속측정

보험계약은 최초로 인식된 시점부터 보고기간 말까지의 기간 동안 내재된 변동성으로 인해 그 가치가 변동한다. 따라서 보험회사는 매 보고기간 말 해당 보험계약을 후속측정(subsequent measurement)하여 장부금액의 변동항목을 각각 수익과 비용, 그리고 보험계약마진 조정 등으로 인식해야 한다.

8.1.1 후속측정의 개요

보험계약부채의 총장부금액은 이행현금흐름과 보험계약마진의 합이다. 보험회사가 보고기간 말에 재무제표에 계상(計上)하는 보험부채 장부금액은 크게 미래의 몫인 잔여보장부채(LRC)와 과거의 몫인 발생사고부채(LIC)로 구분된다. 최초 인식시점에 보험부채가 이행현금흐름과 보험계약마진으로 측정되었듯이, 보고기간 말 시점에도 보험부채는 이행현금흐름과 보험계약마진으로 측정된다.

먼저 이행현금흐름은 보험회사의 서비스 이전(transferred) 시점에 따라 집합에 배분된 미래 서비스와 관련된 이행현금흐름과 과거 서비스와 관련된 이행현금흐름으로 구분된다. 이 중 아직 보험사고가 발생하지 않아 미래의 몫으로 남게 되는 이행현금흐름은 잔여보장부채로, 이미 과거에 보험사고가 발생되었거나 아직 지급되지 않은 보험금

그림 8-1 보험계약부채의 구성[1]

잔여보장부채		발생사고부채*	
이행현금흐름	확률가중 기대현금흐름	이행현금흐름	확률가중 기대현금흐름
	할인		할인
	위험조정		위험조정
	보험계약마진	* 최초 인식시점에는 영(0)	

---

1 기업회계기준서 제1117호 '보험계약' 제정 공개초안. 한국회계기준원 조사연구실. 2017. 14쪽.

및 비용에 대해 보험계약에 따라 생성되는 서비스와 관련된 몫의 이행현금흐름은 발생사고부채로 각각 분류된다.

장래 미실현이익인 보험계약마진은 제7장에서 학습한 바와 같이 기초 장부가액에서 '신계약 인식 → 이자부리 → 조정 → 상각'의 변동과정을 순차적으로 거친 후 기말 시점 미래의 몫으로서 잔여보장부채를 구성하게 된다. 한편 발생한 보험사고에 대해 인식되는 발생사고부채는 보험계약의 최초 인식시점에는 보험사고가 발생되지 않은 상태이므로 당연히 인식되지 않으며, 그에 따라 관련 보험계약마진도 인식되지 않는다.

결국 잔여보장부채는 보고기간 말 시점의 '계약에 따라 미래 기간에 제공할 보험서비스와 관련된 이행현금흐름(= 최선추정부채 + 위험조정)'과 보험서비스 제공으로 인해 기대되는 '잔여 보험계약마진'으로 구성된다. 반면 발생사고부채는 보고기간 말 시점에서 집합에 배분된 '이미 발생하였으나 아직 지급되지 않은 보험금 및 비용 등 과거 서비스와 관련된 이행현금흐름(= 최선추정부채 + 위험조정)'으로만 구성된다.[2]

한편 '직접참가특성이 있는 보험계약'은 변동수수료접근법으로 측정되므로 최초 보험계약의 인식 및 측정과 마찬가지로 후속측정의 경우에도 '직접참가특성이 없는 보험계약'과 회계처리가 상이하다. 보험계약집합에 추가되는 새로운 계약의 효과와 기초항목의 공정가치에 대한 보험회사의 몫 등을 별도로 식별하지 않고 보험계약마진에서 조정하는 등 일반모형과 접근법이 다르다. 이와 관련한 내용은 제12장에서 학습한다.

> ❗ 매 보고기간 말 잔여보장부채는 미래 서비스와 관련된 이행현금흐름과 잔여 보험계약마진으로 구성되고, 발생사고부채는 과거 서비스와 관련된 이행현금흐름으로 구성

8.1.2 후속측정의 손익인식 방법

기준서(41, 42)는 후속측정 시 변동항목별 손익인식 방법을 다음과 같이 정하고 있다.

---

2 발생사고부채에 보험계약마진이 존재하지 않는 것은 이미 발생한 보험사고에 대해 이미 보험계약서비스가 제공된 만큼 보험계약마진 상각을 통해 관련 이익이 실현되었기 때문으로 이해할 수도 있다.

표 8-1 후속측정 손익인식 방법

구분	변동항목	손익인식 방법
잔여 보장 부채	해당 기간의 서비스 제공에 따른 잔여보장부채의 감소분	보험수익
	손실부담계약집합의 손실과 손실의 환입	보험서비스비용
	화폐의 시간가치 효과와 금융위험 효과	보험금융수익(비용)[3]
발생 사고 부채	해당 기간에 발생한 보험금과 비용으로 인한 부채의 증가분 (투자요소는 제외)	보험서비스비용
	발생한 보험금 및 비용과 관련된 이행현금흐름의 후속 변동분	보험서비스비용
	화폐의 시간가치 효과와 금융위험 효과	보험금융수익(비용)

여기서 해당 기간의 서비스 제공에 따른 잔여보장부채의 감소분만 보험수익으로 인식되고 있음을 알 수 있다. 즉 발생사고부채의 변동은 보험수익과 무관하고 보험서비스비용 또는 투자손익으로 인식한다.

⚠️ 매 보고기간 말 이행현금흐름과 보험계약마진의 장부금액을 후속측정하며, 기초에서 기말 사이의 장부금액 변동분을 보험수익, 보험비용, 보험금융손익 등으로 인식

8.2 재무제표 표시와 공시

8.2.1 재무상태표 주요 계정과목

발생주의 관점에서 재무제표 중 가장 기본이 되는 것은 보고 주체의 재무상태와 재무성과를 나타내는 재무상태표와 재무성과표라 할 수 있다. IFRS 17은 IFRS 4와 비교하여 재무성과표 측면에서 상당한 변화가 있다. 반면 재무상태표는 재무성과표의 변화 수준에 비해 상대적으로 변화가 적다고 할 수 있지만, 책임준비금에 대한 평가 및 구성

---

3 단, 직접참가특성이 있는 보험계약집합의 경우, 보험계약마진에서 조정되어야 하는 변동은 제외한다. [87]

항목 변경으로 다음과 같은 세부적인 변화가 나타난다.

가. 미상각신계약비 계정 삭제

보험계약 모집을 위해 보험설계사에게 지급하는 수당을 신계약비라고 하는데, 동 지출액이 IFRS 4에서 '미상각신계약비'라는 자산항목으로 인식되었다. 그리고 이러한 미상각신계약비는 관련 법규에 의해 7년 동안(보험료 납입기간 또는 신계약비 부가기간이 7년보다 짧으면 그 기간 동안) 안분 상각해서 비용화하는 것이 의무화되어 있었다.[4]

　　반면 IFRS 17에서는 보험취득과 관련된 현금흐름 유입(부가보험료 중 예정신계약비)·유출(이행 신계약비 등)이 모두 예상 현금흐름 항목에 포함되어 최선추정부채에 반영된다. 이에 따라 미상각신계약비 계정은 삭제되었다. 다만, 보험취득 현금흐름에 대한 보험손익을 해당 유출시점(주로 보험계약 초기)이 아닌 보험기간에 걸쳐 나누어 인식하기 위해 이연·상각 대상 보험취득현금흐름 잔액을 비망 계정으로 관리하여야 한다. 이 비망 계정이 IFRS 4의 미상각신계약비 계정과 일정 부분 유사하다고 볼 수 있다.

나. 보험미수금 및 보험미지급금 계정 삭제

IFRS 4에서는 보험료 납입기일이 도래했음에도 보험료가 납입되지 않는 경우에는 보험미수금 계정(자산)으로, 보험금 지급의무가 발생했음에도 기일 내 지급이 이루어지지 않은 경우에는 보험미지급금 계정(부채)으로 각각 인식되었다. 그러나 IFRS 17에서는 신계약비와 마찬가지로 보험료 및 보험금과 관련한 현금흐름도 보험서비스 제공에 직접적으로 관련된 미래현금흐름을 구성하는 하나의 항목으로서 최선추정부채에 반영됨에 따라 보험미수금 및 보험미지급금 계정과목도 사라졌다.

다. 책임준비금 구성항목 변경

IFRS 4에서 책임준비금은 보험료적립금, 지급준비금 등의 항목으로 구성되어 있었으나,

4　기존 보험업감독규정 제6-3조 제3항은 "신계약비 상각은 보험료 납입기간 또는 신계약비 부가기간이 7년을 초과하는 경우에는 상각기간을 7년으로 하며 해약일에 미상각 잔액이 있는 경우에는 해약일이 속하는 회계연도에 전액 상각"하도록 규정하고 있다.

IFRS 17에서는 최선추정부채, 위험조정, 보험계약마진의 세 요소로 구성된다.

라. 보험계약부채 순금융손익 계정 신설

보험회사가 화폐의 시간가치, 금융위험 변동 효과 등으로 발생한 보험금융손익 중 일부를 기타포괄손익으로 인식하는 회계정책을 선택한 경우, 해당 기타포괄손익 금액은 자본항목 중 '보험계약부채 순금융손익'이라는 기타포괄손익누계액 항목에 반영된다.

마. 원수 · 출재 및 자산 · 부채 분리 표시

재무상태표상 출재보험계약을 원수보험계약과 별도로 분리 표시하고 포트폴리오 수준에서 자산과 부채를 분리 표시한다.[5] 이에 따라 발행계약인 원수보험과 수재보험은 통합하여 표시하며, 포트폴리오 수준에서 부채 구성요소의 합이 양수(유출 > 유입)이면 보험계약부채 계정으로, 음수(유출 < 유입)이면 보험계약자산 계정으로 표시한다. 그리고 출재보험은 포트폴리오 수준에서 자산 구성요소 합이 양수(유입 > 유출)이면 재보험계약자산 계정으로, 음수(유입 < 유출)이면 재보험계약부채 계정으로 표시한다.

다음의 표는 '보험업감독규정 시행세칙 [별표 4] 계정과목별 회계처리기준(제4-1조관련)'의 재무상태표에서 책임준비금 부분의 일부 계정과목을 살펴본 것이다. 즉 기존 보험료적립금, 미경과보험료적립금, 지급준비금 등은 삭제되었고, 보험계약부채는 잔여보장요소와 발생사고요소로 표시된다.

---

5 자산인 발행 보험계약 포트폴리오의 장부금액과 부채인 발행 보험계약 포트폴리오의 장부금액을 재무상태표에 별도로 표시하는데, 이는 출재보험계약의 포트폴리오에도 적용된다. [BC330A]

재무상태표의 주요 부채 계정과목

I. 책임준비금			
	1. 보험계약부채		
		가. 잔여보장요소	
			(1) 최선추정
			(2) 위험조정
			(3) 보험계약마진
			(4) 보험료배분 접근법 적용
		나. 발생사고요소	
			(1) 최선추정
			(2) 위험조정
	2. 재보험계약부채		
	3. 투자계약부채		
II. 기타부채			
III. 특별계정부채			

⚠ 재무상태표의 책임준비금 하위계정은 최선추정, 위험조정, 보험계약마진 등으로 구성되며, 보험계약자산, 재보험계약자산 등 보험계약 평가금액을 표시하기 위한 계정과목 신설

8.2.2 재무성과표(손익계산서) 주요 계정과목

IFRS 4의 재무성과표는 보험료를 받으면 수익으로 계상하고 수취한 보험료에 상응하는 책임준비금 변동분을 비용으로 대응시키는 현금주의 성향의 손익인식 체계에 기반하고 있었다.

반면 IFRS 17의 재무성과표는 영업이익을 보험이익과 투자이익으로 구분할 뿐만 아니라 보험서비스 제공량에 따라 수익을 인식하는 발생주의를 기본으로 한다. 보험회사가 보험계약서비스를 제공하고 그에 대한 대가를 받는 것을 예상하는데, 이 금액만큼을 보험수익으로 인식한다. 그리고 해당 보험서비스 제공과 관련하여 실제 발생한 보험금(투자요소 상환분 제외)과 사업비 등을 보험비용으로 인식하게 된다.

여기서 보험수익은 앞서 설명한 바와 같이 "해당 기간의 보험계약서비스 제공에 따

른 잔여보장부채의 감소분"이다. *[41(l)]* 즉, 보험서비스가 제공됨에 따라 당기 예상보험금과 예상직접사업비만큼 최선추정부채가 감소하면서 수익으로 전환되는 부분, 시간경과와 함께 미래 예상현금흐름에 대한 불확실성이 해소됨에 따라 위험조정이 감소하며 수익으로 전환되는 부분, 보험서비스 제공에 따라 보험계약마진이 상각되며 수익으로 전환되는 부분 등 크게 세 가지 요소로 구성된다.

보험비용은 당기 발생한 보험사건과 관련하여 실제 지급되었거나 지급될 보험금(실제보험금)과 이행사업비에 기타사업비를 합산한 금액으로 결정된다. 보험계약 취득을 위한 신계약비 역시 발생주의에 따라 해당 보험계약이 존속하는 전체 보험기간에 걸쳐 체계적으로 비용으로 인식된다. 이 과정에서 전기에 예상했던 당기 보험금 및 사업비와 당기에 실제 발생한 보험금 및 사업비 간의 차이가 '경험조정'으로 자연스럽게 보험손익에 반영된다.

다음으로 보험계약자로부터 수취한 자금을 운용하여 발생한 자산운용수익은 투자수익으로, 보험부채와 관련한 이자비용 및 투자활동과 관련된 관리비(재산관리비) 등은 투자비용으로 보험손익과 구분되어 인식된다.

이처럼 IFRS 17은 보험기간 동안 제공된 보험서비스의 종류와 급부량에 따라 수익을 인식하는 발생주의를 따르고 있어 보험회사의 재무성과를 적절하게 나타낸다고 할 수 있다. 특히 IFRS 17의 보험수익은 최선추정부채 감소분, 위험조정 변동분, 보험계약마진 상각분, 보험취득 현금흐름 상각분 등 발생원천에 따라 세부적으로 제시되어 외부 정보이용자 관점에서 정보유용성이 높다.

보험수익과 보험비용을 항목별로 살펴보면 다음과 같다.

---

6 여기서 실제보험금은 위험보장서비스와 무관한 만기보험금과 해약환급금을 제외하며, 이행사업비는 보험 포트폴리오에 귀속되어 보험계약의 이행과 직접적으로 관련이 없는 기타사업비를 제외한 금액을 의미한다.

7 보험계약 이행과 관련성이 높은 직접사업비는 예상직접사업비로 잔여보장부채에 반영된 후 보험기간에 걸쳐 수익으로 전환되고, 수익 전환시점에 실제직접사업비와의 비교를 통해 경험조정을 발생시키는 반면 보험계약 이행과 관련성이 낮은 간접사업비는 잔여보장부채를 구성하지 않으며 발생시점에 모두 당기비용으로 인식된다.

8.2.2.1 보험수익 구성항목

가. 당기 서비스 제공과 관련된 예상현금흐름

전기 말 결산 시 당기에 발생할 것으로 예상한 보험금, 예상손해조사비, 예상유지비, 예상투자관리비 등은 해당 금액만큼 서비스가 제공된 것으로 보아 당기 보험수익을 구성한다.

나. 위험조정 변동

책임준비금 구성항목 중 하나인 위험조정은 미래현금흐름과 관련한 불확실성에 대한 보상(혹은 대가) 개념에 해당한다. 보험기간이 경과함에 따라 불확실성이 자연스럽게 감소하게 되므로 부채로 인식했던 위험조정 측정액 역시 감소하게 된다. 따라서 이러한 불확실성 해소에 따라 감소한 위험조정액도 보험수익으로 인식된다.

다. 보험계약마진 상각

제7장에서 학습한 바와 같이 보험기간 경과(혹은 보험서비스 제공)에 따라 보험계약마진으로 집계되어 있던 장래 미실현이익이 실현되므로 보험계약마진 상각액도 보험수익을 구성한다.

라. 보험취득 현금흐름 상각

보험취득 현금흐름은 계약체결에 소요되는 비용요소로 해당 비용의 당기 배분액이 보험수익으로 계상된다.

8.2.2.2 보험비용 구성항목

가. (실제)발생보험금

보험회사의 가장 대표적인 보험서비스비용 항목으로 당기에 실제 발생한 보험금이다. 단, 투자요소를 제외한 금액을 의미한다.

나. 발생한 기타 보험서비스비용

손해조사비, 계약유지비, 투자관리비 등 보험서비스 제공을 위해 실제 발생한 이행사업비도 보험서비스비용을 구성한다.

다. 보험취득 현금흐름 상각

보험수익으로 인식된 보험취득 현금흐름 상각액과 동일한 금액이 보험서비스비용으로 동시에 인식된다. 보험취득 현금흐름의 경우 판매, 인수심사 및 개시 관련 비용으로서, 서비스 제공과 직접적으로 관련된 현금흐름이므로 서비스 제공 수준을 측정하는 대용치로서 수익으로 인식됨과 동시에, 현금유출을 발생시키는 요소로서 비용으로도 인식된다. 다만, 다른 사업비들과는 달리 보험취득 현금흐름의 경우 현금 유입·유출로 인해 관련 부채가 감소하는 시점과 (발생주의 관점에서) 보험수익과 보험서비스비용이 인식되는 시점 간 차이가 존재한다.

라. 과거 서비스와 관련된 변동분

발생사고부채와 관련된 이행현금흐름의 후속 변동분을 보험서비스비용으로 인식한다.

마. 손실계약과 관련된 변동분

손실계약집합의 손실 및 그러한 손실의 환입을 보험서비스비용(및 환입)으로 인식한다. 손실계약에 관해서는 제11장에서 자세히 다룰 것이다.

바. 기타사업비

보험회사가 보험계약 의무를 이행하는 것과 직접 관련되지 않은 사업비이다. 이러한 기타사업비는 보험부채에 반영되지 않고 발생시점에 바로 당기비용으로 인식된다.[8] 이는 보험손익을 구성하는 항목이지만 보험서비스비용을 구성하는 항목은 아니다.

---

8 이처럼 경제적 자원(예: 현금)의 유출이 미래의 경제적 효익 창출에 기여할 것이 불확실하거나(즉 자산 정의 미충족) 창출된 경제적 효익과 높은 인과관계를 보이지 않는 경우 이를 모두 당기비용으로 처리하는 것을 무조건부 보수주의(unconditional conservatism)라고 한다.

8.2.3 감독회계의 계정과목[9]

우리나라 감독회계도 IFRS 9 및 IFRS 17 시행에 따라 자산, 부채, 손익 관련 계정과목 보고 체계를 전면 개편했다. 주요 내용을 살펴보면 다음과 같다.

먼저, 자산 부문에서는 IFRS 9 시행에 따라 유가증권이 당기손익-공정가치측정금 융자산, 기타포괄손익-공정가치측정금융자산, 상각후원가측정금융자산 등 세 범주로 구분된다. 또한 미상각신계약비, 보험미수금, 구상채권 등 현금주의 기반의 계정과목이 삭제되는 반면, 보험계약자산, 재보험계약자산 등 보험계약 평가금액을 IFRS 17에 따라 표시하기 위한 계정과목이 신설되었다.

다음으로, 부채 부문에서는 IFRS 17 체계에 맞게 책임준비금(보험부채 해당) 하위계 정을 최선추정, 위험조정, 보험계약마진 등으로 전면 개편했다.

끝으로, 손익 부문에서는 현금주의 계정과목을 삭제하는 한편, 예상보험금, 예상사 업비(손해조사비, 계약유지비, 투자관리비), 위험조정 변동, 보험계약마진 상각 등 원천별 주요 수익정보를 표시하기 위한 계정과목을 신설했다. 그 외에 투자손익(보험계약자산·부채의 시간가치, 금융위험 변동 인식) 관련 보험금융수익·비용 계정도 이자, 환율변동, 할인율변동 등 발생요소별 파악이 가능하도록 세분화되어 표시된다.

이상의 주요 변화를 재무제표 양식으로 제시하면 아래와 같다.

재무성과표의 주요 보험계약부채 변동액 관련 계정과목

I. 보험손익	
	1. 보험수익
	가. 예상보험금
	나. 예상손해조사비
	다. 예상계약유지비
	라. 예상투자관리비
	마. 위험조정변동
	바. 보험계약마진상각
	사. 보험료배분접근법적용수익
	아. 보험취득현금흐름상각
	자. 손실요소 배분액

9　보험감독회계 도입방안(2021. 12.). 29쪽.

(1) 최선추정부채수익인식 배분

(2) 위험조정수익인식 배분

차. 기타보험수익

2. 보험서비스비용

가. 발생보험금

(1) 발생사고요소최선추정인식액

(2) 발생사고요소위험조정인식액

나. 발생손해조사비

다. 발생계약유지비

…

차. 기타보험서비스비용

3. 재보험수익

…

5. 기타사업비용

II. 투자손익

1. 투자수익

가. 보험금융수익

나. 이자수익

…

저. 기타투자수익

2. 투자비용

가. 보험금융비용

(1) 보험계약보험금융비용

① 보험금융이자비용

② 환율변동비용

③ 할인율변동비용

④ 기타

(2) 재보험계약보험금융비용

나. 이자비용

…

저. 기타투자비용

III. 영업이익(또는 영업손실)

IV. 영업외손익

V. 법인세비용차감전순이익(또는법인세비용차감전순손실)

VI. 법인세비용

VII. 당기순이익(또는 당기순손실)

❗ 감독회계에서는 현금주의 계정과목을 삭제하고, IFRS 17에 따른 발생주의 손익인식이 가능하도록 보험손익과 관련한 주요 수익원천별 계정과목을 신설하고, 투자손익(보험계약자산·부채의 시간가치, 금융위험 변동 인식) 관련 보험금융수익·비용 계정을 마련

8.2.4 재무상태표와 재무성과표의 관계

재무상태표에 표시된 잔여보장부채 및 발생사고부채 장부금액의 변동분은 보험손익에 해당하는 보험서비스결과와 투자손익에 해당하는 보험금융수익(비용)으로 나누어 재무성과표(손익계산서)에 표시된다.[10] 여기서 보험서비스결과(보험손익)는 다시 보험수익과 보험서비스비용으로 구분된다.

가상의 자료를 가지고 재무상태표와 재무성과표의 보험계약부채 중심 계정과목을 간단히 예시해 보면 다음과 같다.

재무상태표 표시(예시)

20X2.12.31. 현재 (단위: 원)

자산		부채 및 자본	
계정과목	금액	계정과목	금액
현금성자산	550	보험계약부채	283
		가. 잔여보장요소	283
		– 최선추정	133
		– 위험조정	30
		– 보험계약마진	120
		이익잉여금	267
		5. 처분전이익잉여금	267
자산 총계	550	부채 및 자본 총계	550

---

10 그러나 위험조정의 변동분은 보험서비스결과와 보험금융수익(비용)으로 세분할 필요 없이, 변동분 전부를 보험서비스결과의 일부로 포함할 수 있고, 출재보험계약의 수익이나 비용은 발행한 보험계약의 비용 또는 수익과 별도로 표시한다.

재무성과표 표시(예시)

(단위: 원)

계정과목		금액
Ⅰ. 보험손익		210
1. 보험수익		260
가. 예상보험금	100	
마. 위험조정변동	40	
바. 보험계약마진상각	120	
2. 보험서비스비용		(50)
가. 발생보험금	(50)	
마. 손실부담계약 관련 비용	0	
Ⅱ. 투자손익		3
1. 투자수익		30
가. 보험금융수익	30	
2. 투자비용		(27)
가. 보험금융비용	(27)	
– 보험금융이자비용	(27)	
당기순이익		213

❗ 재무상태표에 표시된 잔여보장부채 및 발생사고부채 장부금액의 변동분 일부는 보험손익인 보험서비스 결과와 투자손익인 보험금융수익(비용)으로 나누어 재무성과표에서 인식

8.2.5 공시

재무정보의 공시는 양적 공시와 질적 공시로 구분된다. 양적 공시는 재무제표 본문에 표시된 재무정보의 세부 내역이나 관련 통계적 데이터를 계량적으로 제시하는 것이라면, 질적 공시는 회사의 회계정책이나 그러한 회계정책을 선택한 근거, 그리고 계량적으로 표시할 수 없는 다양한 정보를 비계량적으로 제시하는 것을 의미한다.

8.2.5.1 양적 공시 강화

IFRS 17에 따른 재무정보를 생산하기 위해서는 고도의 추정과 판단이 요구된다. 따라

서 IFRS 17은 IFRS 4에 비해 양적 공시를 대폭 강화하였다. IFRS 4에서는 보험계약자 산과 부채의 구성내역별 기말 잔액과 기중 변동내역을 순 증감액 한 줄로 표시하는 것도 허용되는 수준이었다. 또한 보험계약 관련 위험에 대한 공시도 대부분 질적으로 공시하도록 규정되어 있어 양적 공시가 상당히 제한적이었다.

이에 반해 IFRS 17에서는 보험부채의 변동내역을 요인별로 구분해서 상세하게 공시하는 것이 의무화되었다. 또한 보험계약 최초 판매 시 해당 계약이 손실계약인지 혹은 이익계약인지를 구분하도록 하고 있으며, 만약 손실계약으로 분류되는 경우 그러한 손실요소가 발생하게 된 원인에 대해서도 공시하도록 요구하고 있다. 손실요소를 제외한 잔여보장부채와 발생사고부채에 대해서도 요소별로 변동내역을 상세하게 구분해서 공시하도록 양적 공시가 강화되었다. 기초자료인 미래현금흐름에서의 현행추정치 변동, 위험조정의 변동과 계약판매시점에 적립해 둔 보험계약마진에서의 변동내역도 양적 공시 대상이다. 보험계약 관련 위험에 대한 양적 공시도 강화되어 보험계약 관련 유동성, 신용, 시장위험에 대한 공시가 추가되었으며, 여기에 신용위험에 노출된 대출금액 등 리스크별 위험노출액(risk exposure) 수준, 유동성위험 수준, 보험위험과 시장위험에 대한 민감도분석[11] 결과도 공시가 의무화되었다.

따라서 IFRS 17하에서는 재무상태표와 재무성과표 외에도 강화된 양적 공시를 통해 금융소비자나 투자자 입장에서는 의사결정에 더욱 유용한 재무정보가 제공된다.

8.2.5.2 질적 공시 변화

질적 정보와 관련하여 IFRS 4는 선택된 회계정책의 근거, 계리적 가정 산출을 위한 과거 데이터 활용기간 등 의무 공시대상의 범위가 제한적이었다. 이에 반해 IFRS 17은 보험계약과 관련한 다양한 비계량 정보를 폭넓게 공시하도록 요구하고 있다.

먼저 IFRS 17은 보험계약의 그룹화와 관련한 정보 공시를 의무화하고 있다. IFRS 17은 계약집합 단위로 손실계약과 이익계약 여부 등을 판단할 뿐만 아니라, 보험계약마진 상각 등 보험계약의 그룹화가 손익에 미치는 영향이 중대하기 때문이다. 예를 들어 계약집합의 범위를 넓게 설정할 경우 특정 계약의 손실이 다른 계약의 이익과 상쇄되며

---

11 보험위험이 1% 증가했을 때 회사의 순자산 감소 효과가 얼마나 발생하는가 등을 분석하는 것.

손실계약으로 분류될 가능성이 줄어들 것이다. 따라서 보험회계 그룹화 정보의 중요성을 고려하여 계약그룹의 판단근거 등 관련 정보를 구체적으로 공시하도록 하고 있다.

그 외에도 IFRS 17은 원칙주의 회계를 지향함에 따라 할인율과 위험조정 등에 대한 세부적인 측정방법을 제시하고 있지 않다. 대신 보험회사가 관련 정보를 산출하기 위해 재량적으로 적용한 가정과 방법론 등에 대한 정보를 공시하도록 하고 있다. 예를 들어 위험조정의 경우 신뢰수준법, 자본비용접근법 등 실무에서 다양한 산출방법이 적용되고 있는데, 신뢰수준법 사용 시 적용된 신뢰수준을 구체적으로 공시하도록 하고 있다.[12]

이처럼 IFRS 17은 재무정보 생산을 위해 요구·허용되는 보험회사의 재량 수준이 크게 증가함에 따라 보험부채와 관련된 양적 공시는 물론 질적 공시도 IFRS 4에 비해 크게 강화되었다.

8.2.5.3 차이조정 공시

IFRS 17은 보험료배분접근법을 적용한 보험계약 이외의 보험계약에 대하여 최선추정, 위험조정 및 보험계약마진에 대한 기초잔액에서 기말잔액까지의 차이조정도 별도로 공시하는 것을 원칙으로 하고 있다. [101]

특히 기초잔액에서 기말잔액까지의 차이조정 중 다음 항목에 대해서는 각 금액을 별도로 공시하도록 하고 있다.

① 미래 서비스와 관련된 변동분을 다음으로 구분하여 표시한다.
　㈎ 보험계약마진을 조정하는 추정치의 변동분
　㈏ 보험계약마진을 조정하지 않는 추정치의 변동분. 즉 손실부담계약집합의 손실
　　 과 그러한 손실의 환입
　㈐ 해당 기간에 처음 인식한 계약의 효과
② 현행 서비스와 관련된 변동분
　㈎ 서비스의 이전을 반영하기 위해 당기손익으로 인식한 보험계약마진 금액

12　보험회사가 보험위험과 관련하여 불확실성을 감내하는 정도를 신뢰수준이라고 한다.

(나) 미래 서비스 또는 과거 서비스와 관련이 없는 위험조정의 변동분

(다) 경험조정(위 위험조정 관련 금액은 제외)

③ 과거 서비스와 관련된 변동분. 즉, 발생된 보험금과 관련된 이행현금흐름의 변동분 [104]

> ❗ IFRS 17은 부채 등을 평가함에 있어 원칙 위주로 제시하고, 구체적 방법은 보험회사가 선택할 수 있게 하되, 양적·질적 공시를 충실히 하도록 요구

8.3 사례 분석(기준서 사례 2, 2A)

8.3.1 가정

1차 연도의 최초 인식시점 사실관계가 제3장에 소개된 사례 1A와 같다는 가정하에 A보험회사가 보험계약집합을 후속적으로 어떻게 측정하는지 살펴보고, 보험계약집합 부채의 각 구성요소에 대한 기초잔액부터 기말잔액까지의 차이조정을 공시해 본다. 이를 위해 다음과 같은 가정을 추가한다.

① 1차 연도에 모든 사건은 예상대로 일어나고 A보험회사는 미래 기간에 관한 어떠한 가정도 변경하지 않음

② 1차 연도에 집합의 현금흐름 특성을 반영하는 할인율은 매년 말 연 5%로 유지 (이러한 현금흐름은 기초항목의 수익에 따라 변동하지 않는다)

③ 위험조정은 균등하게 각 보장연도에 당기손익으로 인식

④ 비용(보험금 등)은 매 연도 말에 발생된 직후 지급될 것으로 예상

2차 연도 말 A보험회사가 비용과 관련하여 최초 인식시점의 예상과 달리 당해연도에 아래와 같은 유리한 세 가지 변동이 발생하였다. 그리고 이러한 변동은 보험계약집

합의 기대수익성을 증가시킨다. 이에 A보험회사는 3차 연도에 대한 이행현금흐름을 아래처럼 수정한다.

① 2차 연도에 지급된 실제 보험금은 처음에 예상했던 200원보다 50원 적은 150원
② A보험회사는 2차 연도의 보험금 지급 추이를 감안하여 3차 연도의 예상보험금 추정치 200원이 140원으로 감소할 것으로 예상하고, 이에 따라 2차 연도 말 보험금 지급과 관련한 이행현금흐름의 현재가치를 191원에서 133원으로 변경
③ A보험회사는 2차 연도 말에 미래현금흐름의 추정치와 관련된 위험조정을 처음 추정했던 40원이 아닌 30원으로 수정

8.3.2 최초 인식시점에 추정한 매 보고연도 말의 이행현금흐름

제3장의 사례 1A와 같이 현금흐름 분석을 통해 최초 인식시점의 보험계약집합을 측정하고, 이후 매 보고연도 말 이행현금흐름을 추정한다.

(단위: 원)

	최초 인식	1차 연도	2차 연도	3차 연도
미래 현금유입액의 현가 추정치	(900)	–	–	–
미래 현금유출액의 현가 추정치	545	372	191	–
미래현금흐름의 현가 추정치(BEL)	(355)	372	191	–
위험조정(RA)	120	80	40	–
이행현금흐름(BEL + RA)	(235)	452	231	–

먼저 1차 연도에 발생한 이행현금흐름의 변동요인을 분석하여 각 변동을 보험계약마진에서 조정할지를 결정한다. 이러한 상황에서 기준서는 보험회사가 1차 연도 말 보험계약부채의 차이조정 내역을 공시할 때 다음 형식의 변동분석표를 사용할 수 있다고 예시한다.

1차연도 보험계약부채 변동분석표

(단위: 원)

	미래현금흐름의 현재가치 추정치(BEL)	위험조정 (RA)	보험계약마진 (CSM)	보험계약부채 (= BEL + RA +CSM)
기초잔액	−	−	−	−
미래 서비스 관련 변동: 신규 계약	(355)	120	235[1]	−
현금유입	900	−	−	900
보험금융비용	27[2]	−	12[4]	39
당기 서비스 관련 변동	−	(40)[3]	(82)[5]	(122)
현금유출	(200)	−	−	(200)
기말잔액	372	80	165	617

(1) 새로운 계약이 집합에 추가되었으므로 계약집합의 보험계약마진을 조정한다. 본 사례에서는 A보험회사가 최초 인식 시 보험계약집합의 이행현금흐름(-355 + 120 = -235)과 보험계약마진의 합이 0이 되어야 하므로 그 값이 235가 된다.

(2) 보험금융비용(27원) = {기초잔액(-355원) + 1차 연도 초 수취한 현금유입(900원)} × 현행할인율(5%)

(3) 위험조정 변동분은 별도 분해 없이 재무성과표에 보험서비스결과로 표시한다.[13]

(4) 누적이자(12원) = 보험계약마진의 장부 기초잔액(235원) × 최초할인율(5%)

(5) 제7장에서 살펴본 바와 같이 보험계약집합의 보험계약마진을 각 기간의 당기손익으로 인식하여 해당 기간 동안 보험계약집합을 통해 제공된 서비스를 반영한다. 그 금액은 집합의 보장단위를 식별하여 결정된다. 이러한 보장단위는 집합에 포함된 계약하에서 제공된 급부의 수량과 그 기대 보장의 듀레이션을 반영한다. A보험회사는 보험계약마진을 해당 기간 말에 (당기손익으로 금액을 인식하기 전에) 당기에 제공된 각 보장단위와 미래에 제공될 것으로 예상되는 각 보장단위로 배분하고, 당기에 제공된 보장단위로 배분된 금액을 당기손익으로 인식한다.

이 사례에서는 전체 보장기간(3년) 동안 동일한 규모의 보험금이 제공될 것으로 예

---

13 위험조정의 변동분을 보험서비스결과와 보험금융수익(비용)으로 세분할 필요는 없다. 세분하지 않을 경우에는 위험조정의 전체 변동분을 보험서비스결과의 일부로 포함한다. [81]

상되기 때문에 계약의 집합에 각 기간 동안 제공된 서비스는 동일하다. 따라서

1차 연도에 당기손익으로 인식한 보험계약마진(82원) = (235원 + 12원) ÷ 보장기간(3년)

2차 연도에 당기손익으로 인식한 보험계약마진(86원) = 165 × 1.05 ÷ 2

3차 연도에 당기손익으로 인식한 보험계약마진(91원) = 86 × 1.05

한편, 보험회사는 이와 다른 방식을 사용한 보장단위에 근거해서도 보험계약마진을 인식하는 목적을 달성할 수 있다. 예를 들어 보장기간에 걸쳐 누적될 것으로 예상되는 총이자를 포함한 보험계약마진을 각 기간마다 동일하게 배분할 수 있다. 이 경우 배분금액은 각 기간별로 동일하게 86원[= 235원 × $1.05/(1 + 1/1.05 + 1/1.05^2)$]으로 계산된다.

8.3.3 미래 수익성을 증가시키는 이행현금흐름 변동(사례 2A)

A보험회사가 보험계약집합을 최초 인식할 때 예상했던 매 보고연도 말의 이행현금흐름 추정치 중에서 2차 연도 말 값이 아래(음영으로 표시)처럼 수정된 것으로 가정한다.

(단위: 원)

	최초 인식	1차 연도 말	2차 연도 말	3차 연도 말
미래 현금유입액의 현가 추정치	(900)	–	–	–
미래 현금유출액의 현가 추정치	545	372	133	–
미래현금흐름의 현가 추정치(BEL)	(355)	372	133	–
위험조정(RA)	120	80	30	–
이행현금흐름(BEL + RA)	(235)	452	163	–

2차 연도에 발생한 이행현금흐름의 변동요인을 분석하여 각 변동을 보험계약마진에서 조정할지를 결정한다.

2차연도 보험계약부채 변동분석표				(단위: 원)
	미래현금흐름의 현재가치 추정치(BEL)	위험조정 (RA)	보험계약마진 (CSM)	보험계약부채 (= BEL + RA + CSM)
기초잔액	372	80	165	617
보험금융비용	19[1]	–	8[1]	27
미래 서비스 관련 변동	(58)	(10)	68[2]	–
당기 서비스 관련 변동	(50)[3]	(40)	(121)[1]	(211)
현금유출	(150)	–	–	(150)
기말잔액	133	30	120	283

먼저 기초잔액은 1차 연도 말의 기말잔액과 동일한 값이다.

(1) $19 = 372 \times 5\%$, $8 = 165 \times 5\%$, $121 = (165 + 8 + 68)/2$

(2) 계약집합의 최초 인식시점에 결정된 할인율로 측정된 미래현금흐름의 현재가치 추정치의 변동인 58원(= 191 – 133)과 미래 서비스와 관련된 비금융위험에 대한 위험조정의 변동인 10원(= 40 – 30)은 미래 서비스와 관련된 이행현금흐름의 유입액을 증가시키므로 해당되는 변동분 68원을 보험계약집합의 보험계약마진을 증가시켜 조정

(3) 사례 2A의 2차 연도 유리한 변화 (1)에 의해 A보험회사가 기초에 예상한 당기 예상된 보험서비스비용 200원과 실제 발생한 보험서비스비용 150원의 차이로 정의되는 50원의 경험조정이 발생. 이러한 경험조정은 현행 서비스와 관련된 변동분으로 당기손익에 반영(즉 미래 서비스와 무관하므로 보험계약마진 미조정)

3차 연도 말 보장기간이 종료되면 잔여 보험계약마진이 당기손익으로 인식된다. 동 사례에서 모든 보험금은 보험사고 발생 시 지급되며, 따라서 잔여보장에 대한 의무는 수정된 (예상)현금유출액이 3차 연도 말에 발생하며 소멸한다.

3차 연도에도 이행현금흐름의 변동요인을 분석하여 각 변동을 보험계약마진에서 조정할지를 결정한다.

3차연도 보험계약부채 변동분석표			(단위: 원)
미래현금흐름의 현재가치 추정치(BEL)	위험조정 (RA)	보험계약마진 (CSM)	보험계약부채 (= BEL + RA + CSM)
기초잔액			
133	30	120	283

	미래현금흐름의 현재가치 추정치(BEL)	위험조정 (RA)	보험계약마진 (CSM)	보험계약부채 (= BEL + RA + CSM)
기초잔액	133	30	120	283
보험금융비용	7[1]	–	6[1]	13
당기 서비스 관련 변동	–	(30)	(126)[1]	(156)
현금유출	(140)	–	–	(140)
기말잔액	–	–	–	–

[1] 7 = 133 × 5%, 6 = 120 × 5%, 126 = 120 + 6

위에서 분석된 내용을 재무상태표상의 계정과목을 중심으로 요약하면 다음과 같다.

매 보고연도 말 재무상태표 추이			(단위: 원)
	1차 연도 말	2차 연도 말	3차 연도 말
현금[1]	(700)	(550)	(410)
보험계약부채	617	283	–
자본	83	267	410

[1] 1차 연도에서 현금 (–)700원은 수입보험료 (–)900원에서 지급된 보험금 200원을 차감한 금액이다. 추가적인 보험금이 2차 연도에 150원, 3차 연도에 140원 지급되었다. 단순화를 위해 현금 계정의 이자는 고려하지 않는다.

위 표에서 분석된 내용을 재무성과표상의 계정과목을 중심으로 요약하면 다음과 같다.

보고연도별 재무성과표 추이			(단위: 원)
	1차 연도	2차 연도	3차 연도	합계
당기 서비스 관련 변동	122	211	156	489
보험금융비용	(39)	(27)	(13)	(79)
이익	83	184	143	410

가. 후속측정

▢ 이행현금흐름의 변동은 금융위험과 관련된 가정 변동, 과거와 당기 서비스 관련 변동 그리고 미래 서비스 관련 변동으로 분류하여 인식

- 금융위험과 관련된 가정 변동은 당기손익 혹은 기타포괄손익으로 인식(당기손익 혹은 기타포괄손익 인식 여부는 보험회사 선택사항)
- 과거와 당기 서비스 관련 변동은 경험조정으로 분류되어 당기손익으로 인식
- 미래 서비스 관련 변동은 보험계약마진으로 조정

▢ 보험계약마진 상각액은 보험수익 당기손익으로 인식

나. 후속측정 시 보험계약부채 장부금액

▢ 잔여보장부채 = 이행현금흐름 + 보험계약마진

▢ 발생사고부채 = 이행현금흐름

다. IFRS 17 재무상태표

▢ 신계약비 지출액은 보험부채의 구성항목 중 최선추정부채의 차감요소로 반영

▢ 책임준비금은 최선추정, 위험조정, 보험계약마진으로 구성

▢ 보험계약부채 평가손익 중 경제적 가정과 관련된 평가손익을 보험회사의 선택에 의해 기타포괄손익으로 인식하는 경우 당기 인식된 기타포괄손익은 보험계약부채 순금융손익(기타포괄손익누계액)으로 계상

라. IFRS 17 재무성과표

▢ 보험수익

- 수취한 보험료를 수취시점에 보험수익으로 인식하지 않고, 보험서비스를 제공했을 때 수익(예상보험금, 예상사업비, 위험조정 변동, 보험계약마진 상각)으로 인식(이때 투자요소는 제외하며, 보험취득 현금흐름은 예외적으로 시간의 경과에 따라 체계적으로 기간 배분하여 수익 인식)

▢ 보험비용

- 해약환급금, 만기환급금 등 투자요소와 관련된 지급금은 제외하고, 실제발생보험금 등 보험요소와 관련된 금액만 보험비용으로 인식

마. IFRS 17의 공시사항

□ 양적 공시

- IFRS 4에서는 보험부채의 변동내역을 순 증감액으로 한 줄 표시
- IFRS 17에서는 최선추정치 변동, 위험조정 변동, 보험계약마진 변동 등 보다 세분화하고, 보험계약 관련 위험에 대한 공시도 강화

□ 질적 공시

- 보험계약마진 상각 단위인 보험계약그룹의 판단근거, 위험조정 산출방법 및 신뢰수준 등에 대한 공시 추가

●○○

1. 후속측정 시 다음 중 보험수익으로 인식되는 변동항목은 무엇인가?

① 해당 기간의 서비스 제공에 따른 잔여보장부채의 감소분

② 손실계약집합의 손실과 손실의 환입

③ 화폐의 시간가치 효과와 금융위험 효과

④ 발생한 보험금 및 비용과 관련된 이행현금흐름의 후속 변동분

2. 보험회사가 보장기간을 3년으로 하는 100개의 보험계약을 발행하였다. 최초 인식 직후 1,500원의 보험료를 수취하고, 매년 말 연간 현금유출액은 300원이다. (총 900원이고 할인율 3% 적용 시 848원이다.) 최초 인식시점 위험조정은 300원으로 추정했고, 할인율은 3%일 때 최초 인식시점 미래현금흐름의 현가 추정치(BEL)와 최초 인식시점 보험계약마진을 구하시오.

① (652), (352) ② (652), 352 ③ 652, 352 ④ 652, (352)

3. 1차 연도 말 기준으로 다음 변동분석표의 ①, ②, ③, ④, ⑤ 순서대로 들어갈 값으로 알맞은 것을 고르시오. (단, 할인율은 3%이고, 보험계약마진과 위험조정은 단순히 보장기간으로 나누어 당기손익으로 인식한다.)

(단위: 원)

	미래현금흐름의 현재가치 추정치(BEL)	위험조정 (RA)	보험계약마진 (CSM)	보험계약부채 (= BEL + RA + CSM)
기초잔액	–	–	–	–
미래 서비스 관련 변동: 신규 계약	(652)	300	352	–
현금유입	1,500	–	–	1,500
보험금융비용	①	②	③	▨▨▨
당기 서비스 관련 변동	–	④	⑤	▨▨▨
현금유출	(300)			

① 26, 0, 11, 0, 121   ② 26, 100, 11, 0, 121

③ 26, 100, 11, 100, 121 ④ 26, 0, 11, 100, 121

4. 다음 중 보험수익을 구성하는 항목이 아닌 것은?

① 예상보험금　　　② 위험조정변동　　　③ 보험계약마진상각　　　④ 보험금융수익

※ 다음 중 맞는 것에 ○표, 틀린 것에 ×표 하시오.

5. 발생사고부채는 보험계약마진은 없고 이행현금흐름으로만 구성된다. (　　)

6. 보험계약부채 시가평가에 따른 평가손익이 발생하면 기타포괄손익누계액의 '보험계약부채 순 금융손익'에 계상한다. (　　)

7. 책임준비금을 구성하는 항목이 최선추정부채와 위험조정, 보험계약마진으로 구분된다면 IFRS 4의 미상각신계약비는 위험조정에 포함된다. (　　)

8. 예상보험금은 보험회사의 가장 대표적인 비용항목으로 당기에 실제 발생한 보험금이다. (　　)

9. 보험회사는 보험부채와 관련된 여러 가지 양적 공시뿐만 아니라 그 보험부채를 평가할 때 반영되어 있는 계리적 가정의 수준, 불확실성의 수준과 같은 정보를 충분히 공시하여야 한다. (　　)

10. 모든 보험계약에 대하여 기초잔액에서 기말잔액까지의 차이조정 항목 중 미래현금흐름의 현재가치 추정치, 위험조정 및 보험계약마진을 공시하여야 한다. (　　)

9장

보험부채 변동분석

9.1 보험부채 변동분의 손익인식

보험부채의 가치변동은 이행현금흐름과 보험계약마진의 변동으로 나타난다. 이행현금흐름은 이미 학습한 바와 같이 미래현금흐름과 화폐의 시간가치, 그리고 위험조정으로 구성되며, 이러한 이행현금흐름의 변동은 크게 세 가지 요인에 의해 발생하며, 요인별로 각각 다른 방식으로 손익이 인식된다.

그림 9-1 보험부채의 변동 및 손익 인식[1]

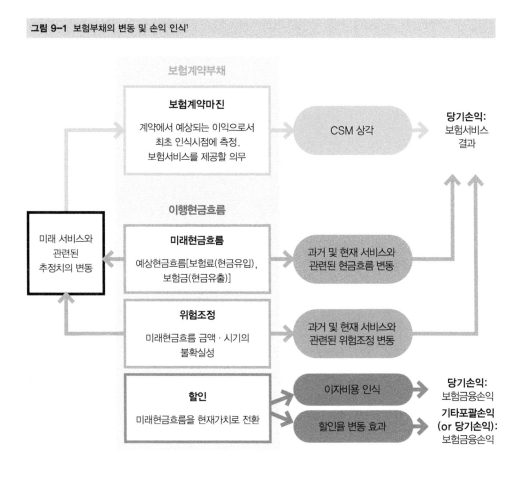

---

1   기업회계기준서 제1117호 '보험계약' 제정 공개초안. 한국회계기준원 조사연구실. 2017. 17쪽 참고하여 일부 수정.

가. 금융위험과 관련된 가정 변동

화폐의 시간가치와 금융위험 및 이들의 변동 효과는 보험금융손익으로 처리한다. 이 때 보험회사는 포트폴리오별로 보험금융손익을 모두 당기손익으로 인식하는 정책과 체계적으로 당기손익과 기타포괄손익으로 배분하는 정책 중에서 한 가지를 선택하여야 한다.

나. 과거와 당기에 제공된 서비스와 관련하여 발생한 변동

이 변동은 이미 보험회사가 보험소비자에게 보험계약 관련 서비스를 제공하여 발생한 부분이기 때문에 보험계약마진 등 다른 부채항목에 대한 조정 없이 모두 당기손익으로 처리한다.

다. 아직 보장이 제공되지 않은 미래 서비스와 관련된 변동

이 변동은 미래 서비스와 관련이 있으므로 장래 미실현이익인 보험계약마진에서 조정한다.

> ⚠️ 보험부채의 기시 및 기말 측정치를 참조하여 보험수익 금액을 산정함으로써 보험회사는 재무성과표에 의무이행에 관한 진행사항을 보고

9.2 보험손익의 구성

재무성과표의 당기손익으로 표시되는 보험손익(보험서비스결과)은 보험수익에서 보험서비스비용을 차감하여 산출된다.

> **보험손익 = 보험수익 − 보험서비스비용**

보험수익은 보험계약집합에서 발생하는 서비스를 제공하고 그러한 서비스에 대한 교환으로 받을 것으로 기대하는 대가를 반영한 금액이고, 보험서비스비용은 발생한 보험

금, 발생한 기타 보험서비스비용 등으로 구성된다. [83, 84] 이때 당기손익으로 표시되는 보험수익과 보험서비스비용에 투자요소는 포함되지 않는다. 수취한 보험료 중 보험사건 발생과 무관하게 돌려줘야 할 금액을 수익과 비용에서 제외하는 것이다. [85]

9.2.1 보험수익

보험수익은 보험회사가 보험계약집합에서 발생하는 약정된 보험보장 및 기타 서비스를 제공하고, 그 서비스에 대한 교환으로 받을 것으로 기대하는 대가를 반영하는 금액이다. [83] 이 정의를 통해 여타 기준서의 원칙과 일관되게 보험계약의 수익을 표시하게 된다. 여기서 보험서비스란 보험회사가 보험계약자에게 제공하는 보험보장서비스와 투자서비스를 포함하는 개념이다.[2] 보험보장서비스는 보험사건 발생에 따른 손실을 보전해 주는 보장서비스를 의미한다. 투자서비스는 다시 투자수익서비스와 투자관련서비스로 구분된다. 투자수익서비스는 직접참가특성이 없는 보험계약의 보험계약자를 위한 투자수익 창출서비스이고, 투자관련서비스는 직접참가특성이 있는 보험계약의 보험계약자를 대신하여 기초항목을 관리하는 서비스이다.

표 9-1 보험서비스의 분류

구분		설명
보험보장서비스		보험사건에 대한 보험보장
투자 서비스	투자수익서비스	직접참가특성이 없는 보험계약의 보험계약자를 위한 투자수익의 창출서비스
	투자관련서비스	직접참가특성이 있는 보험계약의 보험계약자를 대신하는 기초항목 관리서비스

보험계약집합의 총보험수익은 계약에 대한 대가, 즉 보험회사가 수령하는 보험료에

---

2 기준서에서 '보험서비스'를 별도로 정의하고 있지 않으나, 2020년 6월 기준서를 개정하여 '비보험서비스'라는 용어를 '보험계약서비스 이외의 서비스'라는 용어로 대체(BC102)한 것으로 볼 때, 보험계약서비스(insurance contract services)와 보험서비스(insurance services)는 동일한 것으로 판단된다.

서 금융효과를 조정하고 투자요소를 제외한 금액이다. *[B120]*

보험계약집합의 총대가(consideration)는 서비스 제공 관련 금액과 보험취득 현금흐름 관련 금액을 포괄하며, 그중에서도 서비스 제공 관련 금액은 다음과 같이 구성된다.

① 보험서비스비용(단, 위험조정과 관련된 금액과 잔여보장부채의 손실요소에 배분된 금액 은 제외하는데, 이 내용은 제11장에서 설명한다.)
② 보험계약자에게 특정하여 청구할 수 있는 소득세 관련 금액
③ 위험조정(잔여보장부채의 손실요소에 배분된 금액 제외)
④ 보험계약마진 *[B121]*

이러한 보험계약집합의 총보험수익 구성요소 중 '해당 기간'에 인식하는 보험수익의 측정방법에 대해서는 아래에서 구체적으로 살펴본다. 9.2.1.1절은 보험계약집합의 총대가 중 서비스 제공과 관련한 부분에 대한 설명이며, 보험취득 현금흐름 관련 금액에 대한 보험수익 인식은 9.2.1.2절에서 설명한다.

9.2.1.1 보험수익 측정방법

잔여보장부채는 보험회사가 미래 서비스를 제공할 의무를 화폐적 가치로 나타낸 것이다. 이런 의미에서 잔여보장부채 감소분은 잔여보장부채 측정기간 중 이행된 서비스(수행의무)의 가치를 합리적으로 표시한 것으로 볼 수 있다. 잔여보장부채의 감소는 해당 기간에 제공된 서비스를 반영하기 위한 보험계약마진 배분(혹은 상각)을 포함한다. 이러한 배분에는 제7장에서 학습한 바와 같이, 제공된 급부금의 규모와 집합 내 계약들의 듀레이션이 반영된다. 해당 기간의 수익을 나타내는 잔여보장부채의 다른 변동은 현행 가정을 사용해 측정한다. 따라서 잔여보장부채의 총변동은 보험회사가 얻을 권리가 있는 보험수익 금액을 충실히 나타낸다. *[BC37]* 즉 당기손익으로 인식되는 보험수익은 보험회사가 해당 기간 서비스의 제공에 따라 인식한 잔여보장부채의 변동분이다.

이러한 보험수익을 측정하는 방법에는 '감소분 측정법'과 '총변동분 측정법'이 있다.

가. 감소분 측정법

감소분 측정법은 잔여보장부채의 총감소분에서 서비스 제공과 관련이 없는 변동 등을 제외하여 보험수익을 산정하는 방법을 의미한다. 일반적으로 기업은 서비스를 제공한 때, 서비스 제공과 관련한 부채(예: 이연수익)를 제거하며 수익을 인식한다.[3] 마찬가지로 보험회사도 서비스를 해당 기간에 제공한 때, 제공되는 서비스에 대한 잔여보장부채를 감소시키며 수행의무 이행에 따른 보험수익을 인식한다.

  그런데 잔여보장부채 변동에는 수행의무의 이행과 관련 없는 부분도 포함되어 있다. 따라서 잔여보장부채의 감소분 중에서 수행의무의 이행과 관련 없는 변동은 제외한 후에 보험수익으로 인식한다면 보험회사의 성과를 충실히 표현할 수 있다. 이때 제외하는 변동에는 첫째, 해당 기간에 제공되는 서비스와 무관한 변동(예: 보험금융수익(비용)), 둘째, 서비스와 관련된 변동이지만 보험회사가 대가를 기대하지 않는 변동(예: 손실요소 증감)이 있다. 제외하는 변동에 대해 구체적으로는 표 9-2와 같이 정리할 수 있다. [B123, BC35]

그림 9-2 잔여보장부채 감소분과 보험수익

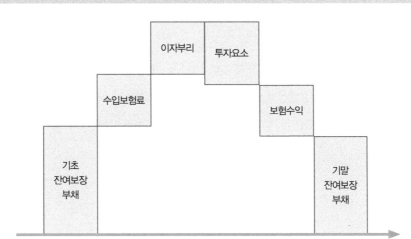

---

3 고객에게 약속한 재화나 용역, 즉 자산을 이전하여 수행의무를 이행할 때(또는 기간에 걸쳐 이행하는 대로) 수익을 인식한다. [기업회계기준서 제1115호 문단 31]

> 기초 부채 + 수입보험료 + 보험금융비용(수익) + (투자요소 유입 – 유출)
> – 보험취득 현금흐름 + 손실요소 증(감) – 보험수익(서비스 제공 관련) = 기말 부채

따라서 다음과 같다.

> 보험수익(서비스 제공 관련) = (기초 부채 – 기말 부채) + 수입보험료 + 보험금융비용(수익)
> + (투자요소유입 – 유출) – 보험취득 현금흐름 + 손실요소 증(감)

표 9-2 잔여보장부채 감소분에서 제외하는 변동

구분	제외하는 변동
해당 기간에 제공되는 서비스와 무관한 변동	• 수취한 보험료로 인한 현금유입에서 생기는 변동 • 해당 기간에 투자요소와 관련된 변동 • 보험계약자에 대한 대출금에서의 현금흐름으로 인한 변동 • 제3자를 대신하여 수취한 거래 기반 세금(보험료세, 부가가치세, 재화 및 서비스세 등)과 관련된 변동 • 보험금융수익(비용) • 보험취득 현금흐름 • 제3자 이전으로 인한 부채의 제거
서비스와 관련된 변동이지만 보험회사가 대가를 기대하지 않는 경우의 변동	• 잔여보장부채의 손실요소 증감

나. 총변동분 측정법

총변동분 측정법은 보험회사가 정상적으로 대가를 회수할 것으로 기대하는 서비스와 관련된 잔여보장부채의 총변동으로 해당 기간의 보험수익을 측정하는 방법이다.[4] 보험 서비스비용 예측값과 위험조정 및 보험계약마진의 변동을 합산하여 다음 표와 같이 산정한다.

---

4 정상적인 보험료 수취(혹은 회수)가 어려운 경우에는 발생주의(혹은 서비스 제공량)에 따라 수익을 인식하는 대신 보수적 관점에서의 원가회수법(발생한 원가를 한도로 수익을 인식하되, 추후 원가를 초과하여 현금을 회수하는 경우 원가 초과분에 대한 수익을 인식하는 방법)이나 당기비용법(비용은 발생하는 즉시 인식하되, 수익은 현금 회수분에 대해서만 인식하는 방법) 등을 적용하여 수익을 인식해야 한다. 이는 IFRS15에서도 동일하다.

표 9-3 보험수익을 구성하는 잔여보장부채 총변동분

구분		제외 금액
보험서비스 비용	해당 기간에 발생한 보험서비스비용(기초 시점에 예상했던 금액으로 측정)의 변동	• 잔여보장부채의 손실요소에 배분한 금액 • 투자요소의 상환액 • 제3자를 대신하여 징수한 거래 관련 세금(보험료 관련 세금, 부가가치세, 재화 및 서비스 관련 세금 등)과 관련된 금액 • 보험취득 비용 • 위험조정 관련 금액
위험조정	위험조정의 변동	• 보험금융수익(비용)에 포함된 변동 • 미래 서비스와 관련된 변동(보험계약마진에서 조정) • 잔여보장부채의 손실요소에 배분한 금액
보험계약마진	해당 기간의 당기손익으로 인식한 보험계약마진 금액	
기타 금액	예: 보험료 수취에 대한 경 험조정으로서 미래 서비스 와 관련되지 않은 경험조정	

9.2.1.2 보험취득 현금흐름과 관련된 보험수익 인식의 원칙

한편 보험취득 현금흐름과 관련한 보험수익은 이러한 현금흐름을 회수하는 것과 관련
이 있는 보험료 부분을 시간 경과에 따른 체계적인 방법으로 각 보고기간에 배분하여
산정한다. 그리고 이와 동일한 금액을 보험서비스비용으로 인식한다. [B125]

> ❗ 보험계약집합의 총보험수익은 계약에 대한 대가, 즉 보험회사가 수령하는 보험료에 금융비용을 더하고,
> 투자요소를 제외한 금액

9.2.2 보험서비스비용

보험서비스비용은 보험계약집합에서 발생하는 보장 및 서비스를 제공하는 데 소요되
는 경제적 자원의 희생을 금액적으로 표시한 것으로서 당기손익으로 인식되며, 다음의
금액으로 구성된다.

① 발생한 보험금 및 기타 발생한 보험서비스비용(다만 보험수익과 동일하게, 발생한 보험금 중 투자요소 상환에 해당하는 부분은 제외)

② 보험취득 현금흐름의 상각(구체적으로 보험취득 현금흐름을 회수하는 것과 관련이 있는 보험료 부분을 시간 경과에 따른 체계적인 방법으로 각 보고기간에 배분하여 보험수익으로 인식한 금액과 동일한 금액으로 인식)

③ 과거 서비스와 관련된 변동분(발생사고부채와 관련된 이행현금흐름의 변동분을 의미)

④ 손실계약집합의 미래 서비스와 관련된 변동분(즉, 손실계약집합의 잔여보장부채와 관련하여 발생하는 손실 및 그러한 손실의 환입분) *[84, 103, B125]*

⚠️ 보험계약집합의 보험서비스비용은 보험수익과 대응되게 인식

9.2.3 투자요소 제외

투자요소란 보험사건의 발생 여부와 무관하게 보험회사가 보험계약에 따라 어떠한 상황에서든 보험계약자에게 상환해야 하는 금액을 의미한다.[5] 보험사건이 발생하지 않더라도 보험계약 종료에 따라 지급해야 하는 만기환급급이나, 보험계약자의 자발적 해약 시 지급해야 하는 해지환급금이 이러한 투자요소의 대표적인 예라 할 수 있다.

만약 이런 상환의무가 보험계약과 분리될 수 있다면(즉 분리가능 투자요소라면) IFRS 9에 따른 금융상품으로 회계처리한다. 그러나 보험계약 내 투자요소가 보험계약과 상호 관련되어 분리될 수 없다면(즉 분리불가 투자요소라면) 보험요소는 물론, 투자요소에 대해서도 모두 IFRS 17을 적용한다. 이처럼 보험요소와 투자요소를 구분하는 것은 보험회사가 투자요소의 수령과 상환을 각각 보험수익과 보험비용(보험금 지급)으로 표시하게 되는 경우 IFRS 9에 의한 금융상품과 IFRS 17에 의한 보험계약 내 투자요소 간의 유사성이 충실히 표시되지 못하기 때문이다. 이는 마치 은행이 예금을 수익으로 인식

---

5 이와 달리 보험요소는 보험사건이 발생하는 경우에 한해 보험회사가 지급해야 하는 추가적인 금액이다.

하고 상환금액을 비용으로 처리하는 꼴이다.[6] 은행이 예금을 수익으로 인식하지 않고 상환금액을 비용으로 처리하지 않듯이, IFRS 17에서도 투자요소를 보험수익과 발생한 보험금에서 제외한다.[7]

> ❗ 보험사건의 발생 여부와 무관하게 보험회사가 모든 상황에서 보험계약에 따라 보험계약자에게 상환해야 하는 금액인 투자요소는 보험수익 및 보험비용에서 제외

9.3 사례 분석(기준서 사례 3A)

제8장에서 살펴본 사례 2A를 기초로 보험회사가 보험수익에서 보험서비스비용을 차감한 보험서비스결과를 재무성과표에 표시하는 방법을 살펴본다. 그리고 보험부채 장부금액의 변동을 요소별로 기초잔액에서 기말잔액으로 조정하고, 재무성과표에 표시된 항목으로 조정하여 공시한다. 이를 위해 A보험회사가 투자요소를 100원으로 추정했다는 가정을 추가하는데, 동 투자요소는 각 연도의 당기손익으로 표시되는 보험수익과 보험서비스비용에 포함되지 않는다.

---

6 2020년 6월 국제회계기준위원회는 IFRS 17 문단 B123을 수정하여 보험계약자에 대한 대출로부터 발생하는 현금흐름의 변동은 보험수익을 발생시키지 않음을 명확히 한 바 있다. 이러한 회계처리가 투자요소에 대한 회계처리와 유사하다.

7 이처럼 보험회사는 투자요소를 식별하여 그 투자요소를 재무성과표에 표시되는 보험수익과 발생한 보험금에서 제외해야 하는데, 이 경우 보험수익 표시가 더욱 복잡해진다. 그러나 국제회계기준위원회는 이러한 표시의 복잡성으로 인한 잠재적인 어려움보다 다음과 같이 그러한 표시로 인한 효익이 더 크다고 판단하고 있다. *[BC33]*

① 보험수익과 투자요소에 대한 구분은 재무제표 이용자들에게 유의적인 효익을 제공한다. 예를 들면 많은 이용자들은 보험회사가 투자요소를 수익으로 보고한다면 수익을 과대계상하게 되고, 수익을 참조하는 비율과 같은 성과지표를 왜곡할 수 있다. 그런 보고는 또한 보험회사와 다른 산업의 기업 간 비교가능성을 저해할 것이다.

② 서비스 제공에 대한 교환으로 수취할 것으로 기대하는 대가를 나타내는 보험수익을 측정하는 것은 IFRS 17에 의한 보험수익의 측정과 표시 및 IFRS 15의 적용범위에 포함되는 다른 유형의 고객들과의 계약으로 인한 수익의 측정과 표시 간 일관성을 증가시킨다. 이러한 측정은 재무제표 전반의 복잡성을 줄일 것이다. [BC61]

9.3.1 1차 연도 변동 표시

1차 연도 말에 A보험회사는 잔여보장부채와 발생사고부채에 대하여 별도로 재무상태표와 재무성과표에 인식한 금액의 차이를 조정했는데, 1차 연도의 차이조정은 기준서(IE33)에서 제시한 다음 형식으로 표기한다.

1차 연도 보험계약부채 변동내역

(단위: 원)

	잔여보장부채(LRC)	발생사고부채(LIC)	보험계약부채(LRC + LIC)
기초잔액	–	–	–
현금유입	900	–	900
보험수익	(222)[1]	–	(222)
보험서비스비용	–	100[2]	100
투자요소	(100)[3]	100[3]	–
보험금융비용	39[4]	–	39
현금흐름	–	(200)	(200)
기말잔액	**617**	**–**	**617**

⑴ 보험수익 222원은 다음 두 가지 방법으로 산출가능하다.

> ㈎ 감소분 측정법
>
> 잔여보장부채의 기초 장부금액(0원) - 기말 장부금액(617원)
>
> = 보험수익 - 수취한 보험료로 인한 현금유입에서 생기는 변동(900원) - 보험금융비용(39원) + 투자요소 상환(100원)
>
> ∴ 보험수익 = 222원
>
> ㈏ 총변동분 측정법
>
> 보험수익
>
> = 기초 예상 당기 발생 보험서비스비용(100원 = 당초 예상금액 200원 - 투자요소 상환액 100원) + 위험 감소로 인한 위험조정의 변동분(40원) + 당기손익으로 인식한 보험계약마진(82원)
>
> = 222원

여기서 해당 기간에 발생한 보험서비스비용은 기초에 예상했던 금액으로 측정하되 투자요소 상환액을 제외한 값이다. 위험조정의 변동분은 위험 감소로 인한 변동분인데, 미래 서비스와 관련되기 때문에 보험계약마진에서 조정한 변동은 제외한다.

(2) 보험서비스비용

　　= 해당 기간에 실제 발생한 보험금(200원) − 투자요소(100원)

　　= 100원

(3) A보험회사는 투자요소와 관련된 금액 100원을 제외하고 보험수익과 보험서비스비용을 당기손익으로 표시한다.

(4) 보험금융비용 = (BEL 545원 + CSM 235원) × 5% = 39원

　　보험금융비용이 발생한 직후 발생사고부채가 지급되므로, 총보험금융비용은 잔여보장부채와 관련되어 있다.

9.3.2 2차 연도 변동 표시

2차 연도에 실제 보험금 150원은 예상했던 금액보다 작다. 또한 기업은 3차 연도의 이행현금흐름과 관련된 추정치를 수정한다. 이에 따라 기업은 2차 연도와 관련하여 수정된 보험금의 효과를 당기손익으로 인식하고, 3차 연도 이행현금흐름의 변동을 보험계약마진에서 조정한다. 이러한 변동은 오직 발생된 보험금과 관련되고, 투자요소에 영향을 미치지 않는다.

2차 연도 차이조정 내역

(단위: 원)

	잔여보장부채(LRC)	발생사고부채(LIC)	보험계약부채(LRC + LIC)
기초잔액	617	–	617
보험수익	(261)[1]	–	(261)
보험서비스비용	–	50[2]	50
투자요소	(100)	100	–
보험금융비용	27[3]	–	27
현금흐름	–	(150)	(150)
기말잔액	283	–	283

(1) 보험수익 261원은 다음과 같다.

(가) 감소분 측정법

잔여보장부채의 기초 장부금액(617원) – 기말 장부금액(283원)

= 보험수익 – 보험금융비용(27원) + 투자요소상환(100원)

∴ 보험수익 = 261원

(나) 총변동분 측정법

보험수익

= 예상 발생 보험서비스비용(200원 – 투자요소 상환액 100원 = 100원)

+ 위험 감소로 인한 위험조정의 변동분(40원) + 당기손익으로 인식한 보험

계약마진(121원)

= 261원

(2) 보험서비스비용

= 해당 기간에 실제 발생한 보험금(150원) – 투자요소(100원)

= 50원

(3) 보험금융비용 = (BEL 372원 + CSM 165원) × 5% = 27원

9.3.3 3차 연도 변동 표시

3차 연도에 추정치에 대한 추가적인 변동은 없다.

3차 연도 차이조정 내역 (단위: 원)

	잔여보장부채(LRC)	발생사고부채(LIC)	보험계약부채(LRC + LIC)
기초잔액	283	–	283
보험수익	(196)[1]	–	(196)
보험서비스비용	–	40[2]	40
투자요소	(100)	100	–
보험금융비용	13[3]	–	13
현금흐름	–	(140)	(140)
기말잔액	–	–	–

(1) 보험수익 196원은 다음과 같다.

(가) 감소분 측정법

잔여보장부채의 기초 장부금액(283원) – 기말 장부금액(0원)

= 보험수익 – 보험금융비용(13원) + 투자요소상환(100원)

∴ 보험수익 = 196원

(나) 총변동분 측정법

보험수익

= 예상 발생 보험서비스비용(140원 – 투자요소 상환액 100원 = 40원)

  + 위험 감소로 인한 위험조정의 변동분(30원) + 당기손익으로 인식한 보험

  계약마진(126원)

= 196원

(2) 보험서비스비용

= 해당 기간에 실제 발생한 보험금(140원) – 투자요소(100원)

= 40원

(3) 보험금융비용 = (BEL 133원 + CSM 120원) × 5% = 13원

9.3.4 재무성과표 표시

위의 표에서 분석된 금액에 따라 재무성과표에 표시되는 금액은 다음과 같다.

(단위: 원)

	1차 연도	2차 연도	3차 연도	합계
보험수익	222	261	196	679[1]
보험서비스비용	(100)	(50)	(40)	(190)
보험손익	122	211	156	489
금융수익[2]	–	–	–	–
보험금융비용	(39)	(27)	(13)	(79)
투자손익	(39)	(27)	(13)	(79)
당기순이익	83	184	143	410

(1) 총보험수익 = 보험료(900원) + 금융효과(79원) – 투자요소(300원 = 3년 동안 연간 100원) = 679원

(2) 사례의 목적상, 금융수익은 다른 기준서(IFRS 9)를 적용하여 회계처리한 것이므로 포함하지 않는다.

가. 보험부채 변동분의 손익인식

□ 보험회사는 보험부채의 기초 및 기말 측정치를 참조하여 서비스 제공 의무의 이행 정도를 측정하고 재무성과표에 보험수익으로 보고

금융위험과 관련된 가정이 변동하여 발생하는 부분	전부 당기손익 또는 일정 부분을 기타포괄손익으로 처리
과거와 당기에 제공된 서비스와 관련하여 발생한 변동성	당기손익 처리
미래 서비스와 관련된 변동성	보험계약마진에서 조정

나. 보험손익의 구성

□ 보험손익 = 보험수익 − 보험서비스비용

□ 보험수익은 보험계약집합에서 발생하는 서비스를 제공하고 그러한 서비스에 대한 교환으로 받을 것으로 기대하는 대가를 반영한 금액

- 보험계약서비스란 보험회사가 보험계약의 보험계약자에게 제공하는 보험보장서비스와 투자서비스(투자수익서비스 + 투자관련서비스)

- 보험계약집합의 총보험수익은 보험료에서 금융효과를 조정하고 모든 투자요소를 제외한 금액으로 측정되며, 보험계약집합의 총대가는 서비스 제공과 관련한 금액과 보험취득 현금흐름 관련 금액의 합

- 서비스 제공과 관련한 대가 중 당기 보험손익 인식분은 아래 두 가지 방법으로 측정 가능

  - 감소분 측정법: 잔여보장부채의 총감소분에서 서비스와 관련 없는 변동 등을 제외하여 산정

  - 총변동분 측정법: 보험서비스비용 예측값과 위험조정 및 보험계약마진의 변동을 합산하여 산정

□ 보험서비스비용은 발생한 보험금, 발생한 기타 보험서비스비용 등의 금액

- 보험계약집합의 보험서비스비용은 보험수익과 대응되게 인식

□ 투자요소는 보험수익 및 보험비용에서 제외

- 투자요소란 보험사건의 발생과 무관하게 보험회사가 모든 상황에서 보험계약에 따라 보험계약자에게 상환해야 하는 금액

1. 보험회사가 제공하는 보험서비스(보험계약서비스)와 가장 관련이 적은 것은?

① 보험사건에 대한 보장

② 해당 보험계약의 유지에 필요한 업무

③ 직접참가특성이 없는 보험계약의 경우 보험계약자를 위한 투자수익의 창출

④ 직접참가특성이 있는 보험계약의 경우 보험계약자를 대신하는 기초항목의 관리

2. 투자요소가 50원일 때 다음 ①, ②, ③에 알맞은 값을 순서대로 맞게 나열한 것은?

×차 연도 보험계약부채 변동내역			(단위: 원)
	잔여보장부채(LRC)	발생사고부채(LIC)	보험계약부채(LRC + LIC)
기초잔액	524	–	524
보험수익	①	–	①
보험서비스비용	–	③	③
투자요소	②	(②)	–
보험금융비용	24	–	24
현금흐름	–	(150)	(150)
기말잔액	330	–	330

① (168), (50), 100   ② (268), 50, 200   ③ (268), (50), 100   ④ (168), 50, 200

3. X차 연도에 발생한 보험계약부채 변동이 다음과 같을 때 X차 연도의 보험수익은 얼마인가?

구분		금액
보험서비스비용(기초에 예상)		200
투자요소 상환액		100
위험조정 변동	위험 감소로 해제된 변동분	70
	미래 서비스와 관련된 변동분	30
보험계약마진 상각액		80

① 380   ② 350   ③ 280   ④ 250

※ 다음 중 맞는 것에 ○표, 틀린 것에 ×표 하시오.

4. 보험계약자가 납입하는 보험료는 모두 IFRS 17 재무성과표의 보험수익의 '예상보험금' 계정에서 인식된다. ( )

5. 보험계약집합의 총보험수익은 보험회사가 수령하는 보험료에 투자요소를 포함하고 금융효과를 조정하여 산정한다. ( )

●○○
6. 보험수익 산정 시 '잔여보장부채의 총감소분에서 서비스와 관련 없는 변동을 제외한 값'과 '잔여보장부채의 총변동분'은 같다. ( )

7. 보험회사가 제공하는 미래 서비스 중 보험요소는 보험사건이 발생하면 보험회사가 지급해야 하는 금액인 반면, 투자요소는 보험사건이 발생하지 않더라도 지급해야 하는 금액이다. ( )

●○○
8. 실제 보험금이 기초에 예상한 보험서비스비용 추정치보다 낮을 경우 실제 보험금과 추정치 사이의 차이인 경험조정은 보험계약마진에서 조정한다. ( )

●●○
9. 직접참가특성이 없는 보험계약집합의 경우, 미래 서비스와 관련하여 해당 기간에 수취한 보험료 및 관련 현금흐름에서 발생한 경험조정은 보험계약마진에서 조정한다. ( )

10. 보험계약 내 투자요소가 보험수익으로 재무제표에 표시된다면 수익을 과다계상하게 되고 수익을 참조하는 성과지표를 왜곡할 수 있다. ( )

10장

보험금융
손익

10.1 보험금융수익(비용) 개요

10.1.1 보험금융수익(비용)의 개념

IFRS 17은 보험회사로 하여금 보험금융수익과 보험금융비용, 즉 투자손익을 보험손익과 구분하여 표시하도록 하고 있다. 이는 금융원가를 별도로 표시하게 하는 IFRS의 다른 기준서와 일관된 접근법이라 할 수 있다. 또한 이렇게 구분 표시함에 따라 보험회사의 성과에 대한 여러 다른 측면의 유용한 정보를 정보이용자에게 제공할 수 있다. *[BC41]*

보험금융수익(비용)은 다음에서 발생하는 보험계약집합 장부금액의 변동으로 이루어진다.

① 화폐의 시간가치 및 그 변동 효과
② 금융위험 및 그 변동 효과
③ 직접참가특성이 있는 보험계약집합의 경우, 보험계약마진에서 조정되어야 하는 변동은 제외한다. 일반적으로 보험계약마진을 조정하나 보험계약집합이 손실부담계약이기 때문에 보험계약마진을 조정하지 않는 직접참가특성이 있는 보험계약집합의 그러한 효과는 제외한다. 이러한 효과는 보험서비스결과의 일부로 인식한다. *[87, BC38]*

보험금융손익을 구성하는 화폐의 시간가치와 금융위험 및 이들의 변동 효과와 관련하여 다음과 같은 기준을 예시적으로 제공한다.

---

1   직접참가특성이 있는 계약의 경우, 잔여보장부채의 손실요소에 배분되는 기초항목의 공정가치 변동과 미래 서비스에 관한 이행현금흐름의 변동에 대한 보험회사의 몫은 투자손익이 아닌 보험손익의 일부로 당기손익으로 인식한다. 이는 이러한 금액이 금융위험에 관련된 가정의 변동에 의해 발생하거나 변동되지만 서비스에 대한 변동수수료의 일부로 간주되기 때문이다. *[B128, BC246~BC247]*

① 가격 또는 비율의 지수에 기초하거나 성과가 인플레이션에 연계되는 자산의 가격에 기초한 인플레이션에 대한 가정은 금융위험과 관련된 가정이다.

② 특정 가격변동에 대한 기대에 기초한 인플레이션에 대한 가정은 금융위험과 관련된 가정이 아니다.

③ 기초항목의 가치변동(추가 및 인출에 의한 것은 제외)에 의한 보험계약집합의 측정치 변동은, 화폐의 시간가치와 금융위험 및 이들의 변동 효과이다. *[B128]*

> ⓘ 보험금융수익(비용)은 화폐의 시간가치 및 그 변동 효과와 금융위험 및 그 변동 효과에서 발생하는 보험계약집합 장부금액의 변동으로 구성

10.1.2 보험금융수익(비용)의 인식 및 표시

10.1.2.1 보험금융수익(비용)의 세분화 정책

보험회사는 보험금융수익(비용)을 어떻게 표시할지에 대한 회계정책을 선택할 수 있다. 즉 보험회사는 각 포트폴리오 수준에서 보험금융수익(비용) 금액을 모두 당기손익에 표시할 것인지, 아니면 보험금융수익(비용)을 당기손익과 기타포괄손익으로 세분화하여 인식할 것인지를 선택할 수 있다.[2] *[88]* 이는 발행한 보험계약의 유형과 재무제표 이용자가 가장 유용하다고 판단하는 정보에 따라 세분화 정책의 원가와 효익의 상대적 크기는 보험회사마다 유의적으로 다를 것이므로 보험회사가 세분화와 관련된 정책을 선택하는 것이 보다 목적적합한 정보를 제공할 수 있을 것으로 기대되기 때문이다. *[BC62]*

---

2 기업회계기준서 제1008호 '회계정책, 회계추정의 변경 및 오류' 문단 13을 적용하여 보험계약 포트폴리오에 대한 적절한 회계정책을 평가할 때, 각 포트폴리오별로 기업이 보유한 자산과 그 자산의 회계처리방법을 고려한다. [B129]

가. 세분화하지 않는 정책(모두 당기손익으로 인식)

세분화하지 않는 정책을 선택하는 경우에는 해당 기간의 보험금융수익(비용)을 모두 당기손익에 포함한다. 이 정책은 당기손익-공정가치(FVPL)로 측정하는 자산의 금융수익과의 회계불일치를 막고, 부채의 변동분을 세분하는 데 따른 복잡성을 감소시킬 수 있다. 반면 보험계약의 현금흐름에 적용되는 현행할인율의 변동에서 발생하는 보험금융손익과 인수심사와 투자활동으로부터 발생하는 손익과의 구분이 모호해질 수 있을 뿐만 아니라, 보험금융손익의 변동으로 인해 당기순이익으로 표시되는 영업성과의 변동성이 증가하게 되어 재무성과 정보의 유용성이 저하될 수 있다. 또한 보험회사가 금융자산 평가손익과의 회계불일치를 예방하기 위해 금융자산을 당기손익-공정가치로 측정해야 하는 문제도 나타날 수 있다. *[BC340]*

나. 세분화 정책

세분화 정책을 선택하는 경우, 해당 기간의 총보험금융수익(비용) 중 '계약의 특성별 기준'에 따라 당기손익으로 인식할 보험금융수익(비용)을 측정하여 당기손익에 반영한 후 잔여 보험금융수익(비용)을 기타포괄손익으로 인식한다. *[90]*

10.1.2.2 계약 특성에 따른 세분화 정책 적용 체계

보험회사가 세분화 정책을 선택하는 경우 당기손익으로 인식하는 보험금융수익(비용)은 보험계약의 특성에 따라 달라진다. 즉 직접참가특성이 있는 계약인지 여부, 직접참가특성이 있는 계약인 경우 위험경감선택권(옵션)을 적용하는지 여부와 보험회사가 기초항목을 보유하는지 여부에 따라 당기손익으로 인식하는 금액을 결정하는 방법이 상이하다.

  ① 직접참가특성이 있는 계약이며, 위험경감선택권을 적용하는 경우: 이 경우에는 경감항목과 일관성을 갖는 금액을 당기손익으로 인식한다. 파생상품이나 당기손익-공정가치로 측정하는 비파생금융상품을 사용하여 금융위험의 효과를 경감하는 경우에는 해당 기간의 보험금융수익(비용)을 당기손익에 포함한다. *[87A, B115, B117A]*

② 직접참가특성이 있는 계약이면서 위험경감선택권을 적용하지 않고 보험회사가 기초항목을 보유하는 경우: 이 경우에는 당기장부수익률법(current period book yield)을 사용하여 보험계약과 자산 사이의 회계불일치를 제거할 수 있다. 당기장부수익률법은 보험계약을 뒷받침하는 것으로 간주되는 자산의 장부금액 변동을 해당 기간의 당기손익으로 인식하는 방법이다. 동 방법을 적용하는 경우 기초항목으로부터 발생한 수익(비용)이 보험계약과 관련하여 인식된 비용(수익)과 정확히 대응되어 상쇄된다. 그 결과 각각 별도로 표시된 두 손익항목의 순액(혹은 합계)은 항상 영(0)이 된다. 이렇게 당기손익으로 처리하여 총보험금융수익(비용)에서 차감된 금액은 기타포괄손익으로 인식된다. *[89(2), 90, B134, BC48]*

③ 직접참가특성이 없는 계약이거나, 또는 직접참가특성이 있는 계약이면서 ①과 ②에 해당하지 않는 경우(즉 보험회사가 기초항목을 보유하지 않으면서 위험경감선택권도 적용하지 않는 경우): 이 경우에는 총보험금융수익(비용) 중 체계적으로 배분하여 당기분으로 결정된 금액을 당기손익으로 처리하고, 잔여액은 기타포괄손익에 포함한다. *[88(2), 90]* 보험금융수익(비용)의 체계적 배분을 위한 구체적인 방법은 이어지는 10.2절에서 설명한다.

그림 10-1 보험금융수익(비용)의 세분화 정책 선택 시 당기손익 표시 금액 결정 체계

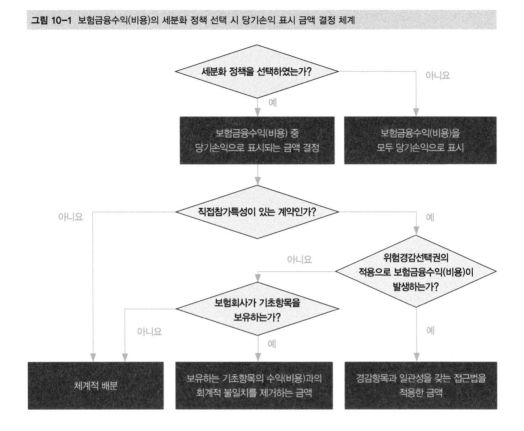

10.1.2.3 기타 사항

가. 위험조정 변동 세분화 여부와 보험금융수익(비용)의 표시

위험조정의 변동분은 보험회사가 보험서비스결과와 보험금융수익(비용)으로 세분하는 정책을 선택하는 경우 동일하게 보험서비스결과와 보험금융수익(비용)으로 세분할 것인지를 선택할 수 있다. 세분하기로 한 경우에는 보험금융수익(비용)과 관련한 당기손익 및 기타포괄손익 세분화 정책을 일관되게 적용하여야 한다.

반면 보험회사가 보험서비스결과와 보험금융수익(비용)으로 세분하지 않는 정책을 선택하는 경우에는 위험조정의 전체 변동분을 보험서비스결과로 처리한다. *[81, B124(2)(가)]*

나. 환율변동 효과 처리

보험계약부채는 화폐성 항목으로 처리된다. 따라서 외화 현금흐름이 발생하는 보험계

약집합의 경우에는 환율변동 효과를 인식하여야 한다. 그런데 금융위험은 기준서에서 환율을 기초변수의 일종으로 예시하고 있어 환율변동 효과는 보험서비스결과가 아닌 보험금융손익으로 인식되어야 한다. 이때 보험금융손익에 대한 세분화 여부에 따라 환율변동 효과의 세부 회계처리가 달라진다. 보험금융손익을 전부 당기손익으로 처리하는 정책을 적용하는 경우에는 환율변동 효과도 모두 당기 보험금융손익에 반영한다. 이와 달리 보험금융손익을 당기손익과 기타포괄손익으로 세분화하는 정책을 적용하는 경우에는 기타포괄손익에 반영되는 장부금액 변동분과 관련한 환율변동 효과는 기타포괄손익에 반영하되, 나머지 환율변동 효과는 당기 보험금융손익으로 인식한다. [30, 92]

> ❗ 보험회사는 각 포트폴리오에 대하여 보험금융수익(비용)을 모두 당기손익에 포함할 것인지, 아니면 당기손익과 기타포괄손익으로 세분하여 인식할 것인지에 관한 회계정책을 선택

| 10.2 보험금융수익(비용)의 체계적 배분 |

10.2.1 보험금융수익(비용)의 체계적 배분 시 원칙

IFRS 17은 보험회사로 하여금 보험금융수익(비용)을 체계적으로 배분하여 당기손익으로 표시하는 선택권을 제공하고 있다. 그렇다면 보험금융수익(비용)을 체계적으로 배분한다는 것은 어떤 의미인가?

보험회사가 예상되는 총보험금융수익(비용)을 계약집합의 듀레이션에 걸쳐 체계적으로 배분하는 회계정책을 선택하는 경우 총기대금융수익(비용)을 체계적으로 배분하여 산정한 금액을 당기손익에 포함해야 한다. 여기서 '체계적인 배분'이란 총기대금융수익(비용) 배분 시 다음 두 가지 원칙을 모두 준수하는 것을 의미한다. [B130]

가. 계약의 특성에 기반

체계적인 배분은 보험계약의 특성에 기반하여야 한다. 예를 들면 금융위험과 관련된 가정 변동이 계약자에게 지급되는 금액에 영향을 미치지 않는 계약(뒤에서 다룰 '비연동형 계약')과 영향을 미치는 계약(뒤에서 다룰 '간접연동형 계약')이 있다면, 이러한 계약의 특성을 반영하여 체계적 배분에 관한 구체적 기준을 달리 적용하여야 한다.

나. 계약집합의 듀레이션에 걸쳐 인식되는 기타포괄손익의 총합이 영(0)

어느 일자를 기준으로 하더라도 기타포괄이익으로 인식된 보험금융수익(비용)의 누적 금액은 해당 계약집합의 장부금액과 체계적 배분을 적용했을 때 측정되었을 계약집합 금액과의 차이로 나타나야 한다. 따라서 계약집합의 듀레이션에 걸쳐 기타포괄이익으로 인식되는 금액의 총합은 영(0)이다. *[B130, BC42]*

그림 10-2 체계적 배분의 두 번째 원칙에 대한 간략한 예시

BEL		최초 인식	2기 말	3기 말	4기 말	보장기간 말	
	기초BEL(시가)	100	120	100	40	42	
	AOCI환입	0	(38)	(37)	3	(20)	
	기초BEL(원가)	100	82	63	43	22	
	이자부리	5	4	3	2	1	
	이자부리후원가	105	86	66	45	23	
	당기예상보험금	23	23	23	23	23	
	기말BEL(원가)	82	63	43	22	(0) →	체계적 배분을 적용했을 때 측정되었을 계약집합의 금액(B)
	AOCI전입	38	37	(3)	20	0	
	기말BEL(시가)	120	100	40	42	0 →	계약집합의 장부금액(A)
OCI	기초잔액 (AOCI)	0	38	37	(3)	20	
	기중변동 (당기OCI)	38	(1)	(40)	23	(20) →	$38 - 1 - 20 + 3 - 20 = 0$ 계약집합의 듀레이션에 걸쳐 인식되는 기타포괄손익의 총합이 영(0)
	기말잔액 (AOCI)	38	37	(3)	20	0 →	모든 시점에 AOCI = 기말BEL(시가)와 기말BEL(원가) 차이

❗ 체계적 배분 방법은 계약의 특성에 따라 달라져야 하며, 계약집합의 듀레이션에 걸쳐 기타포괄이익으로 인식되는 금액의 총합은 영(0)

10.2.2 보험금융수익(비용)의 체계적 기간 배분

직접참가특성이 없거나 보험료배분접근법을 적용하지 않기로 한 모든 보험계약에 대해 일반모형이 적용되는데, 일반모형에서는 금융위험과 관련된 가정 변동이 계약자에게 지급되는 금액에 상당한 영향을 미치는지 여부에 따라 비연동형(non-participation)과 간접연동형(indirect-participation) 계약으로 구분된다.

10.2.2.1 비연동형 계약의 경우

비연동형 계약은 금리확정형 보험계약과 같이 금융위험과 관련된 가정 변동이 계약자에게 지급되는 금액에 상당한 영향을 미치지 않는 보험계약을 의미한다. 이러한 계약의 특성은 미래 특정 시점에 계약자에게 지급하는 명목금액이 시장금리가 변동하더라도 변동하지 않는다. 그러므로 1시점에 t시점의 예상지급 명목금액을 1시점으로 현재가치화하면서 할인되는 금액과, 1시점으로 할인된 금액이 t시점으로 이동하면서 부리되는 (unwinding, 할인이 해제됨) 금액이 동일하다. 따라서 비연동형 계약의 체계적인 배분은 최초할인율을 사용하여 결정한다. *[B131]*

　한편 당기손익 인식분을 배분하기 위해 최초할인율을 사용할 때, 이행준비그룹 (TRG)에서는 관측된 금리기간구조 곡선(yield curve)을 그대로 사용하거나 기간별 단일률로 변환해서 사용하는 것을 모두 허용하고 있으므로 보험회사는 이에 관하여 선택하면 된다.[3]

10.2.2.2 간접연동형 계약의 경우

간접연동형 계약은 금리연동형 보험계약과 같이 금융위험과 관련된 가정 변동이 계약자에게 지급되는 금액에 상당한 영향을 미치는 보험계약을 의미한다. 이러한 계약의 특성은 미래 특정 시점에 계약자에게 지급하는 명목금액이 시장금리 변동에 따라 변동하기 때문에 1시점에 t시점의 명목금액을 1시점으로 현재가치화하면서 할인되는 금액

3　실무에서는 관측된 금리기간구조 곡선 적용에 따른 결과와 동일하게 만드는 '기간별 단일률'을 EIR(Effective Interest Rate)이라고 부른다.

과, 1시점으로 현가화된 금액이 t시점으로 이동하면서 부리되는 금액이 달라진다.

따라서 간접연동형 보험계약집합의 경우에는 보험부채 각 항목별로 발생한 보험금융수익(비용)을 다음과 같이 체계적으로 배분해야 한다.

가. 미래현금흐름 추정치에서 발생한 보험금융손익 배분

미래현금흐름의 추정치와 관련한 보험금융손익은 유효수익률법과 예상부리이율법 중 하나의 방법을 사용하여 체계적으로 배분한다.

① 유효수익률법(effective yield approach)[4]: 계약집합의 잔여 듀레이션에 걸쳐 수정된 잔여 기대금융수익(비용)을 단일률을 사용하여 배분하는 방법이다.

$$\sum_t \left(CF_t \times \prod_{s=1}^{t} \frac{1}{(1+r_s)} \right) = \sum_t \frac{CF_t}{(1+R)^t}$$

여기서 r_s는 각 기간의 현행할인율(forward rate)이고, R이 잔여 듀레이션에 걸쳐 적용되는 단일률에 해당한다. 구체적인 방법은 다음 절의 사례에서 설명한다.

② 예상부리이율법(projected crediting rate approach): 보험계약자에게 지급해야 하는 금액을 결정하기 위해 부리이율을 사용하는 계약의 경우, 당기에 부리되는 금액과 미래 기간에 부리될 것으로 기대되는 금액에 기초하여 배분하는 방법이다.

$$\left(CF_t \times \prod_{s=1}^{t} \frac{1}{(1+r_s)} \right) \times \left(\prod_{s=1}^{t} (1+i_s) \times K \right) = CF_t$$

여기서 r_s는 각 기간의 현행할인율(forward rate), i_s는 각 기간의 공시이율(약관상 부리이율)이고, K가 부리이율 조정률에 해당한다. 구체적인 방법은 다음 절의 사례에서 설명한다.

---

4   유효수익률법은 기업회계기준서 제1109호 '금융상품'에서 정의하는 유효이자율법(effective interest method)과는 다르다.

나. 위험조정에서 발생한 보험금융손익 배분

위험조정에 대해 보험서비스결과와 보험금융수익(비용)으로 세분하는 정책을 적용하는 경우에는 위험조정에서 발생한 보험금융손익에 대해서도 체계적 배분이 이루어져야 한다. 그 체계적인 배분은 이행현금흐름에서 발생한 금융수익(비용)을 배분할 때 사용하는 방식(즉 앞의 ① 유효수익률법 또는 ② 예상부리이율법)과 일관된 방식으로 결정한다.

다. 보험계약마진에서 발생하는 보험금융손익 배분

보험계약마진에서 발생하는 보험금융수익(비용)의 경우 직접참가특성 보유 여부에 따라 다음과 같이 결정한다.

① 직접참가특성이 없는 보험계약의 경우, 최초할인율을 사용
② 직접참가특성이 있는 보험계약의 경우, 미래현금흐름에서 발생하는 금융수익(비용)을 배분할 때 사용하는 방식과 일관된 방법으로 배분 [B132]

그림 10-3 계약 특성별 보험금융수익(비용)의 체계적 배분

구분	직접참가특성 無		직접참가특성 有
	비연동형계약	간접연동형계약	
미래CF	최초할인율	유효수익률법 또는 예상부리이율법	
RA			
CSM		최초할인율	

❗ 체계적 배분을 통해 당기 보험금융수익(비용)을 결정할 때 가장 중요한 것은 할인율이며, 이 할인율은 계약의 특성(비연동형, 간접연동형 등)과 발생 원천(미래현금흐름, 위험조정, 보험계약마진)별로 상이하게 적용

| 10.3 사례 분석(기준서 사례 15, 15A, 15B) |

A보험회사는 예상되는 총금융수익(비용)을 보험계약집합의 듀레이션에 걸쳐 체계적으

로 배분하여 산정한 금액을 당기손익에 포함시키도록 해당 기간에 대한 보험금융수익(비용)을 세분하는 회계정책을 선택하였다. 이를 위해 A보험회사는 금융위험이 계약자에게 지급되는 금액에 상당한 영향을 미치는 보험계약과 관련한 총기대보험금융수익(비용)을 체계적으로 배분한다.

10.3.1 가정

A보험회사는 다음과 같은 보험계약(보장기간 3년) 100개를 발행한다.
  (1) 고정된 사망급부금을 제공
  (2) 직접참가특성이 없는 보험계약으로서 일반모형 적용

보험계약집합 최초 인식시점의 가정은 다음과 같다.
  (1) 각 계약에 대하여 일시납 보험료 15원을 수취(집합 합계는 1,500원)
  (2) 수취한 보험료를 듀레이션이 2년인 고정수익채권에 투자하고, 매년 10%의 수익을 얻을 것으로 예상되며, 채권만기에 얻은 대가를 매년 10%의 수익을 주는 유사한 금융상품에 재투자할 계획
  (3) 3차 연도 말 보험계약자에게 1,890원(현가 1,420원)을 지급할 것으로 예상되며, 동 금액은 다음과 같이 보험계약자에게 지급될 수익에 대한 기업의 정책에 근거하여 계산
    ㈎ 사례 15A: 보장기간 말에 투자한 자산의 누적가치 중 94.54% 지급 예상(즉 5.46%는 수수료 등으로 차감)
    ㈏ 사례 15B: 보험계약자의 적립금을 매년 수수료 등 2%를 차감한 8%[예상부리이율(the expected crediting rate)]로 증가시킬 것으로 예상

1차 연도 말에 시장이자율이 연 10%에서 연 5%로 하락하여 기업은 3차 연도에 지급할 미래 예상현금흐름을 수정한다.

단순화를 위해 위험조정을 포함한 다른 모든 금액은 무시한다.

- 미래현금 추정치에서 발생한 보험금융수익을 다음과 같이 2가지 방법으로 배분한다.
  (1) 사례 15A: 유효수익률법
  (2) 사례 15B: 예상부리이율법

10.3.2 분석

10.3.2.1 사례 15A: 유효수익률법

A보험회사는 '유효수익률법'을 적용하여 계약집합의 잔여 듀레이션에 걸쳐 수정된 잔여 기대금융수익(비용)을 배분함에 있어 단일률을 사용하기로 선택했다.

- 최초 인식시점의 단일률(연 10%) = $(1{,}890원 \div 1{,}420원)^{\frac{1}{3}}-1$

	연도 말 장부금액에 포함된 미래현금흐름의 현가		(단위: 원)
최초 인식	1차 연도	2차 연도	3차 연도
1,420	1,562	1,718	1,890
	$= 1{,}420 \times 1.1$	$= 1{,}420 \times 1.1^2$	$= 1{,}420 \times 1.1^3$

- 1차 연도 말 시장이자율이 연 10%에서 5%로 하락하여 기대 미래현금흐름 수정
  (1) 2차 연도 말 만기가 되는 고정수익채권의 만기 시 대가를 재투자한 후 3차 연도에 10% 대신 5%의 수익을 얻을 것으로 예상
  (2) 2차 연도 말에 취득할 것으로 예상하는 고정수익채권에서 3차 연도 말 얻을 것으로 예상되는 금액은 다음과 같이 계산:

  일시납 보험료(1,500원) $\times 1.1^2 \times 1.05 = 1{,}906원$

  여기서 만 1년이 경과한 후 이미 10%가 5%로 하락하였음에도 10%를 적용한 것은 듀레이션이 2년인 고정수익채권이기 때문임
  (3) 3차 연도 말 보험계약자에게 지급할 금액(1,802원) = 94.54% $\times$ 1,906원

- 1차 연도 말에 3차 연도 말 미래현금흐름이 1,890원에서 1,802원으로 감소할 것으로 예상되어, 1차 연도 말 보험계약부채의 장부금액에 포함되어 있는 미래현금흐름의 현재가치 추정치를 증가시키는 데 사용하는 단일률(R)을 수정하여 사용

  $$1,802 = 1,562 \times (1 + R)^2$$

  따라서 1,562원을 3차 연도 말의 수정된 현금유출액 1,802원까지 증가시키는 수정 단일률 R은 연 7.42%[= $(1,802 \div 1,562)^{\frac{1}{2}} - 1$]

보험계약부채의 장부금액에 포함된 미래현금흐름의 현재가치 추정치의 장부금액에 할인율의 변동이 미치는 효과는 아래와 같다.

(단위: 원)

	최초 인식	1차 연도	2차 연도	3차 연도
3차 연도 말 미래현금흐름 추정치	1,890	1,802	1,802	1,802
현행할인율로 계산한 미래현금흐름의 현가 추정치(A)	1,420	1,635[1]	1,716	1,802
단일률로 계산한 미래현금흐름의 현가 추정치(B)	1,420	1,562[2]	1,678	1,802
기타포괄손익누계액(A − B)	–	73	38	–

(1) 3차 연도 말의 미래현금흐름 추정치 1,802원을 현행 시장할인율(연 5%)로 할인한 값(1,635원) = 1,802원 ÷ 1.05^2

(2) 3차 연도 말의 미래현금흐름 추정치 1,802원에 단일률 R(연 7.42%)로 할인한 값 (1,562원) = 1,802원 ÷ 1.0742^2

유효수익률법에 따라 당기손익과 기타포괄손익으로 인식할 이행현금흐름에서 발생한 보험금융수익(비용)은 다음과 같다.

이행현금흐름에서 생기는 보험금융 수익(비용)			(단위: 원)
	1차 연도	2차 연도	3차 연도
당기손익	(142)[1]	(116)	(124)
기타포괄손익	(73)[3]	35	38
총포괄손익	(215)[2]	(81)	(86)

(1) A보험회사는 단일률로 계산된 미래현금흐름 현재가치 추정치의 변동분을 보험금융비용으로 당기손익 인식

1차 연도 당기손익에 인식하는 보험금융비용(-142원)

= 1차 연도 초 인식 금액 - 1차 연도 말 미래현금흐름 현가 추정치(단일률 7.42%)

= 1,420원 - 1,562원

(2) 현행할인율에 따른 미래현금흐름의 현재가치 추정치의 변동을 총포괄손익으로 인식

1차 연도 총포괄손익으로 인식하는 총보험금융비용(-215원)

= 미래현금흐름의 현가 추정치(1차 연도 초 현행할인율 10%) - 1차 연도 말 이에 상응하는 금액(할인율 5%)

= 1,420원 - 1,635원

(3) 총포괄손익으로 인식한 금액과 당기손익으로 인식한 금액 간의 차이를 기타포괄손익에 포함

1차 연도에 기타포괄손익에 포함된 보험금융비용(-73원)

= 총포괄손익으로 인식한 보험금융비용 - 당기손익으로 인식한 보험금융비용

= (-215원) - (-142원)

따라서 1차 연도에서 3차 연도까지 총기타포괄손익(0원)

= (-)73원 + 35원 + 38원

10.3.2.2 사례 15B: 예상부리이율법

A보험회사는 '예상부리이율법'을 적용하여 당기에 부리되는 금액과 미래 기간에 부리될 것으로 기대되는 금액에 기초하여 보험금융수익(비용)을 배분하도록 한다. 다만 이 경우에도 보험계약집합의 듀레이션에 걸쳐 기타포괄손익으로 인식되는 금액의 총합이 영(0)이 되도록 배분되는지를 명확히 할 필요가 있다. 이를 위해 기업은 부채의 최초 장부금액이 미래현금흐름의 추정치와 같도록 각 보고기간에 적용될 수 있는 일련의 할인율을 계산한다. 이러한 일련의 할인율은 각 기간별 예상부리이율에 상수(K)를 곱하여

계산한다.

최초 인식시점에 기초항목에서 매년 10%의 수익을 얻을 것으로 예상하고 매년 보험계약자의 적립금을 연 8%(예상부리이율) 증가시킬 것으로 예상한다.

3차 연도 말 지급보험금 예상액(1,890원) = 1,500원 × 1.08^3

1차 연도에 A보험회사는 최초 인식시점에 예상했던 바와 같이 연 8%의 수익으로 보험계약자의 적립금을 증가시킨다.

1차 연도 말 시장이자율은 연 10%에서 연 5%로 감소하여 현금흐름에 대한 기대를 다음과 같이 수정한다.

(1) 2차 연도 말 만기가 되는 채권의 만기 시 대가를 재투자한 후 3차 연도에 5%의 수익을 얻을 것이다.

(2) 2차 연도와 3차 연도에 각각 수수료 등으로 2%를 차감한 8%, 3%만큼을 보험계약자의 적립금에서 증가시킨다.

(3) 3차 연도 말 지급보험금 예상액(1,802원) = 1,500원 × 1.08 × 1.08 × 1.03

예상부리이율에 상수(K)를 곱하여 계산한 일련의 할인율을 사용하여 잔여 기대금융수익(비용)을 계약의 잔존 기간 동안 배분한다. 1차 연도 말에 부리이율에 기초가 되는 상수(K)와 일련의 할인율은 다음과 같다.

(1) 1차 연도 실제 부리이율과 2차 연도와 3차 연도의 기대 부리이율의 곱은 1.20(= 1.08 × 1.08 × 1.03)

(2) 이자부리로 부채의 장부금액은 3년에 걸쳐 1.269배(= 1,802원 ÷ 1,420원) 증가

(3) 따라서 각 부리이율은 다음과 같이 상수(K)만큼 조정이 필요: $1.08K$ × $1.08K$ × $1.03K$ = 1.269

(4) 상수 K는 1.0184 = $(1.269 ÷ 1.20)^{\frac{1}{3}}$

(5) 이에 따른 1차 연도 부리이율은 10% = 1.08 × 1.0184 - 1

- 1차 연도 말 당기손익에 보험금융수익(비용)을 배분하기 위한 부채의 장부금액은
  1,562원 = 1,420원 × 1.08 × 1.0184

- 2차 연도, 3차 연도의 실제 부리이율은 1차 연도 말에 예상했던 대로이다. 따라서 2차 연도 부리이율은 10%[=(1.08 × 1.0184) − 1]이며 3차 연도 부리이율은 4.9%[=(1.03 × 1.0184) − 1]

(단위: 원)

	최초 인식	1차 연도	2차 연도	3차 연도
3차 연도 말 미래현금흐름 추정치	1,890	1,802	1,802	1,802
현행할인율로 계산한 미래현금의 현가 추정치(A)	1,420	1,635	1,716[1]	1,802
예상부리이율에 기초한 할인율로 계산한 미래현금흐름의 현가 추정치(B)	1,420	1,562	1,718[2]	1,802
기타포괄손익누계액(A − B)	−	73	(2)[3]	−

(1) 1,716원은 1,802원의 3차 연도 말 미래현금흐름 추정치를 연 5%의 현행 시장 이자율로 할인한 값이다. 즉 1,802원 ÷ 1.05 = 1,716원이다.

(2) 1,718원은 1,802원의 3차 연도 말 미래현금흐름 추정치를 연 4.9%의 예상부리 이율로 할인한 값이다. 즉 1,802원 ÷ 1.049 = 1,718원이다.

(3) 예상부리이율에 기초한 할인율 연 4.9%(1.03 × K)는 현행할인율 연 5%와 다르기 때문에, 2차 연도 말 기타포괄손익에는 2원의 금액이 누적되어 있다.

따라서 당기손익과 기타포괄손익으로 인식되는 보험금융수익(비용)은 다음과 같다.

이행현금흐름에서 생기는 보험금융수익(비용)

(단위: 원)

	1차 연도	2차 연도	3차 연도
당기손익	(142)[1]	(156)	(84)
기타포괄손익	(73)[2]	75	(2)
총포괄손익	(215)[3]	(81)	(86)

(1) A보험회사는 보험금융비용을 예상부리이율에 따른 미래현금흐름의 현재가치 추정치의 변동분으로 계산하여 당기손익으로 인식

1차 연도 당기손익에 인식하는 보험금융비용(-142원)

= 1차 연도 초 인식 금액 – 1차 연도 말 미래현금흐름 현가 추정치(당초 부리이
   율 10%)

= 1,420원 – 1,562원

(3) 현행할인율에 따른 미래현금흐름의 현재가치 추정치의 변동을 총포괄손익으
   로 인식

1차 연도 총포괄손익으로 인식하는 총보험금융비용(-215원)

= 미래현금흐름의 현가 추정치(1차 연도 초 현행할인율 10%) – 1차 연도 말 이
   에 상응하는 금액

= 1,420원 – 1,635원

(2) 총포괄손익으로 인식한 금액과 당기손익으로 인식한 금액 간의 차이를 기타
   포괄손익에 포함

1차 연도에 기타포괄손익에 포함된 보험금융비용(-73)

= 총포괄손익으로 인식한 보험금융비용 – 당기손익으로 인식한 보험금융비용

= (-215원) – (-142원)

따라서 1차 연도에서 3차 연도까지 총기타포괄손익(0원)

= (-)73원 + 75원 + (-)2원

가. 보험금융손익 개념

□ 보험금융수익(비용)은 화폐의 시간가치와 금융위험 및 이들의 변동 효과에서 발생하는 보험계약집합 장부금액의 변동액

나. 보험금융수익(비용)의 인식 방법

□ 보험계약 포트폴리오에 대한 보험금융수익(비용)은 모두 당기손익에 포함하거나 당기손익과 기타포괄손익으로 세분하여 인식

□ 직접참가특성이 없는 계약의 보험금융수익(비용) 회계처리
  • 해당 기간의 보험금융수익(비용)을 모두 당기손익에 포함
  • 예상되는 총보험금융수익(비용)을 계약집합의 듀레이션에 걸쳐 체계적으로 배분하여 산정한 금액을 당기손익에 포함하기 위해 당기손익과 기타포괄손익으로 세분

다. 보험금융수익(비용)의 체계적 배분 원칙

□ 계약의 특성에 기반

□ 계약집합의 듀레이션에 걸쳐 기타포괄이익으로 인식되는 금액의 총합은 영(0)

라. 보험금융수익(비용)의 체계적 기간 배분

□ 금융위험과 관련된 가정 변동이 보험계약자에게 지급되는 금액에 상당한 영향을 미치는 보험계약집합의 경우 미래현금흐름의 추정치에서 발생한 금융손익을 다음 두 가지 중 하나의 방법으로 결정
  • 유효수익률법: 계약집합의 잔여 듀레이션에 걸쳐 수정된 잔여 기대금융수익(비용)을 단일률을 사용하여 배분
  • 예상부리이율법: 보험계약자에게 지급해야 하는 금액을 결정하기 위해 부리이율을 사용하는 계약의 경우, 당기에 부리되는 금액과 미래 기간에 부리될 것으로 기대되는 금액에 기초하여 배분

1. 금융위험요소가 아닌 것은?

① 이자율   ② 환율   ③ 해지율   ④ 신용등급

●○○

2. A보험회사는 수취한 일시납보험료(3년 만기) 1,500원을 듀레이션이 2년인 고정수익채권에 투자하면서, 매년 10%의 수익을 얻을 것으로 예상한다. 그리고 채권 만기 시 재투자하는 것으로 가정한다. 1차 연도 말 시장이자율이 연 10%에서 연 5%로 하락하였고 이에 따라서 3차 연도 말 미래현금흐름이 1,890원에서 1,802원으로 감소될 것으로 예상된다. 1차 연도 말 미래현금흐름 현재가치가 1,562원이라면 유효수익률법에 의한 할인율 R을 구하는 산식은 다음 중 어느 것인가?

① $1{,}890 = 1{,}562 \times (1 + R) \times (1 + R)$

② $1{,}802 = 1{,}562 \times (1 + R) \times (1 + R)$

③ $1{,}802 = 1{,}500 \times (1 + R) \times (1 + R) \times (1 + R)$

④ $1{,}890 = 1{,}562 \times (1.1 \times R) \times (1.05 \times R)$

※ 다음 중 맞는 것에 ○표, 틀린 것에 ×표 하시오.

3. 보험금융수익(비용)은 '화폐의 시간가치 및 그 변동 효과'와 '금융위험 및 그 변동 효과'에서 발생하는 보험계약집합 장부금액의 변동으로 이루어져 있다. (   )

4. 보험회사는 직접참가특성이 없는 계약에 대하여 예상되는 총보험금융수익(비용)을 보험계약집합의 듀레이션에 걸쳐 체계적으로 배분하여 산정한 금액을 당기손익에 포함시키도록 해당 기간에 대한 보험금융수익(비용)을 당기손익과 기타포괄손익으로 세분하는 회계정책을 선택할 수 있다. (   )

5. 보험회사는 직접참가특성이 없는 계약에 대하여 보험금융손익효과는 보험계약마진(CSM)의 조정으로 반영한다. (   )

6. 보험계약집합의 총기대금융수익(비용)을 체계적 배분할 때 반드시 계약의 특성에 기반해야 할 필요는 없다. ( )

7. 보험계약집합의 총기대금융수익(비용)을 체계적 배분할 때 계약집합의 듀레이션에 걸쳐 기타포괄손익으로 인식되는 금액의 총합은 영(0)이 되어야 한다. ( )

8. 금융위험과 관련된 가정 변동이 보험계약자에게 지급되는 금액에 미치는 영향이 없다면 최초할인율을 적용하여 보험금융수익(비용)을 배분한다. ( )

9. 금융위험과 관련된 가정 변동이 보험계약자에게 지급되는 금액에 상당한 영향을 미친다면 반드시 유효수익률법으로 보험금융수익(비용)을 배분한다. ( )

10. 유효수익률법은 보험부채의 기대존속기간에 추정 미래현금지급액이나 수취액의 현재가치를 보험부채의 상각후원가와 정확히 일치시키는 이자율(effective interest rate)을 적용하는 방법을 말한다. ( )

11장

손실부담
보험계약

11.1 손실계약의 인식과 처리

11.1.1 손실계약과 손실계약집합의 개념

11.1.1.1 손실계약

손실부담계약(onerous contract)은 최초 인식시점 혹은 후속측정 시에 인식될 수 있다.

가. 최초 인식시점의 손실계약

최초 인식시점에 이미 보험계약에 배분된 이행현금흐름, 이전에 인식한 보험취득 현금흐름 및 최초 인식시점에 계약에서 생기는 현금흐름의 총계가 순 유출인 보험계약이 여기에 해당된다.

최초 인식시점에 손실계약은 다른 계약들과 구분하여 분류한다. 이렇게 최초 인식시점에 손실계약을 식별하는 목적은 개별 계약으로 측정했을 때 손실계약인 계약을 식별하기 위해서이다. 보험회사는 일반적으로 개별 계약을 발행하며, 그러한 개별 계약의 특성에 따라 어떤 집합에 포함되는지가 결정된다.

그러나 계약이 반드시 개별적으로 측정되어야 한다는 것은 아니다. 합리적이고 뒷받침될 수 있는 정보를 이용하여 계약 세트가 같은 집합에 모두 포함될 것이라고 결론 내릴 수 있다면, 계약 세트를 측정할 때 상쇄효과는 없을 것이므로 계약이 손실부담인지를 결정하기 위해 계약 세트를 기준으로 측정할 수 있다. 최초 인식시점에 손실계약이 아니고 후속적으로 손실계약이 될 유의적인 가능성이 없는 계약을 식별하는 데도 동일한 원칙이 적용된다. 즉 목적은 개별 계약 수준에서 그러한 계약을 식별하는 것이지만 보험회사가 합리적이고 뒷받침될 수 있는 정보를 이용하여 계약 세트 내의 계약 모두가 동일한 집합에 포함될 것이라고 결론 내릴 수 있다면 이 목적은 계약 세트를 평가하여 달성될 수 있다.

나. 후속측정 시 손실계약

최초 인식시점에는 손실계약이 아니더라도 그 이후에 발생한 '보험회사 입장에서 불리한 변동으로 인한 어떠한 금액'이 보험계약집합의 보험계약마진 장부금액을 초과할 수 있다. 이 경우 해당 보험계약집합은 후속측정 과정에서 손실계약이 된다. 이때 보험회사 입장에서 불리한 변동으로 인한 어떠한 금액이란 다음 두 가지 경우를 의미한다.

① 미래현금흐름과 위험조정 추정치의 변동으로부터 발생하여 집합에 배분된 이행현금흐름의 미래 서비스와 관련된 불리한 변동: 보험계약집합에서 예상되는 손실은 당기손익으로 즉시 인식하는 것이 원칙이다. 따라서 미래 서비스와 관련된 이행현금흐름의 불리한 변동분이 보험계약마진의 장부금액을 초과하게 된다면 보험계약마진이 음(-)의 금액이 되나, 미실현이익인 보험계약마진이 이론상 음(-)이 될 수 없으므로 해당 초과분을 즉시 손실로 인식(출재보험계약과 관련된 경우는 제외)하는 것이다. 이를 통해 손실을 유발하는 보험계약집합에 대한 부정적 정보를 외부정보이용자에게 적시에 제공할 수 있다. 이러한 조건부 보수주의(conditional conservatism)에 따른 회계처리는 IFRS 15 및 IAS 37에서 손실계약에 대해 손실을 미래의 실제 발생시점이 아닌 예상시점에 조기 인식하는 것과 일관된다.

② 직접참가특성이 있는 보험계약집합의 경우 기초항목의 공정가치 중 보험회사의 몫에 해당하는 금액의 감소분 *[48, BC284]*

회계 토막상식 | 조건부 보수주의

소유와 경영이 분리되어 있는 주식회사가 주된 기업 형태로 자리 잡고 있는 현대 자본주의 체제에서 소유주인 주주에 비해 소유주를 대리하여 직접 기업을 경영하는 경영자가 기업 관련 정보의 우위에 있는 정보비대칭(information asymmetry) 상황이 필연적으로 발생할 수밖에 없다.[1] 이에 회계는 경영자가 이러한 정보비대칭 상황을 악용하여 자신에게 유리한 방향으로 재무정보를 생산·보고하는 기회주의적 행태를 예방하고자 기본적으로 보수적인 시각을 견지하고 있으며, 이를 흔히 보수주의(conservatism)라고 부른다.

---

1   이러한 정보비대칭 상황으로 인해 발생하는 문제를 대리인 문제(agency problem)라고 한다.

이러한 보수주의는 무조건부 보수주의(unconditional conservatism)와 조건부 보수주의(conditional conservatism)로 구분된다. 무조건부 보수주의는 기업이 특정 목적을 위해 자원(주로 현금)을 유출했음에도 이로 인한 미래 경제적 효익의 유입가능성(혹은 인과관계)이 높다고 보기 어려워 해당 자원의 유출을 자본화(capitalization)하지 않고 당기 비용화(expensing)하는 회계처리를 의미하며, 재무현황 및 재무성과의 과대계상(overstatement)을 예방하여 궁극적으로 재무정보의 신뢰성을 제고하는 것이 주된 목적이다. 임직원 교육훈련비, 광고비, 연구비 및 경상연구개발비 등의 당기 비용처리가 이러한 예에 해당하며, 기준서에 의해 이러한 회계처리가 강제되어 있어 무조건부 보수주의라 불린다.

반면 조건부 보수주의는 기업이 수익과 비용을 인식함에 있어 수익은 최대한 천천히, 비용은 최대한 신속하게 인식하도록 하는 회계처리 방식을 의미한다.[2] 이처럼 조건부 보수주의는 수익과 비용의 대응이라는 발생주의 대원칙에 위배되는 측면이 있음에도 미래 손실 발생가능성과 관련한 유용한 정보를 조기에 제공함으로써 외부정보이용자의 의사결정을 도모하는 것을 주된 목적으로 한다. 재고자산, 금융자산, 유·무형자산 등 각종 자산의 손상차손(impairment) 인식 및 환입, 미래 손실 예상액에 대한 충당부채 인식 등이 이러한 예에 해당하며, 경영자의 재량적 판단을 전제로 회계처리가 이루어져 조건부 보수주의라 불린다.

본 장에서 다루는 손실계약에 대한 회계처리도 기본적으로는 조건부 보수주의에 기반하고 있다. 따라서 손실요소와 관련한 당기손실 인식 및 환입 등 손실계약의 회계처리가 보험계약의 특성상 복잡한 측면이 있긴 하나, 일반 손상차손 회계처리와 전체적으로 일맥상통한다.

11.1.1.2 손실부담 보험계약집합(손실계약집합)

보험회사는 특정 보험계약집합의 계약이 다른 보험계약집합의 계약보다 평균적으로 수익성이 더 높을 것으로 기대하면서 서로 다른 두 개의 보험계약집합을 발행할 수 있다. 이때 두 계약집합에서 발생한 손익을 상계처리하게 되면 특정 계약집합에서 발생하는 손실이 다른 계약에서 발생하는 이익으로 보전되어 미래 손실 발생가능성과 관련한 정보의 손실을 야기할 수 있다. 특히 손실계약에 대한 정보는 보험회사의 계약에 대한 가격결정 및 미래현금흐름에 대한 유용한 정보이므로 이 정보가 적시에 보고되는 것이 바람직하다. 이를 위해 수익성이 상이한 보험계약들 간에 상계가 이루어지지 않도록 보험계약집합 분류 기준의 하나로 수익성을 고려한다. *[BC119]*

---

2 조건부 보수주의는 이처럼 수익과 비용의 인식시점(또는 기준)이 상이함에 따라 비대칭적 이익 인식 원칙(asymmetric timeliness of earnings)이라고도 불린다.

한편 보험회사는 리스크 감소를 위해 수많은 유사 계약을 발행한다. 따라서 손실계약 여부를 판단하기 위한 보험계약집합 단위를 결정함에 있어 과도한 보험계약의 결합에 따른 정보손실 우려와 더불어 보험계약의 유사성에 근거한 결합을 균형 있게 고려할 필요가 있다. 이러한 균형은 원칙적으로 다음 요건을 충족하는 경우에 달성될 수 있다.

① 집합 내 계약들은 주요 가정의 변동에 현금흐름의 금액과 시기가 유사하게 반응할 것으로 기대되는 미래현금흐름을 가져야 한다.
② 집합 내 계약들은 유사한 기대 수익성을 가져야 한다.
③ 최초 인식 이후 집합에 대한 재평가는 요구되지 않는다. *[BC124]*

> ❗ • 손실계약 여부는 개별 계약 단위에서 측정하나, 보험회사가 계약 세트 내의 계약 모두가 동일한 집합에 포함될 것이라고 결론 내릴 수 있다면 계약 세트 단위에서도 측정가능
> • 최초 인식시점에 개별 계약(또는 계약 세트) 단위에서 손실부담 여부가 결정되며, 최초 인식시점 개별 계약의 수익성에 따라 해당 계약이 속하는 보험계약집합이 결정
> • 최초 인식시점에 손실계약집합이 아니었더라도 후속측정 시에 계약집합이 손실계약집합이 될 수 있음

11.1.2 손실계약집합의 당기손익 인식

손실부담 계약집합에서 예상되는 미래현금흐름의 순 유출은 즉시 당기손실로 인식한다. 그 결과 해당 집합에 대한 보험부채의 장부금액은 이행현금흐름과 '0'의 보험계약마진으로 구성된다. 순 유출, 즉 음(-)의 보험계약마진이 손실로 인식되는 부분이 손실계약집합 잔여보장요소의 '손실요소(loss component)'이다. *[47, BC129]*

손실요소를 정하고 증가분을 계상하는 계정은 손실계약집합의 잔여보장부채이다. 손실요소는 손실계약집합에 대한 손실(비용)의 환입으로 당기손익에 표시되는 금액에 영향을 미치나, 비용의 환입이기에 수익에 미치는 영향은 없어 결과적으로 보험수익 결정에서는 제외된다. *[49]*

❗ 최초 인식시점에 손실계약인 경우 순 유출 금액은 당기손실로 인식하고, 후속측정 시 이행현금흐름의 미래 서비스와 관련된 불리한 변동이 보험계약마진을 초과하는 경우 해당 초과금액도 당기손실로 인식하며, 이후 손실의 환입은 보험비용으로 처리(보험수익에서 제외)

11.2 후속 변동분의 손실요소 처리

앞서 제9장(보험부채 변동분석)에서 보험계약집합의 총대가 중 서비스 제공과 관련한 보험수익 인식과 보험취득 현금흐름 관련 금액에 대한 보험수익 인식에 대해 살펴보았다. 여기에서는 전자와 관련하여 보험수익을 구성하는 잔여보장부채의 총변동분 중 해당 기간에 발생한 보험서비스비용(기초 시점에 예상했던 금액으로 측정)의 변동에서 제외되는 금액의 하나로 열거된 '잔여보장부채의 손실요소에 배분한 금액'에 대해 살펴본다.

상기 "손실요소에 배분"이라는 문구에서 알 수 있듯이, 잔여보장부채는 '손실요소분'과 '손실요소 제외분'으로 구분되는데, 양자를 구분하는 가장 큰 목적은 보험수익으로 인식할 적정한 금액을 측정하기 위해서이다. 보험회사는 보험계약자로부터 받은 보험료(금융효과 조정, 투자요소 제외)만큼만 전체 서비스 제공 기간에 걸쳐 총보험수익으로 인식하여야 한다. 손실요소는 보험서비스와 관련되지만 보험회사가 대가를 기대하지 않는 부분이다. 따라서 손실요소를 제외하지 않고 예상 발생보험서비스비용을 보험수익으로 인식하게 되면 받은 보험료만큼만 수익을 인식해야 하는 원칙을 준수할 수 없게 된다. 따라서 손실계약집합에 대한 손실을 최초로 인식한 후에는 다음과 같이 처리한다.

먼저 보험수익 측정을 위해 최선추정부채와 위험조정의 상각분을 손실요소와 손실요소 제외분으로 체계적 배분한다. 즉 잔여보장부채 중 '이행현금흐름의 후속적 변동분'을 체계적인 방식으로 '손실요소'와 '손실요소 제외분'으로 배분한다. 그리고 추정의

---

3 보험계약집합의 총보험수익은 계약에 대한 대가, 즉 보험회사가 수취하는 보험료에 다음을 반영한 금액이다.
  (1) 금융효과를 조정
  (2) 모든 투자요소를 제외 [B120]

표 11-1 후속 변동사유와 손실요소 배분

변동사유	관련 항목	세부사항		손실요소 배분 여부	손실요소 배분비율
이자부리	보험금융손익	이자비용	보험요소 지출에 대한 이자비용	○	A
			투자요소 지출에 대한 이자비용	○	A
해제	보험수익 (포함 또는 제외)	미래현금흐름	예상보험금	○	B
			예상손해조사비	○	B
			예상유지비	○	B
			예상보험취득 현금흐름	×	C(0%)
			예상투자요소	×	C(0%)
		위험조정	당기 위험 해제분	○	B
추정 변동	보험계약마진 조정 대상 (포함 또는 제외)	미래현금흐름 + 위험조정	유리한 변동	○	D(100% → 0%)
			불리한 변동	○	E(100%)

변동, 그중에서도 유리한 변동은 이행현금흐름에 우선적으로 반영한다. 이를 위해 다음 ①과 ②를 손실요소가 0으로 줄어들 때까지 손실요소에만 배분한다.

① 미래현금흐름과 위험조정 추정치의 변동으로부터 발생하여 집합에 배분된 이행현금흐름의 미래 서비스와 관련된 후속 감소분
② 기초항목 공정가치 중 보험회사 몫에 해당하는 금액의 후속 증가

그러나 유리한 변동으로 인한 이행현금흐름의 감소분이 손실요소에 배분된 금액보다 더 큰 경우에는 그 초과분을 보험계약마진으로 인식한다. [50]

한편 회계기간 중 발생한 후속 변동사유로 인한 손실요소의 배분은 크게 이자부리(보험금융손익), 해제(release, 보험계약 의무 이행에 따른 잔여보장부채 감소), 추정 변동(미래 서비스와 관련된 이행현금흐름의 추정 변경)으로 구분된다. 각 사항에 대한 손실요소 배분 여부 및 손실요소 배분비율 등을 요약하면 표 11-1과 같다. 이와 관련한 세부 내용은 다음 절에서 살펴본다.

11.2.1 이행현금흐름 변동분(이자부리와 감소분)의 손실요소 체계적 배분

'잔여보장부채와 관련한 이행현금흐름의 후속적 변동분'을 '체계적인 방식'으로 손실요소와 손실요소 제외분으로 배분하기 위해서는 일차적으로 손실요소 배분 대상이 무엇인지 분별해야 한다. 그리고 손실요소분과 손실요소 제외분으로 체계적으로 배분하기 위한 비율을 산정해야 한다.

11.2.1.1 손실요소 배분 대상 이행현금흐름 변동분

손실요소 체계적 배분의 대상이 되는 '잔여보장부채의 이행현금흐름의 후속적 변동분'은 다음을 말한다.

① 발생한 보험서비스비용으로 인해 잔여보장부채에서 감소되는 보험금과 비용에 대한 미래현금흐름의 현재가치 추정치
② 위험 감소로 당기손익으로 인식되는 위험조정의 변동분
③ 보험금융수익(비용) [51]

제9장에서 살펴본 바와 같이, 보험회사는 제공하는 서비스에 대한 잔여보장부채를 감소시키고 보험수익을 인식하는데, 보험수익을 발생시키는 잔여보장부채의 감소에서 '보험회사가 해당 기간 제공하는 서비스와 관련 없는 부채의 변동'과 '손실요소의 증감'은 제외한다.

예를 들어 수취보험료, 투자요소, 보험계약대출 등은 보험수익이나 보험서비스비용에 포함되지 않기 때문에 '손실요소를 제외한 잔여보장부채'에만 배분한다. 보험취득현금흐름의 경우에도 발생 시 잔여보장부채가 감소하지만, 보험회사가 해당 기간에 제공하는 서비스와 관련 없는 변동이므로 손실요소의 체계적 배분 대상이 아니다.

---

4 보험취득 현금흐름과 관련한 보험수익은 이러한 현금흐름을 회수하는 것과 관련이 있는 보험료 부분을 시간의 경과에 따른 체계적인 방법으로 각 보고기간에 배분하여 산정한다. 이와 동일한 금액을 보험서비스비용으로 인식한다. [B125] 즉 보험취득 현금흐름 관련해서는 잔여보장부채 감소시점과 보험서비스비용 인식시점이 상이하다.

이에 반해 후속적 변동분에서 보험금융손익으로 인한 잔여보장부채 중 손실요소였던 부분에 대한 증가분은 보험수익 인식 대상에서 제외해야 하므로 '손실요소'와 '손실요소 제외분'으로 나눈다. 추정 변동(미래 서비스와 관련된 이행현금흐름의 추정 변경)으로 인한 후속 변동분에 대해서도 '손실요소'와 '손실요소 제외분'으로 배분한다.

11.2.1.2 손실요소 배분비율의 산정

보험회사는 잔여보장부채에 대한 이행현금흐름의 변동을, 그 영향을 받는 것으로 간주될 수 있는 '손실요소'와 '손실요소 제외분'에 체계적으로 배분해야 한다. 이때 손실요소를 추적하는 것은 임의성을 내재한다고 보아(즉 경영자의 재량적 판단사항으로 보아), 기준서가 구체적인 방법을 제시하고 있지는 않다. [50(1), BC287] 다만, 보험회사는 기준서 사례 3B와 사례 8의 '체계적인 방식'을 참고하여 자체적으로 합리적인 배분방식을 결정하면 된다.

앞서 표 11-1에서 세부사항별로 손실요소 배분비율을 A~E로 표기하였는데, A는 회계기간 중 이자부리로 인한 잔여보장부채 증가분에 대한 손실요소 배분비율을, B와 C는 회계기간 중 이행의무 이행으로 인한 잔여보장부채 감소분(해제)에 대한 손실요소 배분비율을 각각 의미한다. 표 11-2는 기준서 예시 사례 3B와 8에서의 A, B, C에 해당하는 방법을 예시한다. 즉 A는 보험금융손익 인식 대상에 대한 체계적 배분비율을, B는 보험수익 인식 대상에 대한 체계적 배분비율을 예시적으로 보여준다. 그리고 C는 투자요소에 대해서는 손실요소에 배분되는 금액이 없음을 나타낸다.

표 11-2 체계적 배분비율 예시

구분		사례 3B	사례 8
A	분자	기시 손실요소 잔액	기시 손실요소 잔액
	분모	기시 최선추정 + 위험조정	기시 최선추정 + 위험조정
B	분자	기시 손실요소 잔액 + 이자비용 중 손실요소분	기시 손실요소 잔액
	분모	기시 최선추정(보험요소 지출) + 보험요소 최선추정의 이자비용 + 위험조정	기시 최선추정(보험요소 지출) + 위험조정
C			0

11.2.2 추정치 변동으로 인한 미래 서비스 관련 후속 변동분

11.2.2.1 유리한 변동

추정 변동(미래 서비스와 관련된 이행현금흐름 추정의 변경)으로 인한 후속 변동 중 이행현금흐름 추정치가 감소하는 유리한 변동의 경우 이행현금흐름 추정치의 변동분은 손실요소가 0이 될 때까지 손실요소에만 우선 배분한다. 즉 손실을 우선적으로 환입한다. 만약 이행현금흐름 감소분이 '손실요소가 0이 되게 하는 금액'보다 더 큰 경우라면, 그 초과분은 보험계약마진으로 조정(즉 양(+)의 보험계약마진 인식)한다. *[50(2)]* 이를 표 11-1에서는 D(100% → 0%)로 표현하고 있다.

11.2.2.2 불리한 변동

손실을 부담하거나 더 부담하는 계약이 되게 하는 불리한 변동의 경우에는 손실요소가 증가된 만큼 즉시 당기손실로 인식한다. *[48]* 이를 표 11-1에서는 E(100%)로 표현하고 있다.

> ❗ 실제 보험료(보험요소분)를 받은 만큼만 보험수익으로 인식하기 위하여 이행현금흐름의 후속 변동분을 손실요소와 손실요소 제외분으로 체계적 배분

11.2.3 손실요소의 기중 변동

잔여보장부채 중 손실요소의 기중 변동(movement)을 항목별로 정리하면 다음 표 11-3과 같다. 이렇게 손실요소에 배분된 금액은 계약집합의 보장기간 말까지 전체 합계가 0이 된다. *[52]*

위 표에서는 손실요소 잔여보장부채 잔액을 양수(+)로 놓고 회계기간 중 손실요소 잔여보장부채의 증감을 +/-로 표현한다. 예를 들어 손실요소 잔여보장부채의 증가요소는 상대계정이 잔여보장부채(증가)이고, 손실요소 잔여보장부채의 감소요소는 상대계정이 잔여보장부채(감소)이다. 표 11-3에서 처리효과는 손실요소 여부와 무관하게 보험계약마진(+/-), 보험금융비용(+), 보험수익(+) 등 잔여보장부채와 관련한 회계처리를 먼

표 11-3 손실요소의 기중 변동 처리 요약

구분		회계처리	계정과목	처리효과
+	기시 잔액		잔여보장요소	
+	신계약 (손실부담) 인식	손실요소 인식(보험비용 증가)	손실부담계약 관련 비용	보험계약마진 조정(차감)에서 제외
+	이자부리	보험금융손익(비용 증가)	보험금융손익	잔여보장부채 보험금융손익에서 손실요소 보험금융손익으로 대체
−	해제(최선추정)	손실요소 환입(보험비용 차감)	손실부담계약 관련 비용 (환입)	당기 보험수익에서 제외 [손실요소배분액(BEL) 차감]
−	해제(위험조정)	손실요소 환입(보험비용 차감)	손실부담계약 관련 비용 (환입)	당기 보험수익에서 제외 [손실요소배분액(RA) 차감]
−	추정 변경 (유리한 변동)	손실요소 환입(보험비용 차감): 손실요소가 0이 될 때까지	손실부담계약 관련 비용 (환입)	보험계약마진 조정(증가)에서 제외
+	추정 변경 (불리한 변동)	손실요소 인식(보험비용 증가)	손실부담계약 관련 비용	보험계약마진 조정(차감)에서 제외
+	기말잔액		잔여보장요소	

저 수행한 다음, 이후 단계에서 손실요소를 추출하여 배분하는 과정에서 관련 계정에 미치는 효과를 의미한다.

> ❗ 손실요소에 배분된 총금액은 손실인 신계약 및 불리한 추정 변동으로 인한 손실 추가 인식(+), 이자부리 (+), 이행현금흐름 해제 및 유리한 추정 변동으로 인한 손실요소 환입(−) 등의 과정을 통해 계약집합의 보장기간 말에는 0으로 수렴

| 11.3 사례 분석(기준서 사례 2B, 3B, 8) |

먼저 사례 2B와 3B는 제8장에서 다루었던 사례 2의 가정하에서 2차 연도에 후속측정을 통해 손실계약이 되는 경우이다. 그리고 사례 3B는 제9장에서 다루었던 사례 3A에서 사용한 가정과 동일한 가정을 사용하므로 1차 연도에 대한 분석은 사례 3A와 동일

하다. 그리고 사례 8은 손실계약집합이 이익 발생을 예상한 때 잔여보장부채의 손실요소에서 손실을 환입하는 방법을 설명한다.

11.3.1 사례 2B(후속측정을 통해 손실계약이 되는 경우)

11.3.1.1 가정

제8장의 사례 2에서 A보험회사가 최초 인식하면서 해당 연도에 대하여 예상했던 것과 달리 2차 연도 말 잔여 보험계약마진을 초과하는 이행현금흐름에 불리한 세 가지 변동이 발생하였고, 그 결과 보험계약집합은 손실계약집합이 된다. 이에 A보험회사는 3차 연도에 대한 이행현금흐름을 수정한다.

① 2차 연도에 실제로 청구된 보험금 400원은 최초 예상보다 200원이 증가한 금액

② A보험회사는 3차 연도에 대한 미래현금유출의 추정치를 200원에서 450원으로 수정하고 이에 따라 2차 연도 말 현재가치는 238원 증가한 429원(=191 + 238)

③ A보험회사는 2차 연도 말에 그러한 미래현금흐름과 관련이 있는 위험조정을 처음 예상했던 40원보다 48원 증가한 88원으로 조정

11.3.1.2 손실계약집합의 이행현금흐름 변동

A보험회사가 보험계약집합을 최초 인식할 때 예상했던 매 보고연도 말 이행현금흐름 추정치 중에서 2차 연도 말 값이 아래(음영으로 표시)처럼 수정된다.

(단위: 원)

	최초 인식	1차 연도	2차 연도	3차 연도
미래 현금유입액의 현가 추정치	(900)	–	–	–
미래 현금유출액의 현가 추정치	545	372	429	–
미래현금흐름의 현가 추정치(BEL)	(355)	372	429	–
위험조정(RA)	120	80	88	–
이행현금흐름(BEL + RA)	(235)	452	517	–

이행현금흐름의 변동요인을 분석하여 각 변동을 보험계약마진에서 조정할지 결정한다.

2차연도 보험계약부채 변동분석표

	미래현금흐름의 현재가치 추정치(BEL)	위험조정(RA)	보험계약마진(CSM)	보험계약부채 (= BEL + RA + CSM)
기초잔액	372	80	165	617
보험금융비용	19[(1)]	–	8[(1)]	27
미래 서비스 관련 변동	238	48	(173)[(2)]	113
당기 서비스 관련 변동	200	(40)	–[(3)]	160
현금유출	(400)	–	–	(400)
기말잔액	429	88	–	517

먼저 기초잔액은 1차 연도 말의 기말잔액과 동일한 값이다.(제8장 참조)

(1) $19 = 372 \times 5\%$, $8 = 165 \times 5\%$

(2) 미래 서비스와 관련된 이행현금흐름의 변동은 미래 현금유출액의 현재가치 추정치 증가분 238원('450-200'의 현재가치)과 비금융위험에 대한 위험조정의 증가분 48원(= 88 – 40)의 합인 286원이다. 조정 전 보험계약마진의 장부금액은 173원(= 165 + 8)이지만, 미래 서비스와 관련된 이행현금흐름의 변동분 286원이 이를 초과하게 되므로 손실이 발생한다. 따라서 일단 보험계약마진을 173원만큼 조정하여 보험계약마진을 0으로 감소시키고, 이 조정을 초과한 이행현금흐름의 나머지 변동 113원을 즉시 당기손실로 인식한다.

(3) 배분 전의 잔여 보험계약마진이 영(0)이 되었으므로 해당 연도에 보험계약마진을 당기손익으로 인식하지 않는다.

3차 연도 말에 보장기간이 종료되고 계약집합이 제거(derecognised)된다. 이행현금흐름의 변동요인을 분석하여 각 변동을 보험계약마진에서 조정할지 결정한다.

3차연도 보험계약부채 변동분석표

(단위: 원)

	미래현금흐름의 현재가치 추정치(BEL)	위험조정(RA)	보험계약마진(CSM)	보험계약부채 (= BEL + RA + CSM)
기초잔액	429	88	–	517
보험금융비용	21[1]	–	–	21
당기 서비스 관련 변동	–	(88)	–	(88)
현금유출	(450)	–	–	(450)
기말잔액	–	–	–	–

(1) 21 = 429 × 5%

위 표에서 분석된 금액을 재무상태표에 인식된 금액으로 요약하면 다음과 같다.

매 보고연도 말 재무상태표 추이

(단위: 원)

	1차 연도 말	2차 연도 말	3차 연도 말
현금[1]	(700)	(300)	150
보험계약부채	617	517	–
자본	83	(217)	(150)

(1) 1차 연도에서 현금 (700)원은 수입보험료 (900)원에서 지급된 보험금 200원을 차감한 금액이다. 2차 연도와 3차 연도에서 보험금으로 각각 400원과 450원이 지급되었다. 단순화를 위해 현금 계정의 이자는 고려하지 않는다.

위 표에서 분석된 금액을 재무성과표에 인식된 금액으로 요약하면 다음과 같다.

보고연도별 재무성과표 추이

(단위: 원)

	1차 연도	2차 연도	3차 연도	합계
당기 서비스 관련 변동	122	(160)	88	50
미래 서비스 관련 변동:				
손실부담계약집합 손실	–	(113)	–	(113)
보험금융비용	(39)	(27)	(21)	(87)
손익	83	(300)	67	(150)

11.3.2 사례 3B(손실요소 배분)

1차 연도에 대하여 사례 2B와 제9장의 사례 3A에서 사용한 가정과 동일한 가정을 사용하며, 따라서 1차 연도에 대한 분석은 사례 2B, 사례 3A와 동일하다.

11.3.2.1 2차 연도 변동 표시

2차 연도에 손실부담 보험계약집합에 대한 손실을 인식하였으므로 잔여보장부채의 이행현금흐름의 후속적 변동분은 잔여보장부채의 '손실요소 제외분'과 '손실요소'로 배분해야 한다.

	2차 연도 차이조정 내역			(단위: 원)
	손실요소를 제외한 잔여보장부채	잔여보장부채의 손실요소	발생사고부채	보험계약부채
기초잔액	617	–	–	617
보험수익	(140)[1]	–	–	(140)
보험서비스비용	–	113[2]	300[3]	413
투자요소	(100)	–	100	–
보험금융비용	27[4]	–	–	27
현금흐름	–	–	(400)	(400)
기말잔액	404	113	–	517

⑴ 손실요소를 제외한 잔여보장부채도 잔여보장부채이므로 사례 3A의 잔여보장부채에서 보험수익을 구한 방법과 동일하게 보험수익을 구한다.

㉮ 감소분 측정법

잔여보장부채의 기초 장부금액(617원) – 기말 장부금액(517원)

= 보험수익 – 보험금융비용(27원) + 투자요소상환(100원) – 손실요소 증가(113원)

∴ 보험수익 = 140원

여기서 해당 기간에 제공되는 서비스와 관련이 없는 변동분[예: 수취한 보험료로 인한 현금유입에서 생기는 변동, 투자요소와 관련된 변동, 보험금융수익(비용)과 관련된 변동]을 제외하고, 서비스와 관련되지만 보험회사가 대가를 기대하지 않는 변동분(잔여보장부채 손실요소의 증감)도 제외한다.

(나) 총변동분 측정법

보험수익

= 예상 발생 보험서비스비용(200원 − 투자요소 상환액 100원 = 100원) + 위험 감소로 인한 위험조정 변동분(40원) = 140원

(2) 사례 2B에서 A보험회사는 3차 연도에 대한 이행현금흐름의 추정치를 수정하고, 이행현금흐름 증가분이 잔여 보험계약마진의 장부금액을 초과하여 113원의 손실이 발생한 것을 알고 있다. 이때 A보험회사는 그 손실을 손실계약집합에 대한 잔여보장부채의 손실요소로 정한다. 이 손실요소는 손실계약집합에 대한 손실의 환입으로 당기손익에 표시되는 금액을 결정하며, 따라서 보험수익을 결정할 때 제외된다.

(3) 보험서비스비용

= 해당 기간에 실제 발생한 보험금(400원) − 투자요소(100원) = 300원

(4) 보험금융비용 = (BEL 372원 + CSM 165원) × 5% = 27원

11.3.2.2 3차 연도 변동 표시

| | 3차 연도 차이조정 내역 | | | (단위: 원) |
	손실요소를 제외한 잔여보장부채	잔여보장부채의 손실요소	발생사고부채	보험계약부채
기초잔액	404	113	–	517
보험금융비용	16	5[2]	–	21[4]
보험수익	(320)[1]	–	–	(320)
보험서비스비용	–	(118)[2]	350[3]	232
투자요소	(100)	–	100	–
현금흐름	–	–	(450)	(450)
기말잔액	–	–	–	–

⑴ 보험수익 320원은 다음과 같이 산출된다.

⑺ 감소분 측정법

잔여보장부채의 기초 장부금액(517원) - 기말 장부금액(0원)

= 보험수익 - 보험금융비용(21원) + 투자요소상환(100원) + 손실요소 감소 (118원)

∴ 보험수익 = 320원

⑻ 총변동분 측정법

보험수익

= 예상 발생 보험서비스비용(투자요소 상환액 제외)(450원 - 100원 = 350원)

+ 위험의 감소로 인한 위험조정의 변동분(88원) - 잔여보장부채 손실요소(118원) = 320원

⑵ 잔여보장부채의 이행현금흐름의 후속 변동분을 체계적인 방식으로 '손실요소'와 '손실요소 제외분'으로 배분한다.

잔여보장부채의 이행현금흐름의 후속 변동분

= 당기수익으로 인식해야 할 당기예상보험금 변동액(350원 = 450원 - 100원) + 위험조정 해제분(88원) = 438원

㈎ 손실요소비중(22%)

= 잔여보장부채 손실요소(113원) ÷ 잔여보장부채(404원 + 113원)

∴ 보험금융비용 변동분의 '손실요소' 배분액(5원)

= 총보험금융비용 변동분(21원) × 손실요소비중(22%)

㈏ 투자요소는 보험수익이나 보험서비스비용에 포함되지 않기 때문에 '손실요소 제외분'에만 배분한다.

손실요소 배분율

= 배분 후 잔여보장부채의 손실요소 ÷ 투자요소를 제외한 잔여보장부채

= (기시 손실요소 금액 113원 + 보험금융비용 중 손실요소 5원) ÷ (기초부채 517원 + 보험금융비용 21원 - 투자요소 100원) = 27%

해당 연도에 잔여보장부채에서 줄어든 미래현금흐름 추정치

= 해당 연도에 발생사고에 대한 예상보험서비스비용(450원 - 100원) × 손실요소 배분율(27%) = 94원

위험 감소로 인한 위험조정 변동분

= 총변동분(88원) × 손실요소 배분율(27%) = 24원

∴ 손실요소의 변동

= 미래현금흐름 추정치 감소분(94원) + 위험조정 변동분(24원) = 118원

한편 320원(= 438원 - 118원)은 보험수익으로 인식된다.

⑶ 보험서비스비용

= 해당 기간에 실제 발생한 보험금(450원) - 투자요소(100원) = 350원

⑷ 보험금융비용 = BEL 429원 × 5% = 21원

11.3.2.3 재무성과표 표시

위에서 분석된 금액에 따라 재무성과표에 표시되는 금액은 다음과 같다.

	1차 연도	2차 연도	3차 연도	합계
보험수익	222	140	320	682[1]
보험서비스비용	(100)	(413)	(232)	(745)
보험서비스결과	122	(273)	88	(63)
금융수익[2]	–	–	–	–
보험금융비용	(39)	(27)	(21)	(87)
금융결과	(39)	(27)	(21)	(87)
이익	83	(300)	67	(150)

(단위: 원)

보험계약집합에 대한 총보험수익(682원)

= 보험료(900원) + 금융효과(82원 = 보험금융비용 87원 – 손실요소 관련 5원) – 투자요소(300원 = 3년 동안 연간 100원)

11.3.3 사례 8(손실계약집합의 이익 발생)

11.3.3.1 가정

① 보험계약 속성 가정

- A보험회사는 보장기간을 3년으로 하는 100개의 보험계약을 발행
- 보장기간은 보험계약 발행시점부터 시작되고 서비스는 보장기간에 걸쳐 균등 제공
- 보장기간이 끝나기 전에 해지되는 계약은 없음

② 현금흐름 가정

- 최초 인식시점 직후 일시납보험료 800원 수령 예상(현금유입액 현가 추정치는 800원)
- 연간 미래 현금유출액: 매 연도 말 400원(총 1,200원)
  기초항목의 성과에 따라 변동하지 않는 명목현금흐름의 특성을 반영하여 연

5%의 할인율을 사용해 미래 현금유출액의 현재가치를 1,089원으로 추정

- 보험금은 보험사고 발생 시 지급

③ 위험조정 가정

- 최초 인식시점에 위험조정은 240원이며 위험은 보장기간 3년에 균등 감소

④ 투자요소 가정

- 투자요소는 없다고 가정

⑤ 경과기간별 가정

- 최초 인식시점

(단위: 원)

	최초 인식	1차 연도	2차 연도	3차 연도
미래 현금유입액 현가 추정치	(800)	–	–	–
미래 현금유출액 현가 추정치	1,089	743	381	–
미래현금흐름 현가 추정치(BEL)	289	743	381	–
위험조정(RA)	240	160	80	–
이행현금흐름(BEL + RA)	529	903	461	–
보험계약마진(CSM)	–			
보험계약부채(BEL + RA + CSM)	529			

- 1차 연도: 모든 사건은 최초 인식시점에 예상한 대로 발생한다.
- 2차 연도
  - 2차 연도 말 3차 연도의 미래 현금유출액 추정치를 400원에서 100원으로 수정 (286원의 현가 감소)
  - 해당 현금흐름에 관련된 위험조정은 변동하지 않음
- 3차 연도: 모든 사건은 2차 연도 말에 예상한 대로 발생한다.

11.3.3.2 분석

가. 1차 연도 분석

① 1차 연도 말에 해당 연도 중 이행현금흐름의 변동요인을 분석하여 각 변동을 보험계약마진에서 조정할지 결정

(단위: 원)

	최선추정(BEL)	위험조정(RA)	보험계약마진(CSM)	보험계약부채
기초잔액	–	–	–	–
미래 서비스 관련 변동분: 신규 계약	289	240	–	529
현금유입액	800	–	–	800
보험금융비용	54[1]	–[2]	–	54
당기 서비스 관련 변동	–	(80)[2]	–	(80)
현금유출액	(400)	–	–	(400)
기말잔액	**743**	**160**	**–**	**903**

(1) 보험금융비용

= 1,089원(최초 인식시점의 BEL 289원 + 1차 연도 초에 수취한 현금유입액 800원) × 현행 할인율(5%) = 54원

(2) 위험조정 변동분은 보험서비스결과와 보험금융수익(비용)으로 세분하지 않고 재무성과표에 보험서비스결과의 일부로 포함

(3) (배분 전) 보험계약마진이 0이므로 해당 연도에는 보험계약마진을 당기손익으로 인식하지 않는다.

② 후속 변동분의 체계적 배분방식: 잔여보장부채의 이행현금흐름의 특정 후속 변동은 체계적인 방식으로 잔여보장부채의 손실요소와 손실요소 제외한 잔여보장부채로 배분

1차 연도 잔여보장부채 이행현금흐름 변동분의 체계적 배분표　　　　　　(단위: 원)

	손실요소를 제외한 잔여보장부채	잔여보장부채의 손실요소	합계
당기 발생사고에 대한 기대 보험서비스비용의 감소	(241)	(159)[1]	(400)
위험 감소로 인한 위험조정의 변동	(48)	(32)[1]	(80)
보험수익	(289)[2]	–	–
보험서비스비용	–	(191)	–
보험금융비용	33	21	54

(1) 잔여보장부채의 이행현금흐름의 후속 변동분은 체계적인 방식(손실요소비율)으로 잔여보장부채의 손실요소와 손실요소를 제외한 잔여보장부채로 배분

　　잔여보장부채의 손실요소비율

　　= 잔여보장부채의 손실요소(529원) ÷ {총 미래 현금유출액 현가 추정치(1,089원) + 위험조정(240원)} = 39.8%

　(가) 해당 연도에 잔여보장부채에서 줄어든 미래현금흐름 추정치

　　　= 이는 해당 연도의 발생사고에 대한 기대보험서비스비용(400원) × 39.8% = 159원

　(나) 위험조정 변동분

　　　= 총변동분(80원) × 39.8% = 32원

　(다) 보험금융비용

　　　= 총보험금융비용(54원) × 39.8% = 21원

(2) 따라서 보험수익은 손실요소를 제외한 잔여보장부채에 배분된 미래현금흐름 추정치 241원과 위험조정 48원의 합계인 289원이다. 한편 이 보험수익 289원은 다음과 같이 두 가지 방식으로 분석 가능

　(가) 감소분 측정법

　　손실요소를 제외한 잔여보장부채에 대해,

　　기초 잔여보장부채 장부금액 + 수취보험료 + 이자부리 – 투자요소상환 + 투자요소수취 – 보험수익

= 기말 잔여보장부채 장부금액

⇒ 기초 잔여보장부채 장부금액(0원) - 기말 잔여보장부채 장부금액(544원)

= 보험수익 - 수취한 보험료로 인한 현금유입에서 생기는 변동(800원) - 보험

금융비용(33원)

∴ 보험수익 = 289원

㈏ 총변동분 측정법

보험수익

= 예상 발생 보험서비스비용(400원) + 위험 감소로 인한 위험조정의 변동분(80

원) - 잔여보장부채 손실요소(159원 + 32원) = 289원

③ 1차 연도 재무상태표에 인식된 금액과 재무성과표에 인식된 금액과의 차이조정

(단위: 원)

	손실요소를 제외한 잔여보장부채	잔여보장부채의 손실요소	발생사고부채	보험계약부채
기초잔액	−	−	−	−
현금흐름	800	−	−	800
보험서비스비용: 손실부담계약의 손실	−	529[1]	−	529
보험금융비용	33	21[2]	−	54[3]
보험수익	(289)[2]	−	−	(289)
보험서비스비용: 발생비용	−	(191)[2]	400	209
현금유출	−	−	(400)	(400)
기말잔액	**544**	**359**	**−**	**903**

⑴ 손실요소는 손실부담계약집합에 대한 손실의 환입으로 당기손익에 표시되는 금
액을 결정하며 따라서 보험수익을 결정할 때 제외

⑵ 이행현금흐름의 변동은 손실요소를 제외한 잔여보장부채와 잔여보장부채의 손
실요소에 배분

⑶ 보험금융비용이 발생한 직후에 발생사고부채가 지급되므로, 총보험금융비용은
잔여보장부채와 관련되어 있다.

나. 2차 연도 분석

① 2차 연도 말 해당 연도 중 이행현금흐름의 변동요인을 분석하여 각 변동을 보험계약마진에서 조정할지를 결정

(단위: 원)

	현금흐름의 현재가치 추정치	비금융위험에 대한 위험조정	보험계약마진	보험계약부채
기초잔액	743	160	–	903
보험금융비용	37[1]	–	–	37
미래 서비스 관련 변동	(286)[2]	–	103[2]	(183)
당기 서비스 관련 변동	–	(80)	52[3]	(132)
현금유출	(400)	–	–	(400)
기말잔액	**94**	**80**	**51**	**225**

(1) 보험금융비용 = 2차 연도 초 미래현금흐름 현재가치 추정치(743원) × 현행 할인율(5%) = 37원

(2) 미래 서비스와 관련하여 미래현금흐름 추정치의 변동으로부터 발생하여 집합에 배분된 이행현금흐름의 후속적인 감소분 286원은 손실요소가 0으로 줄어들 때까지 손실요소에만 배분한다(183의 이행현금흐름 감소분은 손실요소가 0으로 줄어들 때까지 손실요소에 배분됨). 손실요소에 배분된 금액을 초과하는 이행현금흐름의 감소분[103원(286원 - 183원)]에 대해서만 보험계약마진에서 조정한다.

(3) 보고기간 말(상각액을 당기손익으로 인식하기 전)에 당기에 제공된 것과 미래에 제공될 것으로 예상되는 각 보장단위에 보험계약마진을 균등하게 배분한다. *[B119(2)]*

당기에 제공된 보장단위에 배분된 금액 52원을 당기손익으로 인식하는데, 이 금액은 103원을 2년으로 나눈 금액

② 후속 변동분의 체계적 배분방식

	손실요소를 제외한 잔여보장부채	잔여보장부채의 손실요소	합계
당기 발생사고에 대한 기대 보험서비스비용의 발생	(241)	(159)[1]	(400)
위험 감소로 인한 위험조정의 변동	(48)	(32)[1]	(80)
당기손익으로 인식한 보험계약마진	(52)	–	(52)
보험수익	(341)[2]	–	
보험서비스비용	–	(191)	
보험금융비용	22[2]	15[1]	

(1) 잔여보장부채의 이행현금흐름의 후속적 변동분은 체계적인 방식으로 잔여보장부채의 손실요소와 손실요소를 제외한 잔여보장부채로 배분한다.

이 사례에서 체계적인 배분비율

= 1차 연도 말 손실요소 기초잔액(359원) ÷ {총 미래 현금유출액의 현가 추정치 (743원) + 위험조정(160원)} = 39.8%

따라서 이행현금흐름의 후속 변동분을 다음과 같이 잔여보장부채의 손실요소에 배분한다.

㈎ 해당 연도에 잔여보장부채에서 줄어든 미래현금 추정액

= 해당 연도의 발생사고보험금에 대한 예상보험서비스비용(400원) × 39.8% = 159원

㈏ 위험 감소로 인한 위험조정 변동분

= 총변동분(80원) × 39.8% = 32원

㈐ 보험금융비용

= 총보험금융비용(37원) × 39.8% = 15원

(2) 보험수익 341원은 다음과 같이 두 가지로 분석 가능

㈎ 감소분 측정법

　기초 잔여보장부채 장부금액(544원) - 기말 잔여보장부채 장부금액(225원)

　= 보험수익 - 보험금융비용(22원)

　∴ 보험수익 = 341원

㈏ 총변동분 측정법

　보험수익

　= 예상 발생 보험서비스비용(400원) + 위험 감소로 인한 위험조정의 변동분(80원) - 잔여보장부채 손실요소 환입액(159원 + 32원) + 당기손익으로 인식한 보험계약마진 금액(52원) = 341원

⑶ 2차 연도 재무상태표에 인식된 금액과 재무성과표에 인식된 금액과의 차이조정

(단위: 원)

	손실요소를 제외한 잔여보장부채	잔여보장 부채의 손실요소	발생사고부채	보험계약부채
기초잔액	544	359	-	903
보험금융비용	22	15[1]	-	37[2]
보험수익	(341)[1]	-	-	(341)
보험서비스비용: 발생비용	-	(191)[1]	400	209
보험서비스비용: 손실부담 계약의 손실환원	-	(183)[3]	-	(183)
현금흐름	-	-	(400)	(400)
기말잔액	225	-	-	225

⑴ 잔여보장부채의 이행현금흐름의 후속적 변동분은 체계적인 방식으로 잔여보장부채의 손실요소와 손실요소를 제외한 잔여보장부채로 배분

⑵ 보험금융비용이 발생한 직후에 발생사고부채가 지급되므로, 총보험금융비용은 잔여보장부채와 관련이 있다.

⑶ 미래 서비스와 관련하여 미래현금흐름 추정치의 변동에서 생겨서 집합에 배분된 이행현금흐름의 후속적인 감소분 286원은 손실요소가 0으로 줄어들 때까지 손실요소에만 배분한다.

다. 3차 연도 분석

① 3차 연도 말에 보장기간은 종료되며 보험계약집합은 제거된다. 해당 연도 중 이행 현금흐름의 변동요인을 분석하여 각 변동을 보험계약마진에서 조정할지를 다음과 같이 결정한다.

(단위: 원)

	미래현금흐름의 현재가치 추정치	비금융위험에 대한 위험조정	보험계약마진	보험계약부채
기초잔액	94	80	51	225
보험금융비용	5[(1)]	–	3[(2)]	8
당기 서비스 관련 변동		(80)	(54)[(3)]	(134)
현금유출	(100)	–	–	(100)
단수차이	1	–	–	1
기말잔액	–	–	–	–

(1) 보험금융비용

= 3차 연도 초 미래현금흐름의 현재가치 추정치(94원) × 현행할인율(5%) = 5원

(2) 보험계약마진의 장부금액에 부리되는 이자

= 기초잔액(51원) × 할인율(5%) = 3원

(3) 3차 연도는 보장의 마지막 연도이므로 전체 보험계약마진을 당기손익으로 인식한다.

② 3차 연도 재무상태표에 인식된 금액과 재무성과표에 인식된 금액과의 차이조정

(단위: 원)

	손실요소를 제외한 잔여보장부채	잔여보장부채의 손실요소	발생사고부채	보험계약부채
기초잔액	225	–	–	225
보험수익	(233)[(1)]	–	–	(233)
보험서비스비용	–	–	100	100
보험금융비용	8[(2)]	–	–	8
현금흐름	–	–	(100)	(100)
기말잔액	–	–	–	–

⑴ 보험수익 233원은 다음과 같이 두 가지 방식으로 분석 가능

　　㈎ 감소분 측정법

　　　　기초 잔여보장부채 장부금액(225원) − 기말 잔여보장부채 장부금액(0원)

　　　　= 보험수익 − 보험금융비용(8원)

　　　　∴ 보험수익 = 233원

　　㈏ 총변동분 측정법

　　　　보험수익

　　　　= 보험서비스비용(100원) + 위험조정 변동액(80원) + 당기손익으로 인식한 보
　　　　　험계약마진(54원) − 1원 단수차이

　　　　= 233원

⑵ 보험금융비용이 발생한 직후에 발생사고부채가 지급되므로, 총보험금융비용은
　　잔여보장부채와 관련되어 있다.

가. 손실계약과 손실계약집합의 개념

▫ 최초 인식시점에는 개별 계약 단위에서 손실부담 여부가 결정되며, 최초 인식시점에 손실계약집합이 아니었더라도 후속측정 시 손실계약이 될 수 있으며, 이때 최초 인식 이후 집합에 대한 재평가는 요구되지 않음

- 보험계약에 배분된 이행현금흐름, 이전에 인식한 보험취득 현금흐름 및 최초 인식시점에 계약에서 생기는 현금흐름의 총계가 순 유출인 경우 최소 인식시점에 손실계약이 됨

- 이행현금흐름의 미래 서비스와 관련된 불리한 변동이 보험계약마진의 장부금액을 초과하는 경우 후속측정 시 손실계약이 됨

▫ 최초 인식시점에 손실계약인 경우 순 유출 금액 또는 후속측정 시 이행현금흐름의 미래 서비스 관련 불리한 변동이 보험계약마진을 초과하는 경우 해당 초과금액은 당기손실로 인식하며, 이후 손실의 환입은 보험수익에서 제외

나. 후속 변동분의 손실요소 처리

▫ 실제보험료(보험요소분)를 받은 만큼 보험수익으로 인식하기 위하여 이행현금흐름의 후속 변동분을 손실요소와 제외분으로 체계적 배분

▫ 손실요소에 배분된 총금액은 손실인 신계약 및 불리한 추정 변동으로 인한 손실 추가 인식(+), 이자부리(+), 이행현금흐름 해제 및 유리한 추정 변동으로 인한 손실요소 환입(−) 등의 과정을 통해 계약집합의 보장기간 말에는 0으로 수렴

1. 최초 인식 시 손실부담계약집합의 잔여보장부채에서 손실요소를 정할 때 책임준비금을 결정하는 요인이 아닌 것은?

① 미래 현금유입액 현가 추정치

② 미래 현금유출액 현가 추정치

③ 위험조정(RA)

④ 보험계약마진(CSM)

2. 최초 인식 시 양(+)의 이행현금흐름이 측정되었을 때 회계처리가 아닌 것은?

① 0의 보험계약마진 인식

② 순 유출에 대해 손실을 당기손익으로 인식

③ 발생사고부채에 손실요소 증가

④ 양(+)의 이행현금흐름만큼 부채에 손실요소 적립

3. A보험회사가 최초 인식시점 직후 일시납보험료 900원을 수령하는 보험계약을 발행했다. 보장기간 동안 예상보험금은 현행 할인율을 적용하면 1,089원이다. 최초 인식 시 위험조정이 120원이다. 최초 인식 시 잔여보장부채의 손실요소로 적립될 금액은 얼마인가?

① 1,200   ② 1,089   ③ 189   ④ 309

4. 20X1년 결산기 초 전체 잔여보장부채에 손실요소가 포함되어 있다고 가정한다. 이 경우 20X1년 동안 잔여보장부채의 총변동을 '손실요소'와 '손실요소 제외분'으로 배분해야 하는 대상과 가장 거리가 먼 항목은 무엇인가?

① 해당 기간에 발생한 보험서비스비용

② 위험조정(RA)의 변동

③ 해당 기간의 보험계약마진 금액

④ 보험금융비용

5. A보험회사가 최초 인식시점 직후 일시납보험료 900원을 수령하는 보장기간 3년의 보험계약을 발행했다. 보험금은 매년 말 400원이 지급되는데 단순 합계는 1,200원이고, 현행할인율 5%를 적용하면 1,089이다. 최초 인식 시 위험조정이 120이고 3년간 위험이 균등 감소한다고 가정한다.

A보험회사가 이행현금흐름의 후속적 변동을 배분하기 위한 체계적 배분비율을 다음 식으로 정하고 현금흐름도 1차 연도에 예상대로 시현됐다고 가정했을 때 1차 연도의 체계적 배분비율을 구하시오.

체계적 배분비율 = 손실요소 ÷ (미래현금흐름 유출 현가 + 위험조정)

① 5.6%　　　② 15.6%　　　③ 25.6%　　　④ 35.6%

6. A보험회사는 손실계약에서 1차 연도 말 당기 서비스 제공으로 인한 잔여보장부채 감소분(사망보험금 400, 위험조정 40)을 잔여보장부채의 '손실요소 제외분'과 '손실요소'에 배분하고자 한다. 체계적 배분비율 20%를 적용한다고 할 때 보험수익과 보험서비스비용은 각각 얼마인가?

① 400, 40　　　② 352, 88　　　③ 88, 352　　　④ 40, 400

7. A보험회사는 2차 연도 말에 3년말 보험금 예상액을 최초 인식 시보다 적게 재추정하여, 2차 연도 말에 이행현금흐름이 300원 감소하였다. 2차 연도 말 잔여보장부채 손실요소 잔액이 100원이었다면, 재추정을 반영한 잔여보장부채 손실요소와 보험계약마진의 연도 말 마감금액은 각각 얼마인가?

① 100, 300　　　② 0, 300　　　③ -200, 0　　　④ 0, 200

※ 다음 중 맞는 것에 ○표, 틀린 것에 ×표 하시오.

8. 잔여보장부채의 손실요소 증감으로 잔여보장부채가 감소하면 보험손익으로 인식한다. ( )

9. 손실부담 보험계약집합에서 미래현금흐름 추정치의 유리한 변동으로 발생한 이행현금흐름의 후속적 감소분은 보험계약마진에 우선 조정한다. ( )

10. 손실부담 보험계약집합에 대한 손실을 인식한 후, 잔여보장부채 이행현금흐름의 후속적 변동분의 배분 대상은 잔여보장부채의 '손실요소'와 '손실요소 제외분'이다. ( )

12장

변동수수료
접근법

12.1 직접참가특성이 있는 보험계약

12.1.1 직접참가특성이 있는 보험계약의 개념

'직접참가특성(direct participation features)이 있는 보험계약'은 보험회사가 계약에 따라 사전적으로 정해진 기초항목에 근거한 투자수익을 보험계약자에게 지급하기로 약정한 보험계약이다. 이 계약은 실질적으로 투자관련서비스가 주된 서비스인 보험계약을 의미한다. 구체적으로 직접참가특성이 있는 보험계약은 최초 인식시점에 다음 세 가지 조건을 모두 충족해야 하며, 계약이 변경되지 않는 한 후속적으로 해당 조건을 다시 평가하지 않는다.

① 제1조건: 명확하게 식별된 기초항목이 존재하며, 일정 몫에 참여
② 제2조건: 기초항목 공정가치 이익 중 상당한 몫 지급 예상
③ 제3조건: 계약자 지급금 변동분 중 상당한 비율이 기초항목 공정가치 변동에 따라 변동 *[A 직접참가특성 보험계약, B101, BC238]*

상기 조건을 순서대로 살펴보자.

12.1.1.1 명확한 기초항목의 존재 및 일정 몫에 참여

보험회사는 자산운용수익을 얻기 위해 주식이나 채권 등에 투자하는 것이 일반적이다. 여기서 기초항목(underlying items)이란 이러한 자산운용수익 중 보험계약에 가입한 보험계약자에게 지급할 금액 중 일부를 결정하는 항목을 의미한다.

기초항목은 금융자산의 포트폴리오가 될 필요는 없고, 보험회사의 순자산 또는 보고실체인 연결실체 내 종속기업의 순자산과 같은 항목으로도 구성될 수 있다. *[A 기초항목, BC245]*

이때 기초항목 혹은 그러한 기초항목의 집단(pool of underlying items) 중에서 보험계약자의 몫을 명확하게 식별해 놓아야 한다. 다시 말하자면, 보험계약자가 명확하게 식별

된 기초항목 혹은 그러한 집단의 일정 몫에 참여한다는 것이 보험약관이나 다른 보험계약 조건에 명시되어 있어야 직접참가특성이 있는 보험계약에 해당한다. [B101(1)]

기초항목 집단은 계약에 의하여 명확히 식별되는 한 자산의 참조포트폴리오, 보험회사의 순자산 또는 순자산의 특정 하위 집합 등과 같이 어떤 항목으로도 구성될 수 있다. 보험회사가 특정 기초항목 집단을 반드시 보유할 필요는 없으나, 다음의 경우에는 명확히 식별되는 기초항목 집단이 존재하지 않는 것으로 본다.

① 보험회사가 자신의 의무에 해당하는 금액을 결정하는 기초항목을 소급적으로 변경할 수 있는 경우
② 보험회사 전체 또는 자신이 보유한 자산의 하위 집합의 성과와 기대를 일반적으로 반영한 이익을 보험계약자에게 제공할 수 있더라도, 식별되는 기초항목이 없는 경우

이러한 이익의 예로 관련된 기간 말에 설정되는 부리이율 또는 배당지급을 들 수 있다. 이 경우 보험계약자에 대한 의무는 보험회사가 설정한 부리이율이나 배당금을 반영하는 것이지 식별된 기초항목을 반영한 것은 아니다. [B106]

한편 제1조건에서 '일정 몫'이 언급되어 있으나, 이것이 보험계약자에게 지급되는 금액을 변동시키는 보험회사의 재량권(discretion)이 없어야 한다는 뜻은 아니다. 그러나 일정 몫에 대한 보험회사의 재량권을 허용하더라도 기초항목과의 연계는 강제할 수 있어야 한다. [B105]

12.1.1.2 기초항목 공정가치 이익 중 상당한 몫 지급 예상

직접참가특성이 있는 보험계약에 해당하기 위해서는 보험회사가 보험계약자에게 기초항목에서 발생하는 공정가치 이익 중 상당한(substantial) 몫에 해당하는 금액을 보험계약자에게 지급할 것으로 예상해야 한다. 즉 식별해 놓은 주식과 채권에서 발생하는 장래 투자수익의 상당한 몫도 결국 이 보험계약에 가입한 보험계약자들의 것이 되어야 한다는 것이다. [B101(2)] 여기서 '상당한'이라는 용어는, 직접참가특성이 있는 보험계약이 투자관련서비스를 제공하고, 그러한 서비스에 대한 보상으로 기초항목을 참조하여

산정된 수수료를 받는 계약이라는 목적에 비추어 해석한다. *[B107]*

12.1.1.3 지급금 변동분과 기초항목 공정가치 변동의 연관

직접참가특성이 있는 보험계약의 경우 보험회사가 보험계약자에게 지급할 금액의 변동분 중 상당한 비율이 기초항목의 공정가치 변동에 따라 달라질 것으로 예상할 수 있어야 한다. *[B101(3)]*

여기서 보험회사는 금액의 변동성을 '보험계약의 듀레이션에 걸쳐', '최선 또는 최악의 결과에 근거하는 것이 아니라 확률가중평균에 근거한 현재가치로' 평가해야 한다. *[B107]*

한편 상당한 비율을 판단하기 위한 양적 근거는 보험회사가 다음 항목을 고려하여 내부적으로 정해야 한다.[1]

① 기초항목으로부터 발생한 현금흐름 변동과 보험회사가 예상하는 계약자 지급액 변동을 기준으로 판단
② 보험계약 전 기간 현재가치로 평가된 확률가중평균 기준으로 상당한 비율을 판단(단, 확률가중평균 산출 시 모든 시나리오를 고려해야 함)
③ 모든 시나리오의 확률가중평균 시 최저보증 및 보너스(예: 계약자 배당 등) 수준을 고려

12.1.2 직접참가특성이 있는 보험계약의 사례

보험회사가 판매하고 있는 보험상품 중 어떤 상품이 직접참가특성이 있는 보험계약에 해당하는지를 앞서 살펴본 세 가지 조건의 충족 여부를 통해 살펴보자.

---

1 생명보험협회(2018. 11.). IFRS 17 주요 이슈별 실무 적용사례. 19쪽.

가. 제1조건: 보험계약자가 명확하게 식별된 기초항목의 일정 몫에 참여하는 계약

대다수의 보험계약은 제1조건을 충족하지 않는다. 왜냐하면 보험회사는 보험사건이 발생하는 경우 보험계약자에게 보험금을 지급하는데, 일반적으로 보험금은 기초항목의 성과에 따라 변동되지 않기 때문이다.

그러나 기초항목의 성과에 따라 보험금 규모가 변동되는 보험상품도 존재한다.[2] 우리나라의 경우 금리연동형 보험상품, 변액보험상품 등이 그러한 예이다. 금리연동형 상품의 기초항목은 계약자적립금이고 공시기준이율이 기초항목의 성과가 되며, 변액보험상품의 기초항목은 특별계정 펀드이고 이 펀드의 수익률이 기초항목의 성과가 된다.

한편 유배당보험상품의 경우 보험회사의 세전손익에 따라 추가급부가 결정되는 것이므로 기초항목의 성과와 무관하여 직접참가특성이 있는 보험계약에 해당하지 않는다. 또한 일정 기간 동안 확정이율로 설계되는 자산연계형 보험상품도 보험금이 기초상품의 성과와 무관하므로 보험계약자가 기초항목의 일정 몫에 참여한다고 볼 수 없다.

나. 제2조건: 기초항목 공정가치 이익 중 상당한 몫을 보험계약자에게 지급하는 계약

국내 변액보험상품의 경우 기본적으로 특별계정 펀드 수익의 100%를 계약자에게 지급하므로 제2조건을 충족한다.

반면, 국내 금리연동형 보험은 공시이율로 적립금을 부리하여 보험계약자에게 지급하는데, 통상적으로 공시이율은 보험회사의 자산운용수익률 등을 기준으로 한 공시기준이율 그대로 적용되지 않는다. 대부분의 보험회사가 공시기준이율에 회사 재량의 '조정률'을 반영하여 공시이율을 정하고 있어 기초항목과 관련한 공정가치 이익이 온전히 계약자에게 귀속되지 않는 측면이 있다. 따라서 금리연동형 보험의 경우 제2조건을 완전히 만족시킨다고 보기 어렵다.

출재보험계약도 일반적으로 보험회사와 재보험자가 기초항목의 이익을 공유하지 않는다. 따라서 발행된 원수보험계약이 직접참가특성이 있는 보험계약일지라도 출재보험계약은 직접참가특성이 갖추어야 할 요건을 충족하지 않는다. *[BC248]*

---

2 이 지급금은 계약상 정해질 수도 있고, 보험회사의 재량일 수도 있는 추가급부(additional benefits)라고 할 수 있는데, 이 추가급부를 참가특성(participation feature)이라고 한다.

다. 제3조건: 지급금 변동분 중 상당한 비율이 기초항목 공정가치 변동에 따라 변동하는 계약

제3조건 충족 여부는 보험계약에 내재된 최저보증의 역할이 판단의 중요한 잣대가 될 수 있다. 최저수익을 보증하면서 기초항목에서 발생하는 공정가치 이익 중 상당한 몫을 지급할 것으로 예상하는 경우를 가정해 보자. 보증한 수익과 그 밖의 현금흐름(기초항목에 대한 수익에 기초하여 연동되지 않는 부분)이 기초항목의 공정가치 이익을 초과하는지 여부에 따라 다음과 같은 시나리오가 나타날 수 있을 것이므로 보험회사는 이런 모든 시나리오의 확률가중평균 현재가치를 반영한다.

① 보증한 수익과 그 밖의 현금흐름이 기초항목의 공정가치 이익을 초과하지 않는 경우, 보험계약자에게 지급될 것으로 예상되는 현금흐름은 기초항목의 공정가치 변동에 연동된다.

② 보증한 수익과 그 밖의 현금흐름이 기초항목의 공정가치 이익을 초과하는 경우, 보험계약자에게 지급될 것으로 예상되는 현금흐름은 기초항목의 공정가치 변동에 연동되지 않는다. *[B108]*

최저보증이율을 설정한 금리연동형 보험계약이나 최저보증옵션을 가지고 있는 변액보험의 경우 반드시 이러한 조건을 만족시킨다고 볼 수 없다. 변액보험의 보증옵션은 보장성보험의 경우 최저사망보험금보증(GMDB: Guaranteed Minimum Death Benefit), 연금보험의 경우 최저연금적립금보증(GMAB: Guaranteed Minimum Accumulation Benefit), 종신인출보증(GLWB: Guaranteed Lifetime Withdrawal Benefit), 저축성보험의 경우 최저중도인출금보증(GMWB: Guaranteed Minimum Withdrawal Benefit) 등이 있다. 이러한 보증의 경우 ②에서 설명한 보증한 수익과 그 밖의 현금흐름이 기초항목의 공정가치 이익을 초과하게 된다면 기초항목의 공정가치 변동에 연동되지 않아서 제3조건을 만족시킨다고 하기 곤란할 수 있다. 그러나 이 중 저축성보험의 최저중도인출금보증은 특정 시점(일정 기간 또는 연령)까지 특별계정에서 납입보험료의 일정 비율에 해당하는 인출을 보증하는 것이므로, 보증기간 종료 이후 잔여 적립금을 기초항목의 공정가치에 따라 계약자에게 환급함에 따라 기초항목의 공정가치와 보험금의 상관관계가 매우 높다. 따라서 변액저축성보험의 경우 제3조건을 만족시켜 직접참가특성이 있는 보험계약에 해당한다고 볼 수 있다.

실무적으로 보험회사는 직접참가특성이 있는 보험계약 여부를 판단할 때 주보험과 특약을 통합하여 고려하며, 제1조건부터 제3조건까지의 충족 여부는 자체적으로 마련한 정량적 기준에 따라 판단한다. 이를 표로 정리하면 아래와 같다.

표 12-1 보험상품별 세 가지 조건 충족 여부

보험상품	제1조건	제2조건	제3조건
변액저축성보험	만족	만족	만족
변액연금, 보장성보험	만족	만족	일부 만족
금리연동형(공시이율)	만족	일부 만족	일부 만족

❗ 직접참가특성이 있는 보험계약은 ① 명확하게 식별된 기초항목 중 일정 몫에 참여, ② 기초항목 공정가치 이익 중 상당한 몫 지급 예상, ③ 계약자 지급금 변동분 중 상당한 비율이 기초항목 공정가치 변동에 따라 변동하는 계약

12.2 변동수수료접근법

12.2.1 변동수수료접근법의 적용

보험상품이 직접참가특성을 가지고 있는지 여부에 따라 보험부채 평가, 보험금융비용 처리 등 회계처리가 달라진다. 직접참가특성이 있는 보험계약의 경우에는 앞서 보았던 일반모형이 아니라 변동수수료접근법(variable fee approach)에 따른 회계처리가 이루어진다.

이처럼 직접참가특성이 있는 보험계약을 직접참가특성이 없는 보험계약과 다른 방법으로 회계처리하는 것은 재무제표 작성자와 이용자에게 "복잡성"을 높인다는 단점이 있다. 작성자는 보험계약이 포함되는 범주를 결정해야 하며, 재무제표 이용자는 서로 다른 회계처리의 의미를 이해해야 하기 때문이다. 그러나 일반모형과 변동수수료접

근법은 보험계약마진의 처리가 근본적으로 다르기 때문에 보험계약별로 서로 다른 특성을 충실하게 표현하기 위해서 둘을 구분하여 적용하는 것이 불가피한 측면이 있다.

구체적으로 직접참가특성이 있는 보험계약은 경제적 실질이 투자관련서비스와 유사하다. 따라서 국제회계기준위원회는 해당 보험계약을 발행하는 보험회사가 자산관리서비스를 제공하는 회사와 유사하게 이익을 인식할 수 있도록 변동수수료접근법을 별도로 고안하였다. *[BC249C, BC257]*

가령 보험회사가 변액저축성보험의 영업보험료 1,200을 수령하여 위험보험료 100과 부가보험료 100을 제외한 저축보험료 1,000을 특별계정에 투입하였으며, 투입된 저축보험료는 약정한 기초항목(펀드)에서 운용된다고 하자. 그리고 보험회사의 몫은 기초항목의 공정가치 상승분의 5%로 정해져 있다고 가정해 보자. 만약 1차 연도 말에 공정가치가 20% 상승하여 펀드평가액이 1,200이 되었다면 상승분 200의 5%인 10이 보험회사의 몫이다.

1년 후 공정가치

저축보험료 1,000	기초항목의 공정가치 1,200 = 1,000 + 200	계약자 몫 1,190 = 1,000 + 190
위험보험료 100 부가보험료 100		보험회사 몫 10

⚠ 계약 특성(직접참가특성 유무)에 따라 보험계약마진 처리가 달라질 수밖에 없기 때문에, 재무제표 작성자와 이용자 모두에게 복잡성을 야기함에도 불구하고 직접참가특성이 있는 보험계약에 대한 변동수수료접근법이라는 별도 모형을 적용

12.2.2 변동수수료의 정의

직접참가특성이 있는 보험계약의 변동수수료는 보험계약에 따라 제공되는 미래 서비스에 대한 대가(exchange)로서 다음과 같이 정의된다. *[B104]*

변동수수료 = 기초항목의 공정가치 중 보험회사의 몫에 해당하는 금액 − 기초항목 무관 이행현금흐름

즉 직접참가특성이 있는 보험계약에서 보험회사는 기초항목의 공정가치와 동일한 금액을 보험계약자에게 지급하는 것이 아니라, 이 변동수수료를 차감한 금액을 지급한다. [BC239] 기초항목 무관 이행현금흐름은 기초항목의 성과에 따라 변동하지 않는 이행현금흐름으로 직접참가특성이 없는 보험계약의 이행현금흐름과 유사하고, 다음으로 구성된다.

① 사망보험금, 신계약비 등 펀드에서 차감되지 않는 현금유출액의 현재가치에서 위험보험료, 부가보험료 등 펀드에 투입되지 않는 현금유입액의 현재가치를 차감한 금액
② 기초항목에서 발생하지 않는 화폐의 시간가치 효과 및 금융위험 효과(예: 금융보증 효과)

그림 12-1 변동수수료접근법의 보험부채 구성

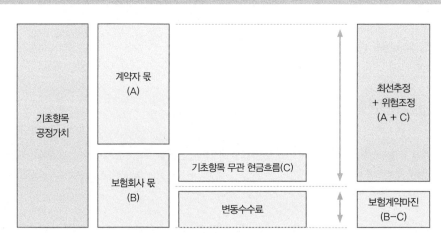

최저보증 조건이 있는 변액보험 계약이라면 이 최저보증 의무를 이행함에 따른 현금흐름을 기초항목 무관 이행현금흐름의 예로 들 수 있다. [B113]

일반모형에서 투자한 자산으로부터 발생한 이익은 보험회사의 몫으로 보고, 이 중 일부를 계약자에게 재량적으로 배분할 수 있다. 그러나 변동수수료접근법에서는 투자한 자산의 이익은 모두 계약자 몫이고, 보험회사의 이익은 보험계약에 따라 제공하는 투자관련서비스에 대하여 보험계약자에게 부과하는 보상 혹은 대가의 일부에 해당한

다. 이처럼 보험회사 이익이 기초항목의 수익의 몫을 참조하여 결정된다면, 그 사실 자체가 보험회사 몫은 실질적으로 투자관련서비스에 대한 수수료라는 것을 의미한다. 따라서 기초항목의 손익에 대한 보험회사의 몫을 투자관련서비스에 대한 변동수수료의 일부로 보게 되면 해당 계약의 성격을 충실하게 표현하게 된다. *[BC241, BC244]*

12.2.3 변동수수료의 조건

기준서는 다음 두 가지 조건이 모두 충족되는 경우에 한해 기초항목에 대한 보험회사의 몫을 제공된 서비스에 대한 변동수수료의 일부로 본다.

가. 계약에서 정함에 따라 수수료 산정

첫 번째 조건을 충족하기 위해 보험계약에 보험계약자가 명확하게 식별된 기초항목의 집단의 일정 몫에 참여한다는 것이 명시되어 있어야 한다. 사전적으로 확정된 화폐금액이 아니라 포트폴리오의 이익 또는 포트폴리오 자산가치의 백분율로 표현될 수 있는 산정가능한 수수료가 없다면 보험회사가 보유하는 기초항목의 이익 중 보험회사의 몫은 전적으로 보험회사의 재량에 따라 산정된다. 따라서 투자관련서비스 제공에 따른 수수료 개념에 부합하지 않는다.

나. 기초항목의 공정가치와 동일한 금액을 보험계약자에게 지급

두 번째 조건은 보험회사가 기초항목의 공정가치 이익 중 상당한 몫과 동일한 금액을 보험계약자에게 지급할 것이라고 기대할 수 있어야 한다는 것을 의미한다. 보험계약자가 기초항목의 공정가치 이익 중 상당한 부분을 수취할 것으로 기대하지 않는다면, 기초항목의 공정가치와 동일한 금액을 지급하는 것을 의무로 나타내는 것은 해당 보험계약의 실질에 대한 충실한 표시라고 할 수 없다.

끝으로 보험회사는 보험계약자에게 지급되는 금액의 변동 중 상당한 부분이 기초항목의 공정가치 변동에 연계되어 변동할 것이라고 기대할 수 있어야 한다. 그렇지 않다면, 기초항목의 공정가치와 동일한 금액을 지급하는 것을 의무로 나타내는 것 역시 충

실한 표시라고 할 수 없다. *[BC245]*

> ⚠️ 보험계약에 따라 제공되는 미래 서비스에 대한 대가(변동수수료) = ① − ②
> ① 기초항목 공정가치 중 보험회사의 몫
> ② 기초항목의 성과에 따라 변동하지 않는 이행현금흐름
> = 직접참가특성이 없는 보험계약에서의 이행현금흐름 + 최저보증의무를 이행하기 위한 현금흐름 등

12.2.4 변동수수료접근법의 보험계약마진 조정

직접참가특성이 있는 보험계약의 경우 보험회사 몫에 해당하는 수수료의 변동 특성을 반영하여 일반모형 등 다른 모형이 적용되는 보험계약에 비해 더 많은 변동을 보험계약마진에서 조정한다. 변동수수료접근법은 이러한 보험계약마진의 추가 조정을 통해 직접참가특성이 있는 보험계약에서 발생하는 이익을 충실하게 표현한다. *[B110, BC249B]*

직접참가특성이 있는 보험계약도 직접참가특성이 없는 보험계약과 마찬가지로, 보고기간 말 계약집합의 보험계약마진 장부금액은 보고기간 초의 장부금액에서 변동금액을 조정한 금액이다. 그리고 미래 서비스 관련 부분만 보험계약마진 조정 대상이라는 점도 직접참가특성이 없는 보험계약의 경우와 마찬가지이다.

그러나 변동수수료접근법과 일반모형에는 중요한 차이가 있다. 먼저, 제7장에서 살펴본 바와 같이 직접참가특성이 없는 보험계약은 보험계약마진에 대한 이자를 부리할 때 보험기간 동안 일관되게 최초할인율을 적용하는 반면, 직접참가특성이 있는 보험계약은 보험계약마진을 포함한 모든 조정을 현행할인율을 적용하여 수행한다.

다음으로 금융변수에 의한 변동과 관련하여 일반모형은 당기순익이나 기타포괄손익으로 반영하고 있는 반면,[3] 변동수수료접근법에서는 이를 보험계약마진에서 조정한다. 구체적으로 직접참가특성이 있는 보험계약은 다른 보험계약에서 이루어지는 조정 외

---

3 일정 기간 동안 주주와의 자본거래를 제외한 모든 거래와 사건으로 발생한 순자산의 변동에 해당하는 포괄손익에서 당기손익 항목을 제외한 항목

에 다음의 두 가지 변동 효과도 추가적으로 보험계약마진에서 조정한다.

가. 기초항목에 대한 보험회사 몫의 변동 효과

변동수수료접근법에서도 기초항목의 공정가치와 동일한 금액을 보험계약자에게 지급하는 의무의 변동은 미래 서비스와 관련이 없어 보험계약마진을 조정하지 않는다. 그러나 기초항목 공정가치에 대한 보험회사의 몫에 해당하는 금액이 변동하면, 보험계약자가 미래에 받게 되는 투자서비스에 영향을 준다. 따라서 미래 서비스와 관련이 있게 되므로 이를 보험계약마진에서 조정한다. 다만 기초항목 공정가치에 대한 보험회사의 몫에 해당하는 금액의 변동이라 하더라도 다음의 경우에는 보험계약마진에서 조정하지 않는다.

① 다음 절에서 설명할 위험경감에 관한 사항을 적용할 경우
② 기초항목의 공정가치 중 보험회사의 몫에 해당하는 금액의 감소가 보험계약마진의 장부금액을 초과하여 손실을 발생시키는 경우
③ 기초항목의 공정가치 중 보험회사의 몫에 해당하는 금액의 증가에 따라 ②의 금액을 환입하는 경우 *[B111, B112]*

나. 기초항목과 무관한 금융위험의 변동

'기초항목에서 발생하는 금융위험' 외의 금융위험의 예로 금융보증 효과를 들 수 있다. 금융보증 효과처럼 기초항목에서 발생하지 않는 화폐의 시간가치와 금융위험 효과의 변동은 미래 서비스와 관련이 있으므로 원칙적으로 보험계약마진 조정 대상이다. *[45, B113, BC240]*

표 12-2 일반모형과 변동수수료모형의 비교

구분		일반모형	변동수수료모형
상품 구분		직접참가특성이 없는 계약	직접참가특성이 있는 계약
투자위험		보험회사 부담	보험계약자 부담
차이점	보험계약마진의 이자부리	최초할인율	현행할인율
	할인율과 금융위험의 변동	모든 변동은 당기손익 또는 기타 포괄손익으로 인식	기초항목에 대한 보험회사의 몫 등은 보험계약마진에서 조정

공통점		• 최초 인식시점의 보험계약마진
		• 이행현금흐름의 후속 변경
		  – 미래보장과 관련 있는 변동 → 보험계약마진에서 조정
		  – 미래보장과 관련 없는 변동 → 당기손익으로 인식	

❗ 직접참가특성이 있는 보험계약의 경우 다른 보험계약에 비해 ① 기초항목에 대한 보험회사의 몫의 변동 효과, ② 금융보증의 효과 등 더 많은 변동을 보험계약마진에서 조정

12.2.5 위험경감(Risk Mitigation)

앞에서 설명했듯이 변동수수료접근법을 사용할 경우 기초항목에서 발생하지 않는 화폐의 시간가치 효과와 금융위험 효과는 보험계약마진에 반영·조정하는 것이 원칙이다. 이러한 회계처리는 상기 효과가 보험계약마진에 반영됨에 따라 보험회사의 당기손익 변동성을 감소시키는 장점이 있다.

그러나 기초항목 공정가치 성과에 대한 보험회사의 몫은 여전히 변동될 위험에 노출되어 있다. 이때 보험회사가 파생상품을 통해 이러한 리스크를 경감한 경우라면(즉 공정가치 위험회피회계를 적용한 경우라면) 파생상품의 공정가치 변동은 IFRS 9에 따라 당기손익으로 인식되는 반면, 파생상품에 의해 위험이 경감된 보험계약의 변동은 IFRS 17에 따라 보험계약마진으로 조정되어 위험회피 효과가 사라지는 문제점이 나타날 수 있다. 따라서 노출된 위험을 경감하고자 파생상품을 이용하여 헤지하는 경우에는 변동수수료접근법을 적용하더라도 기초항목에서 발생하지 않는 화폐의 시간가치와 금융위험의 효과를 보험계약마진 조정이 아닌 당기손익으로 인식할 수 있도록 하고 있다. 즉

보험회사가 (1) 금융위험 경감효과를 적용하고 (2) 보험계약마진을 조정하지 않기로 선택한 경우에는 금융보증 효과 등을 보험계약마진에서 조정하지 않을 수 있다. [B113]

다만 보험회사는 금융위험을 경감하기 위한 위험관리 목적 및 전략을 사전에 문서화해야 한다. 이 경우 화폐의 시간가치와 금융위험이 다음에 미치는 효과의 변동의 일부 또는 전부를 반영하기 위해 보험계약마진의 변동을 인식하지 않는 정책을 선택할 수 있다.

① 파생상품 또는 출재보험계약을 사용하여 금융위험이 기초항목 중 보험회사의 몫에 해당하는 금액에 미친 효과를 경감하는 경우, 기초항목 중 보험회사의 몫에 해당하는 금액
② 파생상품, 당기손익-공정가치(FVPL)로 측정하는 비파생금융상품 또는 출재보험계약을 사용하여 기초항목에서 발생하지 않는 화폐의 시간가치 효과 및 금융위험 효과의 변동 관련 이행현금흐름에 금융위험이 미치는 효과를 경감하는 경우 그 이행현금흐름 [B115, B116]

⚠ 보험회사가 위험경감효과를 적용하고 보험계약마진을 조정하지 않기로 선택한 경우, 화폐의 시간가치와 금융위험을 보험계약마진 조정에서 제외(즉 당기손익으로 인식) 가능

12.3 사례 분석(기준서 사례 9)

12.3.1 가정

① 보험계약 속성 가정
- A보험회사는 직접참가특성이 있는 보험계약 100개 발행
- 보장기간은 3년이며 보험계약이 발행된 시점부터 시작

② 현금흐름 가정

- 현금유입: 보장기간 초에 각 계약에 대해 일시납보험료 150원 수취
- 현금유출: 보험계약자에게 최저사망보험금 보증(GMDB)
  - 피보험자가 보장기간 중 사망 시 Max(170원, 적립금)
  - 피보험자가 보장기간 말까지 생존 시 보장기간 말의 적립금
- 매년 말 개별 계약(기초항목)의 적립금
  = 기초잔액 + 수취보험료 + 특정 자산 집단의 공정가치 변동
  - 연간 수수료(매년 초 적립금 가치에 공정가치 변동분을 가산한 것의 2%)
  - 피보험자가 사망하거나 보장기간이 종료한 때의 잔여 적립금의 가치
- 연간 수수료를 받고 보험금을 지급하기 위하여 자산을 매각(즉 보험회사가 보유하고 있는 자산이 보험계약의 기초항목)

③ 최초 인식시점의 기초항목 가정

- A보험회사는 특정 자산 집단을 구입하고 당기손익 – 공정가치 측정 항목으로 측정
- 보험회사는 특정 자산 집단의 공정가치가 매년 10%씩 증가할 것이라고 예상
- 할인율: 연 6%(기초항목의 성과에 따라 변동하지 않는 명목현금흐름)
- 위험조정 추정: 총 25원(1차 연도 12원, 2차 연도 8원, 3차 연도 5원을 당기손익 인식)
- 최저사망보험금을 제공하는 데 내재된 보증의 시간가치를 추정(단, 보증의 시간가치를 산정하기 위한 정해진 방법은 없으며, 나머지 이행현금흐름과 별도로 금액을 산정할 필요는 없음)
- 매년 말 한 명의 피보험자가 사망(보험금은 즉시 지급)
- 단순화를 위해 모든 다른 금액은 무시

④ 후속측정 가정

- 보장기간 동안 보증의 시간가치 변동과 기초항목에 대한 공정가치 수익의 변동
  - 1차 연도에 특정 자산 집단의 공정가치: 10% 증가(최초 인식시점과 일치)
  - 2차 연도에 공정가치: 8% 증가(최초 인식시점에 예상보다 하락)

– 3차 연도에 공정가치: 10% 증가(최초 예상값으로 회복)

12.3.2 분석

12.3.2.1 최초 인식시점의 이행현금흐름 추정

A보험회사는 최초 인식시점에 보험계약집합을 측정하고 각 후속연도 말의 이행현금흐름을 추정한다.

그런데 현금유출액인 사망보험금과 만기지급액은 기초항목(보험계약자의 적립금)[1]의 공정가치에 따라 결정되므로, 전체 이행현금흐름 추정 과정에 우선하여 다음과 같이 매 보고기간 말 적립금을 최초 인식시점의 현행할인율(10%)을 통해 추정한다.

(단위: 원)

	1차 연도	2차 연도	3차 연도	합계
기초잔액(A)	–	16,008	17,083	N/A
현금유입액: 보험료	15,000	–	–	15,000
공정가치 변동(B)[2]	1,500	1,601	1,708	4,809
연간 수수료(C)[3]	(330)	(352)	(376)	(1,058)
현금유출액: 사망보험금[4]	(162)	(174)	(188)	(524)
현금유출액: 계약 만기 시 지급액	–	–	(18,227)	(18,227)
기말잔액	16,008	17,083	–	N/A

(1) 이 사례에서 기초항목은 보험회사가 보유하고 있는 자산과 같다. 이 기준서에서는 기초항목을 보험계약자에게 지급할 금액의 일부를 결정하는 항목으로 정의한다. 기초항목은 어떤 항목으로도 구성될 수 있다(예: 참조 자산포트폴리오).

(2) B = 현행할인율(10%) × A

(3) 연간 수수료: C = 2% × (A + B)

(4) • 1차 연도 사망보험금(162원) = 1/100 × (A + B + C)

(보험계약자 적립금에서 사망보험금으로 차감되는 162원은 최저사망보험금 170원보다 8원이 부족하며, 이는 보험계약자 적립금과 별도로 보험회사 몫으로 충당함)

- 2차 연도 사망보험금(174원) = 1/99 × (A + B + C)

- 3차 연도 사망보험금(188원) = 1/98 × (A + B + C)

최초 인식시점의 이행현금흐름과 후속연도 말의 이행현금흐름은 다음과 같다.

(단위: 원)

	최초 인식	1차 연도	2차 연도	3차 연도
미래 현금유입액의 현가 추정치	(15,000)	–	–	
미래 현금유출액의 현가 추정치[1]	14,180	15,413	16,757	–
미래현금흐름의 현가 추정치	(820)	15,413	16,757	
위험조정	25	13	5	–
이행현금흐름	(795)	15,426	16,762	–
보험계약마진	795			
최초 인식시점의 보험계약부채	–			

(1) 현행할인율을 사용하여 미래 현금유출액의 현가 추정치를 계산

미래 현금유출액의 현재가치 추정치에는 최저사망보험금에 내재된 옵션이나 보증의 시간가치 추정치(TVOG)를 포함하며, 보장에 대한 관측가능한 시장가격과 일관되게 측정하는데, 여기서 1차 연도 46원, 2차 연도 35원, 3차 연도 16원으로 가정함

- 1차 연도 현금유출액의 현가

  = 170원 ÷ 1.1 + 174원 ÷ 1.1^2 + (188원 + 18,227원) ÷ 1.1^3 + 보증비용(46원)

  = 14,180원

- 2차 연도 현금유출액의 현가

  = 174원 ÷ 1.1 + (188원 + 18,227원) ÷ 1.1^2 + 보증비용(35원)

  = 15,413원

- 3차 연도 현금유출액의 현가

  = (188원 + 18,227원) ÷ 1.1 + 보증비용(16원)

  = 16,757원

12.3.2.2 기초항목의 공정가치 산정

직접참가특성이 있는 보험계약의 보험계약마진을 회계처리하기 위해 다음을 수행한다.

(1) 기초항목의 변동을 보험계약마진에서 조정하기 위해 보험계약자가 참가하는 기초항목의 공정가치를 계산한다.
(2) 이행현금흐름의 변동분을 분석하여 각 변동을 보험계약마진에서 조정할지를 결정한다.

A보험회사는 다음과 같이 매 보고기간 말 기초항목의 공정가치를 산정하는데, 최초 인식시점의 할인율로 산출하는 것이 아니라 매 보고기간 말의 현행할인율을 적용하여 산정한다.

(단위: 원)

	1차 연도	2차 연도	3차 연도	합계
기초잔액(A)	–	16,008	16,772	N/A
현금유입액: 보험료	15,000	–	–	15,000
공정가치 변동(B)[2]	1,500	1,281	1,677	4,458
연간 수수료(C)[3]	(330)	(346)	(369)	(1,045)
현금유출액: 사망보험금[4]	(162)	(171)	(184)	(517)
현금유출액: 계약 만기 시 지급액	–	–	(17,896)	(17,896)
기말잔액	16,008	16,772	–	N/A

(1) 이 사례에서 기초항목은 보험회사가 보유하고 있는 자산과 같다.
(2) B = 10% × 1차 연도의 (A + 보험료), 8% × 2차 연도의 (A + 보험료), 10% × 3차 연도의 (A + 보험료)
(3) 연간 수수료: C = 2% × (A + 보험료 + B)
(4) • 1차 연도 사망보험금(162원) = 1/100 × (A + 보험료 + B + C)

   (보험계약자 적립금에서 사망보험금으로 차감되는 162원은 최저사망보험금 170원보다 8원이 부족하며, 이는 보험계약자 적립금과 별도로 보험회사 몫으로 충당함)

   • 2차 연도 사망보험금(171원) = 1/99 × (A + B + C)

- 3차 연도 사망보험금(184원) = 1/98 × (A + B + C)

12.3.2.3 이행현금흐름의 변동 결정

(단위: 원)

	1차 연도	2차 연도	3차 연도	합계
기초잔액	–	15,426	16,461	N/A
미래 서비스 관련 변동: 신규 계약	(795)	–	–	(795)
화폐 시간가치 및 금융위험 효과와 변동[1]	1,403	1,214	1,624	4,241
당기 서비스 관련 변동: 위험의 감소	(12)	(8)	(5)	(25)
현금흐름[2]	14,830	(171)	(18,080)	(3,421)
기말잔액	15,426[3]	16,461[3]	–	N/A

(1) 화폐의 시간가치 및 금융위험의 효과와 그로 인한 변동은 다음을 포함한다.

    (가) 최저사망보험금에 내재되어 있는 옵션이나 보증의 시간가치 변동

    (나) 2차 연도와 3차 연도의 기초항목의 공정가치 변동에 따른 보험계약자에 대한 의무의 변동 효과

(2) • 1차 연도 현금흐름 = 보험료(15,000원) – 사망보험금(적립금 162원 + A보험회사의 계정 8원)

    = 14,830원

  • 2차 연도 현금흐름 = –사망보험금(171원)

    = –171원

  • 3차 연도 현금흐름 = –사망보험금(184원) – 계약 만기금액(17,896원)

    = –18,080원

(3) A보험회사는 미래현금흐름의 특성을 반영하는 현행할인율을 사용하여 미래 현금유출액의 현재가치 추정치를 계산한다. 미래 현금유출액의 현재가치 추정치에는 보장에 대한 관측가능한 시장가격과 일관되게 측정한 최저사망보험금에 내재된 보장의 시간가치 추정치를 포함한다.

12.3.2.4 보험계약마진의 장부금액 결정

보험계약마진 상태표	1차 연도	2차 연도	3차 연도	(단위: 원) 합계
기초잔액	–	592	328	N/A
미래 서비스 관련 변동: 신계약	795	–	–	795
변동수수료의 변동[1]				
– 기초항목의 공정가치 변동	1,500	1,281	1,677	4,458
– 화폐 시간가치 및 금융위험 효과와 변동	(1,403)	(1,214)	(1,624)	(4,241)
당기 서비스 변동 반영 전 소계	892	659	381	
당기 서비스와 관련된 변동:				
당기손익에 인식[2]	(300)	(331)	(381)	(1,012)
기말잔액	592	328	–	N/A

(1) A보험회사는 다음 ㈎와 ㈏의 변동분의 순액을 보험계약마진에서 조정하는데, 기준서(B114)에 따라 보험계약마진에 대한 개별 조정을 별도로 식별하지 않고 이들을 합산한다.

㈎ 기초항목의 공정가치 중 보험회사의 몫에 해당하는 금액

㈏ 미래 서비스에 관련된 기초항목의 수익에 따라 변동되지 않는 이행현금흐름에, 화폐의 시간가치 및 금융위험의 효과와 그 변동(기초항목에서 발생하는 것은 제외)을 가산한 금액

이 사례에서는 기초항목의 수익과 무관한 이행현금흐름의 변동은 없다고 가정하고 있으므로, A보험회사는 보험계약마진의 순 조정액을 다음 ㈐와 ㈑의 변동분의 순액으로 추정할 수 있다.

㈐ 기초항목의 공정가치(위 ㈎에 기초항목의 공정가치 상당액을 보험계약자에게 지급할 의무를 가산한 것과 동일함)

㈑ 화폐의 시간가치와 금융위험 효과 및 그 변동과 관련된 이행현금흐름(위 ㈏에 기초항목의 공정가치 상당액을 보험계약자에게 지급할 의무를 가산한 것과 동일)

따라서 이 사례에서 미래 서비스와 관련된 변동에 대한 보험계약마진의 조정은 기초항목의 공정가치와 화폐의 시간가치와 금융위험 효과 및 그 변동과 관련된 이행현금흐름 변동의 순액이다.

(2) A보험회사는 다음과 같이 당기 말 현재의 보험계약마진(당기손익에 인식하기 전 금액)을 당기에 제공된 보장단위와 미래에 제공될 것으로 기대되는 보장단위로 각각 균등하게 배분하고 이에 따라 결정한 보험계약마진 금액을 당기손익으로 인식한다.

(가) 1차 연도에 당기손익으로 인식하기 직전 보험계약마진 금액

= 신계약 관련 변동(795원) + 변동수수료 관련 순 변동(97원 = 1,500원 - 1,403원)

= 892원

(나) A보험회사는 1차 연도에 100개의 계약에 대해 보장을 제공하였고, 2차 연도에 99개, 3차 연도에 98개의 계약에 보장을 제공할 것으로 예상(총보장단위 297개)

(다) • 1차 연도 보험계약마진 = 보험계약마진 892원 × 1차 연도 제공 보장단위

(100개) ÷ 총보장단위(297개)

= 300원

• 2차 연도 보험계약마진 = (592 + 1,281 - 1,214)원 × 2차 연도 제공 보장단위(99개) ÷ 총보장단위(197개)

= 300원

• 3차 연도 보험계약마진 = (328 + 1,677 - 1,624)원 × 3차 연도 제공 보장단위(98개) ÷ 총보장단위(98개)

= 300원

12.3.2.5 재무성과표 표시

	재무성과표			(단위: 원)
	1차 연도	2차 연도	3차 연도	합계
보험수익	320[(1)]	339	386	1,045[(2)]
보험서비스비용[(3)]	(8)	–	–	(8)
보험서비스결과	312	339	386	1,037
투자수익[(4)]	1,500	1,281	1,677	4,458
보험금융비용[(5)]	(1,500)	(1,281)	(1,677)	(4,458)
금융 결과	–	–	–	–
이익[(6)]	312	339	386	1,037

(1) 1차 연도 보험수익 320원은 다음과 같이 두 가지 방법으로 산정되고 분석된다.

(가) 감소분 측정법

잔여보장부채의 기말 장부금액(15,426원 + 592원) − 기초 장부금액(0원)

= − 보험수익 + 수취보험료(15,000원) − 투자요소(적립금지출액 162원) + 보험금융비용(1,500원)

∴ 1차 연도 보험수익 = 320원

- 2차 연도 보험수익 = 잔여보장부채 증감액(16,018원 − 16,461원 − 328원) + 투자수익(1,281원) − 적립금지출(171원)

  = 339원

- 3차 연도 보험수익 = 잔여보장부채 증감액(16,789원) + 투자수익(1,677원) − 적립금지출(18,080원)

  = 386원

(나) 총변동분 측정법

보험수익 = 보험서비스비용(8원) + 위험조정의 변동분(12원) + 보험계약마진(300원)

= 320원

(2) 총보험수익 = 보험료(15,000원) + 금융효과(4,458원 = 이 사례의 보험금융비용)

- 적립금에서 지급된 투자요소(18,413원 = 517원 + 17,896원)

= 1,045원

이 사례에서 총보험수익은 보험계약자 적립금에서 차감되는 수수료 총액과 같다.

(3) 보험서비스비용 = 1차 연도 사망보험금(170원) - 적립금에서 지급된 투자요소(162원)

= 8원

2~3차 연도에 보험계약자에게 지급해야 할 금액은 모두 적립금에서 지급(즉 투자요소의 상환액)되므로 그 기간의 보험서비스비용은 0이다.

(4) A보험회사가 보유하고 있는 자산과 관련된 투자수익은 다른 기준서를 적용하여 회계처리한다.

(5) 기준서(B111)에 따라 기초항목의 공정가치에 해당하는 금액을 보험계약자에게 지급할 의무의 변동분은 미래 서비스와 관련이 없으므로 보험계약마진에서 조정하지 않고, 기준서(87)를 적용하여 A보험회사는 그 변동을 보험금융수익(비용)으로 인식한다. 예를 들면, 1차 연도 기초항목의 공정가치 변동분은 1,500원이다.

(6) 이 사례는 A보험회사가 기준서(89)를 적용하여 해당 기간의 모든 보험금융수익(비용)을 당기손익에 포함하는 것을 선택한 것으로 가정한다.

가. 직접참가특성이 있는 보험계약의 개념

□ '직접참가특성이 있는 보험계약'은 실질적으로 투자관련서비스 계약인 보험계약이며, 보험회사는 이 계약에 따라 기초항목에 근거한 투자수익을 보험계약자에게 준다고 약정

□ 직접참가특성이 있는 보험계약의 조건
   ① 명확하게 식별된 기초항목 중 일정 몫에 참여
   ② 기초항목 공정가치 중 상당한 몫에 참여
   ③ 계약자 지급금 변동분 중 상당한 비율이 기초항목 공정가치 변동에 따라 변동

□ 직접참가특성이 있는 보험계약의 이행의무 = ① − ②
   ① 기초항목의 공정가치와 동일한 금액을 보험계약자에게 지급할 의무
   ② 보험계약에 따라 제공되는 미래 서비스에 대한 대가(변동수수료)

나. 변동수수료접근법

□ 계약 특성(직접참가특성 유무)에 따라 보험계약마진 처리가 상이하기 때문에 재무제표 작성자와 이용자 모두에게 복잡성을 야기함에도 불구하고 일반모형이 아니라 변동수수료모형이라는 별도의 회계모형을 적용
  • 변동수수료모형은 보험계약이 기초항목의 공정가치에서 서비스에 대한 변동가능한 수수료를 차감한 금액과 동일한 금액을 보험계약자에게 지급할 의무를 발생시키는 것으로 간주하는 접근법

□ 보험계약에 따라 제공되는 미래 서비스에 대한 대가(변동수수료) = ① − ②
   ① 기초항목 공정가치 중 보험회사의 몫
   ② 기초항목의 성과에 따라 변동하지 않는 이행현금흐름
     = 직접참가특성이 없는 보험계약에서의 이행현금흐름 + 최저보증의무를 이행하기 위한 현금흐름 등

□ 직접참가특성이 있는 보험계약의 경우 다른 보험계약에 비해 더 많은 변동(기초항목에 대한 보험회사의 몫의 변동 효과, 금융보증의 효과 등)을 보험계약마진에서 조정
  • 일반측정모형은 금융변수에 의해 발생한 변동을 당기순익이나 기타포괄손익으로 반영하도록 하고 있는데, 변동수수료접근법에서는 보험계약마진에서 조정
  • 모든 조정은 현행할인율을 사용하여 측정

1. 다음 중 '직접참가특성이 있는 보험계약'과 가장 거리가 먼 설명은 무엇인가?

① 보험계약자가 명확하게 식별된 기초항목 집단의 일정 몫에 참여한다는 것이 계약 조건에 명시되어 있다.

② 보험회사가 보험계약자에게 기초항목에서 발생하는 공정가치 이익 전부를 지급할 것으로 예상한다.

③ 보험계약자에게 지급될 금액의 변동분 중 상당한 비율이 기초항목의 공정가치 변동에 따라 변동될 것으로 예상된다.

④ 우리나라 변액저축성보험이 '직접참가특성이 있는 보험계약'에 해당한다.

● ○ ○

2. 다음 중 '변동수수료접근법'과 가장 거리가 먼 설명은 무엇인가?

① 금융변수에 의해 발생한 변동을 일반측정모형은 당기순익이나 기타포괄손익으로 반영하고, 변동수수료접근법은 부채에서 조정한다.

② '직접참가특성이 있는 보험계약'도 다른 보험계약과 마찬가지로 수수료의 변동 특성을 보험계약마진에 반영하지 않는다.

③ 기초항목 집단(pool)에서 얻는 보험회사의 이익은 보험회사가 보험계약에 따라 제공하는 서비스에 대하여 보험계약자에게 부과하는 보상에 해당한다.

④ 보험계약마진의 이자는 현행할인율을 이용하여 재측정한다.

3. 다음 중 '직접참가특성이 있는 보험계약'의 변동수수료와 가장 거리가 먼 설명은 무엇인가?

① 직접참가특성이 있는 보험계약에서 미래 서비스의 대가로 보험회사가 수취한다.

② 기초항목의 공정가치 중 보험회사의 몫에 해당하는 금액이다.

③ 보험회사는 기초항목의 공정가치와 동일 금액을 보험계약자에게 지급한다.

④ 최저보증 의무를 이행함에 따른 현금흐름은 변동수수료 산출 시 제외한다.

4. 직접참가특성이 있는 보험계약의 1차 연도 변동수수료와 관련하여 기초항목의 수익과 무관한 이행현금흐름의 변동은 없다고 가정할 때, 다음 1차 연도 말 보험계약마진 상태표의 ①, ②에 들어갈 금액으로 알맞은 것은 무엇인가? (단, 변동수수료 변동 중 기초항목의 공정가치 변동은 1,000이고 회폐 시간가치 및 금융효과 관련 변동은 -900이다.)

기초잔액	–
미래 서비스 관련 변동: 신계약	700
변동수수료의 변동	①
당기 서비스와 관련된 변동: 당기손익에 인식	(200)
기말잔액	②

① 0, 500　　　　② 100, 600　　　　③ 900, 1,400　　　　④ 1,000, 1,500

5. 직접참가특성이 있는 보험계약과 관련하여 특정자산항목의 기초 장부가액은 15,000원이고 기말 장부가액이 16,008원일 때, 당기 중 해당 기초항목의 공정가치가 10% 증가하였고 보험금이 162원 지급되었다면 보험회사의 특정자산항목에 대한 연간 수수료는 얼마인가? (다른 조건은 없다고 가정한다.)

① 0원　　　　② 300원　　　　③ 330원　　　　④ 846원

※ 다음 중 맞는 것에 ○표, 틀린 것에 ×표 하시오.

6. 직접참가특성이 있는 보험계약과 직접참가특성이 없는 보험계약은 이행현금흐름의 측정은 동일할 수 있어도 보험계약마진의 처리가 다르다. (　)

7. '직접참가특성이 있는 보험계약'은 실질적으로 투자관련서비스 계약인 보험계약이며, 이 계약에 따라 보험회사는 기초항목에 근거한 투자수익을 약정한다. (　)

8. '직접참가특성이 있는 보험계약'에서 보험계약자는 '기초항목'의 일정 몫에 참여하게 되는데, 이때 '기초항목'은 보험회사가 '매 보험회계연도의 초기에 보유하고 있는 항목'을 말한다. (   )

9. IFRS 17에서 '직접참가특성이 있는 보험계약'은 일반모형이 아니라 변동수수료모형으로 회계처리한다. (   )

●○○

10. '직접참가특성이 있는 보험계약'에서 '변동수수료'는 기초항목의 공정가치 중 보험회사의 몫에 해당하는 금액에서 기초항목의 성과에 따라 변동하지 않는 이행현금흐름을 차감한 금액이다. (   )

13장

보험료배분
접근법

13.1 보험료배분접근법의 적용

13.1.1 보험료배분접근법의 개요

일반모형을 적용하여 최초 인식시점에 잔여보장부채를 측정하기 위해서는 미래현금흐름 추정, 화폐의 시간가치 및 위험의 효과를 명시적으로 이행현금흐름으로 식별하고 보험계약마진을 측정하는 등 복잡한 과정을 거쳐야 한다. 그러나 보장기간이 대부분 1년 이하인 자동차보험, 단기 여행자보험 등 일반손해보험의 경우 잔여보장부채를 구성하는 현금흐름이 생명보험이나 장기손해보험에 비해 매우 짧기 때문에, 일반모형을 적용할 때의 복잡한 과정을 거치지 않고도 보험계약부채의 타당한 근사치를 제공할 수 있다. 이처럼 주로 보장기간이 1년 이하인 단기 보험계약집합 등에 대해 기준서는 보험회사로 하여금 매우 간소화된 보험부채 측정모형을 추가 조사 없이 적용할 수 있도록 허용하고 있는데, 이를 보험료배분접근법(premium allocation approach)이라고 한다. *[B18, BC291]*

한편 발생사고부채는 보험계약마진 없이 이행현금흐름으로만 구성되므로 일반모형과 큰 차이가 없다. 따라서 보험료배분접근법은 비용-효익 관점에서 잔여보장부채를 측정하기 위한 일종의 간편법이라 할 수 있다.

> ❗ 보험료배분접근법은 보장기간이 1년 이하인 보험계약집합 등의 잔여보장부채를 측정하기 위한 간소화된 보험부채 측정모형

13.1.2 보험료배분접근법 적용대상

보험계약집합에 보험료배분접근법을 적용하기 위해서는 다음 두 가지 중 하나에 해당해야 한다.

① 보험계약집합 내 각 계약의 보장기간이 1년 이하인 경우: 이때 각 계약의 보장에는 최초 인식시점에 결정된 계약경계 내의 모든 보험료와 관련된 보험계약서비스를 고려하여 판단한다.

② 잔여보장부채 유사성 테스트를 통과한 경우

유사성 테스트는 보험회사가 보험료배분접근법을 사용하여 측정한 잔여보장부채와 일반모형이나 변동수수료접근법을 적용해 측정한 값을 비교하는 테스트이다. 이 테스트를 실시한 결과 잔여보장부채 측정 결과에 중요한 차이가 없을 것으로 합리적으로 기대되는 경우라면 보장기간이 1년을 초과할지라도 보험료배분접근법을 적용할 수 있다.

다만, 계약집합 개시시점에 유사성 테스트를 실시한 결과, 보험사건 발생 전에 이미 잔여보장부채에 영향을 미치는 이행현금흐름에 유의적인 변동이 있을 것으로 예상되는 경우에는 보험료배분접근법을 적용할 수 없다. 예를 들어 계약에 내재된 파생상품과 관련된 미래현금흐름의 비중이 높거나 계약집합의 보장기간이 증가하여 향후 이행현금흐름이 변동될 가능성이 높다고 판단되는 경우 보험료배분접근법을 적용하는 것이 적절하지 않다. [53, 54]

> ❗ 보험료배분접근법은 보험계약집합 내 각 계약의 보장기간이 1년 이하이거나 동 방법을 적용하더라도 기준서의 일반적 요구사항을 적용해 측정한 것과 중요한 차이 없이 측정할 것으로 합리적으로 기대하는 경우에만 적용 가능

회계 토막상식 | 비용–효익 분석과 간편법

재무정보 생산에는 비용이 수반된다. 이에 재무보고를 위한 개념체계는 재무보고 시 재무정보 생산에 따른 비용과 효익을 고려하도록 하고 있다. 그리고 이러한 비용 – 효익 관점에 따라 재무정보 생산에 따른 효익이 비용에 비해 크지 않을 것으로 예상되는 경우 실무에서 활용가능한 다양한 간편법을 허용하고 있다. 매출채권에 대한 손상간편법, 1년 이하 단기 또는 소액리스에 대한 운용리스 회계처리 허용, 1년 이하 단기 금융상품에 대한 현재가치 평가 생략 등이 이러한 예에 해당한다. 보험료배분접근법도 이러한 비용 – 효익 관점에서 기준서가 1년 이하 단기 보험계약 등에 제한적으로 허용하는 실무적 간편법의 하나로 이해될 수 있다.

13.2 잔여보장부채 측정

13.2.1 보험료배분접근법에 의한 잔여보장부채 최초 측정

보험료배분접근법을 적용하여 최초 인식시점에 잔여보장부채를 측정하는 것은 일반모형보다 훨씬 단순하다. 보험료배분접근법에서 최초 인식시점의 보험부채는 수취한 보험료로 측정되며, 손실계약집합이 아니라면 보험회사는 보험계약을 측정하기 위해 미래현금흐름의 추정, 화폐의 시간가치 및 위험의 효과를 명시적으로 식별하지 않는다.

　최초 인식시점에 잔여보장부채의 장부금액은 최초 인식시점에 수취한 보험료에서 최초 인식시점에 지급한 보험취득 현금흐름을 차감하고, 인식 전에 발생한 모든 보험취득 현금흐름을 가감하여 산정한다. 이를 산식으로 표현하면 다음과 같다.

최초 인식시점 잔여보장부채
= 최초 인식시점 수취보험료(있는 경우에만 적용)
　－ 최초 인식시점 보험취득 현금흐름
　± 발행한 보험계약 인식 전에 발생한 모든 보험취득 현금흐름

이렇게 간소하게 측정되었음에도 불구하고, 보험료배분접근법에 의한 최초 측정 결과는 다음과 같이 보험계약집합을 측정하는 요소들을 내포하는 것으로 간주된다.

① 최초 인식시점에 이루어지는 미래현금흐름의 추정
② 최초 인식시점에 측정되는 화폐의 시간가치와 금융위험의 효과
③ 최초 인식시점에 측정되는 비금융위험의 효과
④ 최초 인식시점에 측정되는 보험계약마진(존재하는 경우) *[55(1), 28C, B66A, BC289]*

13.2.1.1 보험료배분접근법의 보험취득 현금흐름 관련 정책

보험회사는 보험료배분접근법을 적용하는 경우 최초 인식시점의 보험취득 현금흐름 지급액을 즉시 비용으로 인식하는 정책을 선택할 수 있다. 즉 최초 인식시점에 집합 내 각 계약의 보장기간이 1년을 초과하지 않는다면 보험취득 현금흐름의 이연처리에 따른

그림 13-1 일반모형과 보험료배분모형의 비교

	잔여보장부채 간소화모형 비적용 시	잔여보장부채 간소화모형 적용 시
잔여보장부채	**일반모형/변동수수료모형** 보험계약마진 위험조정 할인 미래현금흐름	**보험료배분모형** 보험료배분모형 적용 보험부채
발생사고부채	**일반모형** 위험조정 할인 (이자비용 측정 시 최초할인율) 미래현금흐름	**일반모형(일부 간소화)** 위험조정 할인 (이자비용 측정 시 보험금 발생일 할인율) 미래현금흐름

실익이 크지 않으므로 모든 보험취득 현금흐름을 발생 시 전액 당기비용으로 인식할 수 있다. 이 경우 앞서 살펴본 잔여보장부채 산식에서 보험취득 현금흐름을 고려할 필요가 없다.

반면 즉시 비용으로 인식하지 않고 이연처리하기로 한 경우에는 제4장(보험취득 현금흐름)에서 설명한 바와 같이 최초 인식시점에 인식한 부채에서 차감하여 이연하고, 체계적인 방법으로 보험기간에 걸쳐 보험서비스비용으로 인식하면 된다. [28C, 55(1), 59(1), B66A]

13.2.1.2 손실계약의 판단과 인식

보험료배분접근법은 기본적으로 보험계약의 최초 인식시점에 손실계약이 아니라는 가정을 전제로 한다. 다만 사실과 상황이 이와 다르게 나타난다면, 해당될 수 있는 사실과 상황의 변경 가능성을 평가하여 (최초 인식시점에 손실계약이 아니라고 간주되었다 하더라도) 후속적으로 손실계약이 될 유의적인 가능성이 없는지 평가한다. [18]

> ❗ 보험료배분접근법 적용 시 최초 인식시점 잔여보장부채는 최초 인식시점에 실제 받은 보험료에서 최초 인식시점의 보험취득 현금흐름을 차감하여 측정

13.2.2 보험료배분접근법의 잔여보장부채 후속측정

각 후속 보고기간 말 잔여보장부채 장부금액은 보고기간 초 장부금액에서 보험료 등을 가산하고 지급금을 차감하여 다음 산식과 같이 산정한다.

보고기간 말 잔여보장부채
= 보고기간 초 잔여보장부채
  + 해당 기간에 수취한 보험료
  – 보험취득 현금흐름
  + 보고기간에 비용으로 인식한 보험취득 현금흐름의 상각과 관련된 금액
  + 금융요소의 조정분
  – 해당 기간에 제공한 서비스에 대하여 보험수익으로 인식한 금액
  – 지급되거나 발생사고부채로 이전된 투자요소 *[55(2)]*

13.2.2.1 후속측정 시 보험취득 현금흐름

최초 측정 시 보험취득 현금흐름을 비용으로 인식하기로 선택하였다면 전술한 바와 같이 보험취득 현금흐름 및 이와 관련하여 상각되는 금액은 고려할 필요가 없다. 따라서 앞서 설명한 보고기간 말 잔여보장부채 장부금액 산식에서 제외된다.

그러나 즉시 비용으로 인식하지 않은 경우라면 앞의 제4장(보험취득 현금흐름)에서 설명한 바와 같이 보고기간 중에 발생한 보험취득 현금흐름은 보고기간 초 잔여보장부채에서 차감하여 이연시키고, 당기 상각분은 보험서비스비용으로 인식하고 잔여보장부채에 가산한다. *[55(2)]*

13.2.2.2 금융요소 조정

보험계약집합 최초 인식시점에 보험보장서비스의 각 부분을 제공하는 시점과 관련 보험료 납입기일 사이의 기간이 1년 이하일 것으로 예상되는 경우 화폐의 시간가치와 금융위험의 효과를 반영하기 위해 잔여보장부채의 장부금액을 조정할 필요는 없다. *[59(2)]*

그러나 집합 내 보험계약이 보장기간이 1년을 초과하여 화폐의 시간가치 반영이 필요하다면, 즉 보험계약에 유의적인 금융요소가 있다고 판단된다면 최초할인율을 사용하여 화폐의 시간가치와 금융위험의 효과를 반영하도록 잔여보장부채의 장부금액을 조정한다.

보험료배분접근법은 최초 인식시점의 추정치를 사용하여 보험계약집합을 측정하고, 집합이 손실부담이거나 손실부담이 되는 것이 아니라면 잔여보장부채의 측정치에서 추정을 갱신하지 않는다. 따라서 할인율 역시 최초할인율로 잔여보장부채에 대한 이자를 부리하면 된다. *[56, B12(4), BC293]*

그런 의미에서 보험료배분접근법에서의 금융요소 조정은 본질이 미래현금흐름을 현재가치로 할인하는 것이라기보다는 단지 보험료와 보험취득 현금흐름에 이자를 부리하여 수익과 비용으로 인식될 금액을 조정하는 절차에 가깝다고 할 수 있다.

13.2.2.3 보험수익 인식

보험료배분접근법을 적용할 경우 해당 기간의 보험수익은 단순하게 그 기간에 배분된 예상 보험료 수취액으로 산정된다. 구체적으로 각 보고기간별 예상 보험료 수취액을 시간의 경과 기준에 따라 매 보험계약서비스 기간에 걸쳐 일할, 월할 등으로 균등하게 배분하여 보험수익을 인식한다. 즉 후속적으로 위험이 해제될 것으로 기대되는 양상이 시간의 경과와 유의적으로 다르지 않다면 보험수익은 보장기간에 걸쳐 시간의 경과에 따라 인식한다.

그러나 보장기간에 위험이 해제될 것으로 기대되는 양상이 시간의 경과와 유의적으로 다른 경우[1]에는, 과거 손해액의 경험 패턴이나 미래 예상손해율 등에 따라 보험서비스비용이 발생될 것으로 기대되는 시기에 배분된 금액을 수익으로 인식한다. *[B126]*

이때 일반모형에서와 같은 사유로 보험수익에서 투사요소는 제외한다. 또한 잔여보장부채에 유의적인 금융요소가 존재할 경우 잔여보장부채를 인식하고 있는 기간 동안 화폐의 시간가치와 금융위험의 효과를 반영하여 장부금액을 조정(할인)하여야 한다. 따라서 시간 경과에 따라 이자부리(unwinding, 할인해제)한 금액을 보험수익에 반영한다.[2]

13.2.2.4 손실요소 후속측정

보장기간 중 어느 때라도 보험계약집합이 손실계약이라는 것을 나타내는 사실과 상황

---

1 건설공사보험 등과 같이 시간이 경과함에 따라 위험이 증가하는 계약이 여기에 해당한다.

2 이렇게 함으로써 보험계약집합의 총보험수익은 보험회사가 수령하는 보험료에서 금융효과를 조정하고 투자요소를 제외한 금액이어야 한다는 기준서*[B120]*를 충족할 수 있다.

이 있다면 그 보험계약집합이 손실계약인지를 평가해야 한다. 구체적으로 일반모형을 적용하여 산정한 잔여보장부채의 장부금액과 보험료배분접근법을 적용한 경우의 장부금액을 비교하여 손실 인식 여부를 결정하게 되는데, 만약 일반모형에 의한 보험부채 장부금액이 보험료배분법을 초과한다면 그 차이 금액만큼을 당기손실(보험서비스비용)로 인식하고 잔여보장부채를 증가시킨다. *[57, 58, BC292(2)]*

13.2.2.5 잔여보장부채 변동내역

보험료배분접근법 적용 시 보고기간 말 시점의 최종 잔여보장부채는 잔여보장부채에 보험취득 현금흐름 관련 부채를 차감하고 손실부담부채를 가산하는 등 항목별 변동내역(movement)을 고려하여 결정된다. 이를 산식으로 표현하면 아래와 같다.

보험료배분접근법 적용 시 보고기간 말의 최종 잔여보장부채
= 보고기간 말 잔여보장부채(A)
− 보고기간 말 보험취득 현금흐름 관련 부채(B)
+ 보고기간 말 손실부담부채(C)

---

① 보고기간 말 잔여보장부채(A)

    = 보고기간 초 잔여보장부채

      + 유의적인 금융요소의 조정분

      + 해당 보고기간 중 수취한 보험료

      − 해당 기간에 제공한 보험계약서비스에 대하여 보험수익으로 인식한 금액

      − 지급되거나 발생사고부채로 이전된 투자요소

② 보고기간 말 보험취득 현금흐름 관련 부채(B)

    = 보고기간 초 보험취득 현금흐름 관련 부채

      + 유의적인 금융요소의 조정분

      + 해당 보고기간 중 지급한 보험취득 현금흐름

      − 보고기간에 비용으로 인식한 보험취득 현금흐름의 상각과 관련된 금액

③ 보고기간 말 손실부담부채(C)

    = 보고기간 초 손실부담부채 + 손실부담부채 변동분

> **!** 보험료배분접근법 적용 시 보고기간 말 최종 잔여보장부채
> = 보고기간 말 잔여보장부채 − 보고기간 말 보험취득 현금흐름 관련 부채 + 보고기간 말 손실부담부채

13.2.3 발생사고부채 측정

잔여보장부채에 대해 보험료배분접근법을 적용하더라도 발생사고부채는 원칙적으로 일반모형의 요구사항과 일관되게 발생한 보험금과 관련된 이행현금흐름의 금액으로 측정한다.[3]

다만 잔여보장부채 측정 시 간편법인 보험료배분접근법이 적용되고 있는 점을 고려하여 발생사고부채 측정 시에도 할인율에 관해서는 다음과 같은 예외사항을 두고 있다. 보험회사는 보험금이 발생한 날로부터 1년 이내에 지급되거나 수령될 것으로 예상되는 경우에는 미래현금흐름을 화폐의 시간가치와 금융위험 효과에 대해 조정(즉 할인)할 필요가 없다.

그러나 발생사고에 대한 보험금융수익(비용)을 당기손익과 기타포괄손익으로 분리할 때에는 이자비용을 측정해야 한다. 이때 발생사고부채에 포함되는 보험금이 발생한 날의 할인율을 적용한다. 즉 보험회사가 보험계약집합을 최초로 인식하였을 때가 아니라 발생사고부채를 최초로 인식하였을 때 적용되는 이자율을 사용하여 발생사고부채에 대한 이자비용을 측정한다. 간소화를 위해 개발된 보험료배분집근법의 취지상 보험금이 발생한 날의 할인율을 사용하는 것이 계약 개시시점(발생사고부채는 0인 시점)의 할인율을 사용하는 것보다 덜 복잡하기 때문이다. *[BC294, BC295]*

> **!** 잔여보장부채에 보험료배분접근법을 적용한 계약에 대해서도 발생사고부채는 일반모형으로 측정하지만, 이때 할인율은 간소화를 위해 보험금 발생시점의 할인율을 적용

---

3 발생사고부채는 발생보험금 및 비용을 결제하기 위한 이행현금흐름으로만 구성되고 보험계약마진은 없다. 따라서 발생사고부채를 측정하는 것은 보험계약집합에 발생한 보험금과 관련된 이행현금흐름으로 측정하는 것이다.

13.3 사례 분석(기준서 사례 10)

13.3.1 가정

① 보험계약 속성 가정

- A보험회사는 20X1년 7월 1일 보험계약을 발행
- 이 보험계약의 보장기간은 10개월(20X2년 4월 30일에 종료)
- 보고주기: 매년 6월 30일(중간재무제표)과 매년 12월 31일(보고기간 종료)

② 최초 인식시점의 기초항목 가정

- A보험회사는 보험료 1,220원을 수취
- 직접 귀속시킬 수 있는 인수 현금흐름 20원을 지급
- 보장기간에 걸쳐 균등하게 보험사고가 발생하고 위험이 감소
- 보장기간 중 해지되는 계약은 없음
- 사실과 상황은 보험계약집합이 손실부담계약이라는 것을 나타내지 않음
- 투자요소를 포함해 모든 다른 금액은 무시

③ 후속측정 가정

- 최초 인식 직후 기업은 모든 보험료를 수취하고 모든 인수 현금흐름을 지급
- 20X1년 12월 31일 종료 6개월 보고기간: 보험금 600원 청구, 위험조정 36원 발생
- 20X2년 6월 30일 종료 6개월 보고기간: 보험금 400원 청구, 위험조정 24원 발생
- 20X2년 8월 31일 모든 보험금 청구 관련 추정을 변경하고 1,070원을 지급함으로써 모든 청구를 정산
- 보험금 청구와 이와 관련된 위험조정은 보험금 지급시점에 당기손익으로 인식

④ 기타 가정

- 보험계약집합은 보험료배분접근법의 적용조건을 충족
- 보장의 각 부분을 제공하는 시점과 관련 보험료 납입기일 사이의 기간이 1년 이하여서 A보험회사는 잔여보장부채의 장부금액을 화폐의 시간가치와 금융위험의 효과를 반영하기 위해 조정하지 않을 것을 선택(따라서 할인이나 이자

부리는 적용되지 않음)

- 보험금은 청구가 이루어진 후 1년 이내에 지급되므로 A보험회사는 화폐의 시간가치와 금융위험의 효과에 대해 발생사고부채를 조정하지 않는 것을 선택

- A보험회사는 보험취득 관련 비용이 발생하는 때 보험취득 현금흐름을 비용으로 인식하는 것을 선택

13.3.2 분석

13.3.2.1 보험부채 잔액의 차이조정

잔여보장부채 잔액의 차이조정			(단위: 원)
	20X1년 12월	20X2년 6월	20X2년 12월
기초잔액	–	488	–
현금유입액	1,220	–	–
보험수익	(732)[1]	(488)	–
기말잔액	488[2]	–	–

(1) 보험수익의 계산

해당 기간에 배분된 예상 보험료 수취액을 해당 기간의 보험수익으로 인식(보장기간에 위험이 감소할 것으로 기대되는 양상은 시간의 경과와 유의적으로 다르지 않으므로 예상 보험료 수취액을 시간의 경과에 따라 각 보장기간에 배분)

- 20X1년 12월에 종료하는 6개월 동안의 보험수익(732원) = 1,220원 × 60%(6개월 ÷ 10개월)

- 20X2년 4월에 종료하는 4개월 동안의 보험수익(488원) = 1,220원 × 40%(4개월 ÷ 10개월)

(2) 20X1년 12월말의 잔여보장부채(488원) = 수취한 보험료(1,220원) - 보험수익(732원)

보험취득 현금흐름이 발생한 때 비용으로 인식하는 것을 선택하였으므로 보험취

득 현금흐름은 잔여보장부채에 포함시키지 않는다.

한편, A보험회사는 보험료배분접근법에 한하여 공시하게 되어 있는 '미래현금흐름의 현재가치 추정치'와 '위험조정'의 차이조정을 분석한다.

발생사고부채 잔액의 차이조정 (단위: 원)

	20X1년 12월	20X2년 6월	20X2년 12월
− 미래현금흐름의 현가 추정치	−	600	1,000
− 위험조정	−	36	60
기초잔액	−	636	1,060
− 미래현금흐름의 현가 추정치	600	400	70
− 위험조정	36	24	(60)
보험서비스비용	636[3]	424[4]	10[5]
미래현금흐름의 현가 추정치	−	−	(1,070)
현금유출액	−	−	(1,070)
기말잔액	636	1,060	−

(3) 20X1년 7월부터 20X1년 12월까지 기간의 보험서비스비용(636원) = 청구된 보험금(600원) + 위험조정(36원)

(4) 20X2년 1월부터 20X2년 6월까지 기간의 보험서비스비용(424원) = 청구된 보험금(400원) + 위험조정(24원)

(5) 보험서비스비용(10원) = 손실(70원) − 이익(60원)

  (개) 60원의 이익: 위험의 감소로 발생사고부채와 관련된 위험조정으로서 위험 감소에 따라 당기손익으로 인식한 금액

  (내) 70원의 손실: 발생한 보험금에 대한 과거 추정치 1,000원과 보험금 지급액 1,070원의 차이

13.3.2.2 재무상태표 표시
이 보험계약집합이 재무상태표에 미치는 영향은 다음과 같다.

	20X1년 12월	20X2년 6월	20X2년 12월
			(단위: 원)
현금	(1,200)[1]	(1,200)	(130)[2]
보험계약부채[3]	1,124	1,060	–
자본	76	140	130

(1) 20X1년 12월말 현금(1,200원)

= 20X1년 7월 1일에 수취한 보험료(1,220원) – 20X1년 7월 1일에 지급한 보험취득
현금흐름(20원)

(2) 20X2년 12월말 현금(130원)

= 20X1년 7월 1일에 수취한 보험료(1,200원) – 20X2년 8월 31일에 지급한 보험금
(1,070원)

(3) 보험계약부채 = 잔여보장부채 + 발생사고부채

13.4.2.3 재무성과표 표시

	재무성과표(6개월의 기간 말)		(단위: 원)
	20X1년 12월	20X2년 6월	20X2년 12월
보험수익	732[1]	488[1]	–
보험서비스비용	(656)[2]	(424)[2]	(10)[2]
이익(손실)	76	64	(10)

(2) 20X1년 12월에 종료되는 6개월 동안의 보험서비스비용(656원)

= 발생사고부채의 변동금액(636원) + 비용으로서 당기손익으로 인식한 보험취득
현금흐름(20원)

가. 보험료배분접근법의 적용

▫ 보험료배분접근법은 보장기간이 1년 이하인 보험계약집합의 잔여보장부채를 측정하기 위한 간소화된 보험부채 측정모형

▫ 보험료배분접근법 적용대상은 이 방법을 적용해도 기준서의 일반적 요구사항을 적용해 측정한 것과 중요한 차이 없이 측정할 것으로 합리적으로 기대하는 경우와 보험계약집합 내 각 계약의 보장기간이 1년 이하인 경우

나. 잔여보장부채 측정

▫ 보험료배분접근법 적용 시 최초 인식시점 잔여보장부채는 최초 인식시점에 실제 받은 보험료에서 최초 인식시점의 보험취득 현금흐름을 차감하여 측정

- 손실계약집합이 아니라면 보험회사는 보험계약을 측정하기 위해 미래현금흐름의 추정, 화폐의 시간가치 및 위험의 효과를 명시적으로 식별하지 않음

▫ 시간의 경과 기준 등에 따라 예상 보험료 수취액을 매 보험계약서비스 기간에 배분하여 보고기간별로 보험수익을 인식하고, 일반모형을 적용한 잔여보장부채 이행현금흐름과 보험료배분법을 적용한 잔여보장부채의 장부금액을 비교하여 전자가 더 크다면 차이 금액만큼을 당기손실로 인식하고 잔여보장부채를 증가시킴

- 보험료배분접근법 적용 시 보고기간 말 최종 잔여보장부채

  = 보고기간 말 잔여보장부채 − 보고기간 말 보험취득 현금흐름 관련 부채 + 보고기간 말 손실부담부채

▫ 잔여보장부채에 보험료배분접근법을 적용한 계약에 대해서도 발생사고부채는 일반모형으로 측정하지만, 이때 할인율은 간소화를 위해 보험금 발생시점의 할인율 적용

1. 보장기간 중 계약집합이 손실부담계약이라는 상황이 나타날 때 일반모형 잔여보장 부채와 보험료배분접근법의 잔여보장부채를 측정한 결과 일반모형 잔여보장부채가 더 크다면 당기손실(보험계약서비스)로 인식하는 금액은?

① 일반모형 잔여보장부채 전액
② 보험료배분접근법의 잔여보장부채 전액
③ 일반모형 잔여보장부채와 보험료배분접근법의 잔여보장부채의 합계
④ 일반모형 잔여보장부채와 보험료배분접근법의 잔여보장부채의 차액

2. A보험회사는 보장기간이 10개월인 보험계약을 2021년 7월 1일에 발행하였다. 보고기간은 매년 6월 30일과 12월 31일이라고 하자. 현금유입은 일시납보험료 1,100이고 현금유출은 보험취득 현금흐름 100이다. A보험회사는 최초 인식시점의 보험취득 현금흐름을 비용 인식하는 회계정책을 선택했고, 보장기간에 걸쳐 균등하게 보험사고가 발생하고 그에 따라 위험이 감소한다고 한다. 2021년 12월 기준 보험료배분접근법의 잔여보장부채 변동내역을 공시한 다음 표의 ①, ②, ③에 들어갈 값이 순서대로 알맞은 것은 무엇인가?

기초잔액	−
현금유입	①
보험수익	②
기말잔액	③

① 1,100, (600), 500　　② 1,000, (660), 340
③ 1,100, (660), 440　　④ 1,000, (600), 400

3. 2022년 12월 결산기 말, 발생사고부채의 기초잔액은 보험금 600 및 위험조정 30으로 630이었다. 2022년 8월 31일 보험금 추정이 변경되어 700을 지급한 후 모두 청산되었다. 보험료배분접근법의 발생사고부채의 차이조정을 공시하는 다음 표의 빈칸 ①, ②, ③에 들어갈 값이 순서대로 알맞은 것은 무엇인가?

기초잔액	630
미래현금흐름현가	①
위험조정	②
보험서비스비용	③

① (70), 30, (40)　　② 70, (30), 40　　③ (100), 30, (70)　　④ 100, (30), 70

※ 다음 중 맞는 것에 ○표, 틀린 것에 ×표 하시오.

4. 보험료배분접근법은 발생사고부채에 대해 일반모형 평가 결과와 중요하게 다르지 않거나 보장기간이 1년 이하 단기계약인 일반손해보험에 주로 적용하는 방식이다. (   )

5. 보험료배분접근법을 이용하면 일반모형을 이용한 경우보다 비용이 다소 감소할 것으로 예상된다. (   )

6. 보장기간이 1년 초과인 경우는 보험료배분접근법을 적용할 수 없다. (   )

7. 보험료배분접근법에서 수취한 보험료가 최초 측정되는 잔여보장부채가 되며, 손실부담 보험계약집합이 아니라면 최선추정과 할인효과 및 위험조정으로 나누어 측정할 필요가 없다. (   )

8. 보험료배분접근법을 이용하여 잔여보장부채를 최초 측정할 때 보험취득 현금흐름 지급액을 비용으로 인식하였다면 후속측정 시 잔여보장부채 장부금액에서 그 금액만큼을 차감해 준다. (   )

9. 후속측정 시 잔여보장부채의 금융요소를 조정할 경우, 최초 인식시점과 보험금 지급 사이의 기간이 1년 이내일 것으로 예상된다면 유의적 금융요소가 없다고 간주하여 금융효과를 반영하지 않는다. (   )

10. 보험료배분접근법이 적용된 보험계약에 대해서는 발생사고부채에 대하여 미래현금흐름의 현가 추정치와 위험조정의 차이조정을 별도로 공시한다. (   )

14장

재보험

14.1 재보험계약의 개요

14.1.1 재보험계약의 정의

재보험계약은 다른 보험회사가 발행한 하나 이상의 보험계약(원수보험계약)에서 생기는 보험금에 대해 그 보험회사를 보상하기 위해 재보험회사가 발행한 보험계약을 의미한다. *[A 재보험계약]*

보통 보험계약이라고 하면 개인과 기업이 모두 가입할 수 있는 '원수보험계약'을 말하지만, '재보험거래'는 이와는 달리 기업(즉 보험회사) 간에 이루어진다. 즉 보험회사가 보험계약자에게 보험상품을 판매하고 인수받은 보험위험의 전부 또는 일부를 다른 보험회사(재보험회사)에게 넘기는 거래이다.

재보험계약도 보험계약의 한 종류이므로 재보험계약에 대하여 보험회사가 발행하는 다른 보험계약에 적용되는 요구사항을 달리 적용할 이유가 없다. 따라서 보험회사는 다른 보험계약(원수보험계약)에 적용하는 동일한 기준으로 재보험계약의 대다수 사항(예: 통합수준 등)을 인식 및 측정해야 한다. *[BC296]*

> ❗ 재보험계약도 보험계약의 한 종류이므로 대다수 보험계약에 적용하는 동일한 기준으로 인식 및 측정

14.1.2 재보험계약의 유형

실무에서 재보험은 거래 유형에 따라 임의재보험(facultative reinsurance)[1] 과 특약재보험

---

1 원수보험회사가 개별 원수보험계약 단위로 재보험회사에 청약을 하고 재보험회사가 개별 재보험계약 청약의 인수를 결정하는 재보험계약

(treaty reinsurance)[2]으로, 책임분담방법에 따라 비례재보험(proportional reinsurance)[3]과 비비례재보험(non-proportional reinsurance)[4]으로 각각 분류된다.

그러나 IFRS 17은 보험계약을 원수보험계약과 재보험계약으로 구분하지 않는 것은 물론, 재보험계약을 이러한 실무상의 거래 유형이나 책임분담방법 등에 따라 분류하지도 않는다. 대신 위험의 인수·이전 여부로 계약에 대한 경제적 실질을 판단하여 보험계약을 분류할 뿐이다. 따라서 IFRS 17하에서 원수보험시장에서의 (보험계약자에 대한) 원수보험계약과 재보험시장에서의 (원수보험회사에 대한) 수재보험계약은 위험 '인수' 관점에서 각각 원수보험회사와 재보험회사가 '발행한 보험계약(insurance contract issued)'으로 분류된다.

반면에 출재보험계약은 원수보험회사가 자신이 발행한 원수보험계약 중 일부를 재보험회사에게 출재함으로써 원수보험계약과 관련한 보험위험을 재보험회사에게 이전시키는 계약이므로 원수보험회사가 '보유하고 있는 재보험계약(reinsurance contract held)'이라고도 명명한다. 이러한 개념을 바탕으로 출재보험계약과 수재보험계약의 기본적인 회계처리에 대해 살펴보면 다음과 같다.

가. 원수보험회사가 보유하고 있는 재보험계약(출재보험계약)

보험회사가 원수보험회사로서 출재보험계약을 보유한 경우, 즉 보험회사가 해당 출재보험계약의 보험계약자인 경우에는 출재보험계약을 그와 관련된 원수보험계약과 별도로 회계처리해야 한다. 이는 원수보험회사가 원수보험계약자에게 지급해야 하는 보험금이 원수보험회사가 재보험계약을 통해 재보험회사로부터 받을 것으로 기대하는 금액에 의해 영향을 받지 않는 등 원수보험계약과 출재보험계약이 실질적으로 별도의 계약이기 때문이다. 물론 재보험계약과 원수보험계약을 별도로 회계처리할 경우 양자 간에 계약

---

2 원수보험회사와 재보험회사 간에 출재 대상 계약의 범위, 담보지역, 재보험회사의 책임한도액, 재보험수수료 등의 담보조건을 규정한 특약(treaty)을 체결하고 이에 따라 약정된 기간 동안 재보험 청약과 인수가 자동적으로 처리되는 재보험계약

3 보험가입금액에 대한 원수보험회사의 보유액과 재보험회사의 인수액 비율에 따라 보험료가 배분되고 보험금에 대해서도 동일한 비율로 각자의 책임액이 산출되는 재보험계약

4 재보험계약에서 담보하는 사고 발생 시 전체 손해액 중에서 원수보험회사와 재보험회사 간에 미리 합의된 금액을 초과하는 부분만을 재보험회사가 보상하는 재보험계약

의 인식, 측정 및 이익의 인식 등 회계처리상의 불일치가 발생할 수 있다. 그러나 IFRS 17은 출재보험계약을 원수보험계약과 별도로 회계처리하는 것이 두 계약에서 발생하는 보험회사의 권리와 의무 그리고 관련 수익과 비용을 보다 충실히 나타낼 수 있다고 판단하고 있다. *[BC298]*

한편 출재보험계약에 대해서는 일반모형 또는 보험료배분접근법을 적용한다. 출재보험계약은 실질적으로 투자관련서비스 계약이 아니고 특성상 직접참가특성이 있는 보험계약이 될 수 없기 때문에 변동수수료접근법을 적용하지 않는다. *[B109]* 그리고 출재보험계약의 경우 원수보험회사와 재보험회사가 기초항목의 이익을 공유하지 않는다. 따라서 발행된 원수보험계약이 직접참가특성이 있는 보험계약일지라도 출재보험계약은 직접참가특성이 갖추어야 할 요건을 충족하지 않는 것이 일반적이다. 다시 말해, 직접참가특성이 있는 보험계약의 기초항목 집단에 대한 보험회사의 이익을 보험회사가 제공한 서비스에 대해 보험계약자에게 부과하는 대가로 본다는 관점이 재보험계약에는 적용되지 않는다. *[BC248, BC249]*

나. 재보험회사가 발행한 재보험계약(수재보험계약)

수재보험계약은 재보험회사가 보험회사로서 원수보험회사(보험계약자)를 대상으로 발행하는 보험계약이므로 당연히 보험계약의 한 종류에 해당한다. 즉, IFRS 17에 의한 보험계약의 정의를 충족한다. 따라서 수재보험에 대해 보험회사가 발행하는 보험계약과 다른 기준을 적용할 필요가 없다. 재보험회사는 원수보험회사가 원수보험계약에 사용하는 인식 및 측정방법을 수재보험계약에도 동일하게 적용해야 한다.

따라서 다음 절부터는 수재보험계약을 제외하고, 출재보험계약에 한정하여 설명한다.

❗ IFRS 17은 보험회사가 보유 중인 재보험계약(출재보험계약)에 대하여 원수보험계약과 별개로 측정하여 회계처리

14.2 출재보험계약의 최초 인식

14.2.1 출재보험계약의 특징

출재보험계약은 재보험계약의 특징을 반영하여 계약의 최초 인식시점, 이행현금흐름의 추정, 재보험자의 불이행위험, 위험조정 개념, 음(-)의 보험계약마진 인정과 손실회수요소, 변동수수료접근법 적용 불가 등 일부 사항에서 원수보험계약과 회계처리가 상이하다. 또한 재무제표에서도 관련 자산, 부채, 수익, 비용 등을 원수보험계약과 구분하여 표시해야 한다.

이러한 출재보험계약의 주요 회계처리 특징을 살펴보면 다음과 같다.

14.2.1.1 출재보험계약의 통합수준
재보험계약도 원수보험계약에 요구되는 통합수준 요구사항이 그대로 적용된다. 따라서 포트폴리오나 계약집합의 결정을 위한 판단기준이나 고려해야 할 요소, 계약 세트의 적용 여부 등이 재보험계약에도 동일하게 적용된다.

가. 출재보험계약의 포트폴리오
원칙적으로 재보험계약에 대한 포트폴리오 결정은 원수보험계약과 동일한 기준으로 판단한다. 따라서 재보험계약의 포트폴리오도 원수보험계약에서처럼 '동일하게 함께 관리'되고, '유사한 리스크에 노출'된 계약으로 구분한다. 다만, 동일한 원칙이 적용되더라도 재보험계약 특성상 원수보험계약과 재보험계약의 포트폴리오 구분은 일치하지 않을 수 있다.

나. 출재보험계약의 집합
재보험계약도 원수보험계약과 동일하게 최초 인식 시 각 포트폴리오를 순이익 및 순이익 발생가능성 유무를 기준으로 최소 세 개의 집합(① 최초 인식시점에 순이익인 계약집합, ② 최초 인식시점에 후속적으로 순이익이 될 유의적인 가능성이 없는 계약집합, ③ 포트폴

그림 14-1 감독회계상 재보험계약의 포트폴리오 구분 예시[5]

재보험계약의 포트폴리오 구분		
생명보험	장기손해보험	일반손해보험
유사위험	유사위험	보장담보
사망	상해	화재
		종합
	질병	해상
건강		근재
	재물	책임
		상해
연금/저축		기술
	연금/저축	보증
		자동차
기타	기타	해외
		기타
복합	복합	복합

리오에 남아 있는 계약집합)으로 분류한다. *[61, 68]*

　한편 재보험계약도 원수보험계약과 동일한 기준으로 계약집합을 구분함에 따라 같은 '집합 내에 발행시점의 차이가 1년을 초과하는 계약은 포함시킬 수 없다'는 발생시점에 따른 분류 기준도 동일하게 적용된다. *[22]*

> ⓘ 재보험계약도 원수보험계약에 요구되는 통합수준 요구사항이 그대로 적용되며, 손실계약이 될 수 없는 재보험 특성상 순이익 및 순이익 발생가능성 유무를 기준으로 집합을 구분한 결과가 원수보험계약과 다소 상이

14.2.2 출재보험계약의 최초 인식시점

원수보험회사는 원칙적으로 출재보험계약에 대한 위험에 노출되는 날부터 계약을 인식해야 한다. 하지만 실무에서는 출재보험계약에 원수보험계약의 인식시점을 그대로 적용

5　보험감독회계 도입방안(2021. 12.). 44쪽.

하지 않고, 책임분담방법에 따라 비례재보험과 비비례재보험으로 분류하여 달리 적용한다.

가. 비례재보험

재보험계약은 특정 기간 동안 발행된 원수보험계약에서 발생하는 보험금을 보장하기 위하여 고안되는 경우가 많다. 비례재보험은 출재보험계약집합이 원수보험계약집합의 손실을 비례적으로 보장하는 재보험계약이다. *[BC304]* 이 경우 출재보험계약 집합은 재보험계약집합의 보장기간 개시시점과 원수보험계약의 최초 인식시점 중 더 늦은 시점에 인식한다. 이는 원수보험회사가 적어도 하나의 원수보험계약을 인식하기 전까지는 재보험계약집합을 인식하지 않는다는 것을 의미한다.

나. 비비례재보험

비비례재보험은 원수보험계약의 총손실 중 특정 금액을 초과한 부분에 대해서 보장하는 재보험계약이다. 이러한 비비례재보험계약에서는 원수보험계약 손실이 보장기간에 걸쳐 누적되기 때문에 원수보험계약의 손실이 기준치를 초과하는 경우 출재보험계약의 개시시점부터 원수보험회사는 보장의 혜택을 얻게 된다. *[BC305]* 따라서 출재보험계약집합의 경우 해당 재보험계약집합의 보장기간 시작시점부터 인식한다.

한편 비례재보험 및 비비례재보험 모두 최초 인식시점에 손실계약인 원수보험계약의 출재보험계약은 손실부담 원수보험계약을 인식할 때 출재보험계약도 인식한다. 이는 손실부담 원수보험계약의 경우 최초 인식시점에 손실이 인식되므로 원수보험계약의 손실보전이라는 출재보험계약의 기본 취지를 고려하여 출재보험계약집합에서도 그에 상응하는 이익을 동시에 인식하도록 하기 위함이다. *[62, 62A, BC305A]*

> ❗ 비례보험의 경우 재보험계약집합의 보장기간 시작시점과 원수보험계약집합의 최초 인식시점 중 늦은 시점에, 비비례재보험의 경우 재보험계약집합의 보장기간 시작시점부터 재보험계약을 인식

14.2.3 이행현금흐름 추정

앞서 살펴본 것처럼 보험회사는 보험계약에 대한 미래현금흐름의 현재가치를 추정한다. 즉 기준서의 요구사항에 맞추어 명목 미래현금흐름을 추정하고, 다시 금융위험 및 화폐의 시간가치를 고려한 조정 절차를 거치게 된다.

이러한 과정은 출재보험계약에도 동일하게 적용된다. 보험회사는 해당 원수보험계약에 사용하는 가정과 일관된 가정을 사용하여 출재보험계약에서 발생하는 현금흐름을 추정하고, 금융위험 및 화폐의 시간가치에 대한 조정을 수행한다. 그 결과 출재보험계약을 측정하기 위하여 사용하는 현금흐름은 원수보험계약의 현금흐름에 따라 달라지는 정도를 반영하게 된다. 또한 출재보험계약집합에 대한 미래현금흐름의 현재가치 추정치는 담보로 인한 효과와 분쟁으로 인한 손실을 포함하여 재보험계약 발행자(즉 재보험회사)의 불이행과 관련된 모든 위험의 효과를 포함한다. [63, BC300]

실무적으로 재보험계약의 현금흐름은 일반적으로 아래와 같은 항목들로 구성된다.

표 14-1 재보험계약 현금흐름의 구성항목

현금흐름	내용
재보험료	재보험계약에 따라 재보험회사에게 지급하는 보험료
재보험금	보험사고가 발생하여 재보험계약에 따라 재보험회사로부터 받는 보험금
재보험 손해조사비	원수보험계약에서 발생한 손해조사비 중 재보험회사로부터 돌려받는 손해조사비
이익수수료(손해분담금)	재보험계약에서 이익(손해) 발생 시 재보험회사로부터 수령(지급)하는 금액
재보험 사업비	재보험계약에 따라 지급하는 재보험 사업비
손실충당금(재보험자의 불이행위험)	재보험회사의 신용위험에 따른 손실 예상액

14.2.3.1 기대신용손실의 반영(재보험자 불이행위험)

출재보험계약의 경우 재보험회사가 발생된 보험사건에 대하여 원수보험회사가 보고한 보험금의 적정성에 대해 이의를 제기할 수도 있다. 또한 재보험회사가 재보험금 지급의무를 이행하지 않을 수 있다. 원수보험회사는 출재보험계약으로 인해 재보험금을 수령할 권리(일종의 잠재적 채권)를 보유하게 되는 만큼 거래상대방이 관련 의무를 적정하게 이행하지 않을 위험(즉 일종의 신용위험)을 부담하게 된다. 따라서 원수보험회사는 이행현금흐름 측정 시 재보험회사의 신용위험에 기반한 기대신용손실(expected credit loss)을 반영해야 한다.[6] 그 결과 출재보험계약과 관련한 현금흐름의 금액과 시기에 대한 추정치는 신용손실의 효과를 확률로 가중하여 계산한 결과값으로 측정된다. *[BC307, BC308]*

14.2.3.2 출재수수료

출재보험계약집합은 일반적으로 자산으로서의 성격을 지닌다. 원수보험회사는 출재보험계약에서 이익을 창출하기보다는 출재보험계약에 내포되어 있는 마진을 재보험료의 형태로 재보험회사에게 지급하게 된다. 따라서 원수보험회사가 재보험 보장에 대하여 재보험회사에게 지급하는 납입보험료는 최초 측정한 재보험자산과 재보험회사가 해당 재보험계약으로부터 인식할 보험계약마진이 합산된 금액으로 볼 수 있다. 다만, 이러한 출재보험계약집합의 마진은 출재보험계약의 가격에 따라 달라지므로 원수보험계약에서 발생한 보험계약마진과 다를 수 있다.

한편 원수보험회사가 재보험보장을 위하여 재보험회사에게 지급하는 금액은 원수보험계약에 의해 발생한 현금흐름의 기대 현재가치 중 재보험회사의 몫이다. 동 금액에는 출재보험계약에 따른 보장에 대하여 재보험회사가 이의를 제기하거나 의무를 다하지 못할 위험에 대한 조정이 포함된다. 원수보험회사가 원수보험계약의 인수심사나 취득, 관리 등을 위해 지출한 비용을 보전할 목적으로 재보험회사가 원수보험회사에게 지급하는 금액을 '출재수수료(ceding commissions)'라고 하는데, 원수보험회사가 재보험회사에게 지급하는 금액은 이러한 출재수수료를 차감한 금액이 된다. *[BC299, BC302]*

> ❗ 출재보험계약집합의 이행현금흐름 측정 시 원수보험계약집합에 대하여 사용한 것과 일관된 가정을 사용하며, 기대신용손실(재보험자 불이행위험)을 반영

---

6 IFRS 4에서는 재보험자산에 대해 발생손실모형을 적용하여 손상사건 발생 시 재보험자산 전액을 손상처리하도록 규정하고 있으나, IFRS 17은 재보험자산에 대해 기대신용손실모형(신용위험의 증가 등 미래 전망 정보 등을 토대)에 의해 손상금액을 인식하도록 하고 있으므로, 감독회계에서도 이를 반영하여 기존 감독규정의 손상평가 처리기준을 삭제하고, IFRS 17을 원용하여 기대손실모형에 따른 손상평가를 하도록 개정[보험감독회계 도입방안 (2021. 12.). 39쪽].

14.2.4 출재보험계약의 '계약경계'

출재보험계약의 계약의 경계도 원수보험계약과 동일한 기준을 적용하여 정한다. 다만, 재보험계약은 원수보험계약과는 별도의 계약이므로 재보험계약별 당사자의 권리와 의무를 판단하여 계약의 경계를 정한다.

14.2.4.1 출재보험계약의 경계 판단기준

IFRS 17은 보험회사가 보험계약자에게 보험료를 납부하도록 강제할 수 있는 권리나 보험계약자에게 보험계약서비스를 제공해야 할 실질적인 의무가 있는 기간 동안의 현금흐름은 계약의 경계 내에 있는 것으로 본다. [34] 이는 출재보험계약에도 동일하게 적용되는 원칙이므로, 출재보험계약의 경우 재보험회사로부터 보장서비스를 받을 수 있는 권리와 재보험료를 납부해야 하는 의무가 모두 종료된 시점까지 계약의 경계 내에 있는 것으로 본다.

출재보험계약집합의 미래현금흐름 추정치에는 그 집합 내의 출재보험계약에 의해 보장될 것으로 예상하는 보험계약과 관련된 미래현금흐름을 포함한다. 보험회사가 미래에 발행할 것으로 예상하는 보험계약에 대해 재보험보장을 받을 수 있는 실질적인 권리가 있다면, 그러한 현금흐름에 미래에 발행할 것으로 예상하는 보험계약과 관련된 현금흐름을 포함한다. [BC309A]

예를 들어 3개월 전 어느 시점에서든 일방적 통지를 통해 신계약에 대한 출재(재보험계약 체결)를 중단할 수 있는 경우라면, 최초 인식시점의 미래 신계약 추정기간은 3개월이 된다. 그러나 미래 특정 시점 이후부터 신계약 출재를 중단할 수 있는 경우라면 최초 인식시점의 미래 신계약 추정기간은 그 특정 시점까지가 된다.

출재보험계약의 회계처리는 원수보험회사가 발행한 보험계약의 회계처리와 일관되어야 한다. [BC298] 일관된 회계처리는 계약에서 발생하는 보험회사의 모든 권리와 의무의 기대치를 측정하는 것을 포함한다. 따라서 보험회사가 발행할 것으로 예상하는 보험계약에 대해 재보험보장을 받을 수 있는 실질적인 권리를 제공하는 재보험계약을 보유할 때, 그 실질적인 권리에서 발생하는 현금흐름(출재보험계약의 경계 내에 있는 현금흐름)은 출재보험계약의 측정에 포함된다. 이에 반해 출재보험계약이 발행할 것으로 예상되는 보험계약과 관련된 실질적인 권리와 의무를 제공하지 않는다면, 그러한 보험계약은 출재보험계약의 경계 밖에 있는 것으로 본다. [BC309C]

원수보험회사의 출재보험계약과 관련한 권리와 의무는 아래 표와 같이 원수보험계약과 비교하여 이해될 수 있다. 권리와 의무 모두 종료되는 경우에 계약의 경계가 종료되며, 출재보험계약의 권리 또는 의무가 있는 보고기간 동안의 현금흐름은 계약의 경계 내에 있다.

표 14-2 원수보험계약과 출재보험계약의 비교

구분		원수보험계약	출재보험계약
권리	정의	보험료 납부를 강제할 수 있는 권리	재보험서비스를 받을 수 있는 권리
	종료	계약자가 일방적 계약 해지 권한 보유 시	재보험회사가 재보험료 재산정 능력 보유 시 또는 재보험회사가 일방적 계약 해지 권한 보유 시
의무	정의	보험서비스를 제공해야 하는 의무	재보험료를 납부해야 하는 의무
	종료	보험회사가 보험료 재산정 능력 보유 시 또는 보험회사가 일방적 계약 해지 권한 보유 시	원수보험회사가 일방적 계약 해지 권한 보유 시

14.2.4.2 경계 판단 시 미래 원수신계약 반영

출재보험계약에 계약의 경계에 관한 판단기준을 적용하면, 출재보험계약의 현금흐름 측정 시 미래에 발행될 것으로 예상되는 원수보험계약의 현금흐름을 반영해야 한다. 출재보험계약집합의 최초 인식시점에 보험계약마진을 측정함에 있어 모든 예상 미래현금흐름을 포함하면, 원수보험회사가 발행할 것으로 예상하는 미래보험계약에 대해 명시적 조건을 통해 재보험회사로부터 서비스를 제공받기로 동의한 조건을 반영하게 된다. [BC309D]

> ❗ 재보험계약은 원수보험계약과는 별도의 계약이므로 재보험계약별 당사자의 권리와 의무를 판단하여 별도로 계약의 경계를 정해야 하며, 출재보험계약의 현금흐름 측정 시 계약의 경계 내에 있는 미래 예상 원수신계약의 현금흐름도 반영하여야 함

14.2.5 위험조정

출재보험계약의 위험조정은 원수보험계약의 위험조정에 관한 사항을 적용하는 대신 재보험계약집합의 보유자(원수보험회사)가 이 계약의 발행자(재보험회사)에게 이전하는 위험을 반영하도록 원수보험과 별도로 산정해야 한다. *[64]* 다시 말해 원수보험계약에서의 위험조정은 비금융위험으로 인한 현금흐름의 금액과 시기의 불확실성을 감수하기 위해 보험회사가 보험계약자에게 요구하는 보상을 측정하지만, 재보험계약에서는 원수보험회사가 원수보험계약자로부터 인수한 비금융위험 중 재보험회사에게 이전하는 금액으로 측정한다.

⚠️ 출재보험의 위험조정은 원수보험과 달리 원수보험회사가 인수한 비금융위험 중 재보험회사에게 이전하는 위험을 반영하여 측정

14.2.6 최초 인식시점의 보험계약마진

최초 인식시점에 보험계약마진을 산정하는 것과 관련하여, 출재보험계약집합의 경우 재보험계약을 구매할 때 미실현이익이 존재하지 않는다. 그 대신 미래에 재보험서비스를 제공받음에 따라 재보험비용으로 인식하게 될 '순원가(net cost)' 또는 '순차익(net gain)'이 존재하게 된다. 따라서 최초 인식시점에 출재보험계약집합을 구매할 때에는 순원가 또는 순이익을 보험계약마진으로 인식한다. 보험계약마진은 다음 ①~④의 합과 동일한 금액으로 측정한다.

① 이행현금흐름
② 출재보험계약집합과 관련된 현금흐름에 대해 종전에 인식한 자산 또는 부채 중 최초 인식시점에 제거되는 금액
③ 최초 인식시점에 발생하는 모든 현금흐름
④ 손실부담 원수보험계약집합의 최초 인식시점 또는 집합에 손실부담 원수보험계

약을 추가하는 시점에 손실을 인식할 때 출재보험계약집합의 보험계약마진을 조정하여 당기손익으로 인식한 수익 [65, 66A]

가. 부(-)의 보험계약마진 인정

원수보험계약집합에서는 보험계약마진이 부(-)의 값을 가질 수 없다. 보험계약마진이 부(-)의 값을 가지는 순간 손실계약이 되기 때문이다.

그러나 출재보험계약집합은 그렇지 않다. 출재보험계약집합에 대한 보험계약마진은 보험계약에 따라 서비스를 제공함으로써 창출해 내는 이익이라기보다는 재보험보장을 구입할 때 보험회사가 발생시키는 비용을 나타낸다. 특히 재보험계약을 발행하는 재보험회사가 해당 계약으로부터 일정 수준의 미실현이익을 기대할 것이므로 원수보험회사 입장에서는 평균적으로 순비용이 발생할 것으로 예상하는 것이 보다 일반적이라 할 수 있다. 따라서 재보험회사에게 지급하는 보험료에 의한 현금흐름 추정치의 변동에 따라 출재보험계약집합에 대한 보험계약마진을 조정하는 금액에 대하여 제한을 두지 않는다. [BC314]

나. 손실회수요소 인식

앞서 제11장에서 살펴본 것처럼 보험계약집합에서 손실요소에 배분된 총금액은 손실인 신계약, 불리한 추정의 변동으로 인한 추가 손실요소 인식, 이행현금흐름 해제, 유리한 추정의 변동으로 인한 손실요소 환입 등의 과정을 거치며 계약집합의 보장기간 말에는 영(0)이 되도록 관리된다.

이렇게 손실부담 원수보험계약집합의 최초 인식시점 또는 해당 계약집합에 손실부담 원수보험계약을 추가하는 시점에 손실이 인식될 때, 보험회사는 연계된 출재보험계약집합의 보험계약마진을 조정하여 당기손익으로 인식한다. 단, 이러한 출재보험계약에 의한 원수보험계약 손실 보전은 손실부담 원수보험계약이 인식되기 전 또는 인식과 동시에 출재보험계약을 체결한 경우에만 적용된다. 그리고 최초 인식 시 출재보험계약집합의 보험계약마진을 조정하고 수익으로 인식할 금액은 '원수보험계약에서 인식한 손실'에 '출재보험계약집합에서 원수보험계약의 보험금에 대해 회수할 것으로 기대하는 비율'을 곱하여 결정한다. [B119D]

이를 위해 동 과정에서 원수보험계약집합에서 '손실요소'를 관리하는 것과 대칭적 (mirroring)으로 출재보험계약집합에서는 '손실회수요소'로 정의하고 관리함으로써 원수 보험의 손실 인식에 대한 회계처리와 출재보험의 순이익(또는 순손실) 인식에 대한 회계 처리의 차이로 인한 회계불일치 문제를 개선한다. [66, 66A, B119C]

한편 출재보험계약집합에 의해 보장되는 손실계약과 출재보험계약집합에 의해 보장되지 않는 손실계약을 하나의 손실계약집합에 포함하여 통합시키는 것이 가능하다. 이 경우 출재보험계약집합에서 원수보험계약의 손실회수에 관한 사항을 적용하기 위해, 원수보험회사는 출재보험계약집합에 의해 보장되는 보험계약과 관련된 보험계약집합의 손실요소 부분을 산정함에 있어 체계적이고 합리적인 배분기준을 사용해야 한다. [B119E]

❗ 출재보험계약집합의 보험계약마진은 ① 미실현이익이 아닌 순원가 또는 순이익을 의미하며, ② 부(–)의 값을 인정하므로 손실요소 개념은 존재하지 않으나, 원수 손실요소와 대칭적(mirroring)으로 손실회수요소를 인식

| 14.3 출재보험계약의 후속측정 및 간편법 |

14.3.1 출재보험계약의 후속측정

출재보험계약의 후속측정은 일반모형 또는 보험료배분접근법이 적용되는 계약집합의 후속측정과 기본적으로 유사하다. 후속측정을 위해 매 보고기간 말 출재보험계약집합의 이행현금흐름과 보험계약마진에 대한 변동금액을 측정하되, 이행현금흐름은 원수보험계약의 이행현금흐름 측정과 일관된 가정과 방법을 적용하여 측정해야 한다.

원수보험계약에서는 아직 발생하지 않은 보험사건에 대한 의무는 잔여보장부채로, 이미 발생한 보험사건에 대한 의무는 발생사고부채로 각각 인식한다. 이와 마찬가지로 출재보험계약도 잔여보장요소와 발생사고요소로 나누어 측정한다.

14.3.1.1 잔여보장요소의 이행현금흐름

가. 최선추정의 후속측정

출재보험계약의 후속측정은 기본적으로 원수보험계약의 변동분석 단계와 유사하게 이루어진다. 실무적으로 위험보험료를 출재하는 출재보험계약의 경우 원수보험계약집합 중 비연동형 보험계약집합의 최선추정 변동분석 단계를 준용한다. 반면 영업보험료를 출재하는 출재보험계약은 원수보험계약집합 중 간접연동형 보험계약집합의 최선추정 변동분석 단계를 준용하여 측정한다.

다만, 원수보험계약과 달리 출재보험계약은 미래현금흐름의 현재가치를 추정함에 있어 재보험계약 발행자(재보험회사)의 재보험금 지급과 관련한 불이행위험도 반영하여야 하므로 이와 관련한 변동을 추가로 고려해야 한다.

나. 위험조정의 후속측정

위험조정의 변동 중 당기 중 해제된 위험으로 인한 변동은 보험수익으로 인식하며, 시간가치 및 금융위험에 따른 변동은 보험금융비용(당기손익 또는 기타포괄손익)으로 인식한다. 그 외 미래 서비스와 관련된 변동은 보험계약마진으로 조정한다. 위험조정의 변동분을 반드시 보험서비스결과와 보험금융수익(비용)으로 세분화해야 하는 것은 아니며, 세분화하지 않을 경우에는 전체 변동분을 보험서비스결과의 일부로 포함한다.

14.3.1.2 보험계약마진의 후속측정

일반적으로 원수보험회사가 재보험계약을 체결할 때 재보험회사에 지급하는 금액(대변금액 A)은 출재보험계약에서 발생할 것으로 기대되는 미래현금흐름의 현재가치에 위험조정을 합산한 금액(차변금액 B)보다 크다. 따라서 통상 차변 잔액(대변금액 A-차변금액 B)으로 나타나는 보험계약마진은 재보장서비스 구입에 대한 순비용을 나타내며, 일반적으로 출재보험계약집합의 최초 인식시점에 인식된다.

반면 원수보험회사가 재보험회사에 지급하는 금액이 미래현금흐름의 현재가치에 위험조정을 합산한 금액보다 작은 경우라면 출재보험계약집합의 보험계약마진이 대변 잔액(차변금액 B - 대변금액 A)으로 나타날 수도 있다. 이처럼 대변에 나타나는 보험계약마진은 재보장서비스 구입에 따른 순이익을 나타낸다. 이러한 순이익이 발생하는 주요 원인은 원수보험회사가 원수보험계약에 대한 미래현금흐름을 과대계상하여 재보험계약으로부터 발생할 것으로 기대되는 미래 현금유입액이 함께 과대계상되거나, 재보험회사가 분산 효과를 이용하여 유리한 가격 책정을 했기 때문이다. *[BC310]*

이 경우 원수보험회사는 출재보험계약집합의 보장기간에 걸쳐 부(-)의 차액을 인식한다. 최초 인식시점에 측정된 순이익(미래 현금 순 유입액의 현재가치)은 재보장서비스의 구입 원가가 감소한 것과 실질이 유사하므로, 이러한 원가 감소를 서비스를 제공받는 보장기간에 걸쳐 체계적으로 안분하여 인식하는 것이 재무성과 측정(즉 수익 - 비용 대응) 관점에서 적절하기 때문이다. *[BC311]*

가. 조정금액

출재보험계약집합의 보고기간 말 보험계약마진은 보고기간 초의 장부금액에서 다음을 조정하여 측정한다.

① 집합에 추가되는 신계약의 효과

② 최초 인식시점에 결정된 어떠한 기초항목의 성과에도 연동되지 않는 명목현금흐름에 대한 할인율로 측정하여 보험계약마진의 장부금액에 가산된 이자

③ 손실부담 원수보험계약집합의 최초 인식시점 또는 집합에 손실부담 원수보험계약을 추가하는 시점에 인식된 손실 중 출재보험계약의 보험계약마진에서 조정하여 보고기간에 당기손익으로 인식한 수익

④ 손실회수요소의 환입으로서, 그러한 환입이 출재보험계약집합의 이행현금흐름의 변동이 아닌 정도까지의 금액

⑤ 최초 인식시점에 결정된 할인율을 적용하여 측정된 미래 서비스와 관련된 이행현금흐름의 변동분. 다만, 원수보험계약집합에 배분된 이행현금흐름의 변동 중 원수보험계약집합에 대한 보험계약마진에서 조정하지 않는 부분으로 인한 변동분과, 보험료배분접근법을 적용하여 원수보험계약집합을 측정하는 경우 손실계약에 관한 사항을 적용함으로써 생기는 변동분은 제외한다.

⑥ 보험계약마진에 발생하는 외환차이의 효과

⑦ 해당 기간에 받은 서비스로 인해 당기손익으로 인식하는 금액 [66]

나. 보장단위

출재보험계약집합의 보험계약마진은 해당 기간에 보험계약집합에서 제공받은 서비스를 반영하여 그 기간에 당기손익으로 인식한다. 해당 기간에 제공받은 서비스를 측정하기 위하여 보장단위를 산정하는데, 보장단위는 각 계약별로 제공하는 급부의 수량 및 기대되는 보장의 듀레이션을 고려하여 산정한다. 그리고 보고기간 말 시점에 보험계약마진을 당기에 제공한 보장단위와 미래에 제공될 것으로 기대되는 보장단위에 각각 배분하며, 당기에 제공된 보장단위에 배분된 금액을 당기손익으로 인식한다.

14.3.1.3 발생사고요소

출재보험계약에서 보험사건 발생 시 재보험금을 수령할 권리가 발생하므로, 이를 발생사고요소로 평가한다. 원수보험계약의 발생사고부채가 보험계약마진을 반영하지 않는 것처럼 출재보험계약의 발생사고요소에 대해서도 미래현금흐름의 현재가치와 위험조정에 대한 평가만 진행한다.

구체적으로 출재보험계약의 발생사고요소는 재보험계약에 따라 이미 발생한 보험사고 및 수령 사유가 발생한 투자요소와 관련된 출재보험계약 보유자(원수보험회사)의 순계약상 권리(자산)로 최선추정과 위험조정으로 구성된다. 이 중 최선추정은 출재보험계약집합 내 각 계약의 경계 내에 있는 발생사고요소와 관련된 모든 미래현금흐름의 현재가치 추정치로서 잔여보장요소와 마찬가지로 재보험회사가 발생한 보험금 등에 대한 지급의무를 불이행할 위험을 포함하여 측정한다. 다음으로 위험조정은 발생사고요소에 대하여 재보험계약집합 보유자가 재보험계약 발행자에게 이전하는 출재보험계약집합에서의 비금융위험을 반영한 금액으로 측정한다.

> ❗ 출재보험계약집합의 후속측정은 원수보험의 처리 방식과 전체적으로 유사하지만, 보험계약마진 조정 시 원수보험계약집합의 손실요소에 대응하여 손실회수요소를 인식 및 환입하는 단계가 추가된다는 차이점이 존재

14.3.2 출재보험계약의 재무제표 표시

보험회사는 재무상태표에 원수보험계약 포트폴리오와 출재보험계약 포트폴리오를 통합하지 않고 구분하여 표시하며, 원수보험계약 포트폴리오와 출재보험계약 포트폴리오 내에서도 자산인 포트폴리오와 부채인 포트폴리오를 다시 구분하여 표시한다. [78]

14.3.2.1 재보험수익과 재보험비용

원수보험회사의 출재보험계약과 관련한 수익과 비용도 원수보험계약의 비용 또는 수익과 별도로 구분하여 표시한다. [82] 다만, 출재보험계약집합에서 생기는 수익과 비용은 보험금융수익(비용) 외의 '단일 금액(혹은 순액)'으로 표시할 수 있으며, 재보험회사로부터 회수한 금액과 지급된 보험료 배분액을 구분하되 그 순액이 전술한 단일 금액과 동일하도록 총액으로 표시할 수도 있다. 단, 수익과 비용을 구분 표시하는 경우에는 재보험계약의 현금흐름을 다음과 같이 처리한다.

① 원수보험계약의 보험금에 기초하는 재보험의 현금흐름은 출재보험계약에 따라 변제될 것으로 예상되는 보험금의 일부로 처리하여 재보험수익으로 인식

② 원수보험계약의 보험금과 무관하게 재보험회사로부터 받을 것으로 기대하는 금액(예: 일부 유형의 재보험수수료)은 재보험회사에 지급될 보험료 감소로 처리

③ 손실회수에 대하여 인식한 금액을 재보험회사로부터 회수된 금액으로 처리

④ 지급된 보험료 배분액을 수익 감소로 표시하지 않음 [86]

14.3.2.2 출재보험계약의 투자요소

투자요소는 기본적으로 보험사건 발생 여부와 무관하게 보험계약에 따라 보험회사가 모든 상황에서 보험계약자에게 상환해야 하는 금액을 의미한다. 따라서 재보험계약에서도 투자요소는 재보험회사 입장에서 보험사건이 발생하든 발생하지 않든 모든 상황에서 보험계약자(원수보험회사)에게 지급해야 할 금액, 즉 출재보험회사(원수보험회사) 입장에서는 어느 상황에서도 재보험회사로부터 돌려받는 금액을 의미한다. 출재보험계약과 관련한 재보험회사의 이익을 원수보험회사와 공유 및 분배하는 이익수수료 정산 조

항을 포함하고 있다면 동 조항에 따라 원수보험회사는 원수보험에서 발생하는 보험사고와 무관하게 재보험료의 '일정 부분(보험사고가 발생하지 않았을 경우 이익수수료)'을 항상 회수할 수 있게 된다. 이러한 '일정 부분'에 해당하는 금액이 바로 출재보험계약의 투자요소에 해당한다. 출재보험계약에서도 이러한 투자요소는 원수보험계약과 마찬가지로 당기손익으로 표시되는 보험수익과 보험서비스비용에 포함하지 않는다.

14.3.2.3 출재보험계약의 손실회수요소 변동 효과

손실과 손실회수는 재무성과표에서 별도 항목으로 표시하고 재무제표의 주석에 별도로 공시하여야 하므로, 원수보험계약집합에서 손실요소를 정하고 손실요소의 변동 효과를 관리하듯이 출재보험계약집합에서는 손실회수요소를 정하고 그 변동 효과를 별도로 관리해야 한다. [BC315]

가. 손실회수요소 관련 수익의 인식과 환입

앞서 보험계약마진 후속 조정과정 중 ③ 손실부담 원수보험계약집합의 최초 인식시점에 또는 집합에 손실부담 원수보험계약을 추가하는 시점에 인식된 손실 중 출재보험계약의 보험계약마진에서 조정하여 보고기간에 당기손익으로 인식한 수익, ④ 손실회수요소의 환입으로서, 그러한 환입이 출재보험계약집합의 이행현금흐름의 변동이 아닌 정도까지의 금액 처리가 이루어짐을 살펴보았다. 이때 ③과 관련하여 재무성과표에 손실회수요소 관련 수익(재보험수익)을 인식하고, ④와 관련하여 손실회수요소 관련 수익을 환입하는 처리가 이루어진다. 원수보험계약집합에서 손실요소 환입이 보험수익에서 제외되는 효과를 가져오는 것과 대칭적으로, 출재계약집합에서 손실회수요소 환입은 결과적으로 재보험비용에서 제외되는 효과를 가져온다. [66A, 66B]

나. 손실회수요소의 변동 분석

손실회수요소 인식 및 환입을 통해 손실회수요소를 정한 후 손실부담 원수보험계약집합의 손실부담요소의 변동을 반영(mirroring)하여 손실회수요소를 조정한다.[7] [B119F]

---

7 이때 손실회수요소의 장부금액은 출재보험계약 집합에서 회수할 것으로 예상하는 손실부담 원수보험계약집

실무적으로는, 제11장에서 살펴본 원수 손실요소의 기중 변동 처리 과정(이자부리, 최선추정 및 위험조정 해제 등)을 미러링하여 손실회수요소의 기중 변동을 처리하며, 원수 손실요소 배분액이 재무성과표에 표시되는 것과 대응하여 출재 손실회수요소 배분액이 재무성과표에 반영된다. 구체적으로 이자부리로 인한 원수 손실요소 보험금융비용(수익)에 대응되는 출재 손실회수요소 배분액은 보험금융수익(비용)으로, 최선추정 및 위험조정 해제로 인한 원수 손실요소 보험수익(비용)에 대응되는 출재 손실회수요소 배분액은 재보험비용(수익)으로 처리된다.

다. 손실회수요소의 금액 결정 기준

손실회수요소에 대해 보험계약마진에서 조정하고 수익으로 인식할 금액은 "원수보험계약에서 인식한 손실"에 "출재보험계약집합에서 원수보험계약의 보험금에 대해 회수할 것으로 기대하는 비율(이하 '손실회수기대비율')"을 곱하여 결정하여야 한다. *[B119D]* 이때 실무적으로 고민할 사항은 크게 두 가지이다.

첫째, 출재보험계약집합에 의해 보장되는 원수 손실계약과 출재보험계약집합에 의해 보장되지 않는 원수 손실계약이 하나의 손실계약집합에 모두 포함된 경우 보험계약집합보다 더 낮은 수준에서 금액을 결정하여야 하는가에 관한 것이다. 다행히 IFRS 17에서는 보험계약집합의 수준보다 낮은 수준에서 보험계약을 추적하도록 요구하지는 않으므로, 보험회사는 적정 수준에서 출재보험계약에 의해 보장되는 원수보험계약과 관련된 보험계약집합의 손실요소 부분을 결정하기 위해 체계적이고 합리적인 배분기준을 정하면 된다. *[B119E, BC315H]*

둘째, 손실부담요소 변동 분석 각 단계에 적용되는 체계적 손실회수기대비율의 결정에 관한 것이다. 기준서에서는 비율과 관련한 구체적인 기준이나 사례 분석을 제시하지 않으므로, 회사가 손실회수요소 변동분석 단계별로 체계적이고 합리적인 손실회수기대비율을 정하여야 한다.

합의 손실요소의 장부금액에 해당하는 부분을 초과할 수 없는데, 이는 손실회수요소 회계처리의 취지가 원수 손실요소 회계처리와의 회계불일치를 완화하는 데 있기 때문이다.

14.3.2.4 불이행위험 변동 효과

출재보험계약 발행자(재보험회사)의 불이행위험 변동으로 인한 이행현금흐름의 변동은 미래 서비스와 관련이 없다. 따라서 보험계약마진에서 조정하지 않는다. *[67]* 대신, 기대신용손실의 변동은 경제적 사건으로서 발생시점에 모두 당기손익으로 반영한다.[8] 즉 보고기간 말 재보험회사의 불이행위험 평가액과 기초 불이행위험 평가액 간의 차이를 불이행위험 변동 효과로 판단하고 이를 당기손익으로 인식한다.[9]

> ❗ 출재보험계약의 재무제표 표시는 원수보험의 표시와 전체적으로 유사하지만 다음과 같은 차이점이 존재: ① 투자요소 개념이 (출재보험회사 입장에서) 원수보험에서 발생하는 보험사고와 무관하게 재보험회사로부터 돌려받는 금액으로 재해석 ② 재무성과표에 손실회수요소의 변동을 처리하는 단계 추가 ③ 잔여보장요소와 발생사고요소에 대한 재보험자 불이행위험 변동 효과 추가 고려

14.3.3 출재보험계약에 대한 간편법(보험료배분접근법)

출재보험계약도 원수보험계약과 마찬가지로 보험료배분접근법을 적용한 측정 결과가 IFRS 17의 일반적인 요구사항을 적용하여 얻은 결과값의 합리적인 근사치라면 보험회사가 발행하는 보험계약의 측정 요구사항과 일관되게 출재보험계약의 측정을 단순화하기 위해 보험료배분접근법을 적용하는 것이 가능하다. 구체적으로 출재보험계약집합에 포함된 각 계약의 보장기간이 1년 이하라면 보험료배분접근법을 적용할 수 있다. 다만, 출재보험계약집합은 원수보험계약집합과 별도이므로 출재보험계약집합이 보험료배분접근법 적용 조건을 충족하는지에 대한 평가는 원수보험계약집합이 그러한 조건을 충족하는지에 대한 평가와 다를 수 있다. *[BC301]*

---

8 이렇게 함으로써 출재보험계약에서 재보험회사의 신용위험과 관련한 회계처리가 '발행시점에 신용이 손상되어 있는 금융자산(IFRS 9 적용)'에 대한 기대신용손실 회계처리와 일관될 수 있다. *[BC309]*

9 이때 기준서에서는 불이행위험 변동 효과를 보험금융손익으로 인식할지, 보험손익으로 인식할지에 대하여 명시하고 있지는 않다. 기준서에서 금융위험을 하나 이상의 특정변수의 미래 발생가능한 변동으로 인한 리스크로 정의하면서, 기초변수는 이자율, 금융상품가격, 일반상품가격, 환율, 가격 또는 비율의 지수, 신용등급 또는 신용지수나 그 밖의 변수로 예시하고 있으므로, 재보험자 신용과 관련한 불이행위험의 변동 효과는 보험금융손익으로 처리하는 것이 합리적이다.

출재보험계약집합에 대하여 보험료배분접근법을 적용할 경우 (원수보험계약에서와 달리) 수익이 아닌 비용이 발생하게 되므로 원수보험계약과는 다른 출재보험계약의 특성을 반영하도록 조정한다. [69]

원수보험계약집합의 손실 인식에 대한 회계처리와 출재보험계약집합의 순이익(또는 순손실)의 인식에 대한 회계처리 차이로 인한 회계불일치 문제를 개선하기 위하여, 발행한 보험계약집합이 손실을 인식할 때 연관된 재보험계약집합의 보험계약마진을 조정하고 이익을 인식해야 한다는 것을 살펴보았다. 보험료배분접근법을 적용하는 출재보험계약집합도 일반모형과 동일하게 '원수보험계약에서 인식한 손실'과 '출재보험계약집합에서 원수보험계약의 보험금에 대해 회수할 것으로 기대하는 비율'을 곱하여 출재보험계약집합의 장부금액에서 조정할 금액을 산정한다. 다만, 보험료배분접근법을 적용하는 출재보험계약집합의 경우 보험계약마진이 존재하지 않으므로 보험계약마진을 조정하는 대신 잔여보장자산의 장부금액을 조정하고 해당 금액을 손실회수요소로 인식한다. [70A]

> ⚠ 출재보험계약집합에 대해서도 잔여보장부채 측정 시 간편법인 보험료배분접근법을 적용할 수 있으며, 수익이 아니라 비용이 발생하거나 감소하는 것과 같은 출재보험계약의 특성을 반영하도록 조정

| 14.4 사례 분석(기준서 사례 11, 12A, 12B, 12C) |

14.4.1 최초 인식시점 측정(사례 11A, 11B)

14.4.1.1 가정

A보험회사는 정액 보험료로 원수보험계약의 각 보험금의 30%를 보장하는 단일의 출재보험계약을 체결한다.

이때 최초 인식시점에 원수보험계약집합을 다음과 같이 측정한다.

	(단위: 원)
미래 현금유입액의 현가 추정치	(1,000)
미래 현금유출액의 현가 추정치	900
미래현금흐름의 현가 추정치	(100)
위험조정	60
이행현금흐름	(40)
보험계약마진	40
최초 인식시점의 보험계약(자산)/부채	–

출재보험계약과 관련하여 다음을 수행한다.

(1) 원수보험계약집합에 대한 미래현금흐름의 현재가치 추정치를 측정할 때와 일관된 가정을 사용하여 출재보험계약집합에 대한 미래현금흐름의 현재가치 추정치를 측정한다. 따라서 미래 현금유입액의 현재가치 추정치는 270원(원수보험계약집합에 대한 미래 현금유출액의 현재가치 추정치 900원의 30%를 회수)이다.

(2) 보험회사는 재보험회사가 이전하는 위험을 반영하도록 위험조정을 산정한다. 따라서 원수보험계약의 위험 중 30%는 재보험회사에 이전될 수 있을 것으로 예상되므로 보험회사는 위험조정을 18원(30% × 60원)으로 추정한다.

(3) 재보험회사에 지급된 일시납 재보험료는 다음과 같다.
   ㈎ 사례 11A에서는 260원
   ㈏ 사례 11B에서는 300원

이 사례에서 재보험자의 불이행위험과 모든 다른 금액은 단순화를 위해 무시한다.

14.4.1.2 분석

출재보험계약의 자산 측정

	사례 11A	사례 11B
		(단위: 원)
미래 현금유입액의 현가 추정치(회수)	(270)	(270)
미래 현금유출액의 현가 추정치(보험료 지급)	260	300
미래현금흐름의 현가 추정치	(10)	30
비금융위험에 대한 위험조정	(18)	(18)
이행현금흐름	(28)	12
출재보험계약의 보험계약마진[1]	28	(12)
최초 인식시점의 재보험계약자산	–	–
당기손익에 미칠 효과: 최초 인식시점의 이익(손실)	–	–

(1) 보험회사는 최초 인식시점의 이행현금흐름과 그 시점에 발생한 모든 현금흐름의 합계에 상당하는 금액으로 출재보험계약의 보험계약마진을 측정한다. 출재보험계약의 경우 재보험계약을 구입할 때에는 보험계약에서와 같은 미실현이익은 없으나 대신 순원가 또는 순차익이 있다.

14.4.2 후속측정(사례 12A, 12B) – 사례 11과 무관

14.4.2.1 가정

A보험회사는 정액 보험료로 원수보험계약의 각 보험금의 30%를 보장하는 재보험계약을 체결한다. A보험회사는 원수보험계약의 비금융위험 30%를 재보험회사에 이전할 수 있는 것으로 가정한다. 이 사례에서 할인효과와 재보험자의 불이행위험 및 다른 금액은 단순화를 위해 무시하고, 단일의 출재보험계약으로 구성된 집합을 정한다.

1차 연도 말 직전 보험계약집합 및 출재보험계약집합의 측정

	재보험계약자산	보험계약부채
		(단위: 원)
이행현금흐름(추정 변동에 따른 영향 반영 전)	(90)	300
보험계약마진	(25)[1]	100
1차 연도 말 직전의 보험계약부채(재보험계약자산)	(115)	400

(1) 이 사례에서 출재보험계약의 보험계약마진 25원과 원수보험계약집합의 30%인 30
원(30% × 100원)과의 차이는 원수보험계약집합과 출재보험계약의 가격결정 정책
이 다르기 때문에 생긴다.

1차 연도 말 보험회사는 다음과 같이 원수보험계약집합의 이행현금유출액의 추정치
를 조정한다.

① 사례 12A: 보험회사는 원수보험계약집합의 이행현금흐름이 50원 증가하고 보험계
약마진이 같은 금액만큼 감소한다고 추정한다(원수보험계약집합은 손실부담계약이
아니다).
② 사례 12B: 보험회사는 원수보험계약집합의 이행현금흐름이 160원 증가한다고 추
정한다. 이러한 변동으로 원수보험계약집합은 손실부담계약이 되며, 보험회사는
보험계약마진을 100원만큼 감소시켜 영(0)으로 줄이고 나머지 60원을 손실로 당
기손익에 인식한다.

14.4.2.2 분석

가. 사례 12A: 원수보험계약집합이 손실계약이 아닌 경우

1차 연도 말 보험계약부채와 재보험계산자산의 측정 (단위: 원)

	재보험계약자산	보험계약부채
이행현금흐름(추정 변동에 따른 영향 포함)	(105)[1]	350
보험계약마진	(10)[2]	50
1차 연도 말 보험계약부채(재보험계약자산)	(115)	400
추정 변동의 당기손익에 대한 영향: 1차 연도 말 이익(손실)	–	–

(1) 보험회사는 원수보험계약집합의 이행현금흐름의 변동 중 30%를 출재보험계약의
이행현금흐름에서 증가시킨다(15원 = 50원의 30%).

(2) 출재보험계약의 이행현금흐름의 변동분 전체 금액 15원을 출재보험계약의 보험계

약마진에서 조정[(-)25원에서 (-)10원으로]한다. 이는 원수보험계약집합에 배분된 이행현금흐름의 전체 변동은 그 원수보험계약의 보험계약마진에서 조정하기 때문이다.

나. 사례 12B: 원수보험계약집합이 손실계약인 경우

1차 연도 말 보험계약부채와 재보험계약자산의 측정   (단위: 원)

	재보험계약자산	보험계약부채
이행현금흐름(추정 변동에 따른 영향 포함)	(138)[(1)]	460
보험계약마진	5[(2)]	–
1차 연도 말 보험계약부채(재보험계약자산)	(133)	460
손익에 대한 영향: 1차 연도 말 이익(손실)	(18)[(2)]	(60)

(1) 보험회사는 원수보험계약집합의 이행현금흐름의 변동 중 30%만큼에 해당하는 48원(160원의 30%)을 출재보험계약의 이행현금흐름에서 증가시킨다.

(2) 미래 서비스와 관련된 이행현금흐름의 변동이 원수보험계약집합의 보험계약마진을 조정하는 원수보험계약집합의 이행현금흐름의 변동으로 인한 것이라면, 출재보험계약의 보험계약마진에서 조정한다. 따라서 보험회사는 출재보험계약의 이행현금흐름의 변동 48원을 다음과 같이 인식한다.

　(가) 이행현금흐름의 변동 중 30원에 대해 출재보험계약의 보험계약마진을 조정한다. 이 30원은 원수보험계약의 보험계약마진 100원에서 조정하는 이행현금흐름의 변동과 같다(30원 = 30% × 100원). 따라서 출재보험계약의 보험계약마진 5원은 최초 인식시점의 보험계약마진 25원에서 이행현금흐름의 변동 중 일부인 30원이 조정된 것과 같다[5원 = (-)25원 + 30원].

　(나) 출재보험계약의 이행현금흐름의 나머지 변동분 18원을 즉시 당기손익으로 인식한다.

14.4.3 원수보험계약집합(손실부담계약집합 포함)에 보장을 제공하는, 출재 보험계약집합의 측정(사례 12C)

14.4.3.1 가정

① 1차 연도 초에 A보험회사는 정액 보험료에 대한 대가로 원수보험계약집합에서 발생하는 각 보험금의 30%를 보상하는 재보험계약을 체결한다. 원수보험계약은 보험회사의 재보험계약 체결과 동시에 발행된다.

② 이 사례에서는 단순화를 위해 다음을 가정한다.

(1) 보장기간이 끝나기 전 어떠한 계약도 해지되지 않는다.

(2) 2차 연도 말에 원수보험계약집합의 잔여 이행현금유출액의 추정치를 수정한다고 가정하는데, 이 외에 추정의 변경은 없다.

(3) 그 밖의 모든 금액(예: 할인효과, 위험조정 및 재보험자의 불이행위험)은 무시한다.

③ 원수보험계약 중 일부는 최초 인식시점에 손실계약이다. 따라서 손실계약집합을 구성하는데, 원수보험계약의 나머지 부분은 수익성이 있을 것으로 예상되며 이 사례에서는 수익성 있는 계약으로 구성된 단일 집합을 구성한다.

④ 원수보험계약 및 출재보험계약의 보장기간은 1차 연도 초부터 3년 동안이다. 서비스는 보장기간에 걸쳐 균등하게 제공된다.

⑤ 최초 인식 직후 원수보험계약에 대해 1,110원의 보험료를 받을 것으로 예상한다. 원수보험계약에 대한 보험금 청구는 보장기간에 걸쳐 균등하게 발생할 것으로 예상되며 보험금은 보험금 청구가 발생한 직후에 지급된다.

최초 인식시점 원수보험계약집합의 측정　　　　　　　　　　　(단위: 원)

	수익성 있는 보험계약집합	손실부담 보험계약집합	합계
미래현금유입액의 현가 추정치	(900)	(210)	(1,110)
미래현금유출액의 현가 추정치	600	300	900
이행현금흐름	(300)	90	(210)
보험계약마진	300	–	300
최초 인식시점의 보험계약부채	–	90	90
최초 인식시점의 이익(손실)	–	(90)	(90)

⑥ 출재보험계약으로 구성된 하나의 집합을 구성한다. 보험회사는 최초 인식 직후 재보험회사에 315원의 보험료를 지급한다. 보험회사는 원수보험계약에 대하여 보험금을 지급하는 날과 같은 날에 재보험회사로부터 보험금을 회수할 것으로 예상한다.

⑦ 출재보험계약집합의 미래현금흐름의 현재가치 추정치를 원수보험계약집합의 미래현금흐름의 현재가치 추정치를 측정하는 데 사용된 것과 일관된 가정을 사용하여 측정한다. 따라서 미래현금유입액의 현재가치 추정치는 270원(원수보험계약집합의 미래현금유출액의 현재가치 추정치 900원의 30%를 회수)이다.

⑧ 2차 연도 말에 원수보험계약집합의 잔여 이행현금유출액의 추정치를 수정한다. 원수보험계약집합의 이행현금흐름이 미래현금유출액 300원에서 미래현금유출액 330원으로 10% 증가한다고 추정한다. 따라서 보험회사는 출재보험계약의 이행현금흐름도 미래현금유입액 90원에서 미래현금유입액 99원으로 증가한다고 추정한다.

14.4.3.2 분석

최초 인식시점 출재보험계약집합의 측정　　　　　　　　　　　(단위: 원)

미래현금유입액의 현가 추정치(회수)	(270)
미래현금유출액의 현가 추정치(보험료)	315
이행현금흐름	45
출재보험계약의 보험계약마진(손실회수 조정 전)	(45)
손실회수요소	(27)[1]
출재보험계약의 보험계약마진(손실회수 조정 후)	(72)[2]
최초 인식시점의 재보험계약자산	(27)[3]
최초 인식시점의 이익(손실)	27[1]

(1) 출재보험계약의 보험계약마진을 조정하고 손실회수를 반영하는 수익을 인식한다. 보험계약마진의 조정분과 수익 인식 금액 27원(원수보험계약의 손실부담집합에 대해 인식한 90원의 손실에 보험금에 대해 회수할 것으로 예상하는 비율 30%를 곱함)을 결정한다.

(2) 45원의 보험계약마진은 27원 조정되어 보험계약마진은 72원이 되며, 이는 출재보험계약에 대한 순원가를 반영한다.

(3) 27원의 재보험계약자산은 45원의 이행현금흐름(순 유출액)과 72원의 순원가를 반영하는 보험계약마진으로 구성된다. 잔여보장자산 중 손실회수요소 27원을 정하는데, 이는 인식한 손실의 회수를 나타낸다. 한편, 1차 연도 말에 다음과 같이 보험계약 부채와 재보험계약 자산이 측정되었다고 가정한다.

1차 연도 말 보험계약부채와 재보험계약자산의 측정 (단위: 원)

	재보험계약자산	보험계약부채	
		수익성이 있는 보험계약집합	손실부담 보험계약집합
미래현금유입액의 현가 추정치(회수)	(180)	–	–
미래현금유출액의 현가 추정치(보험금)	–	400	200
이행현금흐름	(180)	400	200
보험계약마진	(48)[1]	200	–
보험계약부채		600	200
재보험계약자산	(228)		

(1) 1차 연도에 제공받은 서비스에 대하여 당기손익으로 인식하는 보험계약마진 금액을 24원(최초 인식시점의 보험계약마진 72원 ÷ 보장기간 3년)으로 산정한다.
따라서 1차 연도 말에 출재보험계약의 보험계약마진은 48원(최초 인식시점의 보험계약마진 72원 − 24원)이다.

2차 연도 말 보험계약부채와 재보험계약자산의 측정 (단위: 원)

	재보험계약자산	보험계약부채	
		수익성이 있는 보험계약집합	손실부담 보험계약집합
미래현금유입액의 현가 추정치(회수)	(99)[1]	–	–
미래현금유출액의 현가 추정치(보험금)	–	220[1]	110[1]
이행현금흐름	(99)	220	110
보험계약마진	(21)[5]	90[2]	–
보험계약부채		310	110
재보험계약자산	(120)		
손실과 손실회수의 인식	3[4]		(10)[3]

(1) 원수보험계약집합의 예상 잔여현금유출액을 각 집합별로 10%씩 증가(총 30원)시키고 출재보험계약의 예상 잔여현금유입액을 기대 회수액 90원의 10%(9원)만큼 증가시킨다.

(2) 200원의 보험계약마진 장부금액에서 미래 서비스와 관련된 이행현금흐름의 변동에 대해 20원을 조정한다. 또한 보험수익으로 인식한 90원[(200원 - 20원) ÷ 2]만큼 보험계약마진 장부금액을 조정한다. 결과적으로 2차 연도 말의 보험계약마진은 90원(200원 - 20원 - 90원)이다.

(3) 손실부담 원수보험계약집합의 미래 서비스와 관련된 이행현금흐름의 변동에 대하여 10원을 당기손익으로 인식한다.

(4) 미래 서비스와 관련된 이행현금흐름의 변동이 '보험계약마진을 조정하지 않는 원수보험계약집합에 배분되는 이행현금흐름의 변동'에서 발생된 것이 아니라면 출재보험계약의 보험계약마진에서 조정한다. 따라서 출재보험계약의 이행현금흐름의 변동 9원을 다음과 같이 인식한다.

    ㈎ 출재보험계약의 이행현금흐름의 변동 중 3원(보험계약마진을 조정하지 않는 손실부담 원수보험계약집합의 이행현금흐름 변동 10원의 30%)을 즉시 당기손익으로

인식한다.

(내) 이행현금흐름의 변동 중 6원(9원 - 3원)을 출재보험계약의 보험계약마진에서 조정한다.

(5) 따라서 출재보험계약의 보험계약마진은 21원(1차 연도 말 48원의 보험계약 마진 - 6원 - 2차 연도에 제공받은 서비스에 대해 당기손익으로 인식한 보험계약 마진 21원[(48원 - 6원) ÷ 2])이다.

2차 연도 차이조정 분석표   (단위: 원)

	손실회수요소를 제외한 잔여보장자산	잔여보장자산의 손실회수요소	발생사고자산	재보험계약자산
기초잔액	(210)	(18)[2]	–	(228)
지급한 출재보험료의 배분[1]	102[3]	–	–	102
재보험회사로부터 회수한 금액[1]	–	6[4]	(90)	(84)
현금흐름	–	–	90	90
기말잔액	(108)	(12)	–	(120)

(1) A보험회사는 재보험회사로부터 회수한 금액과 지급한 출재보험료의 배분을 별도 표시하기로 결정한다.

(2) 2차 연도 초 손실회수요소는 18원(최초 인식시점 손실회수요소 27원 - 1차 연도 손실 회수요소 환입액 9원)

(3) 지급한 출재보험료 102원의 배분은 다음과 같이 산정되고 분석된다.
   (가) 잔여보장자산의 기초와 기말 장부금액의 차이 102원(210원 - 108원)으로 산정
   (나) 원수보험계약에서 발생된 보험금 회수 90원에서 9원의 손실회수요소의 환입을 차감하고 보고기간에 당기손익으로 인식한 출재보험계약의 보험계약마진 21원을 합한 것으로 분석(즉 102원 = 90원 - 9원 + 21원)

(4) 6원의 손실회수요소와 관련하여 재보험회사로부터 회수된 금액은 손실회수요소

의 환입 9원과 추가 손실회수요소 3원의 순액이다. 손실회수와 관련하여 인식한 금액은 재보험회사로부터 회수한 금액으로 처리한다.

재무성과표				(단위: 원)
	1차 연도	2차 연도	3차 연도	합계
보험수익	370	360	380	1,110
보험서비스비용	(360)	(280)	(290)	(930)
발행한 보험계약 합계	10[2]	80[4]	90[6]	180
지급한 출재보험료의 배분[1]	(105)	(102)	(108)	(315)
재보험회사로부터 회수한 금액[1]	108	84	87	279
출재보험계약 합계	3[3]	(18)[5]	(21)[7]	(36)
보험서비스결과	13	62	69	144

⑴ A보험회사는 재보험회사로부터 회수한 금액과 지급한 출재보험료의 배분을 별도로 표시하기로 결정한다.

⑵ 1차 연도의 원수보험계약집합에서 발생한 10원의 이익은 다음과 같이 ㈎에서 ㈏를 차감하여 계산한다.

  ㈎ 보험수익 370원 = 발생한 보험금 270원(300원 - 손실요소환입 30원)으로 인한 보험서비스비용 + 보고기간에 당기손익으로 인식한 보험계약마진 100원

  ㈏ 보험서비스비용 360원 = 손실집합의 손실요소 90원 + 보고기간에 발생한 보험금 300원 - 손실요소 환입액 30원

⑶ 1차 연도의 출재보험계약에서 발생한 3원의 이익은 다음 ㈎와 ㈏의 순액이다.

  ㈎ 지급한 출재보험료의 배분액 105원 = 원수보험계약에서 발생한 보험금 90원에 대한 회수액 - 손실회수요소 환입액 9원 + 해당 기간에 당기손익으로 인식한 출재보험계약의 보험계약마진 24원

  ㈏ 재보험회사로부터 회수한 금액 108원 = 최초 인식시점의 수익 27원 + 원수 보험계약에서 발생한 보험금에 대해 회수한 90원 - 손실회수요소 환입액 9원

⑷ 2차 연도의 원수보험계약집합에서 발생한 80원의 이익은 다음과 같이 ㈎에서 ㈏를 차감하여 계산한다.

    ㈎ 보험수익 360원 = 발생한 보험금 270원(300원 - 손실요소환입 30원)으로 인한 보험서비스비용 + 보고기간에 당기손익으로 인식한 보험계약마진 90원

    ㈏ 보험서비스비용 280원 = 손실부담집합의 이행현금흐름의 변동으로 인한 손실요소의 증가분 10원 + 발생한 보험금 300원 - 손실요소 환입액 30원

⑸ 2차 연도의 출재보험계약에서 발생한 18원의 손실은 다음 ㈎와 ㈏의 순액이다.

    ㈎ 지급한 출재보험료의 배분액 102원 = 원수보험계약에서 발생한 보험금 90원에 대한 회수액 - 손실회수요소 환입액 9원 + 해당 기간에 당기손익으로 인식한 출재보험계약의 보험계약마진 21원

    ㈏ 재보험회사로부터 회수한 금액 84원 = 원수보험계약에서 발생한 보험금에 대해 회수한 90원 - 손실회수요소의 환입액 9원 + 추가 손실회수요소 3원

⑹ 3차 연도의 원수보험계약집합에서 발생한 90원의 이익은 다음과 같이 ㈎에서 ㈏를 차감하여 계산한다.

    ㈎ 보험수익 380원 = 발생한 보험금 290원(330원 - 손실요소환입 40원)으로 인한 보험서비스비용 + 해당 기간에 당기손익으로 인식한 보험계약마진 90원

    ㈏ 보험서비스비용 290원 = 발생한 보험금 330원 - 손실요소의 환입액 40원

⑺ 3차 연도의 출재보험계약에서 발생한 21원의 비용은 다음 ㈎와 ㈏의 순액이다.

    ㈎ 지급한 출재보험료의 배분액 108원 = 원수보험계약에서 발생한 보험금에 대한 회수액 99원 - 손실회수요소의 환입액 12원 + 해당 기간에 당기손익으로 인식한 출재보험계약의 보험계약마진 21원

    ㈏ 재보험회사로부터 회수한 금액 87원 = 원수보험계약에서 발생한 보험금에 대해 회수한 99원 - 손실회수요소의 환입액 12원

가. 출재보험계약의 개요 및 최초 인식

□ 보험회사는 출재보험계약에 대하여 원수보험계약과 별개로 측정하여 회계처리
  • 재보험계약도 원수보험계약에 요구되는 통합수준 요구사항이 그대로 적용되며, 재보험 특성상 원수보험과 상이한 부분은 순이익 및 순이익 발생가능성 유무를 기준으로 집합을 구분

□ 출재보험계약집합의 이행현금흐름 측정 시 원수보험계약집합에 대하여 사용한 것과 일관된 가정을 사용하며, 기대신용손실(재보험자의 불이행위험)을 반영
  • 비례출재보험의 경우 재보험계약집합의 보장기간 시작시점과 원수보험계약집합의 최초 인식시점 중 늦은 시점에, 비비례출재보험의 경우 재보험계약집합의 보장기간 시작시점부터 재보험계약을 인식

□ 위험조정은 원수보험회사가 인수한 비금융위험 중 재보험회사에게 이전하는 위험을 반영하여 측정

□ 재보험계약은 원수보험계약과는 별도의 계약이므로 재보험계약별 당사자의 권리와 의무를 판단하여 별도로 계약의 경계를 정해야 하며, 출재보험계약의 현금흐름 측정 시 계약의 경계 내에 있는 미래 예상 원수신계약의 현금흐름도 반영

□ 출재보험계약집합의 보험계약마진
  • 미실현이익이 아닌 순원가 또는 순이익을 의미
  • 부(−)의 값을 인정하므로 손실요소 개념은 존재하지 않으나, 원수 손실요소와 대칭적(mirroring)으로 손실회수요소의 인식이 필요

나. 출재보험계약의 후속측정 및 간편법

□ 출재보험계약집합의 후속측정은 원수보험의 처리 방식과 전체적으로 유사하지만, 보험계약마진 조정 시 원수보험계약집합의 손실요소에 대응하여 손실회수요소를 인식 및 환입하는 단계가 추가된다는 차이점이 존재

□ 출재보험계약의 재무제표 표시는 원수보험의 표시와 전체적으로 유사하지만 차이점이 존재
  • 투자요소 개념이 (출재보험회사 입장에서) 원수보험에서 발생하는 보험사고와 무관하게 재보험회사로부터 돌려받는 금액으로 재해석됨
  • 재무성과표에 손실회수요소의 변동을 처리하는 단계 추가
  • 잔여보장요소와 발생사고요소에 대한 재보험자 불이행위험 변동효과 추가 고려

□ 출재보험계약집합에 대해서도 잔여보장부채 측정 시 간편법인 보험료배분접근법을 적용할 수 있으며, 수익이 아니라 비용이 발생하거나 감소하는 것과 같은 출재보험계약의 특성을 반영하도록 요구사항 조정

1. 원수보험계약집합의 최초 측정 결과 최선추정 1000, 위험조정 100이었으며, 비례출재보험계약의 출재율(회수할 것으로 기대되는 비율이라고 가정)이 30%였다고 할 때, 다음 원수/출재보험계약의 회계처리로 알맞게 짝 지어진 것을 고르시오.

〈원수〉				
(_____A_____)	110	/	보험계약부채_최선추정	100
			보험계약부채_위험조정	10
〈출재〉				
재보험계약자산_최선추정	30	/	재보험계약자산_CSM	33
재보험계약자산_위험조정	3			
재보험계약자산_CSM	33	/	(_____B_____)	33

	A	B
①	손실계약관련비용	재보험계약자산_CSM
②	손실계약관련비용	재보험수익(손실회수요소)
③	보험계약자산_CSM	재보험계약자산_CSM
④	보험계약자산_CSM	재보험수익(손실회수요소)

※ 다음 중 맞는 것에 ○표, 틀린 것에 ×표 하시오.

2. 출재보험계약의 인식시점에 관해서는 기준서의 원수보험계약의 인식시점에 관한 사항을 그대로 적용한다. (   )

3. IFRS 17에서는 재보험자산에 대해 발생손실모형을 적용하여 손상사건 발생 시 재보험자산 전액을 손상금액으로 인식하여야 한다. (   )

4. 출재보험계약의 위험조정은 원수보험회사가 재보험회사에게 이전하는 위험을 반영하도록 원수보험과 별도로 산정한다. (   )

5. 재보험계약은 원수보험계약과 동일한 기준을 적용하여 계약의 경계를 정하므로 두 계약의 경계는 일치한다. (   )

6. 출재보험계약집합은 원수보험계약과 별개의 계약으로 회계처리하여야 하므로, 출재 보험계약의 현금흐름 측정 시 미래에 발행될 것으로 예상되는 원수보험계약의 현금 흐름을 반영해서는 안 된다. (   )

7. 기말 불이행위험 평가액과 기시 불이행위험 평가액의 차이를 불이행위험 변동 효과 로 판단하고 이를 보험계약마진에서 조정한다. (   )

8. 출재보험계약에서 대변의 보험계약마진이 나타날 수 있으며, 이는 재보험 구입에 대 한 순이익을 나타낸다. (   )

9. 재보험계약의 경우에도 원수보험계약과 마찬가지로 일반모형, 변동수수료접근법, 보 험료배분접근법을 적용할 수 있다. (   )

10. 다음 빈칸에 공통적으로 들어갈 적절한 단어를 채우시오.

> 재보험계약집합의 보험계약마진의 변동도 원수보험계약집합의 보험계약마진 후속측정과 동일하게 측정한다. 다만, 원수보험계약집합의 보험계약마진에서 조정하지 않는 부분으로 인한 변동은 재보험계약집합의 보험계약마진에서도 조정하지 않는다. 이는 원수보험계약집합의 후속측정 시 잔여 보험계약마진이 충분하지 않아 이행현금흐름의 변동 중 일부 금액이 당기손익으로 처리되는 경우(손실부담계약), 이와 관련된 재보험계약집합의 이행현금흐름 변동금액을 보험계약마진이 아닌 당기손익으로 인식하여 (A)을/를 제거하기 위함이다. 또한 원수보험계약집합의 최초 인식 시 손실로 인식한 부분에 대해서도 이와 관련된 재보험계약집합의 보험계약마진을 조정하고 이익을 인식하도록 허용하여 최초 인식 시 발생하는 (A)도 제거한다.

부록

〈부록 1〉 기준서 세부목록

1. 본문

제목		문단 번호	참고 문단
목적		1, 2	
적용범위		3~8, 8A	
	보험계약의 결합	9	
	보험계약에서 구성요소의 분리	10~13	B31~B35
보험계약의 통합수준		14~24	
인식		25, 26, 28	
	보험취득 현금흐름	28A~28F	B35A~B35D
측정		29~31	
	최초 인식시점의 측정	32	B36~B95F
	– 미래현금흐름 추정치	32~35	B36~B71
	– 할인율	36	B72~B85
	– 비금융위험에 대한 위험조정	37	B86~B92
	– 보험계약마진	38, 39	
	후속측정	40, 41, 42	
	– 보험계약마진	43~46	B96~B119B
	손실부담계약	47~52	
	보험료배분접근법	53~59	
	출재보험계약	60, 61,	
	– 인식	62~68	
	– 출재보험계약 보험료배분접근법	69, 70, 70A	
	재량적 참가특성이 있는 투자계약	71	
계약 변경 및 제거	보험계약의 변경	72, 73	
	제거	74~77	
재무상태표 표시		78, 79	
재무성과표: 인식 및 표시		80~82	B120~B136
	보험서비스결과	83~86	
	보험금융수익(비용)	87~92	B128~136
공시		93~96	
	인식한 금액에 대한 설명	97~109, 109A	
	– 보험금융수익(비용)	110~113	
	– 전환 금액	114~116	
	기준서 적용 시 유의적인 판단	117~120	
	계약에서 생기는 위험의 성격과 정도	121~126	
	– 모든 유형의 위험: 위험의 집중	127	
	– 보험 및 시장위험: 민감도 분석	128, 129	
	– 보험위험: 보험금진전추이	130	
	– 신용위험: 그 밖의 정보	131	
	– 유동성위험: 그 밖의 정보	132	

2. (A) 용어의 정의

- 보험계약마진
- 보장기간
- 경험조정
- 금융위험
- 이행현금흐름
- 보험계약집합
- 보험취득 현금흐름
- 보험계약
- 보험계약서비스
- 직접참가특성이 있는 보험계약
- 직접참가특성이 없는 보험계약
- 보험위험
- 보험사건
- 투자요소
- 재량적 참가특성이 있는 투자계약
- 발생사고부채
- 잔여보장부채
- 보험계약자
- 보험계약 포트폴리오
- 재보험계약
- 비금융위험에 대한 위험조정
- 기초항목

3. (B) 적용지침

제목		문단 번호	참고 문단
개요	B1, B2		
보험계약의 정의(부록 A)	불확실한 미래 사건	B3~B5	
	현물지급	B6	
	보험위험과 그 밖의 위험의 구별	B7~B16	
	유의적 보험위험	B17~B23	
	보험위험 수준의 변동	B24, B25	
	보험계약의 예시	B26~B30	
보험계약으로부터 구성요소의 분리			10~13
	투자요소	B31, B32	11(2)
	명백히 구분되는 비보험 재화 또는 서비스를 이전하는 약속	B33~B35	12
	보험취득 현금흐름	B35A~B35D	28A~28F
측정			29~71
	미래현금흐름의 추정	B36	33~35
	− 과도한 원가나 노력 없이 이용할 수 있는 합리적이고 뒷받침될 수 있는 정보의 중립적 사용	B37~B41	33(1)
	− 시장변수 및 비시장변수	B42, B43	
	− 시장변수	B44~B48	33(2)
	− 비시장변수	B49~B53	
	− 현행 추정치의 사용	B54~B60	33(3)
	− 계약경계 내의 현금흐름	B61~B66A	34
	− 다른 계약의 보험계약자에 대한 현금흐름에 영향을 주거나 받는 현금흐름이 있는 계약	B67~B71	
	할인율	B72~B85	36
	비금융위험에 대한 위험조정	B86~B92	37
	보험계약의 이전과 사업결합에 대한 최초 인식	B93~B95D	39
	− 보험취득 현금흐름 자산	B95E, B95F	
	직접참가특성이 없는 보험계약의 보험계약마진 장부금액의 변동	B96~B100	44
	직접참가특성이 있는 보험계약의 보험계약마진 장부금액의 변동	B101~B114	45
	− 위험 경감	B115~B118	
	보험계약마진의 당기손익 인식	B119~B119B	
	출재보험계약 − 원수보험계약의 손실의 회수 인식	B119C~B119F	66A, 66B
보험수익		B120~B127	83, 85
보험금융수익(비용)		B128~B136	87~92
중간재무제표에서의 회계추정의 효과		B137	

4. (C) 시행일과 경과규정

제목		문단 번호	참고 문단
시행일		C1, C2	
경과규정		C3~C5B	
수정소급법		C6~C8	
	개시 또는 최초 인식 시 평가	C9, C9A, C10	
	직접참가특성이 없는 보험계약집합의 보험계약마진 또는 손실요소의 결정	C11~C16C	
	직접참가특성이 있는 보험계약집합의 보험계약마진 또는 손실요소의 결정	C17, C17A	
	보험금융수익(비용)	C18, C19, C19A	
공정가치법		C20~C24	
	보험취득 현금흐름 자산	C24A, C24B	
비교 정보		C25~C28	
금융자산의 재지정		C29~C33	
타 기준서의 대체		C34	

5. (D) IFRS 17 '보험계약' 개정에 따른 다른 기준서 개정(내용 생략)

6. (BC) 결론도출근거

	제목	문단 번호	참고 문단
종전 회계처리의 개정 필요성과 해당 과제의 경과		BC1	
	이 과제의 경과	BC2~BC6	
	새로운 접근법의 필요성	BC7, BC8	
	– 일반적으로 적용할 수 있는 IFRS의 적용	BC9~BC12	
	– 현행 모형의 선택	BC13~BC15	

	제목	문단 번호	참고 문단
IFRS 17에 적용된 접근법의 개관		BC16, BC17	
	보험계약의 측정 및 이익의 인식	BC18	
	– 이행현금흐름	BC19, BC20	33~37
	– 최초 인식시점의 보험계약마진	BC21	38, 47
	– 후속측정과 이익의 인식	BC22~BC26	40~46
	보험수익의 표시	BC27~BC32	83, 85, B120~B127
	– 보험수익과 발생한 보험금에서 투자요소를 제외	BC33, BC34	85
	– IFRS 17 개정: 투자요소의 정의	BC34A	
	– 수행의무를 이행함에 따라 수익을 인식	BC35~BC37	83, B120~B127
	보험금융수익(비용)의 표시	BC38~BC45	87~92, B128~B136
	– 세분의 근거	BC46~BC49	B129~B136
	일반적인 문제	BC50	
	– 통합수준	BC51, BC52	
	– 회계불일치	BC53~BC56	
	– 기준의 복잡성	BC57~BC62	

(계속)

		BC63~BC66	3~8A, B2~B30
	보험계약의 정의	BC67, BC68	6, A, B2~B30
	– 계약의 정의	BC69, BC70	2
	– 보험위험	BC71, BC72	A,B7~B25
	– 피보험이익	BC73~BC75	B7~B16
	– 보험위험의 크기	BC76~BC80	B17~B25
IFRS 17의 적용범위와	– 보험 관련 권리와 의무의 소멸	BC81	
보험계약의 정의	재량적 참가특성이 있는 투자계약	BC82~BC86	4, 71
	적용범위의 제외	BC87, BC88	7, 8, 8A
	– 제품보증	BC89, BC90	7, B26
	– 금융보증계약	BC91~BC94	7
	– IFRS 17 개정 – 적용범위의 제외	BC94A~BC94C	
	– 사망 시 상환을 면제해 주는 대출계약과 같은 특정 계약	BC94D, BC94E, BC94F	8A
	– 고정수수료 서비스 계약	BC95~BC97	8, B6

		BC98~BC103	10~13, B31~B35
보험계약에서	내재파생상품	BC104~BC107	11
구성요소의 분리	투자요소	BC108, BC109	11, B31, B32
	재화 및 비보험 서비스	BC110~BC113	12, B33~B35
	요구되지 않는 경우 비보험요소의 분리 금지	BC114	13

			14~24
	배경	BC115~BC118	
	집합의 특성	BC119~BC125	
	실무적 고려사항	BC126~BC139	
보험계약의 통합수준	– IFRS 17 개정 – 계약의 통합수준에 대한 외부 검토의견	BC139A~BC139E	
	– 연단위 집합에 관한 요구사항: 모든 보험계약	BC139F~BC139H	
	– 연단위 집합에 관한 요구사항: 세대가 다른 보험계약자 간에 위험을 공유하는 보험계약	BC139I~BC139S	
	– 연단위 집합에 관한 요구사항: 발행일 기준 집합	BC139T	

인식		BC140~BC145	25~28, 28A~28F
	IFRS 17 개정: 인식	BC145A	

		BC146	29~37, B36~B92
	미래현금흐름의 추정	BC147	33~35, B36~B71
	– 과도한 원가나 노력 없이 이용할 수 있는 합리적이고 뒷받침될 수 있는 정보의 중립적 사용	BC148~BC152	33(1), B37~B41
	– 이용할 수 있는 시장 정보와 일관된 추정	BC153, BC154	33, B42~B53
	– 보고시점에서의 현행추정	BC155, BC156	33, B54~B60
	– 명시적 추정	BC157	33, B46
	보험계약을 측정하기 위해 사용되는 현금흐름	BC158	34, 35, B61~B71
	– 장래 보험료에서 발생하는 현금흐름	BC159~BC164	34, 35, B61~B66
	– 예치금의 하한	BC165, BC166	
	– 기업이 재량을 갖는 현금흐름	BC167~BC170	
	– IFRS 17 개정: 계약자 세금과 관련한 현금흐름	BC170A	
	– 다른 계약의 보험계약자에 대한 현금흐름에 영향을 주거나 받는 현금흐름이 있는 계약	BC171~BC174	B67~B71
	– 보험취득 현금흐름	BC175	B65, B125
	– 측정방법	BC176~BC180	
	– 측정 시 포함된 보험취득 현금흐름	BC181~BC184	
이행현금흐름의 측정	– IFRS 17 개정: 보험취득 현금흐름	BC184A~BC184K	28A~28F, B35A~B35D
	– IFRS18 개정: 보험취득 현금흐름이 아닌 기인식 현금흐름	BC184L~BC184N	38, B66A, B123A
	할인율	BC185	36, B72~B85
	– 모든 보험계약에 대한 할인	BC186~BD191	36, B72
	– 시장과 일관된 현행 할인율	BC192	36, B74~B85
	– 할인율에 포함되는 요소	BC193~BC196	B78~B85
	– 자기신용위험	BC197	31
	– 수익률곡선의 공시	BC198	120
	– 할인율의 기초항목에 대한 의존도의 반영	BC199~BC205	36, B74~B85
	– IFRS 17 개정: 할인율 결정의 주관성에 대한 의견	BC205A, BC205B	
	비금융위험에 대한 위험조정	BC206, BC207	37, B86~B92
	– 보험계약의 측정에 비금융위험에 대한 위험조정을 포함하는 이유	BC208~BC212	37, B86~B89
	– 비금융위험에 대한 위험조정의 측정기법	BC213, BC214	B90~B92
	– IFRS 17 개정: 비금융위험에 대한 위험조정의 결정과 관련된 주관성에 대한 의견	BC214A	
	– IFRS 18 개정: 연결재무제표에서 비금융위험에 대한 위험조정에 관한 의견	BC214B, BC214C	
	– 신뢰수준 공시	BC215~BC217	119

(계속)

보험계약마진의 측정		BC218~BC221	38, 43~46, B96~B119B
	미래 미실현이익에 대한 추정의 변경	BC222~BC224	44, 45, B96~B118
	– 고려되었지만 기각된 다른 접근법 – 미래현금흐름과 비금융위험에 대한 위험조정의 후속적 변동을 보험계약마진에서 조정하지 않음	BC225, BC226	
	직접참가특성이 없는 보험계약	BC227	44, B96~B100
	– 화폐의 시간가치와 금융위험과 관련된 가정의 변동	BC228~BC231	B97
	– 경험조정 및 금융위험과 관련되지 않은 가정의 변동	BC232~BC236	B96, B97
	– IFRS 17 개정: 중간재무제표에서의 회계추정 영향	BC236A, BC236B, BC236C, BC236D	
	– 재량현금흐름	BC237	B98~B100
	직접참가특성이 있는 보험계약(변동수수료접근법)	BC238~BC249	45, B101~B118
	– IFRS 17 개정: 변동수수료접근법의 적용범위	B249A~B249D	B101, B107
	– 위험 경감 효과	BC250~BC256	B115~B118
	– IFRS 17 개정: 파생상품 이외의 수단을 사용하는 위험 경감	BC256A~BC256F	
	– IFRS 17 개정: 위험 경감 선택권과 기타포괄손익 선택권의 적용	BC256G, BC256H	87A~89M, B117A
	– 복잡성	BC257	
	– 고려되었지만 기각된 기타 접근법 – 모든 계약에 대해 기초항목의 장부금액 변동을 보험계약마진에서 조정	BC258	
	– 고려되었지만 기각된 기타 접근법 – 미러링 접근법	BC259, BC260	
	– 상호기업인 보험자	BC264~BC269	
	– IFRS 17 개정: 상호기업인 보험자에 대한 의견	BC269A~BC269C	
	보험계약마진에 대한 보험금융수익(비용)	BC270~BC276	44, 45
	– IFRS 17 개정: 보험계약마진의 조정에 사용되는 할인율에 대한 의견	BC276A~BC276E	
	외화	BC277, BC278	30
	당기손익 인식	BC279~BC283	44, 45, B119~B119B
	– IFRS 17 개정: 투자수익서비스와 투자관련서비스에 귀속되는 보험계약마진	BC283A~BC283I	
	– 고려되었지만 기각된 기타 접근법	BC283J	
	손실부담계약	BC284~BC287	47~52
보험료배분접근법		BC288~BC295	53~59
재보험계약		BC296~BC303	60~70A
	출재보험계약집합의 인식	BC304~BC305A	62, 62A
	원수보험계약의 제거	BC306	74, 75
	출재보험계약의 현금흐름		63
	– 기대신용손실	BC307~BC309	
	– IFRS 17 개정: 출재보험계약의 경계 내에 있는 현금흐름에 대한 의견	BC309A~BC309F	
	재보험 구입 시 손익	BC310~BC315	65, 66, B119D~B119F
	– IFRS 17 개정: 원수보험계약의 손실 회수	BC315A~BC315I	
	– 고려되었지만 기각된 기타 접근법	BC315J~BC315L	

		BC316	72~77
계약 변경 및 제거	계약의 회계처리를 유의적으로 바꿨을 계약변경	BC317~BC319	72, 76, 77
	계약의 회계처리를 유의적으로 바꾸지 않았을 계약변경	BC320	73
	제거	BC321, BC322	74, 75

		BC323~BC327	39, B93~B95F
보험계약의 이전과 사업결합	IFRS 17 개정: IFRS 3의 적용범위에 포함되지 않는 사업결합	BC327A	
	IFRS 17 개정: 보험계약의 이전이나 IFRS 3의 적용범위에 포함되는 사업결합으로 취득한 보험계약에 대한 의견		
	– 보험계약으로 분류	BC328B~BC328D	
	– 결제기간에 취득한 계약	BC328E~BC328G	
	IFRS 17 개정: 보험계약의 이전 및 IFRS 3의 적용범위에 해당하는 사업결합 시의 보험취득 현금흐름	BC329H, BC329I	

		BC328~BC330	78~92, B120~B136
재무상태표 및 재무성과표에서의 표시	IFRS 17 개정: 재무상태표 표시	BC330A, BC330B	
	– IASB가 고려했으나 받아들이지 않은 다른 접근법	BC330C, BC330D	
	보험수익의 표시	BC331~BC339	
	보험금융수익(비용)의 표시	BC340~BC342	
	– IFRS 17 개정: 보험금융수익(비용)	BC342A~BC342C	
	– 발생한 보험금의 인식	BC343, BC344	84
	– 출재보험계약	BC345, BC346	78, 82, 86

		BC347~BC349	93~132
공시	인식한 금액에 대한 설명		97~116
	– 보험계약부채의 구성요소 차이조정	BC350~BC356	98~105
	– 보험수익	BC357	85
	– 해당 기간에 최초로 인식한 새로운 계약의 효과	BC358~BC362	107, 108
	– 보험계약마진의 인식	BC363	109
	– 보험금융수익(비용)	BC364~BC366	110~113, 118
	– IFRS 17 개정: 인식한 금액 공시 – 보험취득 현금흐름	BC366A	105A, 105B, 109A
	– IFRS 18 개정: 인식한 금액 공시 – 보험계약마진의 인식	BC366B	109, 117
	– IFRS 19 개정: 인식한 금액 공시 – 기타 추가 공시	BC366C	
	IASB가 고려하였으나 IFRS 17에 포함시키지 않은 공시사항		
	– 보험수익과 수취보험료의 차이조정	BC367	
	– 측정 불확실성 분석	BC368	
	– 규제자본	BC369~BC371	

(계속)

		BC372, BC373	
IFRS 17의 최초 적용	– IFRS 17 개정: 전환 방법에 대한 외부검토의견	BC373A, BC373B	
	소급적용	BC374~BC378	C3~C5B
	수정소급법	BC379, BC380	C6~C19A
	– IFRS 17 개정: 합리적이고 뒷받침될 수 있는 정보와 추정치 사 용에 대한 의견	BC380A~BC380D	
	– 보험계약의 개시 또는 최초 인식시점에 하는 평가	BC381, BC382	C9, C10
	– IFRS 17 개정: 결제기간에 취득한 계약의 분류	BC382A, BC382B	C9A, C22A
	– 보험계약마진과 보험수익과 관련된 금액의 결정	BC383	C11~C17
	– IFRS 17 개정: 고려되었지만 기각된 수정사항	BC383A, BC383B	
	– 보험금융수익(비용)의 결정	BC384	C18, C19
	– IFRS 17 개정: 기타포괄손익으로 인식한 누적 잔액에 관한 외 부검토의견	BC384A, BC384B	
	공정가치법	BC385, BC386	C20~C24B
	비교 정보	BC387~BC389A	C25~C28
	그 밖의 전환 관련 문제들		
	– 전환일 전에 제거된 계약	BC390	
	– 통합수준	BC391, BC392	
	– IFRS 17 개정: 전환 시 통합수준 요구사항의 적용에 대한 외부 검토의견	BC392A	
	– 금융위험의 경감을 위해 사용하는 파생상품	BC393	C3
	– IFRS 17 개정: 위험경감선택권의 소급적용 금지	BC393A~BC393E	C3, C5A
	– 금융자산의 재지정	BC394~BC398	C29~C33
	– IFRS 17 개정: 금융자산의 재지정에 대한 외부검토의견	BC398A~BC398F	
	전환 공시	BC399	114, 115, 116
	– 영향을 받는 재무제표의 각 항목별 조정금액에 대한 공시	BC400	
	– 보험금진전추이 공시	BC401	130
	시행일	BC402~BC404	
	– IFRS 17 개정: 시행일의 연기	BC404A~BC404F	
	조기 적용	BC405, BC406	C1, C2
	IFRS의 최초 채택기업	BC407	

부록 A	2013년 공개초안 이후의 변경사항 요약		
부록 B	다른 IFRS의 결론도출근거 개정		

7. (IE) 적용사례

	제목	참고 문단
보험계약집합에 대한 회계처리의 주요 특징	1: 최초 인식시점의 측정	32, 38, 47
	2: 후속측정	40, 44, 48, 101, B96~B97
	2A: 미래 수익성을 증가시키는 이행현금흐름 변동	
	2B: 손실부담보험계약 집합의 이행현금흐름 변동	
	3: 손익계산서 표시	49, 50(1), 84, 85, 100, B120~B124
보험계약에서 구성요소의 분리	4: 적립금이 있는 생명보험계약에서 구성요소의 분리	B31~B35
	5: 보험금 청구 처리 서비스를 제공하는 손실제한계약에서 구성요소의 분리	
후속측정	6: 보험계약마진의 추가적 특징	44, 87, 101, B96~B99, B119B
	7: 보험취득 현금흐름	106, B65(5), B125
	8: 손실부담보험계약집합의 손실 환입	49, 50, B123, B124
직접참가특성이 있는 보험계약집합의 측정	9: 직접참가특성이 있는 보험계약집합의 최초 인식시점의 측정 및 후속측정	45, B110~B114
보험료배분접근법을 사용한 보험계약집합의 측정	10: 보험료배분접근법을 사용한 보험계약집합의 최초 인식시점의 측정 및 후속측정	55, 56, 59, 100, B126
출재보험계약집합의 측정	11: 출재보험계약집합의 최초 인식시점의 측정	63~65A
	12: 출재보험계약집합에 대한 후속측정	66
	12A: 원수보험계약집합이 손실부담계약이 아닌 경우	
	12B: 원수보험계약집합이 손실부담계약인 경우	
	12C: 원수보험계약집합에 보장을 제공하는, 출재보험계약집합의 측정	66A, 66B, B119C~B119F
취득한 보험계약의 측정	13: 다른 기업으로부터 이전으로 취득한 보험계약의 최초 인식시점의 측정	38, B94, B95A
	14: 사업결합으로 취득한 보험계약의 최초 인식시점의 측정	
보험금융수익(비용)	15: 총기대보험금융수익(비용)의 체계적 배분	B130, B132(1)
	15A: 유효수익률법	
	15B: 예상부리이율법	
	16: 보유하고 있는 기초항목에서 생기는 금융수익(비용)과 회계상 불일치를 제거하는 금액	89, 90, B134
경과규정	17: 수정소급법을 적용한 직접참가특성이 없는 보험계약집합의 측정	C11~C15
	18: 수정소급법을 적용한 직접참가특성이 있는 보험계약집합의 측정	C17

〈부록 2〉 연습문제 정답과 해설

제1장 IFRS 17의 개요

1. ③
IFRS 4는 보험부채를 원가평가하고 현금주의 성격을 많이 담고 있어서 다른 산업과 일관되지 못한 측면이 있었고, 반면 IFRS 17은 시가평가와 발생주의를 준수함에 따라 일관성을 갖추게 된다.

2. ×
IFRS 17은 보험회사의 모든 업무처리에 대한 회계원칙을 정하고 있지 않으며 보험상품에 대한 회계원칙을 다룬다.

3. ○
국제보험계리사회는 국제회계기준위원회와 MOU를 체결하고 IFRS 17 제정에 협업하였다.

4. ×
기준서의 번호는 제정 순서에 따라 붙여진다.

5. ×
IFRS 17 기준서는 보험계약의 인식, 측정, 표시 및 공시의 네 가지 원칙을 정하고 있다.

6. ○
IFRS는 보험위험을 금융위험 이외의 위험으로 정의하고 있고, 보험계약에는 금융상품 특성과 서비스 계약 특성이 함께 들어 있으며, 많은 보험계약은 장기간에 걸쳐 상당한 변동성을 가진 현금흐름을 생성하는 등의 특성을 지니고 있으므로 이에 관한 유용한 정보를 제공하기 위해 보험회계를 별도로 제정할 필요성이 있어서 보험상품을 금융상품의 한 종류로 취급하지 않고 별도의 기준서인 IFRS 17에서 정하고 있다.

7. ×
일반회계는 주주, 투자자의 의사결정에 필요한 재무정보 제공목적의 재무제표 작성기준으로 「주식회사 등의 외부감사에 관한 법률」에 근거를 둔다.

8. ○

9. Ⓐ 2023, Ⓑ 2022

10. Ⓐ 비교가능성, Ⓑ 투명성

제2장 보험계약의 정의와 통합수준

1. ③
보험회사가 구매한 보험계약은 IFRS 17(보험계약)을 적용하지 않는다. 단, 보험회사가 원수사가 되어 타 보험회사(재보험회사)에게 보험을 드는 경우, 즉 출재보험은 예외적으로 기준서 적용대상이다.

2. ②
최초 인식시점에 계약의 집합을 정하고 계약을 집합에 추가한다. 그러나 후속적으로는 집합의 구성을 재평가하지 않는다.

3. ④
지수연동 생명연금은 보험계약에 해당한다.

4. ×
IFRS 17은 보험계약을 특정 계약그룹으로 묶어서 하나의 계약처럼 취급하여 산출한다.

5. ×
손실계약에 대한 정보는 보험회사의 계약에 대한 가격 결정 및 미래현금흐름에 대한 유용한 정보이므로 적시에 보고되어야 한다. 따라서 한 집합의 손실계약이 다른 집합의 수익성 있는 계약과 상계됨으로써 이러한 정보가 가려지는 것은 바람직하지 않다.

6. ×
보험회사가 유의적 보험위험과 함께 금융위험에 노출되는 경우에도 보험계약으로 볼 수 있다.

7. ×
보험회사가 계약을 포트폴리오로 관리하더라도 계약상 권

리와 의무는 개별 계약에서 생긴다. 따라서 IFRS 17은 개별 계약과 관련하여 보험위험의 유의성을 정의한다.

8. ×
보험계약에는 별도의 계약으로 투자요소 또는 보험계약서비스 이외의 다른 서비스요소가 포함될 수 있다. 이 경우에는 투자요소 또는 보험계약서비스 이외에 서비스요소에 대해서는 IFRS 17이 적용되지 않는다.

9. ×
유사한 위험을 가지고 있는 함께 관리되는 보험계약들의 집합은 보험계약포트폴리오이다.

10. Ⓐ 이행현금흐름, Ⓑ 보험계약마진

제3장 인식과 측정

1. ②
이행현금흐름 = 미래현금흐름에 대한 추정치 + 할인율 + 비금융위험에 대한 조정

2. ④
보험료배분접근법은 수취한 보험료에 기초해 잔여보장부채를 측정하는 모형으로 일반측정모형의 간편법이다.

3. ③
미래현금흐름과 관련된 어떤 시장변수에 대한 보험회사의 추정치는 그 변수에 대한 관측가능한 시장가격과 일관되는 경우에 반영한다.

4. ○
보험회사가 보험계약을 인식하는 시점은 보장 개시일, 초회 보험료의 지급약정일 또는 '손실부담계약집합의 경우, 집합이 손실부담계약집합이 되는 때' 중에서 가장 이른 시점이다.

5. ○
손실계약집합의 경우 보험계약마진이 0이다.

6. ×
미래현금흐름 추정의 목적은 결코 미래현금흐름의 가장 가

능성이 높은 결과 또는 발생가능성이 높은 결과를 산출하기 위한 것이 아니다. 따라서 보험회사는 미래현금흐름 추정을 위하여 가능한 결과값의 전체 범위에 대한 기댓값, 즉 확률가중평균을 산정하여 미래현금흐름에 관한 정보를 편향되지 않고 중립적으로 사용하여야 한다.

7. ×
그 추정 결과가 평균값을 산정할 때 과도한 원가나 노력 없이 이용할 수 있는 합리적이고 뒷받침될 수 있는 모든 정보를 고려하는 측정목적과 일관된다면, 명시적인 시나리오를 개발하는 것은 불필요하다.

8. ○

9. ×
음의 이행현금흐름(순 유입)을 인식한 때는 보험계약마진이라는 미실현이익으로 처리한다.

10. ×
현금흐름을 추정할 때에는 현금흐름에 영향을 미칠 수 있는 미래 사건에 대한 현재의 기대를 고려한다. 보험회사는 각 시나리오의 발생가능성에 대한 편의 없는 추정치뿐만 아니라 그러한 미래 사건을 반영하는 현금흐름 시나리오를 개발해야 한다. 그러나 보험회사는 법률 변경이 실질적으로 이루어지기 전까지는, 보유 보험계약에 대한 현재의 의무를 변경 또는 면제시키거나 또는 새로운 의무를 부과하는 법률이 미래에 변경될 것이라는 현재의 기대를 고려하지 않는다.

제4장 보험취득 현금흐름

1. ③
①, ②, ④는 이행현금흐름에 해당하는 항목이고, ③은 이에 해당하지 않는 현금흐름이다.

2. ②
미래현금유출은 총 보험금 현가와 직접 귀속가능한 총 보험취득현금흐름 현가로 구성되므로, 100 × 3 + 40 = 340 이다.

3. ③
보장기간이 3년이기 때문에 수익으로 인식되는 보험취득현금흐름 배분액은 30/3 = 10이고 동일한 금액을 비용으

로 인식하여 10으로 인식한다. 그리고 실제 발생한 사망보험금이 90이므로, 90 + 10 = 100이다.

4. ②

투자영업수익은 할인율뿐만 아니라 자산운용수익률과도 연관이 있다.

5. ③

(가) 매년 예상 사망보험금 = 보험서비스비용이므로 120
(나) 계약서비스 마진은 각 연도별 보장이 제공되는 계약 수가 동일하므로 매기 20(= 60/3)씩 인식
(다) 보험취득 현금흐름 회수도 시간의 경과에 따라 각 회계기간에 체계적으로 배분되므로 직접 귀속 현금흐름을 보장기간 3년으로 나누어 매기 10(= 30/3)씩 인식
(라) 잔여보장부채변화 145(= 120 + 20 + 5) + 보험취득 현금흐름 회수 10 = 155

6. ①

(가) 실제 사망 보험금 + 수익으로 인식된 보험취득 현금흐름 = 120 + 10 = 130
(나) 155(보험수익) − 130(보험서비스비용) = 25(보험서비스 결과)
(다) 직접 귀속가능하지 않은 보험취득 현금흐름은 당기에 기타비용으로 처리한다. 30(= 60 − 30)
(라) 25(보험서비스결과) − 30(기타비용) = −5(수익)
(마) 직접 귀속가능하지 않은 보험취득 현금흐름은 초년도에 기타비용 처리했으므로 차년도 이후 수익(손익)은 보험취득현금흐름과 무관하다. 그러므로 보험서비스 결과 값(= 25)과 같다.

7. ×

보험계약집합의 판매, 인수, 심사 및 개시 관련 원가에서 생기는 현금흐름에는 포트폴리오 내의 개별 계약이나 보험계약집합에 직접 귀속되지 않는 현금흐름도 포함된다.

8. ○

9. ○

10. ×

IFRS 4는 실제 계약체결비용은 사용시점과 비용 인식시점 차이에서 발생된 보험취득 현금흐름과 관련된 자산으로 인식하여 미상각신계약비(DAC)라는 이연자산으로 계상한다.

제5장 할인율

1. ③

직접참가특성이 없는 계약 중 금융위험과 관련된 가정의 변동이 보험계약자에게 지급되는 금액에 상당한 영향을 미치는지에 따라 보험금융손익의 체계적인 배분 방법이 달라지며, 기준서에서 명시적으로 표현하고 있지는 않지만 일반적으로 금융위험과 관련된 가정의 변동이 보험계약자에게 지급되는 금액에 상당한 영향을 미치지 않는 경우 non-par 모형, 상당한 영향을 미치는 경우 indirect-par 모형을 적용한다고 지칭한다. 최선추정 이자비용 산출 시, 전자에는 최초할인율이, 후자에는 일반적으로 계약집합의 잔여 만기 동안 남아 있는 수정된 기대금융수익(비용)을 단일률로 배분하는 할인율(유효이자율)이 사용된다. 금리연동형 보험계약의 경우 일반적으로 indirect-par 모형이 적용된다.

2. ④

보험금융손익을 당기손익과 기타포괄손익으로 구분하는 정책을 선택한 경우, 보험료배분접근법 모형을 적용하는 계약의 발생사고부채에 대해 당기손익으로 인식되는 보험금융손익 측정 시에는 '보험금 발생일에 결정된 할인율'을 적용한다.

3. ×

금융위험이 추정된 현금흐름에 포함되어 있지 않다면 할인율에 포함되어 조정된다.

4. ○

5. ×

기준서는 측정되는 항목의 유동성을 고려하지 않거나 측정되는 항목의 특정 유동성을 측정하기 위하여 실무적인 대용치를 개발하기 위한 시도로 자의적인 기준치(예: 우량 회사채)를 사용한다거나, 유동성 조정을 추정하는 방법에 대한 상세한 지침을 제공하는 것은 원칙중심적인 방식에서 적절하지 않다고 보았다.

6. ×

보험회사는 상향식 접근법과 하향식 접근법 중에 선택할 수 있다. 원칙적으로, 하향식 접근법에 의한 수익률 곡선과 상향식 접근법에 의한 수익률 곡선은 서로 단일해야 한다. 그러나 실무적으로 서로 다른 수익률 곡선을 산출할 수도 있다. 이는 각 접근법에 따라 조정사항을 추정하는 데 내재적 한계가 있고, 하향식 접근법에서 서로 다른 유동성 특성이 조정되지 않을 가능성이 있기 때문이다.

7. ○

계약집합에 대한 최초 인식시점의 할인율을 결정하기 위해 계약집합 내 계약이 발행된 기간의 가중평균할인율을 사용할 수 있으나, 1년을 초과할 수는 없다. 최초할인율은 계약집합 단위로 산출·적용되므로 집합에 새로운 계약이 추가될 시 변경될 수 있다. 기준서 요구사항에 따라 집합 내 계약 추가로 인한 조정된 최초할인율은 신규계약이 집합에 추가되는 보고기간의 초부터 적용하므로 보험계약집합 최초 인식을 재측정하지 않는다.

8. ×

금융효과가 보험계약마진에 포함되는 방식은 직접참가특성이 없는 보험계약과 직접참가특성이 있는 보험계약의 경우 서로 다르다. 직접참가특성이 없는 보험계약의 경우 보험계약마진에 대한 이자를 부리하는 데 사용되는 이자율은 최초 인식시점에 고정시키고, 후속적으로 조정하지 않는다. 즉 화폐의 시간가치 효과의 변동과 금융위험 효과의 변동은 보험계약마진에서 조정되지 않는다. 반면 직접참가특성이 있는 보험계약의 경우에는 해당 계약의 수수료가 변동하는 특성을 적절히 반영하기 위하여 보험계약마진을 재측정한다. 이 결과로 보험수익은 기초자산의 공정가치 변동 중 기업의 몫의 변동을 포함하게 된다.

9. ×

보험계약마진은 보험계약집합의 최초 인식시점에 측정되기 때문에, 직접참가특성이 없는 보험계약의 보험계약마진에 대한 이자를 부리하는 데 사용되는 이자율은 최초 인식시점에 고정시키고 후속적으로 조정하지 않는다. 또한 보험계약마진 자체 내의 일관성을 위해, 직접참가특성이 없는 보험계약의 경우 보험계약마진 조정금액을 측정할 때 적용하는 할인율도 최초 인식시점의 할인율로 한다.

10. Ⓐ 현행할인율, Ⓑ 보험손익(또는 보험서비스결과)

제6장 위험조정

1. ③

낮은 빈도와 높은 심도의 계약이 높은 빈도와 낮은 심도의 계약보다 위험조정이 크게 산출되어야 한다.

2. 작을, 클, 작을, 감소

3. ④

4. ×

보험회사는 기초항목의 수익률에 따라 변동하지 않는 현금흐름을 할인하기 위해 사용된 수익률 곡선이나 그 범위를 공시해야 한다.

5. ○

6. ×

국제회계기준위원회는 보다 단순한 접근법(신뢰수준법에 따른 측정치 공시)으로 충분할 때 기업에게 보다 부담이 되는 요구사항(자본비용법 등에 따른 측정치까지 추가 공시)을 부과하지는 않기로 결정하였다.

7. ×

위험조정 대상이 되는 리스크는 금융위험이 아닌 것으로 보험계약에서 발생하는 리스크이다. 일반적인 운영위험과 같이 보험계약에서 발생하지 않는 리스크는 반영하지 않는다.

8. ×

유리한 결과와 불리한 결과를 모두 반영한다.

9. ○

10. ×

기준서는 위험조정의 측정방법, 측정의 기준이 되는 불확실성 수준에 대해서는 구체적인 기준을 제시하고 있지 않다. 그러나 감독회계에서는 '위험조정액의 최저한도'를 제공한다.

제7장 보험계약마진

1. ②

미래 서비스와 관련하여 해당 기간에 수취한 보험료 및 관련 현금흐름(예: 보험취득 현금흐름, 보험료 기반 세금)에서 발생한 경험조정은 최초할인율로 측정한다.

2. ④

2차 연도 보장단위 198과 3차 연도 보장단위 196을 기준으로 배분해야 하므로, 2차 연도는 198/(198 + 196)의 비중을 준다.

3. ③

보험계약마진의 장부금액을 초과하여 손실을 발생시키는 이행현금흐름의 증가분은 보험계약마진 조정 대상의 변동분에서 제외한다.

4. ②

① 기대현금흐름 패턴과 위험조정의 해제는 이행의무의 충족 여부를 결정하는 데 목적적합한 요소가 아니다. 이들은 이미 이행현금흐름의 측정에 포함되었으며 보험계약마진의 배분에 고려될 필요는 없다. 따라서 보장단위가 보험보장의 제공을 더 잘 반영한다.

② 미래 서비스와 관련된 이행현금흐름의 변동을 조정하고 나서 가장 최근 추정으로 조정된 보험계약마진의 금액을 배분하면, 해당 기간에 제공된 서비스에서 얻는 이익과 미래 서비스에서 미래에 얻을 이익에 관한 가장 목적적합한 정보를 제공하게 된다. [BC279]

③ 직접참가특성이 있는 보험계약의 경우, 계약의 듀레이션에 걸쳐 예상되는 총수수료(기간 경과에 따른 투자 수익과 보험계약자의 추가 납입액에서 발생하는 기초항목의 증가로 인한 수수료 증가의 예측치를 포함)에 기초하여 보험계약마진을 산정해야 한다. 이 경우 보장단위에 기초한 배분이 수익의 조기 인식을 야기한다는 우려가 있을 수 있다. 그러나 이 계약의 투자요소는 투자요소의 현금흐름과 보험 및 기타 서비스의 현금흐름이 상호 관련성이 높아 구분되는 요소로 회계처리될 수 없을 경우에만, 보험계약의 일부로 회계처리된다. 이 상황에서 보험회사는 계약의 기대 듀레이션에 기초한 예상 수수료의 대가로 복수의 서비스를 제공하며, 기초항목에서 수익이 발생한 때가 아니라 보험서비스가 제공됨에 따라 보장기간에 걸쳐 수수료를 인식한다. [BC280]

④ IFRS 15가 회계기간에 인식하는 수익에 제약을 두는 것과 같은 접근법을 적용한다면 보험회사가 당기손익으로 인식하는 보험계약마진의 누계액을 보험회사에게 권리가 있다고 합리적으로 확신한 금액으로 제약을 두게 된다. 그러나 국제회계기준위원회의 관점에서 '상당히 확신하는' 것에 기초하여 보험계약마진의 금액에 제약을 두는 것은 IFRS 17의 다른 측면과 일관되지 않는다. IFRS 17은 모든 가능한 시나리오의 확률가중평균에 근거한 현행 측정모형을 요구하고, 보험계약마진은 측정모형과 일관되게 서비스와 관련이 있는 미실현이익에 대한 현행의 관점을 보여준다. [BC281]

5. ○

6. ○

7. ×

집합 내 보장단위의 수는 집합 내의 계약에서 제공되는 보험계약서비스의 수량이며, 각 계약별로 제공되는 급부의 수량 및 기대되는 보장기간을 고려하여 산정된다.

8. ○

9. ○

10. ×

재량 현금흐름의 변동은 미래 서비스와 관련된 것으로 간주하고, 이에 따라 보험계약마진을 조정한다.

제8장 후속측정과 표시

1. ①

해당 기간 서비스의 제공에 따른 잔여보장부채의 감소분만 보험수익으로 인식

2. ②

최초 인식시점 미래 현금흐름의 현가 추정치 = 현금 유입액 (1,500원) + 현금 유출액 848원 = (652)
최초 인식시점 보험계약마진 = 352(∵ 순유입 + 위험조정 + 보험계약마진 = 0)을 구하시오.

3. ④

(1) (1500 − 650) × 0.03 = 26
(2) 위험조정 변동분은 보험서비스결과로 표시하므로 0
(3) 352 × 0.03 = 11
(4) 300/3 = 100
(5) (352 + 11)/3 = 121

4. ④

5. ○

잔여보장부채는 보험계약마진과 이행현금흐름으로 구성되는 반면, 발생사고부채는 보험계약마진은 없고 이행현금흐름으로만 구성된다.

6. ○

7. ×
IFRS 4의 미상각신계약비는 최선추정부채를 평가하는 항목에 포함된다.

8. ×
보험회사의 가장 대표적인 비용 항목으로 당기에 실제 발생한 보험금은 발생보험금

9. ○

10. ×
보험료배분접근법을 적용한 보험계약 이외의 보험계약에 대하여 기초잔액에서 기말잔액까지의 차이조정 항목 중 미래현금흐름의 현가 추정치, 위험조정 및 보험계약마진을 공시하여야 한다.

제9장 보험부채 변동분석

1. ②
기준서에서 정의하고 있는 '보험계약서비스'는 보험사건에 대한 보장, 직접참가특성이 없는 보험계약의 경우 보험계약자를 위한 투자수익의 창출, 직접참가특성이 있는 보험계약의 경우 보험계약자를 대신하는 기초항목의 관리이다.

2. ①
$\boxed{2}$ = (50)
524 + $\boxed{1}$ + ($\boxed{2}$) + 24 = 330 ⇒ $\boxed{1}$ = (168)
524 + $\boxed{1}$ + $\boxed{3}$ + 24 + (150) = 330 ⇒ $\boxed{3}$ = 100

3. ④
(200 − 100) + 70 + 80 = 250

4. ×
보험계약자가 납입하는 영업보험료 모두가 재무성과표의 보험수익(보험영업수익)에서 인식되는 것은 아니다.

5. ×
보험계약집합의 총보험수익은 보험회사가 수령하는 보험료에 투자요소를 제외하고 금융효과를 조정하여 산정한다.

6. ○

7. ○

8. ×
실제 보험금이 기초에 예상한 보험서비스비용 추정치보다 낮을 경우 실제 보험금과 추정치 사이의 차이인 경험조정은 보험계약마진에서 조정하지 않고 당기 서비스와 관련된 것으로 분류한다.

9. ○
직접참가특성이 없는 보험계약집합의 경우, 미래 서비스와 관련된 이행현금흐름의 변동을 보험계약마진에서 조정한다.

10. ○

제10장 보험금융손익

1. ③
해지율은 비금융위험에 대한 위험조정 대상이다.

2. ②

3. ○

4. ○

5. ×
직접참가특성이 없는 계약의 경우 보험금융손익은 당기손익과 OCI로 체계적으로 배분한다.

6. ×

7. ○

8. ○

9. ×
유효수익률법 혹은 예상부리이율법을 적용한다.

10. ×
유효수익률법은 기업회계기준서 제1109호(금융상품)에서

정의하는 유효이자율법과 다르다. 기업회계기준서 제1109호에서는 "금융자산이나 금융부채의 기대존속기간에 추정 미래현금지급액이나 수취액의 현재가치를 금융자산의 총 장부금액이나 금융부채의 상각후원가와 정확히 일치시키는 이자율"로 유효이자율을 정의한다.

제11장 손실부담 보험계약

1. ④

2. ③
잔여보장부채의 손실요소 증가이다.

3. ④
309 = −900 + 1089 + 120

4. ③

5. ③
(−900 + 1089 + 120) ÷ (1089 + 120) = 25.6%

6. ②
보험서비스 비용 = 손실요소에 배분하는 금액 = (400 + 40) × 20% = 88
보험수익 = 전체 감소분 − 손실요소에 배분하는 금액 = 440 − 88 = 352

7. ④
보험계약마진 = 이행현금흐름 감소액 − 손실요소 잔액 = 300 − 100 = 200

8. ×
잔여보장부채의 손실요소 증감으로 잔여보장부채가 감소하면 보험손익 인식 대상에서 제외된다.

9. ×
미래현금흐름 추정치의 변동으로 발생한 이행현금흐름의 후속적 감소분은 손실요소가 0으로 줄어들 때까지 손실요소에 배분한다.

10. ○

제12장 변동수수료접근법

1. ②

2. ②
'직접참가특성이 있는 보험계약' 수수료의 변동 특성을 반영하여 다른 보험계약에 비해 더 많은 변동을 보험계약마진에서 조정한다.

3. ③
변동수수료 = 기초항목의 공정가치 중 보험회사의 몫에 해당하는 금액 − 기초항목과 무관한 이행현금흐름

4. ②
변동수수료 관련 순 변동 = 1000 + (900) = 100
기말잔액 = 기초잔액 + 미래 서비스 관련 변동 + 변동수수료 관련 순 변동 + 당기 서비스 관련 변동
= 0 + 700 + 100 + (200) = 600

5. ③
기초잔액(15,000) + 공정가치 변동(15,000 × 10%) − 연간수수료 − 보험금(162) = 연말잔액(16,008)

6. ○

7. ○

8. ×
기초항목(underlying items)은 회계연도의 기초(beginning of year)와 무관하다.

9. ○

10. ○

제13장 보험료배분접근법

1. ④
계약집합이 손실부담계약이라는 사실과 상황이 있을 때, 일반모형과 보험료배분접근법의 잔여보장부채를 비교하여 일반모형 잔여보장부채가 더 클 경우 그 차이금액을 즉시

손실로 인식

2. ③

보장기간이 1년 이하이기 때문에 잔여보장부채 계산 시 보험취득 현금흐름 100은 비용으로 인식하여 제외. 따라서 ①은 1100, ②는 1100 × 6 ÷ (6 + 4) = 660, ③은 1100 − 660 = 440

3. ④

2022년 8월 31일 발생한 보험금에 대한 과거 추정치(600)와 보험금(700)의 차이로 손실 100, 위험 감소에 따라 발생사고부채와 관련 위험조정 당기손익 인식금액으로 이익 30. 따라서 보험서비스 비용은 100 + (30) = 70

4. ×

발생사고부채가 아닌 잔여보장부채에 대해 일반모형 평가결과와 중요하게 다르지 않거나 보장기간이 1년 이하 단기계약인 일반손해보험에 주로 적용하는 방식

5. ○

잔여보장부채의 간소화 및 단기계약의 경우 화폐의 시간가치를 고려할 필요가 없기 때문에 계약평가와 관련된 비용이 감소할 것으로 예상된다.

6. ×

보장기간이 1년 초과인 경우, GM과 PAA 사이의 유사성을 보고 PAA를 적용할 수 있음

7. ○

보험료배분접근법에서 부채의 최초 측정은 수취한 보험료와 동일하며, 손실을 부담하는 보험계약집합이 아니라면 보험회사는 보험계약을 측정하기 위해 미래현금흐름의 추정, 화폐의 시간가치 및 위험의 효과를 명시적으로 식별하지 않는다.

8. ×

지급액을 비용으로 인식하지 않을 경우 차감(보장기간이 1년을 초과하지 않으면 보험취득 현금흐름은 비용으로 인식하여 제외)

9. ×

보장의 각 부분을 제공하는 시점과 보험료 납기일 사이의 기간이 1년 이내일 것으로 예상된다면 금융효과 반영하지 않음

10. ○

보험료배분접근법이 적용된 보험계약에 대하여 발생사고부채의 미래현금흐름 현재가치 추정치와 위험조정에 대해 기초잔액에서 기말잔액까지의 차이조정을 별도로 공시한다. [100(3)]

제14장 재보험

1. ②

최초 인식시점에 원수보험계약이 손실계약집합이고, 출재보험계약은 순이익을 나타내는 부(−)의 보험계약마진이 인식되는 상황이다. 원수보험계약집합의 경우 예상되는 손실부담액은 인식된 시점에 즉시 비용처리한다. 원수보험계약집합의 최초 인식시점에 손실을 인식하거나 그 집합에 손실계약을 포함시킬 때 (원수)보험회사는 출재보험계약 집합의 보험계약마진을 조정하고, 회수된 손실금액을 수익으로 인식한다.

2. ×

재보험계약의 인식시점에 관하여는 재보험계약의 특징을 반영하여 원수보험과 상이하게 처리한다. 보장 개시시점과 손실부담 원수보험계약집합의 인식시점(손실부담 원수보험계약을 인식하는 시점 또는 그 전에 재보험계약집합에 포함되는 관련 재보험계약을 체결한 경우) 중 이른 날 인식한다. 단, 비례 재보험계약의 경우 원수보험계약의 최초 인식시점이 재보험계약집합의 보장 개시시점보다 늦는 경우 원수보험계약의 최초 인식시점에 인식한다.

3. ×

IFRS 4에는 재보험자산에 대해 발생손실모형을 적용하여 손상 사건 발생 시 재보험자산 전액을 손상처리하지만, IFRS 17에서는 재보험자산에 대해 기대신용손실모형(신용위험의 증가 등 미래 전망정보 등을 토대)에 의해 손상금액을 인식하여야 한다.

4. ○

5. ×

동일한 기준을 적용하여야 하는 것은 맞다. 하지만 재보험계약은 원수보험계약과는 별도로 재보험계약별 당사자의 권리와 의무를 판단하여 계약의 경계를 판단해야 하므로 양자의 경계는 불일치할 수 있다.

6. ×
출재보험계약의 현금흐름 측정 시 미래에 발행될 것으로 예상되는 원수계약의 현금흐름을 반영해야 한다.

7. ×
IFRS 17에서는 기대신용손실의 변동을 보험계약마진에서 조정하는 것을 금지한다. 기대신용손실의 차이는 미래 서비스와 관련이 없으므로 기대신용손실의 모든 변동은 경제적 사건으로서 발생시점에 그 손익을 당기손익으로 반영한다.

8. ○
출재보험계약에서는 차변의 보험계약마진을 양의 보험계약마진이라 부르고 이는 재보험 구입에 대한 순비용을 의미한다. 반면, 대변의 보험계약마진은 부(−)의 보험계약마진이라고도 표현되며, 재보험 구입에 대한 순이익을 의미한다. 이는 재보험 구입비용의 감소를 나타내는 것으로, 그룹의 최초 인식시점에 즉시 당기손익으로 인식되지 않고 이연된다. 이 점이 원수보험계약의 보험계약마진과의 중요한 차이이다.

9. ×
재보험계약의 경우 재보험자와 기초항목의 수익을 공유하지 않으므로 보험계약자가 명확히 식별된 기초항목 집합의 몫에 참여해야 한다는 변동수수료접근법의 적용 기준을 충족하지 못하므로 변동수수료접근법을 적용할 수 없다.

10. 회계적 불일치

참고문헌

금융감독원(2016. 5.). IFRS, ICS, Solvency2 비교 및 감독상 시사점.

_____(2021. 12.). 보험감독회계 도입방안.

_____(2022. 11.). IFRS 17 보험회계해설서.

_____(2022. 12.). 보험회사 신지급여력제도 해설서.

_____ 보도자료(2021. 6. 10.). "새로운 보험계약 회계기준인 기업회계기준서 제1117호(보험계약)를 '23.1.1일부터 시행합니다".

김호균·성주호(2020). 알기쉬운 보험·연금수리학.

노건엽·한상용·박희우·이연지(2022). K-ICS 대응 감독회계와 계리제도 연구.

보험개발원(2016. 11.). 단기보험 위험조정 산출모형에 대한 연구.

_____(2021. 11.). IFRS 17 경제적 가정 실무적용방안 마련.

생명보험협회(2018. 11.). IFRS 17 주요 이슈별 실무 적용사례.

정운오·나인철·이명곤·조성표·한승엽(2023). IFRS 중급회계. 경문사.

한국보험계리사회(2019). IFRS 17 실무 적용사례.

_____(2020). 보험산업 신지급여력제도 및 관련제도 통합이해.

_____ 보도자료(2021. 11. 8.). "한국계리실무기준(KSAP) 제4호 및 IFRS 17 계리적 가정 실무기준 제정".

한국회계기준원 조사연구실(2017). 기업회계기준서 제1117호(보험계약) 제정 공개초안.

한국회계기준원 회계기준위원회(2019. 4.). KIFRS 재무보고를 위한 개념체계.

_____(2021). 기업회계기준서 제1008호(회계정책, 회계추정의 변경 및 오류).

_____(2021). 기업회계기준서 제1021호(환율변동효과).

_____(2021). 기업회계기준서 제1037호(충당부채, 우발부채, 우발자산).

_____(2021). 기업회계기준서 제1109호(금융상품).

_____(2021). 기업회계기준서 제1115호(고객과의 계약에서 생기는 수익).

_____(2021). 기업회계기준서 제1117호(보험계약).

한승엽(2021). IFRS 17(보험계약) 수익성 정보의 이해와 해석: 수익 인식 체계의 비일관성을 중심으로. 회계저널 제30.5. pp. 223-261.

〈관련 법규정〉

주식회사 등의 외부감사에 관한 법률 제5조

주식회사 등의 외부감사에 관한 법률 시행령 제6조

보험업감독규정 제6-3조

보험업감독업무시행세칙 제4-1조, 제4-3조, 제4-3조의2, 제4-9조, 제4-9조의2, 제5-5조.

보험업감독업무시행세칙 [별표4] 계정과목별 회계처리기준(제4-1조 관련)

보험업감독업무시행세칙 [별표9] 자산·부채의 평가 및 산정기준(제5-5조 관련)

보험업감독업무시행세칙 [별표35] 책임준비금 산출기준(제4-3조, 제4-3조의2, 제4-9조, 제4-9조의2 관련)

IASB(2004). International Financial Reporting Standard 4(Insurance Contracts).

IASB(2014). International Financial Reporting Standard 9(Financial Instruments).

IASB(2017). International Financial Reporting Standard 17(Insurance Contracts).

IASB(2018). TRG(Transition Resource Group) Agenda Staff Paper.

찾아보기